ADAM
SMITH
WHAT HE THOUGHT AND WHY IT MATTERS

亚当·斯密传

现代经济学之父的思想

[英]

杰西·诺曼

（Jesse Norman）

—

著

李烨

—

译

中信出版集团｜北京

图书在版编目（CIP）数据

亚当·斯密传：现代经济学之父的思想 /（英）杰西·诺曼著；李烨译 . -- 北京：中信出版社，2021.1
书名原文：Adam Smith: What He Thought, and Why It Matters
ISBN 978-7-5217-2482-0

Ⅰ. ①亚… Ⅱ. ①杰… ②李… Ⅲ. ①亚当·斯密(Adam Smith 1723-1790) —传记 Ⅳ. ① K835.615.31

中国版本图书馆 CIP 数据核字 (2020) 第 236181 号

亚当·斯密传：现代经济学之父的思想

著　者：[英] 杰西·诺曼
译　者：李烨
出版发行：中信出版集团股份有限公司
　　　　　（北京市朝阳区惠新东街甲 4 号富盛大厦 2 座　邮编　100029）
承 印 者：河北鹏润印刷有限公司

开　本：880mm×1230mm　1/32　　印　张：12.75　　字　数：365 千字
版　次：2021 年 1 月第 1 版　　　印　次：2021 年 1 月第 1 次印刷
京权图字：01-2019-7065
书　号：ISBN 978-7-5217-2482-0
定　价：88.00 元

目　录

第一部分　**生平**

序一

亚当·斯密的思想遗产永不枯竭

关于亚当·斯密的传记和思想研究有很多。所以，杰西·诺曼在今天仍敢于撰写亚当·斯密的传记，本身就需要勇气，还需要更独特和更深刻的发现作为基础。他这部《亚当·斯密传：现代经济学之父的思想》确实做到了。诺曼在 21 世纪的读者面前展现的亚当·斯密不仅是经济学家，还是伦理学家、哲学家、思想家，他说明了为什么在过去 200 年，亚当·斯密的思想超越了经济学领域，进入了哲学、政治学、社会学等领域，包括"伯克、康德、黑格尔、马克思、韦伯、哈耶克、帕森斯、罗尔斯、哈贝马斯以及阿马蒂亚·森"都带有他的思想印记。可以肯定地说，这种独特的亚当·斯密现象还会继续下去。这是因为，亚当·斯密所留下的思想遗产是永不枯竭的。

一

亚当·斯密的一生并不复杂，甚至可以说是平淡无奇，他的个人信息极为有限和模糊。但是，其人生中的五个重要节点却是清晰的，这使他最终成为亚当·斯密。

第一，格拉斯哥大学。这一部分的大背景是 18 世纪的苏格兰，亚当·斯密"生于斯，长于斯，死于斯，铭于斯"，如果不了解当时的苏格兰，则很难理解亚当·斯密是如何成为亚当·斯密的。1723 年，亚当·斯密出生在苏格兰法夫郡的柯科迪，这里距离爱丁堡仅十多英里。本书中写道：那时的柯科迪规模不大，却是精彩和多元化的，柯科迪的市场就开在亚当·斯密的家门口。柯科迪还是一个活跃的国际港口，聚集各种贸易信息，对法夫郡经济影响很大。柯科迪盛行走私，还有其附近的制钉厂，很可能启发了亚当·斯密后来关于走私成因和劳动分工论的思考。1737年，亚当·斯密像"命中注定"一样，来到格拉斯哥上大学。当时的格拉斯哥和格拉斯哥大学恰恰都处于快速变化中。1707年，苏格兰议会通过了与英格兰联合建立大不列颠王国的《联合法案》，苏格兰受益于苏格兰和英格兰的单一经济实体，以及共同市场的形成过程，这扭转了苏格兰在17、18世纪之交在经济、金融、政治和民生方面都苦苦挣扎的局面。对此，亚当·斯密持有相当肯定的态度。格拉斯哥在当时已经成为一个精美的城市，格拉斯哥大学也向现代大学演变，形成了包括逻辑学、形而上学、道德哲学、自然哲学在内的专业体系。入校时只有14岁的亚当·斯密在这里学习了道德哲学、逻辑学和物理学。

第二，牛津大学。1739年，16岁的亚当·斯密获得前往牛津大学读书的奖学金，在牛津大学前后停留了6年时间。在此期间，亚当·斯密首先突破了作为苏格兰人的口音局限，更重要的是，他在牛津学习了英国文学、法语和意大利语、人文历史和众多思想家的著作，至少包括马基雅维利、帕斯卡、笛卡儿、贝尔、伏尔泰、孟德斯鸠，还有拉辛和拉罗什富科的经典著作，为"他后来成熟的思想奠定了基础，包括他的《道德情操论》和《国富论》"。特别值得提及的是，正是在1740年，休谟出版了《人性论》，亚当·斯密在当时很可能阅读了此书，只是当他们得以见面，已经是1750年，亚当·斯密和休谟"在智识上的沟通给斯密带来了受用终生的启发和激励"。

第三，爱丁堡。1746 年，亚当·斯密离开牛津，回到了苏格兰老家，之后在爱丁堡度过了相当长的岁月。这个时候的苏格兰仍然是一个农业社会。1745 年，政治、宗教和阶级矛盾交织和积聚，导致苏格兰发生了内乱，社会震荡。爱丁堡局势更为糟糕。但是，正如书中描述的，爱丁堡的"文化氛围宽容而文雅，容许不同流派的公民团体、学术团体、专业团体、政治团体、商业团体共存"，尤其是对宗教差异保持温和态度。"从精神层面说，爱丁堡是一个高度文明的城市，城里遍布咖啡馆和交谈辩论的人群"。读到这些，不禁令人心向往之。自 1748 年起，亚当·斯密与爱丁堡有了交集。这一年，应苏格兰启蒙运动的领袖邀请，亚当·斯密来到爱丁堡举办公开讲座，主题是修辞学和纯文学，听众主体是法学和神学学生，这有助于亚当·斯密获得公众关注。这些讲座的听众就是《道德情操论》中所述的"最初的'公正的旁观者'"。1756 年，亚当·斯密在《爱丁堡评论》第二期刊登了一封信，通过阐述卢梭关于"不平等"的思想起源，触及了"人如何成为人"这样深刻的话题。由此，我们可以理解为什么亚当·斯密的很多言论很像卢梭，例如谴责人们对物质和社会地位的过度在意。此外，这个时期的亚当·斯密还在专心写关于天文学史的文章，触及所谓的"自然法则"。亚当·斯密认为，科学发现依赖想象力，他力求证明唯有想象力可以解决如何在混乱中找到秩序的问题，哥白尼、开普勒、伽利略、笛卡儿和牛顿都是如此。

第四，图卢兹和巴黎。1762 年，格拉斯哥大学授予亚当·斯密名誉法学博士学位。第二年，后来的英国财政大臣，查尔斯·汤曾德邀请亚当·斯密担任年轻的巴克卢公爵的欧洲伴游，报酬优厚。亚当·斯密接受了这份工作，辞去教授职务，并于 1764 年抵达巴黎。这是亚当·斯密第一次来到海外。此时此刻的法国，距离法国大革命

还有 1/4 世纪，但是，在位于法国西南部的图卢兹已经可以感受到
"山雨欲来风满楼"的氛围。"冥冥之中，法国的财政困难和图卢兹
宗教冲突的暗流都对斯密理论的形成产生了重要影响"。书中有这样
的推测，"也许正是图卢兹的无聊生活催生了斯密的《国富论》"。之
后，亚当·斯密终于结束了在图卢兹的贫乏生活，于 1765 年圣诞节来
到巴黎，并在那里度过了 9 个月。其间，亚当·斯密在巴黎的沙龙中
结识了一些在当时最伟大的法国人，包括政治家、经济学家杜尔哥，
金融家内克尔，社会哲学家和著名的无神论者爱尔维修，数学家达朗
伯，最重要的是皇家医生和古典政治经济学家，重农主义学派代表的
弗朗索瓦·魁奈和他的追随者。当时，魁奈的著作《经济表》刚出版
了几年时间。如书中所述，"这是一段非凡的思想酝酿期，至少重农
主义者对斯密形成了艰巨的挑战，这帮助他进一步试炼和发展自己的
理论。"在这个时期，亚当·斯密错过了与卢梭见面的机会，却得以
与伏尔泰见面交谈。1766 年冬天，亚当·斯密自巴黎回到伦敦，此后
再未出国。

　　第五，伦敦和爱丁堡。1773 年 5 月，亚当·斯密来到伦敦，其
主要目的是为了完成并发表《国富论》。亚当·斯密在伦敦的生活充
实，很快加入了具有声望的"皇家学会"，也卷入了英国对美洲殖民
地的政策制定过程中。几乎在同时，英国与美洲殖民地正在加速滑向
战争，同一年 12 月发生了波士顿倾茶事件。1774 年 9 月，费城举行
了模拟国家议会的代表大会，1775 年 4 月，莱克星顿的枪声引爆了
美国独立战争。1776 年 7 月，美国《独立宣言》签署。在这一期间，
亚当·斯密持续研究美国独立战争爆发的深层原因。1776 年 3 月，《国
富论》在伦敦出版。之后，亚当·斯密亲自做过多次修订。斯密生命
的最后 12 年主要是在爱丁堡度过的，他显然很享受在这个城市的生

活。值得注意的是，1783 年 11 月，伯克被任命为格拉斯哥大学校长，任期两年，在此期间，伯克和亚当·斯密一直有交往和交流，如诺曼所述。其历史意义是震撼的："伯克是讨论现代政党和代议制政府的第一位伟大理论家。斯密是第一个把市场概念置入政治经济学和经济学的中心，并将规范的概念置于社会学中心的思想家。伯克是我们通向政治现代性的枢纽，斯密则是我们通向经济现代性和社会现代性的枢纽"。亚当·斯密是幸运的，他几乎认识那个时代所有具有影响力的思想家。

1790 年 7 月 17 日，亚当·斯密于爱丁堡去世，享年 67 岁。亚当·斯密生前看到了美国独立战争，也一定清楚得知法国大革命的爆发和进展。但是，生命没有留给他时间对 1790 年瓦特发明蒸汽机的过程，以及由此发轫的工业革命做出观察和思考。现在，在爱丁堡老城圣吉尔斯大教堂外矗立一座亚当·斯密的塑像，"他的身后是一把旧式犁，身旁是一个蜂巢，象征着农业社会向商业社会和市场经济的过渡。他的左手捏着长袍，暗示他投入大部分时间的学术生活。他的右手……搁在一个地球仪上，委婉地提示着观众他作为思想家的野心和世界性的声誉"。这很有可能就是亚当·斯密希望留给后世的形象。

二

亚当·斯密的思想是一个巨大的体系。这本书对梳理亚当·斯密的思想体系做出了有意义的努力。

第一，亚当·斯密建立"人的科学"的目标。如果最大限度地分析和诠释亚当·斯密存留下来的文献，就不得不承认，他用了近 40 年的时间，希望建立他自己的"人的科学"，通过一种自然主义的、经验主义的，基本独立于宗教之外的理论，"对人类生活的主要方面，包括道德、社会、艺术、政治和商业，进行一个统一的一般性叙述"。这是一个宏大的目标。在历史上，做过同样努力的是弗朗西斯·培根。但是，与培根相较，斯密继承了休谟的思想，他追寻休谟的因果论观点，承认人们永远无法知道作为自然规律的那些"看不见的链条"，"将人类的想象力和假设置于一系列渐进的尝试的中心，将秩序引入这混乱的杂糅的不和谐的表象之中"，其理论是动态的。更重要的是，亚当·斯密以《天文学史》作为《道德情操论》的基础，而后者又是《国富论》的基础。同样，在斯密未完成的作品中，"'关于文学、哲学、诗歌、修辞学不同分支的哲学史'和'关于法律和政府的历史与理论'也将呈现一致的脉络"。这是否在效仿亚里士多德以其形而上学和逻辑学著作《工具论》为其伦理学和政治学的基础呢？我们不得而知。

讨论亚当·斯密的"人的科学"，我们不得不注意到他对牛顿式科学程序的推崇。因为"斯密思想体系的核心是一种牛顿式的科学程序"，并且这成了《道德情操论》和《国富论》的基础。但是，"斯密的牛顿主义并不天真，他并不主张可以像预测无生命的原子、行星或台球的运动轨迹一样，通过科学规律完全预测人的行为"。他很清楚地意识到人类行为的不可预测性。因此，他的研究主题是复杂的和不确定的，"'人的科学'并不是教科书上物理学意义上的科学或技术"。

本书还提出，亚当·斯密追求的"人的科学"，属于对人类进步原因进行考察的一种原生理论，该理论是以变化为前提的。所以这一理论"归属于进化论"。《道德情操论》是对人类社会和道德规范的进化论式的阐述，《国富论》则在封建社会向商业社会转变的历史过渡中解释人类市场交换；斯密的法学理论促进了苏格兰法律体系中以判例为基础的普通法传统的形成，这也符合进化论。本书甚至猜测，斯密最终决定毁掉他尚未完成的作品的深层原因，也许是无论那些作品的思想多么丰富，都未能成功纳入一套统一的进化理论之中。如作者所述，斯密的"人的科学"并不仅限于进化论的范畴，不过几乎可以肯定它是进化论的核心部分。我们有切实的理由可以推断，斯密的著作对达尔文产生了强烈的间接影响。

第二，亚当·斯密的市场理论。我们讨论亚当·斯密和《国富论》，就要面对如何解读他的市场理论的问题。这本书的作者明确了这样几个前提性事实：（1）方法论上，从斯密对魁奈和重农主义者的批判中可以看到，他反对在政治经济学中使用高度理想化的和人为的假设。（2）斯密对市场交换的分析在知识结构上是处于中心位置的，但不是理想化的。市场概念从属于他想讨论的更广泛的内容。斯密明显在国际贸易中注意到了更广泛的非实体市场的概念，但是他倾向于将市场看成是具体的经营场所。（3）斯密从来没有把市场机制偶像化，也没有把市场交换看作解决经济弊端的灵丹妙药。他知道，许多经济活动根本不是通过市场来运作的。（4）斯密在《国富论》中的总结部分，即"导言和工作计划"一文中，没有一处提到市场或价格，其关注点是更具体、更历史化、更贴近数据、更注重政策导向的实证性研究。（5）市场不仅是靠收益或损失的激励来维持的，还需要靠法律、制度、规范和身份来维持。离开了这些非经济因素，就无法充分理解市场。

以亚当·斯密对待奴隶贸易的立场为例。针对有人以斯密提出的"自然自由体系"作为支持奴隶贸易的根据，斯密在表明鄙视奴隶制和奴隶贸易的态度同时，通过论证说明奴隶制和奴隶贸易并非源于自然自由，重商主义和垄断才是其始作俑者。斯密主要在《法理学讲义》中讨论奴隶制问题，他的重点是权利和法律；他在《道德情操论》中，用"轻浮、残暴、卑鄙"描述主张奴隶贸易的人；在《国富论》中也讨论了重商主义和殖民问题。

亚当·斯密的市场理论不是单一的，其要点包括：（1）人们并不因为参与经济交易而不再是社会人。任何对个人行为或市场运作的纯经济分析都是不完整的。同样，市场的运作并非独立于人类社会之外，而是嵌入人类社会之中的。它们不是数学上的抽象概念，而是具有特定历史、规范和价值取向的由人建构的机制。（2）人为扭曲的高利润会带来经济和道德危险。市场可能被贪婪和暴政支配，并与公共利益相背离，甚至发生直接对抗。（3）市场构建的不是一种纯粹的自然秩序，而是一种被创造和建构的秩序，一种能影响和塑造其参与者的秩序。如果市场是一种被建构的秩序，经济学永远无法达到精确科学的客观性。所以，所谓的"自然自由体制"并不是让人们为所欲为。（4）市场并不总是处在自由、平稳、竞争的状态，价格和工资亦然。所以，市场的价格未必总是正确的，所谓的"有效市场假说"难以成立。市场可能会表现不佳，市场会发生失败，导致经济不景气。这与凯恩斯在20世纪30年代的观点和逻辑是近似的。

总之，基于亚当·斯密的著作来看，我们没有理由认为他是一个自由市场主义者。

第三，亚当·斯密的"看不见的手"隐喻。亚当·斯密生前无论如何都不会想到，在他身后，影响力最大的竟然是他"看不见的手"的隐喻，现代人几乎到了将"看不见的手"和他本人画等号的地步，并因此形成不同的思想阵营。

其实，在斯密的全部著作中，并未对"看不见的手"进行泛化的理论处理，他仅三次提到"看不见的手"的隐喻，分别出现在《道德情操论》、《国富论》和《天文学史》中。其中,《天文学史》是完全不同的语境,可以忽略。在《道德情操论》中的语境是这样的:富人出于天生的自私和贪婪,通过提供投资和就业使穷人受益。"他们被一只看不见的手引导着,同等分配了生活必需品,这将使地球上的所有居民都同等地享用地球的一部分,从而在不经意间,在不知情的情况下,他们促进了社会的整体利益,并为物种的繁殖提供了方法"。在《国富论》中的有关文字是:"当人们选择支持国内工业而不是国外工业,他们只是为了保障自己的安全;而促进工业向最有价值的方向发展,他们也只是为了自己的利益。这种情形,与许多其他情况一样,个人被一双看不见的手牵着鼻子走,无形中推动了一个与自己的目的无关的目标的达成"。除了这三处之外,在斯密的著作中再没有关于"看不见的手"的说法。

亚当·斯密的"看不见的手"隐喻在他的经济思想中并非占有后来人们以为的地位,绝非是《国富论》的核心。在《国富论》中,亚当·斯密是在常识性、狭义的角度,从不需要资本管制的意义上使用"看不见的手"的提法。《国富论》第四卷中的延伸篇"关于谷物贸易和谷物法"详细探讨了市场的运作,却没有出现"看不见的手"这样的词汇。

亚当·斯密作为"第一个把市场、竞争和市场交换视为经济学核心问题的思想家",意识到通过公开竞争和自愿交换达成的市场可以发挥类似自然选择的作用。正是在这样的思想框架下,"看不见的手"的说法方得以成立。深入了解亚当·斯密就会发现他从未相信凭借一只无形的手可以维系市场的平等竞争,事实上,市场中的参与者之间可能存在信息和权力的不对称,商人不仅可以轻易地蒙蔽政治,甚至会走向"反对公众的阴谋,或某种提高价格的阴谋"。所以,现代人如果没有对亚当·斯密理论进行系统学习，很可能会偏离和误读他原本的"看不见的手"的思想。

第四，亚当·斯密的政治经济学。如作者提到的，亚当·斯密从来没有把政治学和经济学分割开来，也反对将经济活动从政治、心理学和社会学、伦理学中分割出来。"在斯密看来，没有纯粹的政治政府，也没有纯粹的经济市场。"根据亚当·斯密的思想，市场没有可能形成一种自我调节系统而不再需要政府的干预。

亚当·斯密真正的理论范围涉及历史学、哲学和政治经济学。他通过《国富论》"推动政治经济学成为一门独立的学科"。亚当·斯密的政治经济学体系包括几个强烈特征：（1）并不存在设定其中的反政府立场和倾向。亚当·斯密的思想是：市场，以及整个社会，一般是靠信任和信用来维持的，而这和某些事务的存在依赖于政府。对亚当·斯密来说，"财产的状态必须随着政府的形式而变化"是毋庸置疑的。（2）平等主义价值观。亚当·斯密是一个平等主义者。在《道德情操论》中，他鄙夷人类崇拜富人和权贵而轻视穷人的本能。"当富人和穷人的利益发生冲突时，他的本能和理论几乎毫无例外地站在穷人一边"。"如同他在《法理学讲义》中表达的，斯密对允许合并财产的制度，如继承法、长子继承制和田产制等用来捆绑几代人的土地制度，提出了极端的批评"。（3）重视利益集团和寻租现象。亚当·斯密睿智地识别和描述了他那个时代的特殊利益集团，以及寻租、勾结、游说等相互关联的问题及其影响，揭示了重商主义和殖民化之间广泛的联系。（4）国家利益和目标。用亚当·斯密的来说："每个国家政治经济的最大目标都是增加该国的财富和力量"。（5）法律、机构和制度为其主要组成部分。

亚当·斯密主张政治和经济不可被机械性分割，或者说任何一方都不可能与道德评价分离，这在他的时代，以及其后数十年中是一种相当普遍的观念。但是，"19世纪和20世纪经济学变得狭隘化，其专业的自信与知识和实践的局限性之间形成反差，其取得的成就牺牲了公众的尊重。现代经济学的世界是一个理性经济人的世界，其核心的'一般均衡理论'和'有效市场假说'非常有选择地借鉴了斯密的理论。现代经济学对斯密的思想进行挖掘，不仅是为了更好地理解和解释经济现象，而且出于适应其专业和意识形态的目的。在此过程中，它在很大程度上忽视了斯密世界观的核心特征——将市场活动嵌入规范的道德和社会框架内"。

第五，亚当·斯密的商业社会。穷尽亚当·斯密的著作，"资本主义"一词从未出现。"如果我们把资本主义看成是开放市场和作为独立机构运作并控制自主资本池的工业公司的结合，那么资本主义直到19世纪下半叶，即《国富论》出版约80年后才出现"。所以，亚当·斯密探讨最多的是商业社会，他不仅从经济学角度，还从法学、社会学乃至道德哲学的角度对商业社会进行分析，相关思想极为丰富：（1）商业社会是人类文明进化的四个阶段中的最后一个，即经过狩猎、畜牧业、农业社会之后，伴随市场和贸易的扩散，产权的扩大，人类进入商业社会。或者说，商业社会是"作为一个制度、法律、礼仪协同演化的系统出现的"。（2）在商业社会，正如亚当·斯密本人所说："每个人因此都靠交换生活，或者在某种程度上成为商人。"也就是说，人们自主创造了彼此之间的相互义务。（3）在商业社会体系中，包括了城市、贸易、制造业、商业合同、银行和金融机构、法律机构。（4）商业社会发展，使集体对社会秩序的需求变得十分重要，社会秩序的基础就是不断发展的法律和宪法秩序，这种秩序保护财产权，抑制暴力，抑制国家进行掠夺性的干预。（5）在商业社会，社会的税收体系可以支撑法院和法官的费用。刑事司法的性质转变为关注犯罪对社会的影响，国家日益垄断判决权和执行权，政府在社会治理中的地位越来越高。(6) 商业社会是一个追求物质利益的社会，一个讲究辞令、谈判、交易和讨价还价的社会。(7) 商业社会有助于国际自由贸易。贸易的扩张增加了经济自由，鼓励创新和专业化。

但是，亚当·斯密对商业社会的问题从来都是清醒的，他敏锐地意识到了商业社会的弱点，对商业社会坚持了批判精神：(1) 商业社会在"重商制度"和"排他性企业精神"面前的脆弱性。垄断、奖励金、关税和其他贸易限制构成对经济的负面影响。(2) 商业社会的"商人群体"是"这样的一群人，他们的利益与公众的利益从来就不完全相同，他们一般都有欺骗甚至压迫公众的动机，因此，在许多场合，他们既欺骗了公众，又压迫了公众"。作者提到，"公司一旦成立，其利益就是保证自己的生存，所以要抑制或阻止竞争，并阻碍新的参与者进入市场。这与以确保自由竞争和开放进入为目标的公共利益直接相悖。更严重的是，商人群体具有政治影响力"。所以，亚当·斯密从来没有放弃抨击商人的"卑鄙无耻"和"垄断精神"，他曾对东印度公司做过系统批评。(3) 商业社会产生腐败。(4) 商业社会倾向于压制一般人的教育、精神力量和理解力，商业社会对人们的思想构成威胁。

尽管如此，不容置疑的是"亚当·斯密是他那个时代新兴的商业社会的伟大捍卫者之一"。之所以这样说是因为，亚当·斯密认为，虽然他分析的商业社会与他推崇的"自然自由体系"还有一定差距，但是，商业社会是封建主义的奴性和个体依赖性的解毒剂，能够改善社会的道德和礼仪，能够创造"普遍的富裕"，即普遍的财富和繁荣。

如果将亚当·斯密的新兴商业社会理论和他身后的工业革命历史结合来看，很可能存在这样的一种历史逻辑：新兴商业社会奠定了工业革命的制度前提，包括产权、契约和法律制度，之后的工业革命最终将新兴商业社会转型为资本主义。也就是说，没有亚当·斯密所解析的18世纪的新兴商业社会，不可能催生出工业革命，而没有工业革命，就没有基于大工业的资本主义。

三

本书"引言"开宗明义地写道："今天我们提到亚当·斯密，常常会引起人们完全对立的反应。特别是自20世纪80年代以来，亚当·斯密一直是关于经济学、市场和社会的不同观点的竞争焦点和意识形态战场的中心。""但有一点是肯定的，在一个经济学家和经济学的影响力越来越大的时代，亚当·斯密被认为是迄今为止最有影响力的经济学家。"为什么会是这样？

第一，亚当·斯密的思想遗产是永不枯竭的思想源泉。亚当·斯密的著作，从早期的论文和修辞学著作，到《道德情操论》和从未发表的、鲜为人知但至关重要的《法理学讲义》，再到《国富论》，是一个被忽视的充满洞察力和智慧的宝库，丰富、多面、耐人寻味。"如果给他更多的时间，他可能还会继续研究艺术创作和政治活动。这一切都蕴含着一种动态的、面向未来的、不断展现的人类的可能性"。

当后人思考和研究亚当·斯密，在他的学说和文字的背后，确实能够感受到：他的学术研究中蕴含着惊人的雄心，或者说，在早期阶段，他就已经设置了宏大目标，形成了核心思想，并逐渐将其完善，形成了从修辞学、文学、思想起源、科学探究，到道德心理学、司法行政，最后是劳动分工、市场交换、财富创造和公共收入，以及与美国竞争相关的思考。这是相当不容易的。亚当·斯密终其一生，以他特有的敏感维持其思想的先进地位。亚当·斯密在 1789 年 11 月完成的《国富论》文本中，最大的变化是插入了全新的第六部分"论美德的品质"，探讨社会交往和法律如何塑造道德品格，以及个人对家庭、国家和整个世界的义务的性质。"这本书带有一种明显的哲学家接近生命末期的感觉，他希望分享自己的智慧"。

亚当·斯密本质上是一个哲学家，他本人很在意他人对此的认同。在亚当·斯密的人生中，休谟对他有过重大影响，他们之间有着深厚的个人情谊。亚当·斯密和休谟的"人的科学"，非常近似当今的社会科学。值得注意的是，亚当·斯密更倾向经验主义和自由主义风格。在构建知识体系方面，亚当·斯密超越了休谟。例如，休谟在其《人性论》中指出，达成社会共识并不需要社会契约，这可以自然而然地产生，无论是小规模还是大规模的合作，都不需要任何具体的决定或设计。亚当·斯密超越休谟之处是，他解释了这种规范如何能够自然产生，而且一旦建立起来就具有道德力量。此外，在概括休谟的提示和他自己关于语言交流的研究的基础上，斯密提炼出了"社会的语法"（the grammar of society）的概念和思想。

亚当·斯密和伯克有过交往，与伯克相比他更偏重理论，更相信天意的运作、和谐和秩序。斯密和伯克，既有不同之处又有相同之处，他们一起勾勒出了一种人道的、温和的保守主义。

第二，亚当·斯密的理论存在局限性，这包括在他的时代被他忽略的领域。例如，像作者提到的，亚当·斯密基本忽略了工业化和技术变革的重要性。"他对货币起源的推测很有意思，但也是错误的。他关于价值的论述令人困惑，他的生产成本理论和劳动价值论，被大多数 19 世纪的理论家证明是一个死胡同，除了一些马克思主义经济学家之外，今天几乎没有什么人认同这些理论。现代经济理论的一些核心领域，例如需求、边际效用、货币政策、大规模失业、商业周期等，《国富论》几乎没有什么直接的讨论。"1911 年，作为斯密的崇拜者，约瑟夫·熊彼特在《经济分析史》中，对《国富论》的分析思想、原则、方法，给予批判性评价，但同时，他肯定了斯密在《国富论》中所说的他的"诉求是对思想不究来源的整理、发展和综合"。尽管《国富论》是在前工业时代末期的著作，尽管亚当·斯密去世已经两个多世纪，他今天仍被誉为现代经济学之父，他的分析体系仍然是主流经济学的绝对基础。我们难以抗拒作者的总结，"微观经济学家仍然在斯密建立的对市场动态的分析框架中运作，而宏观经济学家则在他的利润、储蓄和投资理论中运作"。"从实践上讲，在斯密之后的经济学家很少有人不欠他的知识债，包括马克思和凯恩斯"。

但是，因为亚当·斯密的思想和理论遗产过于丰富和宏大，"横看成岭侧成峰，远近高低各不同"，这导致在过去的两个世纪里，围绕着亚当·斯密，一代又一代学者、经济学家、政治家、意识形态评论者、经济学爱好者，不断按照各自的价值观和立场解读他的思想，甚至不惜对亚当·斯密实行机会主义和实用主义的曲解。如同作者提到的，一些学者基于《道德情操论》和《国富论》，衍生出了"两个斯密"的迷思，即《道德情操论》所代表的秉持利他主义和人类善良的亚当·斯密，以及《国富论》所代表的倾向自私和贪婪的亚当·斯密。更有甚者，有人将亚当·斯密的形象附会为"市场原教旨主义"的开山鼻祖。

第三，亚当·斯密的现实意义。对我们来说，亚当·斯密的现实意义就是如何秉持真正的斯密精神进行社会革新。本书中提到，"革新必须从知识和思想开始。对经济学家来说，这意味着要提高对经济学本质和局限性的认识，经济学从业者要更加谦逊，并停止夸大科学客观性的主张。特别是理性主义者想把经济学变成一门无关价值的学科的想法是徒劳的，把经济学从政治学、社会学和伦理学中分离出来的工程即使在理论上也不可能成功"。

此外，"必须进行政治革新"。亚当·斯密"既不是自由主义者，也不是社会主义者，也不是社会民主党人，他很可能是一个温和的保守党同情者"。亚当·斯密相信，人类社会才是人类道德生活的根本源泉，他强调的是沟通和共同体，他"对左派和右派的极端分子都提出了挑战：放弃极端的愿望，重新建立政治的中间地带，再次参与到改革资本主义，维护和发展商业社会利益的现实的、复杂的、混乱的问题中去"。亚当·斯密主张的从实际案例而非基本原则出发进行推理，是"缓慢而渐进"的变革。亚当·斯密从来都肯定国家的重要性和弱点："没有一个政府是十全十美的，但忍受它带来的一些不便，总比反对它要好。"如作者所述，在当代，市场的作用和影响几乎超出经济范围，因此，市场永远不可能成为一种纯粹的商品和服务分配手段，所以现代国家不仅有能力破坏市场，在某些情况下也有能力通过谨慎的干预来改善市场的运作。

四

亚当·斯密和他的思想都是不朽的，甚至是鲜活的。可以预见，对亚当·斯密思想的研究还会继续下去，亚当·斯密的影响还会继续下去。在中国，严复在 1896 年 10 月到 1901 年 1 月，完成了对《国富论》的中文翻译，取名《原富》，共8册。[①] 该书1901年由上海南洋公学（上海交通大学前身）译书院出版。至今整整120年。在这120年间，亚当·斯密的影响不仅从未低落，而是高潮迭起。在中国，改革开放以来，主流经济学界将亚当·斯密视为自由主义和市场经济的象征，这对经济改革理论和实践都产生了严重误导。

在世界范围内，未来对亚当·斯密的研究仍然充满挑战。正如诺曼所说，"不同学科可能都对斯密的研究有所贡献，并提供了深刻的见解，但每一个学科所能提供的视角都不可避免具有片面性。所以，必须将它们整合在一起，才能给出一个统一的图景。毕竟，归根结底，世界只有一个，那就是人类世界"。

还是以阿格里科拉的《亚当·斯密死后》（1790年）的一段文字作为结尾：后来死神和赫尔墨斯在极乐世界互相吹牛，要把地球上最宝贵的东西带到这里比一比，赫尔墨斯从斯密书架上偷了《国富论》，而死神赢了这场比试——他带来了斯密本人。

朱嘉明

经济学教授，数字资产研究院学术与技术委员会主席

2020年12月27日于北京

[①] 严复采用的是索罗尔德·罗杰斯（Thorold Rogers）教授编校，牛津大学出版社1869年初版、1880年再版的《国富论》。

序二

亚当·斯密对现代社会的深刻影响

多少学过一点经济学或者看过一些经济类书籍的读者，都知道亚当·斯密是现代经济学之父，听到市场经济这个词就会想起斯密说的"看不见的手"，谈到市场分工为什么能提高生产效率，眼前就会出现他所描述的人们忙忙碌碌"制造图钉"的场景。在任何一本经济思想史的教材或很多经济学家的传记里，人们都会看到亚当·斯密，读到他的思想、他的生平。如果你已经知道亚当·斯密了，为什么还要看杰西·诺曼的这本书呢？我们又有什么必要再向你推荐这本书呢？

简单地说，答案就三句话：知道其名不等于了解其人，了解其人不等于理解其理论，理解其理论也不等于领悟现代经济学思想的精髓。

关于前两个理由，即通过这本书更好地了解斯密其人、理解斯密的理论，在此我不想赘述。请仔细阅读本书的前两部分"生平"和"思想"，你会在诺曼费心搜集的资料里和精心组织的文字中找到答案。所有的美好都藏在细节里，好书如好茶，静心品味足矣。

下面我们重点要说的是第三部分"影响"。在第九章开篇，诺曼细数了当前美国等资本主义国家存在的种种问题，即他称为"裙带资本主义"的各种表现。之后作者提出了一个非常尖锐的问题，作为现代经济学之父的亚当·斯密，"是他造成了我们目前的不满吗？我们应该在多大程度上认为斯密与裙带资本主义的兴起相关？"这的确是一个"致命的指控"。当然，诺曼在后文中为斯密做了详细而精彩的"无罪辩护"，忠实地履行了一个传记作者维护传主声誉的基本职责。不仅如此，他还进一步提出，如果要解决当今西方世界，尤其是发达资本主义国家面临的种种问题，我们不仅不能放弃斯密的经济理论，更要"回到亚当·斯密本人"，重新认识、思考和发扬他完整的社会学思想体系。

那么，什么是"亚当·斯密本人"，什么又是他完整的社会学思想体系呢？

在你细读作者的精彩论证之前，请允许我在此简要地介绍一下现代经济思想发展的脉络，希望我的梳理和思考能帮助大家理解原书、理解现代经济思想的精髓。

从 1776 年亚当·斯密出版《国富论》为经济学开宗立派算起，之后的 150 多年中资本主义经济虽然偶有发生危机、遭遇战争，但总体上可谓高歌猛进、蓬勃发展。经济学的发展也是顺风顺水，各个流派虽然偶有争论，但基本上都忙着开枝散叶、广纳门徒。但随着 1929 年美国股市的崩盘，20 世纪 30 年代世界陷入"大萧条"和二战的深渊。从"大萧条"以来，经济学家一直在思考"市场失灵"的原因，苦苦寻找防止和解决危机的办法。"大萧条"不仅是资本主义经济史上的梦魇，也成了经济学殿堂中的圣杯。

对此，凯恩斯给出的解释是"人们的动物精神"，开出的解药是"政府的需求管理和政策干预"。苏联的政治家和经济学者则回到了马克思，认为问题的根源是私有制，他们主张的解决方案是"实行公有制和计划经济"。熊彼特和哈耶克等自由主义者回到了亚当·斯密，他们对危机的解释是"毁灭性创新和自发秩序"，给出的保守治疗方案是"尊重市场规律、限制政府干预"。以这三种代表性思想为坐标，在二战之后的发达资本主义国家，经济思想谱系的左端是凯恩斯主义者，强调政府这只"看得见的手"的作用；右端是自由主义者，强调市场这只"看不见的手"的作用。在社会主义国家，虽然马克思主义政治经济学是主流思想，但在不同国家和不同历史时期，经济思想谱系也有左右之分。以苏联为代表的左端，经济思想主张纯粹的公有制和严格的计划经济，右端则是 20 世纪 80 年代开始改革的波兰和中国等国家，它们主张不同所有制成分的共存，发挥市场经济在资源配置中的作用。

如果只考虑"经济效率"一个维度，那么在很多人眼中不同的经济思想可以画成一条直线，最右边是强调市场作用的亚当·斯密，以及熊彼特和哈耶克等后世传人，居中者是强调政府干预的凯恩斯，最左边则是对资本主义制度进行颠覆式变革的马克思。但问题在于，不论是古典时期的斯密和马克思，还是他们之后的凯恩斯，都不是生活在一维世界里，也不是只关心经济效率的"经济人"。斯密除了《国富论》还写过《道德情操论》和《法理学讲义》，马克思除了《资本论》还写过《共产党宣言》，凯恩斯除了《就业、利息和货币通论》还写过《〈凡尔赛和约〉的经济后果》，参与过一战后的谈判和二战后期布雷顿森林体系的设计。因此，他们既是伟大的经济学家，更是伟大的社会学家和社会活动家。

因此如果考虑伦理、法制和政治等其他方面的社会问题，我们就需要在"经济效率"之外，增加一个"社会稳定"的维度，站在一个完整的"社会人"的角度，重新审视下图中这个两维的世界。

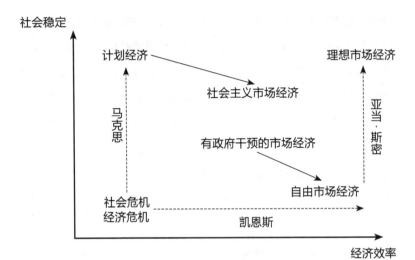

这时我们发现，站在左下角"大萧条"的位置，马克思和凯恩斯给出了两种完全不同的解释（图中虚线表示思想路径）。马克思认为"大萧条"的起因是资本家对工人阶级剩余价值的残酷剥削，造成社会收入分配严重不公，工人阶级有限的购买力与无法消化的资本主义的巨大产出，造成企业倒闭和"大萧条"。凯恩斯则认为"大萧条"起源于人们的动物精神，危机前人们会盲目乐观、过度投资，危机后又会陷入恐慌、需求不足。因此危机之后，政府可以通过扩大财政支出，弥补有效需求不足，把经济从衰退的泥潭中拉出来。正常情况下，政府也可以通过财政和货币政策进行需求管理，有效防止危机的发生。

遵循各自精神导师的指引，二战后的苏联和美国分别采用了不同的政策体制。根据马克思的理论，苏联从消除私有制入手对资本主义制度釜底抽薪，试图通过公有制保证社会公平和稳定，通过计划经济代替市场经济组织社会化大生产。事实证明，苏联的计划经济虽然实现了暂时的社会稳定，但是付出了经济增长和经济效率的巨大代价，终究不可维持。1978 年中国开始改革开放，以社会主义市场经济为目标开始不断探索（图中上方的实线箭头）。美国在战后则遵循凯恩斯主义的政策主张，实行有政府干预的市场经济体制。受 20 世纪 70 年代和 20 世纪 80 年代两次石油危机的冲击，西方发达国家普遍出现了经济滞胀，在此背景下，以美国和英国为代表的西方发达国家再度出现自由主义思潮，经济上也逐步放松了政府管制和调控，开始重回自由市场经济（图中下方的实线箭头）。2008 年美国爆发的金融危机很快席卷全球，不仅引发人们对"大萧条"是否会重来的恐慌，也再次引起了人们对自由市场经济的争论和反思。

在此背景下，诺曼在书中提出："革新必须从知识和思想开始。对经济学家来说，这意味着要提高对经济学本质和局限性的认识，经济学从业者要更加谦逊，并停止夸大科学客观性的主张。特别是理性主义者，想把经济学变成一门无关价值的学科的想法是徒劳的。把经济学从政治学、社会学和伦理学中分离出来的工程即使在理论上也不可能成功。经济学应当利用模型进行洞察教育和交流，而不是为了显摆。"因为"一旦承认信息不完善、人的理性有限、偏好形式和交易成本等现实，我们自认为的自由市场的大部分好处就失去了核心的经济理论依据"。

诺曼认为今天的经济学家们应该"回到亚当·斯密本人"。斯密关注的问题是："我们如何生活在一个通过人与人之间的互动产生价值观的世界里。"也就是说，斯密要解释的是我们作为"社会人"，如何面对和解决道德、政治和经济问题。因此在斯密看来，我们需要一个完整的社会学体系来回答上述问题，为此他写了《道德情操论》研究伦理学，写了《法理学讲义》分析政治架构的法理基础，写了《国富论》研究政治经济学和国家政策。这三本著作可谓"三位一体"，反映了他对整个社会学体系的全面、系统而深刻的思考。正如诺曼所说，"如果只看斯密思想的一部分，就会忽略其整体的力量和一致性"。

总之，诺曼认为今天的经济学家必须放弃脱离实际、错误狭隘的所谓"理性经济人"理论，像亚当·斯密当年做的那样，关心人们作为"社会人"，在真实世界中面临的种种问题和挑战，"把握其他学科的相关性以及规范、价值观、认同和信任在经济解释之内及其之外的重要性"。

这本书中的很多观点，笔者都深以为是，因此乐而提笔为序。序之将终转而掩卷长思，中国的经济学人，又该走什么样的思想之路呢？我们真正理解马克思吗？我们从亚当·斯密、从凯恩斯，从所有西方经济学中，学到的哪些是术？哪些又是道呢？就像中国的复兴之路，是中国人历经万难，自己走出来一样；中国经济学的思想之路，也要遇山开路、遇水搭桥，靠一代又一代中国经济学人的继承、努力和智慧开创出来。

袁志刚

复旦大学经济学院教授

2020 年 11 月于上海

引言

> 亚当，亚当，亚当·斯密，
>
> 听好了，我对你的指控！
>
> 你不是说过，
>
> 在课堂上的某一天，
>
> 自私必然要付出代价？
>
> 那是所有教义的精髓所在，
>
> 是吗，是吗，是吗，斯密？
>
> ——斯蒂芬·李科克①

今天我们提到亚当·斯密，常常会引起人们完全对立的反应。特别是自 20 世纪 80 年代以来，亚当·斯密一直是关于经济学、市场和社会的不同观点的竞争焦点和意识形态战场的中心。对许多政治右派来说，他是现代社会的奠基人，在一个充斥着乌托邦幻想的世界里，他是最伟大的经济学家，是个人自由的雄辩家，是国家干预的坚定敌人。对许多左派人士来说，他的地位截然不同，他是市场原教旨主义的始作俑者，是活动家和作家娜奥米·克莱因所说的"当代资本主义教科书"¹的作者，是席卷全球的唯物主义意识形态的主要推动者，是财富和不平等以及人类自私的辩护者，而且他还是一个厌恶女性的人。

但有一点是肯定的，在一个经济学家和经济学的影响力越来越大的时代，亚当·斯密被认为是迄今为止最有影响力的经济学家。在

---

① 斯蒂芬·李科克是加拿大著名的幽默作家，他同时也是经济学家，文中引用的部分出自其 1936 年出版的作品 *Hellements of Hickonomics*。——译者注

2011 年对 299 位经济学家的随机调查中，[2]亚当·斯密以巨大的优势位居影响力排行榜第一位，他被引用了 221 次，而凯恩斯是 134 次，其余学者均在其后。亚当·斯密的学术声誉也不限于经济学家：对英文期刊数据库 JStor 上 1930—2005 年的参考文献进行的详细研究表明，亚当·斯密是迄今为止被引用最多的经济学大师。根据最新数据，亚当·斯密的被引用总量比马克思、马歇尔和凯恩斯加在一起还要高，是被引用量最高的现代经济学家的三倍多。

亚当·斯密的影响力因其思想的广泛性而被放大。在经济学之外的领域，过去 200 年里，在哲学、政治学、社会学等领域中，许多著名思想家的观点都在一定程度上带有他的印记，包括伯克、康德、黑格尔、马克思、韦伯、哈耶克、帕森斯、罗尔斯、哈贝马斯以及最近的阿马蒂亚·森。斯密提出的良好税收的四原则成了全世界税收制度的基础。他的名言"看不见的手"在演讲厅和媒体评论版上随处可见。他有一个专门的研究所、一本同行评议杂志，世界各地还有许多以他名字命名的学会。在普希金笔下，叶甫盖尼·奥涅金也研究过他。[3]他的脸还印在英国 20 英镑纸币的正面，面无表情地盯着我们。[4]

除了崇拜和诋毁，同时也出现了另一种普遍的倾向，即把亚当·斯密视为一个吉祥物，利用他无与伦比的威望来推销自己的意识形态。的确，亚当·斯密的思想以及他的名声是如此强大，以至于各派政治领袖都想利用他作为支持者。玛格丽特·撒切尔在 1988 年的苏格兰保守党会议上曾以挑衅的态度说："有人告诉我苏格兰人不喜欢撒切尔主义……我觉得非常不可思议，因为苏格兰人早在我之前就发明了撒切尔主义。"她将自己的政治信仰追溯到亚当·斯密、弗格森和休谟的作品中，并说道："财富将被创造出来并使更多人受益"，

"明智的政府选择袖手旁观，充分利用个人的努力来改善整个社会的福祉"。[5]

而作为工党成员，英国前首相戈登·布朗更胜一筹，他与亚当·斯密的出生地一样，都是法夫郡的柯科迪，布朗通过这一关联将自己与斯密联系起来。2005 年，作为英国财政大臣，布朗邀请时任美国联邦储备委员会主席，后来成为他的经济顾问之一的艾伦·格林斯潘在柯科迪举办关于亚当·斯密的演讲，格林斯潘在演讲中说："在一定程度上，财政大臣了不起的经济和金融能力，受到了这块人杰地灵的土地的潜在影响。"[6] 在同一年晚些时候，布朗在雨果·扬的纪念演讲中宣称："我和亚当·斯密一样来自柯科迪，我已经认识到他的《国富论》是以他的《道德情操论》为基础的，他的'看不见的手'有赖于援助之手的存在。"[7]

正如这些例子显示的，亚当·斯密的思想是如此丰富，如此多面，如此耐人寻味，以至于诱使人们过度解释或直接挪用他的思想。事实上，如果将语境引申到极致，甚至可以说他已经对一系列当代事件做出了预测。其中之一就是名人政治的兴起，这源于现代科技与人类崇拜富人和权贵的倾向的相互作用，以及人类相互同情的能力，斯密在《道德情操论》中讨论了这两个观点。另一个是英国脱欧的逻辑。毕竟，斯密在谈到美洲殖民地时认为，英国面临着一个明确的选择：要么完全脱离出来，要么组成一个帝国联盟，如果选择后者，其主权以及政府所在地，在适当的时候都会慢慢转移到美国，等等。

最终，人们创造了一个被称为"亚当·斯密"的夸张形象，围绕它编织了一个庞大的神话体系。这些神话与亚当·斯密很少有关联，但与我们自己不断变化的问题非常相关。我们可以在长期的诠释中看到同样的模式。因此，如果我们通过 19 世纪和 20 世纪对自由贸易的关注视角，以及将经济学视作一门专业的数学学科的视角来看待斯密，那么结果就是突出了"经济的斯密"，即以《国富论》为代表作的斯密，却可能把"政治的斯密"和"道德的斯密"排挤到了一边。就政治而言，他在《国富论》和未发表的《法理学讲义》中探讨了权力、财产和政府如何共同发展，以及商业社会的性质和影响；就道德而言，他在《道德情操论》中提出了关于道德和社会规范如何由人类社会创造和维持的惊人的现代化论述。本书的部分意义就在于重申斯密的思想体系中这些被忽略的内容，使其呈现出一个更全面的图景——不仅介绍亚当·斯密的经济学理论，还介绍他更广泛的知识体系。

　　甚至有很多经济学家，也投入了这种选择性解释的热潮。芝加哥学派经济学家雅各布·维纳曾这样评论《国富论》："在那本无所不包的书中，人们能想到的每一种学说都能在其中找到痕迹，一个经济学家如果不能够引用或者故意不引用《国富论》来支持他的论题，那他一定有很特殊的理论。"[8] 事实确实如此。

　　维纳最著名的学生的一个例子就足以说明这个问题。[9] 1977 年，米尔顿·弗里德曼为知名财经杂志《挑战》（*Challenge*）撰写了一篇著名的文章，[10] 他在前一年刚刚获得诺贝尔奖，他承诺要阐明"亚当·斯密与今天的相关性"。对弗里德曼来说，亚当·斯密在他自己的时代是"激进的、革命的"，就像弗里德曼在自己的时代一样。在弗里德曼看来，斯密认为他所处的社会被"过度治理"，所以他反对国家干预，就像弗里德曼在自己的时代一样。斯密"看不见的手"的学说反映了他的观点，即人类的同情心是不可靠的、有限的，需要节约的，而自由市场则会给人类带来福祉，这正如弗里德曼的观点，在漫长的职业生涯中，他一直致力于阐述类似的观点。

然而，在提出这些基本命题之后，弗里德曼发现自己遇到了一些困难。[11]他解释说，确实，亚当·斯密还说过各种与上述立场相冲突的话：他曾为利率上限辩护，并支持政府建立和维护某些公共工程和公共机构（可能包括道路、桥梁和运河），并承担建立学校的义务。但他认为这些言论都不是严重缺陷，对整体来说，瑕不掩瑜。

新自由主义学术团体协会朝圣山学社发表过这篇论文，现在看来，这是一篇通俗文章，而不是学术文章。它反对 20 世纪 70 年代末美国经济出现"硬化症"①的观点。作为一个调整事实以适应某一理论的案例研究，这篇文章可是相当出色。因为弗里德曼的很多描述都有些离谱。事实上，亚当·斯密不是激进派，也不认为自己是激进派；他似乎并不相信他所处的社会是"过度治理"的（也许除了美洲殖民地之外），不管这意味着什么；他也没有把"看不见的手"发展成学说，事实上他也没有提出关于市场如何运作的单一理论；他不认为自由市场总是为人类的福祉服务；他也不认为人类的同情心在本质上是有限的或需要节省。

本书的主题是关于亚当·斯密在这些问题和一些其他问题上到底是怎么想的，以及为什么他的思想仍然具有深刻的意义。更重要的目的是戳破迷思，建立亚当·斯密整个思想体系的联系，包括其对哈耶克、凯恩斯和马克思等不同经济思想家的影响。但即使在坟墓里，斯密也不会让传记作者轻松，他的一生是献给学术的平淡无奇的一生，在他去世前，他指示他极不情愿的遗嘱执行人烧掉了他几乎所有的手稿，关于手稿的内容我们只能凭空猜测。斯密的《法理学讲义》是他思想中经常被忽视但又至关重要的内容，之所以能够留存，也是运气

---

① "硬化症"是一个比喻，指在经济增长的情况下仍然出现了失业增加的现象。—译者注

使然。

亚当·斯密思想中许多深刻的内容都与他最亲密的朋友大卫·休谟有关系。在很多方面，他们是一对不同寻常的朋友。休谟比斯密大12岁，他世故、开朗、机智，爱讲闲话、开玩笑和讥讽，喜欢打牌，喜欢美食和卖弄风情。相比之下，斯密矜持、内向、深思熟虑，在公开场合往往相当严谨，不过他在私下也能放松。休谟是斯密最亲密的对话者，远超任何其他思想家；尽管他们在理念上并未建立真正的哲学联系，但在斯密的作品中，即便有许多不能说是直接受到休谟的影响，人们也总是能从中感觉到休谟思想的影子。尽管两人的分歧点很多，但称斯密为休谟的弟子也不为过。

按照当时的标准，亚当·斯密的观点基本上是一个辉格派，[12] 这个词意味着对君主立宪制、宗教宽容和个人自由等美德的信仰。但斯密一生对个人政治观点讳莫如深。他从未结婚，也没有孩子。据我们所知，他没有秘密的爱情，没有不为人知的恶习，大学时期没搞过恶作剧，成年后也没什么不当行为。当谈到有趣的私人生活，斯密的私生活就同干燥无趣的撒哈拉沙漠。[13] 用他的第一本传记作者杜格尔德·斯图尔特的话来说，斯密"似乎不希望为他的传记作者留下任何材料，他只想让人看见代他天才的不朽的纪念碑，以及他堪称典范的私人生活"。

尽管情况不乐观，但斯密并不缺少传记作者。[14] 近年来，他极受青睐，除了不断扩充的学术文献外，还有一些作品煞费苦心地整理了他的生活细节，在爱丁堡的知识背景和苏格兰启蒙运动的思想背景下，这些作品生动地将其生活重新呈现在大众面前，并详细探讨了他的知识和兴趣的各种细节。我怀着极大的感激之情从这些作品中自由地汲取灵感。

本书不可避免地包括很多重复的内容。当然，书中的内容也不免有我自己的成见，尽管我已经尽可能地保持内容的平衡和公正，但也很难摆脱知识的片面性和视角的局限性等一般缺陷，我欢迎读者对这些缺陷进行纠正和提出意见。本书与前辈们的著述有三点不同之处。第一，本书不是由一位专业研究亚当·斯密的学者写的，而是由一位在职的政治家写的，一位具有哲学学术背景的政治家，也就是说，是由一位实际上与政治经济打交道，并且试图理解和解释政治经济学现代性质的人写的，所以本书既具有理论性，又富有实践性。第二，我希望本书不仅能让读者领会亚当·斯密的思想，而且还能让读者领会这些思想在一个非常广泛的跨度中是如何相互运作、配合，自成体系的。第三，本书对亚当·斯密思想的重要性和持续的相关性进行了具体的、切中要害（我希望是）的论证。

巧合的是，亚当·斯密和伟大的爱尔兰哲学家、政治家埃德蒙·伯克是好朋友，我在 2013 年出版的一本书《埃德蒙·伯克：现代保守政治教父》正是以伯克的生平为主题。斯密和伯克互相钦佩，他们在思想上有许多重合之处，也有许多不同之处。据说斯密曾经说过："伯克是我认识的唯一一个在经济问题上与我的思想完全一致的人，而且我们此前没有任何交流。"[15] 他们两人共同标志着世界历史上一个不平凡的时刻，在这个时刻，现代的政治和经济轮廓首次显现，被深入分析并给予公开解释。伯克是讨论现代政党和代议制政府的第一位伟大理论家。斯密是第一个把市场概念置入政治经济学和经济学的中心，并将规范的概念置于社会学中心的思想家。伯克是我们通向政治现代性的枢纽，斯密则是我们通向经济现代性和社会现代性的枢纽。[16] 这些都是重大的成就。

但斯密和伯克一样，他不仅仅是一个历史人物，本书也不仅仅是一本传记。斯密的思想和他的影响力，到今天仍然鲜活。在当今世界，无论是发达国家还是发展中国家，都面临着巨大的挑战，这些挑战包括但绝不限于：如何推动和维持经济增长，如何处理全球化和不断升级的不平等问题，如何在具有不同的历史、利益和信仰的共同体之间建立道德理解。斯密的思想中蕴含的野心和智慧，其中体现的简洁性和广阔程度，到今天仍然让我们惊叹不已。这些思想对我们应对这些挑战的任何尝试来说都是至关重要的，需要得到广泛和充分的理解。我们不仅要认识亚当·斯密的思想，还要知道它为什么重要，并为了下一代，找到应用其思想的新的可能。

第
一
部
分

生平

Part One

Life

第一章

柯科迪男孩，
1723—1746 年

这是历史上最有趣的传说之一。大约在 1726 年，玛格丽特·斯密带着她唯一的儿子，快 3 岁的亚当·斯密，和他的舅父一起住在法夫郡斯特拉森德利，这里距离他们在苏格兰东海岸柯科迪①的家只有几英里。伟大的约翰·雷是 19 世纪时亚当·斯密传记的作者。根据他的记录，当时发生了这样一件事：[1]

> 一群过路的吉卜赛人偷了这个孩子，孩子的母亲一直找不到他。忽然有一位绅士说他在几英里外碰见了一个吉卜赛女人背着一个可怜的孩子。巡警立刻出发……他们在莱斯利森林找到了那个吉卜赛女人。女人一见到巡警就把孩子扔下逃跑了，最后孩子被带回了母亲身边。

后来人们常常讲起这个故事。斯密的朋友，哲学家杜格尔德·斯图尔特，在第一次谈起这个故事时曾称赞道，这次救援"为世界保住了一个天才，他命中注定要扩展科学的边界，并为欧洲的商业政策带来新的启迪和改革"。[2] 但任何好事导致的结果可能都是双向的，亚

---

① 柯科迪是苏格兰法夫郡的一个城市，距离爱丁堡市大约 11.6 英里。柯科迪被当地人称为"长镇"（Lang Town，意同 Long Town），是苏格兰口音的音译。——译者注

当·斯密后来"心不在焉"①的形象广为流传，约翰·雷也曾调侃道："我担心他会成为一个可怜的吉卜赛人。"

亚当·斯密一直在母亲的关注中生活，他们母子之间的联系异常紧密，在一起生活了60多年。斯密出生于1723年6月5日（或者更早），他和牛顿一样是个遗腹子。他的父亲老亚当·斯密在他出生前5个月就去世了，年仅43岁。老斯密通过公共服务和法律工作一路晋升，最终成了柯科迪的海关监察。斯密家族在历史上留下的信息很少，但我们可以知道他们大概来自阿伯丁附近的西顿地区，老斯密从那里出发去爱丁堡学习法律。1705年，他成为苏格兰劳登伯爵的私人秘书。劳登伯爵是当时苏格兰的两位国务卿之一，参与了《联合法案》②历经两年的复杂谈判，1707年英格兰和苏格兰通过了《联合法案》。在那一年，老斯密成为格拉斯哥市的公民，他的家庭与这座城市更加紧密地联系在一起，而且他还获得了一个皇家职位——军事法庭书记，负责军事审判。同年，他还被任命为律师，取得了提供财务和不动产咨询服务的资格，这是一个很有专业含金量的职位。

老亚当·斯密结过两次婚，这两次婚姻都帮助这个出身小士绅阶层的年轻人提升了社会地位。他的第一任妻子，莉莉娅斯·德拉蒙德（或者叫莉莉），来自爱丁堡一个有名望的家庭。1709年他们有了一个儿子休，他是亚当·斯密同父异母的兄弟，比斯密大14岁左右。莉莉生下孩子后不到10年就去世了，只给丈夫留下了一个孩子。

---

① "心不在焉"（absent-mindedness）是一种对学者的刻板印象的调侃，类似于中文中的"书呆子"，人们倾向认为在学术上非常成功的学者在生活中非常笨拙。1961年著名的美国漫画作品《心不在焉教授》让这一概念更加流行。——译者注

② 1707年，苏格兰议会通过了《联合法案》，苏格兰和英格兰两个王国联合成立大不列颠王国。——译者注

1715 年爆发了詹姆斯党人叛乱①，这次叛乱在谢里夫缪尔战役之后无疾而终，战乱逐渐平息，汉诺威党被阿盖尔公爵二世控制，军事法庭有很多工作需要老斯密处理。

当时老斯密还担任柯科迪的海关监察。他从爱丁堡去了柯科迪，显然心存疑虑，但仍期望能从苏格兰海关系统的重组中获得一些好处。柯科迪到福斯湾的直线距离仅 10 英里，但是当时横跨海洋的福斯大桥尚未建成，海湾边的陆路十分漫长。于是当地人把那个长条形的小镇称作"长镇"。小镇的建筑就在海岸边沿着一条主干道蔓延开来，镇子长约 1 英里。这个地方在历史上颇有地位和渊源：此地大概从 1450 年开始就是皇室自治区，有资格进行海外贸易和销售外国商品，并且有资格派代表参加议会。16 世纪，柯科迪港口一直是苏格兰向欧洲大陆输出煤炭、盐和亚麻的出口，是一个繁荣的贸易中心。但是 17 世纪 40 年代的内战，威廉三世和玛丽二世统治期间与法国的战争，17 世纪 90 年代的歉收和饥荒等一系列事件对贸易造成了严重冲击。再加上后来美国殖民地的扩张，尤其是烟草贸易的发展，导致苏格兰的贸易经济中心越来越向格拉斯哥和西部地区转移。1707 年英格兰和苏格兰的联合加速了这一进程，在《航海法案》的要求下，苏格兰贸易商不得不融入更大的英国市场。

老斯密于 1714 年抵达柯科迪，当地经济正处在下滑期，到 1755 年，该镇人口减少到 2 296 人，几乎不到 1 个世纪前的半数。而且由于海关监察的收入在很大程度上取决于针对贸易额的收费，经济衰退对老斯密的财务收益很不利。更糟糕的是，由于停止了征收农业税，

---

① 詹姆斯党是支持斯图亚特王朝君主詹姆斯二世及其后代夺回英国王位的一个政治军事团体，多由天主教教徒组成，于 1688—1746 年在英国掀起了一系列以夺回王位为目的的叛乱和战争。——译者注

为了弥补财政亏空，新的爱丁堡海关专员委员会又开始大力打击走私，激起了当地人民的不满。老斯密本人聪明且有教养，他年轻时曾前往法国，在去波尔多的途中还遭遇过海难。他的家中充斥着自由主义的氛围，家里的小图书馆藏有大约80本书，大部分是法律类、宗教类，也包括历史、文学和自我提升的书籍。柯科迪的地理位置很靠近爱丁堡，但是从文化、经济及政治方面看，与爱丁堡咖啡馆高谈阔论的大城市氛围还是相差甚远。

不过斯密家族在这个小镇还是有了很大收获：老斯密认识了家庭背景深厚的玛格丽特·道格拉斯，她是法夫郡望族的后代，她父亲来自道格拉斯家族，母亲来自巴尔福斯家族，都是有影响力的大家族。道格拉斯家有很多军方的人脉，玛格丽特的父亲罗伯特·道格拉斯也曾在1689年被任命为民兵团的上校。这些似乎给亚当·斯密留下了深刻印象。在很多年后的1763年，詹姆斯·博斯韦尔记录道："格拉斯哥的斯密先生曾告诉我，他的朋友们曾因为不想让他参军而试图割他的喉咙。"[3] 作为亚当·斯密曾经的学生，博斯韦尔认为这个故事非常荒唐，之后认识这位知名哲学家和政治经济学家的人想必也有同感。

玛格丽特和老斯密在1720年成婚，但不到3年老斯密就去世了，死因不明。对这位准妈妈和她年轻的继子休而言，老斯密的死是莫大的打击。对休来说，他再次失去至亲。也许正是出于这个原因，玛格丽特给亚当·斯密取了和父亲一样的名字，并且一生都与他非常亲密。和许多丧父或是父亲缺席的成长故事一样，亚当·斯密继承了父亲的生活，他在长大后成了一个严肃的年轻人，把大部分时间花在思考法律、贸易以及如何优化经济上，后来还加入了苏格兰海关委员会（不仅仅是柯科迪的监察）。

许多人认为亚当·斯密出生在柯科迪的高街（可惜房子早已被拆除）。在儿子出生前，老斯密可能已经预感到了死亡，他在 1722 年 11 月，也就是他去世前两个月，重新立了遗嘱。遗嘱中指定了"导师和监护人"（都是男性）来帮助玛格丽特抚养孩子。被指定的人中包括亚当·斯密的两个叔父，以及其他一些和斯密夫妇有私人关系或社会关系的人。来自邓尼克 ① 的詹姆斯·奥斯瓦尔德是其中之一，他虽然是外地人，但已经成为当地最大的地主，他支付了老斯密葬礼的费用；还有老斯密的一个侄子和一个堂兄，名字都叫威廉·斯密，他们一个为有权势的阿盖尔公爵二世当秘书，另一个在阿伯丁的马里沙尔学院做校董秘书；还有亨利·米勒，他是著名的大卫·米勒的亲戚，在柯科迪的一个学校当校长；还有两个出身显赫的监护人来自佩尼库克的克勒克家族，一位是约翰·克勒克男爵二世，他曾在莱顿大学学习历史，并在罗马的科雷利门下学习历史、建筑和音乐，他拥有财政法庭男爵的肥差，还积极推动启蒙思想在科学、艺术和文化等领域的深入发展；另一位是来自礼斯顿谢尔 ② 的约翰·克勒克博士，他是公共卫生方面的革新者，也是 1729 年爱丁堡医院的创始人之一。可见，亚当·斯密虽然缺少了父亲的陪伴，却是在一个多元而庞大的亲友网络中长大的，他周围的长辈人脉丰富、乐于助人，有独立思考能力，并且富有远见。

即便如此，年轻的单身母亲的生活还是很艰难。那时每 4 个孩子就有一个会在出生时或婴儿期夭折。[4] 小亚当·斯密常常生病，他的身体也不强壮，而他们家有时也拿不出钱来。1730 年，玛格丽特不得不写信给劳登勋爵，追讨他拖欠的一只债券的 6 年利息。那时劳

---

① 　邓尼克（Dunnikier），柯科迪的一个地名。——译者注
② 　礼斯顿谢尔（Listonshiels），爱丁堡的一个地名。——译者注

登勋爵因为南海经济泡沫的崩溃而陷入了财务危机，玛格丽特在信里表示自己"非常贫困"。[5]道格拉斯家的亲戚也没能提供多少经济上的帮助，直到 1750 年 12 月，亚当·斯密 27 岁时，玛格丽特才从她父亲的遗产中获得一些钱。

虽然在经济上总是紧张，玛格丽特仍然对亚当·斯密投入了很多的爱和关注，斯密对母亲也是一样。杜格尔德·斯图尔特在 1793 年记录了斯密的一生，那时距离斯密离世不久，斯图尔特的记忆还很鲜活，他写道："人们指责她（斯密的母亲）对他（斯密）过于放纵和缺乏限制，但是这并没有对斯密的性情造成什么坏影响；斯密也从回报母爱中获得了难得的满足感，他在 60 年的漫长岁月中尽可能地孝顺母亲。"

休被送到珀斯的一所寄宿学校，后来他像他的父亲和斯密家族的其他亲戚一样，在当地海关大楼中工作，直到 1750 年去世。亚当·斯密则去了柯科迪的一所学校。那是一所不寻常的学校。1496 年，苏格兰议会通过了一项教育法案，要求"所有男爵和富裕的自由人"将他们的长子在八九岁时送入文法学校学习拉丁语，并在三年后学习法律。该法案的目的是在苏格兰建立义务教育体制，旨在加强地方政府的行政能力，改善司法效率，让"穷人不需要为了每一次小纠纷都来找领主当主审人"。这项法案提升了教区学校的质量，让教区学校有能力为当地学生提供文法教育。柯科迪的学校就是这样一所学校，它成立于 1582 年，在亚当·斯密上学时由大卫·米勒接手。米勒原本在附近的库珀的一所学校当校长，被重金聘请来。或许是由于雄心勃勃的"邓尼克夫人"的推动（即奥斯瓦尔德夫人，她早年丧偶，有个儿子需要接受教育），1724 年，市议会不仅同意提高米勒的薪水，还要提高学费，建一栋新校舍，并且完全采用米勒制定的课程大纲。

这是一项明智的投资。米勒不仅教他的学生阅读、写作和算术这些基础知识，更提供了一种古典教育方法，包括古代历史、拉丁文（还有希腊语的启蒙）和宗教教育，还包括回答在教理问答中的问题。另外他也让学校更注重有效的自我表达和修辞教育。其他类似的学校并非不知道这些理念，那些学校纷纷组织演出约瑟夫·阿迪逊的《加图》（一出宣扬斯多葛派的自律和自立理念的戏剧，在 18 世纪备受推崇）。米勒在这方面走得更远，他自己创作了一部戏剧，亚当·斯密正好参与其中。[6] 米勒成立了"皇家咨询委员会，为男孩们提供正规教育及所有其他发展的基础"，他让男孩们模拟组建了一个理事会，模拟听取不同行业的成员提出的请愿并做出回应的情景。通过这种方式，米勒的学生们接触到了公开演讲，更确切地说是接触到了"公共生活"，同时也向他们的父母传递了明确的信息——如果他们希望继续享受这些教育成果，就应该接受更高的学费，并继续送孩子去学校。这得到了家长们的热烈欢迎。

在《国富论》中，亚当·斯密大力称赞苏格兰的教区学校体系，认为英格兰的慈善学校相比之下做得不够好。他一定是想到了自己经历的学校教育。他对拉丁文法学校更倾向于教授初级几何和力学的做法很失望。他接受了充分的良好的经典教育，在后来进入格拉斯哥大学时甚至获得了可以豁免第一年的补习课程的资格。亚当·斯密在结交同辈朋友方面也很幸运。他最重要的一个朋友是小詹姆斯·奥斯瓦尔德，他比斯密年长 8 岁，后来成了一个杰出的地方议员，他是斯密终身的朋友，后来的研究者认为是他引发了斯密在政治经济学方面的兴趣。另一位重要的朋友是约翰·德赖斯代尔，他是苏格兰教会温和派的重要成员。还有亚当一家杰出的建筑师，威廉和他的 3 个儿子，其中一个儿子罗伯特·亚当后来成了国王的建筑师，设计了寇松家族的华丽宅邸、凯德尔斯顿庄园和爱丁堡皇家交易所，并且开创了富有个人特色的新古典主义风格。

对年轻的斯密来说，柯科迪本身就是一个教育场所：它的规模不大，可以让他深入了解，同时又很精彩和多样化（可以开阔眼界）。柯科迪的市场，就像所有类似的市场一样几乎就开在家门口，有大量的行会制定规则，依靠惯例行事。在社区生活中起核心作用的当地长老教会也以同样的方式运行。柯科迪也是一个活跃的国际港口，在17世纪曾有一个拉脱维亚领事馆。因为这些渊源，尤其是对熟悉海关大楼的人来说，柯科迪能提供很多关于贸易的信息，启发各方面的深入见解，例如贸易的类型、条件、模式等等。尤其是当时盛行的走私行为对年轻的亚当·斯密来说一定很容易接触到，可能就是这一现象启发了他对走私的成因和影响的早期思考。同样还有经济增长带来的影响。到18世纪30年代中期，法夫郡的经济开始改善，尤其是亚麻贸易的发展，受到当地经商的地主的推动。奥斯瓦尔德家在帕斯黑德（离柯科迪镇不远的地方）的制钉厂，可能在很大程度上启发了斯密后来的劳动分工论。斯密在去往邓尼克的大宅的路上，有很多机会观摩钉子的制造过程。如果我们的猜测没错，这些场景给斯密提供了很多素材，这个阐释工业专业化的简单例子在《国富论》中占据了核心位置。

年轻的亚当·斯密身体并不强健，他的笔迹一直都是"圆形的小学生笔迹"。[7] 在他的一本学校教科书中仍然可以见到他大而圆的字迹，好像写得很费劲似的。但显然他是一个非常优秀的学生，并且素有和善可亲的名声。斯图尔特记录说："斯密先生很快就引起了大家的注意，他对书籍充满热情且记忆力非凡。他羸弱的身体使他无法参加更多的娱乐活动，但他仍然深受同伴喜爱，他性情独特，不仅温和，还十分友好和慷慨。"

　　1737 年 10 月，亚当·斯密上了格拉斯哥大学。这个选择并不是提前决定的，他原本可以有更合适的去处——比如近在咫尺的圣安德鲁斯或者爱丁堡，虽然要跨海但也不远，另外斯密家族和阿伯丁的马里沙尔学院也一直都有联系。但斯密命中注定要去格拉斯哥。对苏格兰来说，当时的格拉斯哥和格拉斯哥大学都处于快速变化中，斯密在其中做了不小的贡献。

　　1707 年英格兰和苏格兰之间的《联合法案》在当时引起了极大的争议，几年后争议也没有平息，因为古老的苏格兰独立问题一直反复引起纷争。英格兰和苏格兰的联盟，到底是因为苏格兰在经济和政治上太弱势需要联盟，还是英格兰单方面压迫和操纵的结果？作为一个国家，苏格兰与英格兰联盟究竟是获得保护并走向强盛的手段，还是剥夺了苏格兰与生俱来的独立权的一种彻底的背叛？这些对立的观点总是使人们争论不休。

　　苏格兰人和英格兰人的利益一直是对立的，联盟主义本身就是一个现代才有的发明，很不符合苏格兰传统。但无论怎么争论，在某些关键问题上事实很清楚。首先，苏格兰在 17、18 世纪之交在经济和金融方面都在苦苦挣扎。苏格兰的制造业很少，经济规模小，绝大多数地区是农村，出口产品也局限在食品和原材料上。17 世纪 90 年代，苏格兰发生了多次粮食歉收，导致许多人因饥荒而死亡。于是大量的人口迁出，1650—1700 年，多达 10 万苏格兰人在爱尔兰的阿尔斯特定居。在一个贸易完全由国家控制的时代，苏格兰非常缺乏经济和军事力量，以至于它面对英格兰的高关税和《航海法案》①几乎无

———————————

①　1651 年 10 月，由克伦威尔领导的英吉利共和国议会通过的一个保护本土航海贸易的垄断法案。——译者注

能为力。《航海法案》要求，与英格兰的殖民地进行贸易必须使用英格兰船只，并且烟草、棉花、糖等重要的"清单商品"必须在英格兰港口靠岸，并向英格兰交税。

在 1707 年以前，《航海法案》和英格兰商业政策极大地限制了苏格兰的外交政策和经济增长。另外，17 世纪六七十年代的英荷战争，以及 1689 年威廉三世和玛丽二世加冕之后与法国的战争，也对苏格兰贸易造成了破坏。1698—1700 年，苏格兰第一次（也是唯一一次）尝试在达里恩（位于被西班牙控制的巴拿马海岸）建立殖民地，遭遇了灾难性的失败。英格兰把苏格兰建立殖民地的行为视为挑衅，他们不择手段地想打消西班牙与法国之间任何可能的联盟形式。另外，由于苏格兰自身的领导和计划不力，西班牙的强烈反应，以及猖獗的疾病，殖民地的状况十分萎靡。随后不久，在殖民地计划进行第二次融资时，伦敦商人的撤资宣告了殖民计划终结。随着殖民地的崩溃，那里大概 1/4 的资本流入了苏格兰低地。

18 世纪，经济疲软加剧了苏格兰在政治上的脆弱。苏格兰的 3 个地区——高地、岛屿、低地，在地理环境上非常不一样，在语言上也有很大差异。当时大多数高地人讲盖尔语，在社会和经济上也有不同的宗教信仰。1603 年，英格兰人不得不向北拓展主权，达成了所谓的"皇冠联盟"，苏格兰的詹姆斯六世，在英格兰女王伊丽莎白一世去世后，也成了英格兰的国王，即詹姆斯一世。虽然苏格兰人为此而自豪，但是外交决策中心跟随新国王转移到了伦敦。彼时英格兰和苏格兰仍然是独立的王国，[8] 拥有各自的政府机构，但是英格兰作为一个更强大的国家一直更受青睐。相反，苏格兰议会在大部分时候既没有表现出独立行动的能力，也没有显示出独立的意愿。

关于两个国家缔结更深层次的政治联盟的设想，在当时已经不是一个全新的想法。1657 年，克伦威尔的第二届议会就是一个联合议会，包括 30 名苏格兰成员（和 30 名爱尔兰成员）。1660 年查理二世即位后解散了议会，但这些苏格兰人仍然请求留在英格兰。1689年，联盟计划又迈出了一步，苏格兰贵族大会议向威廉三世和玛丽二世发出了继承苏格兰王位的邀约。威廉和玛丽接受了苏格兰王冠，这次皇权转移不是通过篡夺，也不是假借任何神权或者世袭权达成的。这一事件说明，除了国王本身，苏格兰和英格兰之间可能存在着更广泛的利益共同体。但是苏格兰人拒绝了天主教国王詹姆斯二世／七世对王位的要求，故意推举了一个新教徒（还是由长老会提名的），这引发了极大的争议。1689—1691 年的詹姆斯党人叛乱被威廉三世镇压了，但是詹姆斯主义的火种在苏格兰埋藏下来，在之后的 50 年甚至更长的时间里，总是时不时引发叛乱。

英格兰国内长期以来一直对联合苏格兰持反对态度，或者顶多算是无动于衷。在 17 世纪，各种试图推动联盟的尝试都失败了。但到了 1705 年，一切都发生了变化，主要原因是安妮女王在三年前继承了王位。1701 年颁布的王位继承法规定，安妮女王去世后将由一位新教国王继承英格兰和爱尔兰的王位，但是唯独苏格兰没有达成这样的协议。于是，安妮女王的继位重新点燃了苏格兰的争端，詹姆斯党选举成功更是火上浇油。这反过来又引发了苏格兰议会内部长期以来的不满情绪，苏格兰议会于是拒绝提供财政支持（用于政府的行政管理），并且通过了一系列措施，旨在限制王位继承和军事权力，以保证贸易自由。英格兰人认为这一举动太激进，尤其是在当时极端敏感的国际形势之下。1701 年，在西班牙王位更替之时，英国再次与法国开战。法国国王路易十四不停煽动詹姆斯党叛乱，甚至放出传言说法国可能会入侵苏格兰。

1704 年末，马尔伯勒公爵在布伦海姆击败法国人，这一决定性的胜利终于让紧张的局势有所缓解。但这只是暂时的，因为在女王的军队中，很多精锐部队主要是由苏格兰人组成的（即便在现代也是如此）。于是，在安妮女王的首相戈尔多芬和马尔伯勒将军领导下的威斯敏斯特政府极力推动"合并联盟"，希望两个国家的政府合为一体。他们希望可以一举解决眼下的经济、政治、安全各个方面的问题。但是苏格兰教会担心联盟会导致主教位置被安排给外来人，于是带领民众强烈反对。民众激昂的情绪引发了暴力抗议和骚乱。

1707 年 1 月 16 日，苏格兰议会以 110 票对 67 票通过了建立联合王国的法案。对议会当时的情形，至今仍有很多学术上的争议，但可以肯定的是，有人采取了大范围的经济上或者其他方面的拉拢措施，尤其是拉拢了飞行党[①] 的 25 票。这个小党派之前并没有表示支持，最后却全都投了赞成票。另外，英格兰也发出了威胁——如果法案不通过，他们将会报复反对者。

还有两个关键因素大大减小了法案通过的障碍。首先，《联合法案》的主要反对派（国家党和骑士派）被分化了。国家党即长老会，他们对詹姆斯二世的回归完全敌视，而骑士派则站在詹姆斯党一边。原本大众强烈的反联盟情绪可以起到团结作用，不同党派有可能暂时放下分歧，但是当时太缺乏有效的领导力将他们团结起来。

另一个重要原因是，威斯敏斯特政府为了确保《联合法案》获得支持，做出了许多让步。1706 年的《安全法》保障了苏格兰教会一直以来的权利和长老会治理制度。苏格兰公法被纳入联盟，苏格兰私法及其法律实践、法院和法庭的地位仍然受到保护，苏格兰皇室成

---

① 飞行党（Squadrone Volante）是 18 世纪初苏格兰的一个小政治集团。——编者注

员和地方政府制度的特权也继续保留。在很多方面优于英格兰的苏格兰教育系统没有受到影响，选举制度也没有受到影响。苏格兰许多的重要机构，比如银行，都保持不变。威斯敏斯特政府的资助项目，无论在本土或者帝国范围内，民用或是军用，苏格兰人都有资格争取。并且，苏格兰得到了一笔高达 398 000 英镑的巨资，用于偿还英格兰国债，以及补偿达里恩灾难造成的损失。有些愤世嫉俗者可能注意到了，这笔钱明显影响了飞行党的立场。这些并非微不足道的琐事，也不仅仅是政治上的让步。这些迹象显示了联盟对苏格兰制度的重要性和独特性的认可，也说明了联盟并非由英格兰一厢情愿的傲慢主导。后来的事实也证明了这一推断。

对苏格兰人来说，最大的长期收益是苏格兰和英格兰形成了一个单一的经济实体。苏格兰商人能够从共同市场中获益，比如长期以来一直被抨击的《航海法案》终于强制执行，给苏格兰带来了关税保护，免受外国竞争影响，这离不开英格兰快速发展的殖民地贸易。不过，在新的联盟议会中，苏格兰严重缺乏代表，因为议会成员的组成方式是基于财富比例而不是人口比例。但是无论如何，联盟在经济方面的优势是压倒性的。

1760 年，亚当·斯密写道："联盟给这个国家带来了无限的好处。"当时苏格兰的主要思想家也普遍认同这个观点。正如斯密在《国富论》中写的那样，这种福利不仅仅是经济上的："通过与英格兰的结合，苏格兰中等阶级和较低阶级的人民得以完全摆脱一直压迫他们的贵族。"实际上，边界以北的地区也已经开始感受到商业社会带来的好处。不过斯密也指出："它的直接影响是伤害了该国每个人的利益。"新联盟其实开局不利。在 1708 年，尤其是在 1715 年，詹姆斯党人的叛乱非常严重：来自伦敦的新法律威胁到了苏格兰教会的地位，迅速重新点燃了苏格兰的反联盟情绪；人民对增加的关税和消费税感到非常愤怒，英格兰也被猖獗的苏格兰走私活动激怒；与此同时，苏格兰枢密院的意外解散也降低了政府管理这些长期危机的效率。在联盟开始体现价值之前，苏格兰经历了至少30年的混乱期，1745—1746年，苏格兰还遭遇了最后一次詹姆斯党人叛乱的冲击。

因此，亚当·斯密的早年生活是在苏格兰经济充满混乱和不确定的痛苦的调整期中度过的。苏格兰的困难并非官方宣称的由于高额税收流失而导致的财政失血，实际上大多数的税收都留在了苏格兰境内。真正的原因在于这个国家底层的孱弱，苏格兰缺乏利用新的开放市场所需的农业技术、商业技能和资本，而在这些方面英格兰商人早有积累。与此同时，来自英格兰商人的激烈竞争（从羊毛到酿造业再到纸张制造业），以及已经进行了至少1个世纪的经济中心转移（面向北海的东部地区的贸易正在衰落，而面向大西洋的西部地区的贸易加速崛起），都严重打击了苏格兰贸易。

苏格兰人在寻找新市场和融资方面非常聪明，在走私方面也体现出非凡的专长。[9]据估计，苏格兰商人逃避了从殖民地进口货物的一半以上的关税，使他们有机会超越英格兰人。早在18世纪20年代，格拉斯哥因偏北的纬度，盛行的信风以及在克莱德河的位置而受到青睐，成了烟草贸易中心，控制着约15%美洲合法进口的烟草。到18世纪40年代，贸易迅速扩大，在接下来的10年里，仅格拉斯哥的烟草进口量就超过了包括伦敦在内的所有其他英国港口。

这是被称为烟草领主的城市寡头们的时代，其中最伟大的是约翰·格拉斯福德。小说家托比亚斯·斯摩莱特称他拥有一支由25艘船组成的船队，在一年内交易了超过50万磅的货物。他们的利润流转到了其他贸易活动中，农业和工业生产中，以及壮观的房屋建设和城市的西部扩张里。格拉斯哥曾在1652年的大火中遭遇灭顶之灾，当时1/3的建筑物被毁，1677年再次被毁。直到经过50年的恢复后，英国作家丹尼尔·笛福[10]才有机会称赞它是"一座非常精美的城市……房子都是石头建造的……总而言之，这是英国除了伦敦之外最干净、最美丽、最好的城市"。

玛格丽特对她聪明的小儿子的未来雄心勃勃，对她这样的母亲来说，格拉斯哥预示着未来。在管理方面，格拉斯哥一直由皇室、当地的大亨以及越来越多的烟草商主导。在宗教方面，苏格兰西南部的长老会赋予了这个城市虔诚和正直的性格。商业和宗教并不总是和谐共存的，但它们都严格遵循1688年光荣革命的解决方案——新联盟和汉诺威王朝的继承权。玛格丽特以及亚当·斯密那些理智的"导师和监护人们"不会厌恶这些，因此他注定要去格拉斯哥大学。

格拉斯哥大学由格拉斯哥主教威廉·特恩布尔创立，校址最初位于格拉斯哥大教堂的教区内，但到了18世纪初，该校已经扩大到能容纳200~300名学生。格拉斯哥大学的建筑非常宏伟，有一座高耸的塔楼，仿照牛津大学和剑桥大学的风格建造，在高街上有两个四方庭院。这是一个小型的学术圈：与爱丁堡相比，更加本土化、更学术、更严谨，但与周遭城市顽固多疑的长老会气质相比又要温和得多，非常适合亚当·斯密。斯密在1737年入校时只有14岁，但这在当时并不算异常的入学年龄，当时的格拉斯哥大学处在一个重大的变革期。

变革的原因是教会和皇室之间的冲突。格拉斯哥长老会负责该市的宗教事务，一直留意着大学里可能存在的非正统观念。在18世纪20年代，长老会特别关注神学教授约翰·西姆森的教学。西姆森想要证明新教徒信仰的基础（苏格兰教会的正统观念则基于加尔文主义）在于人类的理性，而不是上帝的启示或恩典。他的教授职位因此被暂停，经过一场骚乱和两次苏格兰教会召集的审判大会，他最终被迫完全停止教授神学。当时的当权者是伊莱伯爵（即后来的阿盖尔公爵三世），他是一位老成的政治家，在首相罗伯特·沃波尔爵士的支持下成为事实上的"苏格兰国王"。他们与当地的巨头一起控制着市政府，长期以来一直关注激进的长老会主义的发展，他们通过暗中支持大学里温和的长老会教授，边缘化那些更极端的观点来与之对抗。

从更广泛的层面来说，学术改革的压力越来越大，公民领袖、商人、日益崛起且雄心勃勃的"中等阶层"（他们反对专注于鸡毛蒜皮的经文解读，以及对权威和拉丁语讲座的盲从），以及那些想要放开大学教育但同时保留其广泛的道德和宗教基础的人都在提出自己的诉求。1726年，由于伊莱伯爵，格拉斯哥大学开始了快速的现代化进程，其组织架构、课程设置、教学方式都进行了改革。以前的学监体系要求每个班级由一个学监管理4年的学习期。这种体系被废除了，专业教授体系第一次出现。逻辑学、形而上学、道德哲学、自然哲学，都分别设置了专科教授。亚当·斯密应该比较认可这种新的分工方式，后来他自己也担任了两个学科的专科教授。

像他的同学一样，斯密研究过这些常见的学科，以及古代语言学和作者生平，当然还有神学。但他最早的兴趣在自然哲学（也就是今天的科学），特别是物理学和数学。1687年牛顿的《自然哲学的数学原理》问世，彻底改变了大学的基础学科。牛顿从第一定律出发，建立了一个全新的强大的理论体系来解释行星和其他天体的运行以及引力。格拉斯哥大学的数学教授罗伯特·西姆森是被禁的神学家约翰·西姆森的侄子，他是牛顿的追随者，也是古希腊欧几里得几何学专家，他为精确科学中的示范性推理设立了黄金标准。罗伯特·西姆森的高质量教学，牛顿的动力学，以及欧几里得推理的精确度，这三者的结合似乎使亚当·斯密发掘到了一些令人陶醉的东西。

对年轻的亚当·斯密影响更大的是自 1730 年起担任道德哲学教授的弗兰西斯·哈奇森。斯密在大二上了他的课。哈奇森是拥有苏格兰和爱尔兰血统的混血儿，他出生于阿尔斯特，在格拉斯哥的教堂接受教育。他从激进的新教主义中脱身，移居都柏林，成为那里温和派长老会（也称新光长老会）牧师的领军人物，后来又回到格拉斯哥，成为温和派公认的领导人。和他的老师约翰·西姆森一样，哈奇森也一直因为他的宗教观点被长老会起诉，但是这次长老会没有成功。

哈奇森在都柏林期间发表了大量文章，包括美学和伦理学方面的论文，后来他又写了一本关于道德的书，同时他还研究逻辑学、思维和知识。他的著作为他在欧洲赢得了很高的声誉，后来他的影响力还扩散到了美国殖民地。同时他也是一位出色的老师，创新地使用英语而不是拉丁语教学，他在学生面前没有架子，不仅传授知识，还要求理解，并鼓励学生的探究精神。他是一个非常有魅力的男人，他的热心、温柔和礼貌使他广受喜爱和钦佩。

不论在个人层面还是作为一个知识分子，哈奇森都对亚当·斯密产生了影响。许多年后，在 1787 年，斯密称他的老师为"永远不会被遗忘的哈奇森"。斯密只对两个人有过这种不同寻常的满怀情谊的称呼，哈奇森是其中之一，另一个人是休谟，休谟被认为是有史以来用英语写作的最伟大的哲学家之一。那么，斯密在哈奇森的思想中发现了什么呢？

首先是哈奇森理论的出发点。[11]17 世纪的哲学建立在对人性最黑暗的假设之上。伟大的英国哲学家托马斯·霍布斯认为，处于自然状态的人永远都在进行"所有人反对所有人的战争"，他的名言是，人生"孤独、贫穷、污秽、野蛮而又短暂"，只有通过社会契约才能拯救这场战争中的人，于是政府的存在有了合法性基础。伟大的德国法学家塞缪尔·冯·普芬多夫，为了给由 1648 年《威斯特伐利亚和约》构建的脆弱的和平以及民族国家的观念提供法律依据，将霍布斯对人性的分析扩展到了国际关系上。然而，哈奇森则认为，霍布斯和普芬多夫持有的是一种个人主义的道德观，他们认为只有由暴力支持的威权才能带来和平与秩序，但是哈奇森反对这种关于人性动机的悲观主义和狭隘观念。哈奇森认为，人类的关键属性是社交性，这并非源于对世俗权力或是对上帝的恐惧，而是人性内在的本质。哈奇森这一史无前例的理论假设显得非常乐观和切近现实，尤其是在一个人们对商业社会的需求开始取代战争之必要性的时代。

　　人的社交性这个概念贯穿了哈奇森的所有著作，并使其著作形成了一个体系。其核心是哈奇森所谓的"道德感"，一种受神启发但出自本能的道德感受能力，它能够自然且直接地运作，先于人类的理性计算而存在，且独立于人的意志。人类不是被利益追求支配的非道德动物，但人类理性存在弱点：道德感的作用在于指示道德行为的路径，并解释人类如何能够未经反思地立即得到关于他人行为的道德观点，虽然有时这种观点是错误的。哈奇森特别强调，道德感导致了"为大多数人带来最大幸福的行动是最好的"的判断，这种说法后来被边沁和 19 世纪功利主义的追随者沿用。不过哈奇森和边沁的重点完全不同，哈奇森不讨论如何获得并使幸福最大化，其重点在于说明道德行为导致幸福。对他来说，自私和道德行为之间不存在必然的对立，因为整体而言，"自爱"和道德意识都有利于人类的自我保护和对幸福的追求。它们"对于整体状态像万有引力一样必要"。

　　从这个基本思路出发，哈奇森试图得出一般性的理论，不仅仅关于道德行为，还关乎作为一个整体的政治和社会，包括今天所说的经济行为。在他看来，道德感允许人们不仅考虑道德，还同时考虑政治权利和义务。它以个人为基础，在上帝的光和爱的照耀下，发展一个基于共同道德规范的社会；这个体系允许一个有限的基于社会契约的君主立宪制存在，这种制度尊重财产权，在宗教上比较宽容，人民有权利反抗威权政府。

实际上，哈奇森试图将三件事结合在一起：他自己独特的道德心理学，自然法理论的政府概念，以及当时经典的辉格派政治诉求。这并不是一个简单的组合，这是一种自由主义的、温和的，而且在许多方面具有惊人的平等主义元素的理论视野。这种理论的独特气质、具体想法、远大的雄心，都对亚当·斯密产生了深远影响。事实上，根据杜格尔德·斯图尔特的说法，哈奇森的教学将斯密引入了"人性研究的所有方面，特别是对人类政治史的研究"。

斯密与哈奇森的不同之处同样引人注目。斯密在处理自然法理念方面与哈奇森有很大差异，他没有在经典的边沁的意义上谈论"功利"，他质疑公民社会依赖社会契约的说法，最重要的是，他拒绝了道德感的核心理念。哈奇森解决的基本问题是人类如何辨别是非，这是道德思考的可能性的基础。但他的学生亚当·斯密给出了非常不同的解决方案，一个更深刻、更优雅、更富有智慧的解决方案。

斯密在格拉斯哥的最后一年沉浸在牛顿的物理学中。他高质量的作品没有被埋没，他的希腊语教授称他为"我们遇到的最好的学生之一"。斯密在 1739 年获得了斯内尔奖学金（仅有两个名额）前往牛津大学贝利奥尔学院学习。斯内尔奖学金最初是为了支持格拉斯哥大学毕业生设立的，为他们在英格兰教会任职做准备，但后来规则放宽了。奖学金总额为每年 40 英镑，最长可达 11 年。到 1740 年 6 月，斯密已经完成了为期一周的旅程，骑马穿越卡莱尔、利奇菲尔德和华威，前往牛津。

据我们所知，这是亚当·斯密在苏格兰境外的第一次旅行，他必定会被英格兰更发达的农业和规模不断扩大的工业所震撼。但他对牛津并没有好印象。牛津大学在那时已经没有中世纪以来的学术声誉，同时还保持了对王室的强烈忠诚（尤其是詹姆斯党人），这使温和的辉格党很是厌恶。在 18 世纪，牛津的思想家们，例如巴特勒主教和边沁，都绝望地感到那里的环境让人无法好好学习。伟大的历史学家爱德华·吉本 [12]，在斯密来到牛津的 12 年之后也曾在牛津学习，他毫不留情地谴责道：

> 对于牛津大学，我不承认我和它有什么关系……我在马格达伦学院度过了 14 个月；这是我一生中最无聊和无利可图的 14 个月……牛津大学和剑桥大学建立于一个虚假、野蛮、黑暗的学术时代，现在它们仍然沾染着最初的恶习……教皇和国王的宪章将这些人合法地纳入其中，让他们垄断了公共教育；垄断者的精神是狭隘的、懒惰的、压抑的；与独立艺术家相比，他们的工作成本更高，工作效率更低；自由竞争如此急切想要推动新的进步，在这里却只能被那些骄傲的小团体不情愿地、缓慢地接受，被对手超越的恐惧不被他们放在眼里，他们也不承认自己的错误。

吉本对垄断的恶劣影响的分析借鉴了斯密在《国富论》中的分析。他继续引用斯密的话："近年来，牛津大学的大部分公共课教授甚至放弃了在教学中的伪装。"他们所教的远不是牛顿和洛克的新科学。牛津曾经是"学术社会"的一分子，然而"长期以来，（牛津）却选择为被推翻的知识体系和过时的偏见提供庇护，即便那些思想在世界的各个角落早就被扫地出门了"。

贝利奥尔学院也不例外。到 19 世纪末，该学院成为本杰明·乔伊特领导下的一个学术权力机构，成了政治家的摇篮。贝利奥尔学院的一位校友，英国首相阿斯奎斯曾经形容这所学院擅长灌输一种"平静的不费力的优越感"。当斯密于 1740 年抵达那里时，该学院处于西奥菲勒斯·利的主持之下，内部争斗不断，学术沉寂、负债累累。正如约翰·雷说的，"即使在那个年代最黑暗的日子里，一些牛津的学院仍然还保留着学习的火种，但贝利奥尔学院不是其中之一"。此外，即使按照牛津大学的标准，该学院也因其对詹姆斯党人强烈的同情而闻名，并且它曾与格拉斯哥大学因斯内尔奖学金的条款多次交锋。在斯内尔奖学金尚未授予出去时，学院就留下了钱，但是拿到奖学金的苏格兰人来到这里却被分配了最差的房间，遭受了最苛刻的待遇，并且学院经常驳回奖学金候选人。这里对学生开放的小图书馆没有充足的资料。更糟糕的是大学生活费用高昂，特别是与苏格兰大学相比。简而言之，当时的贝利奥尔学院盛行詹姆斯主义、托利主义，狭隘、昂贵且腐朽。然而斯密却是长老会派，倾向辉格主义，观念开放但贫穷，并且他是个苏格兰人。令人惊讶的是，他竟然在那里待了很久。

亚当·斯密对贝利奥尔学院的懒散和昂贵不满意，但这段经历似乎激发了他后来的观点；[13] 即无论个人倾向或道德品质如何，苏格兰大学的优越性在于教授的收入并不依赖大学发放的津贴，而是来源于学生支付的学费，因此苏格兰大学的教授能够努力工作，也更关注学生的需求，即便这会明显有损学院的收入。斯密传世的最早的信件是写给他的监护人威廉的，他在信中抱怨道："我们需要支付非常夸张的昂贵费用……在牛津，如果有人因过度学习而危及健康，那一定是他自己的错，我们这里唯一的任务就是每天去祷告两次，每周听两次课。"[14] 当时在牛津的平民绅士每年的花费很少有低于60英镑的，斯密有40英镑的收入，还有沃纳奖学金每年8.5英镑的补贴，但加起来仍然不够。即使生活节俭，他也不得不请求家人的定期支援。斯密在牛津的生活的各个方面都与他在格拉斯哥时期的差距非常大。

虽然牛津大学的课程安排不会危及斯密的健康，但他的身体还是不好。我们现在对他在牛津大学度过的6年知之甚少，不知道他的居所，不知道他的学习内容，不知道他参加了哪些课程，甚至连教师或导师的名字也不得而知。但我们从他的大学账单中得知他大部分时间都待在宿舍里，也许他无法负担旅行的开支。从极少数留存下来的信中我们了解到，他在1743年患有某种神经紊乱。他于1743年11月写信告诉他的母亲："我刚刚从一种严重的懒惰中恢复过来，我已经被懒惰钉在扶手椅上3个月了。"[15] 翌年7月，斯密在给母亲的另一封信中写道："没能给你写信，我真是不可原谅。我每天都想着你，但总是推迟下笔，直到邮差都走了。有的时候是琐事和同伴在阻碍我，但更多时候仅仅是因为懒惰。"[16]

斯密的症状可能是因为疲惫或者轻微的抑郁，而不是懒惰。为了对抗"懒惰"，他服用了焦油水[17]，这是一种水和松焦油的混合物，因贝克莱主教的推崇风靡一时，这种焦油水被推崇的高度几乎不亚于贝克莱主教本人作为伟大的理想主义哲学家和牛顿主义神棍的地位。贝克莱主教非常热衷服用焦油水，他在最后一部著作《昔利斯》（*Siris*）（1744年）中对这一配方的奇效极尽吹捧，说它可以用于"治疗或缓解大多数疾病比如溃疡、皮疹、反胃；还有体内各种疾病比如肺部、胃部、肠道疾病；能治疗神经过敏，所有的炎症性瘟热、溃烂，以及其他疾病"。这是一个令人印象深刻的清单，焦油水作为一种市场策略十分有效，因为在贝克莱主教的一生中，《昔利斯》卖得比他写的任何其他书都要好。斯密完全相信了这种药水的优点，并在给母亲的一封信中推荐它："它完全治愈了我的坏血病和偏头痛。我希望你能尝试一下，我觉得它可能对你有用。"

另外值得注意的是，除了一些其他的斯内尔奖学金获得者，斯密似乎并没有和他的本科同学特别亲近，他只跟一个人成了朋友。约翰·雷评价道："我已经看过那些可能和斯密同时在贝利奥尔学院的人的名字……他们是一群非常平庸的人。"10 年后，在 1754 年，斯密的朋友亚历山大·韦德伯恩从贝利奥尔学院写信给斯密，将伦敦与牛津进行对比，"我新结识的朋友与我从前的那些朋友完全不同，我的学习没有被他们干扰"。[18]

尽管牛津有缺点，但它也提供了令人值得感激的东西。当时许多野心勃勃的苏格兰人都对自己的口音很敏感，而英格兰式的典雅做派在当时深受追捧。斯密在牛津大学期间的一个收获就是突破了口音的局限，用约翰·雷的话说，"英格兰人……都被他在私下谈话中纯正而准确的英语口音震惊了"。更为切实的好处来自阿德伯里庄园，斯密的监护人和亲戚威廉是阿盖尔公爵的管家，住在牛津以北约 20 英里的阿德伯里，这个家族庄园有 56 个房间。这座房子为这个苏格兰年轻人提供了一个幸福的避难所，并且带他进入了一个更广阔、更宏大的社会。

最重要的是，牛津大学给了斯密一段珍贵的时间。20 世纪伟大的哲学家迈克尔·奥克肖特称这段时期是斯密"间隔期的礼物……他有机会抛开青年的狂热……一段可以环顾世界的时期……一段不需寻求即刻的解决方案，尽情探索神秘和未知事物的时光。"[19]斯密从来都是一个自学者，他将这段间隔期利用得很好。后来，他以学识的广度和深度闻名，他的工作习惯非常紧凑。从斯密后来成就的角度回顾，杜格尔德·斯图尔特猜测他在牛津大学的 6 年时间用于学习英国文学，扩展他对古代作家的了解，还学习了一些法语和意大利语，重点是练习翻译，并且通过阅读历史书"熟悉所有关于不同时代、不同国家的制度、风俗、观念的知识"。这当然是正确的。马基雅维利、帕斯卡、笛卡儿、贝尔、伏尔泰、孟德斯鸠，还有拉辛和拉罗什福科，斯密熟读了各位大师的经典著作。正是在这段时间，斯密为他后来成熟的思想奠定了基础，包括他的《道德情操论》和《国富论》。

还有一种令人着迷的说法，是由约翰·莱斯利提供的，他是在 40 年后斯密请来教授自己的继承人大卫·道格拉斯的数学家。莱斯利讲了一个似是而非的故事，他在 1797 年的一封信中写道："我们听说大学的领导可以进入他（斯密）的房间，他们发现他在阅读当时刚出版的休谟的论文……牧师们查封了这本异端书籍并严厉地谴责了这位年轻的哲学家。"[20]

为什么这件逸事很重要？因为休谟的《人性论》于 1739—1740 年间出版，就在斯密抵达牛津之前。这本书是一部哲学杰作，是对人类知识、个人身份、情感、因果关系和许多其他领域进行现代反思的基础。尽管休谟曾悲伤地感叹："这本书在出版的同时就消亡了"，但它在出版业中的表现谈不上失败。不过为了获得更广泛的受众，两年后，休谟用一套道德上和政治上都更平易近人的、优雅而富有文学性的散文形式，重新包装了自己的一些思想，取得了巨大的成功。因此，哪怕莱斯利的故事是假的，斯密在贝利奥尔学院时也很可能了解了休谟的许多思想。

况且在宗教意义上，《人性论》从付梓的那一刻起就是一桶炸药。休谟在最后删除了一些具有争议性的段落，即便如此，这本书还是很快使他被贴上了宗教怀疑主义甚至是无神论的标签。哈奇森也是对休谟的异端邪说感到震惊的人之一，他还在 1745 年试图阻止休谟在爱丁堡大学获得道德哲学教授的职位。

不过，虽然他们对宗教有不同意见，哈奇森和早期的休谟却有着共同的哲学野心，即通过建立"人的科学"来实现启蒙运动的一个伟大目标：基于事实和人类经验，对人类生活的主要方面进行统一和全面的描述。如果成功的话，这可以与牛顿的《自然哲学的数学原理》相提并论并与其相洽。哈奇森的理论尝试基于一种神圣启发的道德感和源于对上帝信仰的自然法理论。但是休谟转向了一个非常不同的方向，他远离上帝，走向大自然。在《人性论》的导语中，他写道："没有什么重要问题的决定不被包含在人的科学中。"他接着写道："甚至数学、自然哲学和自然宗教在某种程度上也依赖于人的科学。"在他的文章《政治或可被化约为科学》中，休谟接着解释："法律和特定形式的政府力量如此之大，很少依赖于人类的性情和脾气，普遍而确定的结果也可以由其推定，就像数学科学那样。"但是，他强调这种科学只能建立在观察和经验之上，而不是基于暗示、上帝的灵感或是宗教教条。自然法不会依赖于神的同意或是神的持续支持，实际上，它要归于大自然。这种理论一方面削弱了宗教的地位，另一方面也削弱了数学和精确科学，因为它认为所有对普遍性和客观性的主张也在某种程度上依赖于更广泛的人的科学。斯密的理论保留了这层含义。

这样一种人的科学，将主观的人类经验置于理论的核心位置，在几个简单的关于人类和世界的前提下，建立了一套统一理论，不再依赖于任何超自然力量或神圣干预。无论是过去还是现在，这一理论都是一个令人赞叹的想法，具有革命性的影响潜力。"人的科学"这个词在亚当·斯密的著作中没有出现，但是它的概念是他所有作品的基础和动力，包括那些没有留存下来的作品。斯密的研究兴趣集中在这样一种可能性上——无论是家庭或法院，立法机关或是交易市场，如果能有一套通用的理论，对公共和私密的人类行为做出一般性解释，那会是什么？其中原理又如何？直到 1750 年左右，斯密和休谟终于见面了。他们在智识上的沟通给斯密带来了受用终身的启发和激励。

第二章

"我生命中最有用、
最快乐、最光荣的时期",
1746—1759 年

1746 年夏末，亚当·斯密离开牛津，回到了他在柯科迪的母亲身边。他发现他出生的国家正遭受巨大冲击，1745 年的詹姆斯党人叛乱久未平息，在 1746 年 4 月又发生了残暴的卡洛登战役，皇家军队对叛军大开杀戒。面对这样的环境，对斯密这样信仰长老会的法夫郡年轻人来说，高教会派和贝利奥尔学院的托利主义显得尤其不合时宜。不过在牛津的 6 年，他还是有所收获的。

从历史的眼光来看，1745 年发生的事件就像是苏格兰的商业繁荣来临前的最后一次分娩之痛，但当时并没有人有此预见。这一切都起源于当时 24 岁的查尔斯三世（他也被世人称呼为"漂亮的查理王子"或是"小僭君"）的一次惊人冒险。他的祖父詹姆斯二世（在英格兰被称为詹姆斯二世，在苏格兰被称为詹姆斯七世）为"太阳王"路易十四的压力所迫，在 1692 年接受了光荣革命之后的大部分和解条约，包括接受宪政和对君主权利的限制。但是，詹姆斯党人[1]的火种在英国大地上从未完全消失，有三个不愿屈服的团体组成了联盟，一直在苏格兰积极活动。其中最忠诚的是天主教教徒，他们保留了对詹姆斯二世的忠诚。他们的人数不多，可能只占苏格兰总人口的 1%，但他们组织得很好。延续两个世纪的宗教迫害让他们形成了高效的秘密信息网络和互助网络，天主教教徒为詹姆斯党人的军队和在法国的流亡内阁提供支援，他们的贡献程度远超他们的人数所占的比例。除天主教教徒外，还有"拒绝效忠者"[1]，他们人数较少，原本是英国国教的神职人员，在1689年威廉三世和玛丽二世联合摄政时，他们拒绝向威廉和玛丽宣誓效忠。这些人是斯图亚特继承人的虔诚信徒，也是坚定的英国国教教徒，他们和他们的追随者比天主教教徒更加明显和公开地宣扬詹姆斯党人的诉求。

不过，规模最大的詹姆斯党人集团还是苏格兰圣公会。苏格兰圣公会在1560年苏格兰宗教改革之后的几十年里逐步建成，当时苏格兰教会与罗马决裂，并开始采用信仰告解[2]制度。苏格兰圣公会的神职人员坚信教会等级制度的重要性，他们承诺效忠于王权和斯图亚特家族。1688—1689年的宗教和解把很多人推向了激进的一边，他们认为这种做法太不宽容、充满歧视，是一种凯旋主义[3]的做法。圣公会的信徒大部分生活在苏格兰高地的部分地区和东北部的低地，这些地区长期以来一直抵制长老会教义的传播。

这三个群体有着截然不同的历史、不同的信仰和不同的目标，在某些方面，比如关于天主教，关于等级制度，他们的立场也完全是对立的。因此，詹姆斯党人一开始就充满了矛盾。当他们的领导人试图通过承诺其他政治和社会目标来获取民众支持时，这些内部冲突却变得更加严重。因此，詹姆斯党人起初是因为对1688年詹姆斯二世被赶下王位一事的不满而团结在一起，后来，这逐渐模糊成一种更宽泛的抗议精神，对法国武装干预的期望让这几个不同的集团定期聚集在一起。法国是天主教区，与英格兰存在长期的地缘政治斗争，并且

---

① 拒绝效忠者（Non-Jurors）指在1688年光荣革命后，一批忠于斯图亚特王朝的人士拒绝宣誓向新政府效忠。——译者注

② 信仰告解（Confession of Faith）指公开告知他人自己的信仰。——译者注

③ 凯旋主义（triumphalist），特指在宗教或政治斗争中，胜利的一方过度地想要压倒另一方。——译者注

法国一直给斯图亚特家族提供财务支持，法国也是斯图亚特王朝流亡内阁的所在地。最重要的是，法国是当时欧洲最强大的超级大陆国，拥有一支强大的军队，毗邻英吉利海峡。然而，法国会轻易动兵，派遣部队去支持苏格兰詹姆斯党人的起义吗？

1708 年，法国出兵了。法国有两个目的：第一，让"老僭君"詹姆斯·弗朗西斯·爱德华，即詹姆斯二世的儿子，成为苏格兰国王；第二，马尔伯勒公爵曾经在西班牙王位继承战争中成功掀起了反对法国的运动，法国试图创造内乱从而干扰英国军队在这方面的注意力。法国在敦刻尔克集结了一支小型舰队，并在福斯湾准备了欢迎派对给苏格兰叛军接风。然而整个计划最终还是失败了。当时，詹姆斯·弗朗西斯·爱德华在最后一刻因患麻疹而瘫痪了。两周后，他终于和舰队一起起航，却被一支英军中队阻止登陆，虽然詹姆斯一再恳求，还是未能成功登陆。

7 年后詹姆斯党人再次尝试行动，这次计划更加周密。苏格兰1708 年的叛乱一部分是由《联合法案》引发的，1715 年的叛乱则是因为前一年安妮女王去世。乔治一世继承了汉诺威王朝的王位，他明确表达了对辉格党的偏爱，于是辉格党人在 1715 年春天的大选中取得了巨大的胜利。在选举中，辉格党人充分利用了民众对法国的敌对情绪，他们声称，由前保守党政府主持谈判签署的《乌得勒支和约》① 对路易十四过于宽容。在获得选举胜利之后，他们又迅速对保守党主要领导人启动了弹劾程序。这些行为引起了反对派的广泛愤慨。

因此，1715 年的叛乱，不仅仅是因为詹姆斯党人在安妮女王去

---

① 1713—1714 年，法国、西班牙与反法同盟国家为结束西班牙王位继承战争签订的一系列条约。——译者注

世后渴望使斯图亚特家族复辟，也因为来自英格兰的托利党人的政治对抗。詹姆斯党人在英格兰南部和中部地区势力很弱，虽然他们在民众中很有市场，但是却雷声大雨点小，北方地区的情况则要强得多。一支小型的詹姆斯党人武装曾在纽卡斯尔市兴起，但很快就被压制了。这股力量随后转移到了普雷斯顿，他们在那里成功扛住了政府军的围攻，但是后来他们却突然投降了，令他们的苏格兰盟友们感到十分惊讶和愤怒。

不过，苏格兰本身就是一个非常不同的问题。首先，即便是与詹姆斯党人不相干的苏格兰人也普遍同情他们的诉求。另一方面，苏格兰高地生存条件严峻、与世隔绝、人烟稀少，他们说盖尔语，又很贫穷，这一切因素都有利于高地氏族体系的维持和壮大。氏族很容易就能被组织起来发起战争。每个氏族都有自己世袭的统治王朝，以及错综复杂的封建亲属关系，通过其后代旁支维持权威并相互支持。人民需要履行一种特定的契约——人租，即定期贡献出一定数量的年轻男性作为军人去战斗。在这样的社会制度下，氏族可以在短时间内动员大量经验丰富且意志坚强的士兵。因此，苏格兰有很多男人愿意为了詹姆斯党人的事业拿起武器。在1715—1716年间，可能有多达2万苏格兰人先后参与战争。

1715年夏末，氏族家长和东北地区的詹姆斯二世的同情者们在马尔伯爵的要求下集结军队出征，经过几次成功的突袭，他们在珀斯安营扎寨。他们一心期待着法国的增援，却再次失望了。叛军迟迟没有得到增援，让阿盖尔公爵[①]有了足够的时间为英格兰政府集结军队。11月13日，双方军队在邓布兰附近的谢里夫缪尔短兵相接。詹

[①]　阿盖尔公爵为1701年创立的爵位，是英国女王在苏格兰的代表之一。——译者注

姆斯党人的军队有 10 000 人，远超过阿盖尔公爵一方的 3 000 人，而且詹姆斯党人的军队战斗力更强。可是他们却未能取得决定性的胜利，迟迟没有分出胜负。到了第二年春天，反叛势力自行解散了。

除了一些个别事件，反叛思想在之后的 30 年里再未兴起。路易十四在 1715 年去世，新任法国国王还只是一个婴儿，次年成立的英法联盟也让詹姆斯党人不再指望法国的干预。但到了 1745 年，詹姆斯党人又准备再次尝试，这次的行动由年轻的查尔斯·爱德华·斯图亚特（即查尔斯三世）领导，他的行为狂放又独具领袖魅力。这一次，法国人对他们的支持也更加坚定。他们谨慎计划了 1743 年的入侵，10 万士兵集结在海岸上，却意外遭遇了一场可怕的风暴，吹走了舰队，吹散了补给船，行动就此失败。詹姆斯党人的领导层从此陷入了长期的犹豫不决中，最终，查尔斯·爱德华·斯图亚特无法再忍受推迟行动。他于 1745 年 7 月抵达苏格兰，在几乎没有任何军事力量支持的情况下，仅仅通过言语劝说和承诺财政回报，就说服了疑心重重的氏族长们再次起事。几周之内，联合军队就占领了珀斯。

查尔斯·爱德华·斯图亚特这次转向了爱丁堡。在 9 月 17 日，他没有开一枪就拿下了爱丁堡，叛乱平息后，爱丁堡为此十分尴尬。三天后，在普雷斯顿潘斯战役中，仅有 2 500 人的叛军在极短的时间内摧毁了一支规模不小的政府军。此时，詹姆斯党人做了一个决定命运的选择。乔治·默里勋爵在普雷斯顿潘斯战役中领导过一次精彩的侧面突袭，他自认为是詹姆斯党人军队中最有能力的指挥官，他认为军队应该停下来，巩固所取得的成就并且等待法国人的消息。可是查尔斯·爱德华·斯图亚特被胜利的荣耀蒙蔽，他说服了他自己和氏族长，他们相信在英格兰的詹姆斯党人会在他们打到英格兰时派军队接应。于是，经过 1 个月的拖延，大军进入了英格兰，最终抵达了距离伦敦仅 129 英里的德比郡。

对查尔斯·爱德华·斯图亚特来说，王位近在咫尺。但对氏族长们来说，情况看起来却非常不同。此时此刻，他们远离家乡，在寒冷的冬季驻扎在敌人的领土上。并且，英格兰的詹姆斯党人不仅没有按照承诺起义支援，甚至没有显示出一点行动的迹象。同时法国也没有显示出任何支援的迹象。而且最新情报还发现，在北安普顿附近出现了一支新的汉诺威军队。12 月 5 日，在一场风雨交加的军事会议中，查尔斯·爱德华·斯图亚特和氏族长们发生了争执，氏族长们不顾他的反对，坚持要撤退。学者们对于这个关键问题的看法并不统一，有些人认为，如果苏格兰人当时攻入伦敦，他们可能就会成功。因为我们现在已经知道，那个关键的新情报是错误的——那个即将到来的军队实际上并不存在，这个情报是由一个名叫达德利·布拉德斯特里特的英格兰间谍提供的。不仅如此，英格兰的詹姆斯党人那时最终决定增援，法国人也准备发兵，而且伦敦当时没有什么防守力量。如果查尔斯·爱德华·斯图亚特继续施压，他很可能在圣诞节期间就能攻陷伦敦。

但在当时，苏格兰人经受着严冬的考验，他们被疾病和疲劳困扰。他们的王子查尔斯·爱德华·斯图亚特懊恼、困顿、退缩。与此同时，英国国王乔治二世的儿子，年轻的坎伯兰公爵对他们紧追不舍。最终，默里带领詹姆斯党人的军队进行了一场精彩的战斗并撤回了苏格兰边境。他们在边境休整之后，继续撤退到了斯特林，最终撤回高地。坎伯兰伯爵在稍做休整后，招募了大量的黑森佣兵[1]，加强了军队的力量，然后继续追击。1746 年 4 月 16 日，在因弗内斯附

---

[1] 黑森佣兵，大部分来自德意志黑森林地区，是 18 世纪受英国雇用的佣兵组织。——编者注

近的卡洛登荒原上，查尔斯·爱德华·斯图亚特不顾军官们想要返回故乡的强烈要求，坚持进行了一场激烈的战斗，史称卡洛登战役。事实证明，这是詹姆斯党人在英国土地上的最后一战。经过一夜的突然袭击，詹姆斯党人的军队装备不足、疲惫不堪。他们发现自己暴露在开阔的、满布沼泽的土地上，他们的指挥能力也没有用武之地，最终全军覆没。查尔斯·爱德华·斯图亚特逃往赫布里底群岛。传说他乔装成弗洛拉·麦克唐纳女士的女仆，被偷运到斯凯岛，然后逃到了法国。最后一次詹姆斯党人的叛乱就此结束。

在坎伯兰伯爵的领导下，残留的詹姆斯党人遭受了一段时期的暴力镇压。有几名领导人被处决，另有 116 名叛乱分子被吊死、淹死，甚至分尸，还有 3 000 多人死在狱中，或者失踪，或者被幽禁。苏格兰高地一直是英国政治不稳定的根源，英国政府开始将它们纳入更广泛的国家体系中。圣公会神职人员必须宣誓效忠于王室。英国政府向苏格兰领主发放金钱补偿，但免去了他们世袭的司法权力。而支持叛乱的氏族长们则被没收和变卖了土地。英国政府还建造了更多道路，以便在苏格兰高地周围快速调动军队。苏格兰也被禁止组建民兵。除了英国军队之外，禁止其他人的服饰使用格子呢。最重要的是，用英语替代盖尔语。

在亚当·斯密于 1746 年 8 月回到柯科迪时，卡洛登战役刚过去不到 4 个月，苏格兰正处在彻底的动荡中。而且爱丁堡距离福斯湾仅几英里，当地局势尤其混乱。与格拉斯哥不同，爱丁堡的贸易并不发达。爱丁堡独特的文化氛围宽容而文雅，允许不同流派的公民团体、学术团体、专业团体、政治团体、商业团体共存，同时又不失宗教敏感度，但在教义和承诺上都保持温和的态度。爱丁堡大学不是一个学术堡垒，它建立的过程不同寻常。爱丁堡大学起源于镇议会的请愿，自 1567 年以来一直由议会管辖，这种模式持续了快 300 年，大学成了城市不可分割的一部分。这种富有成效的关系推动了 1729 年苏格兰第一家医院——皇家医院的建立。就地理环境而言，当地的空气常常很污浊。当地人把老城区称为"老烟区"，因为那里总是弥漫着浓烟和污水的恶臭，这直到 18 世纪 60 年代疏通了恶臭的北湖排水渠后才有所缓解。从精神层面来说，爱丁堡是一个高度文明的城市，城里遍布咖啡馆和交谈辩论的人群。爱丁堡人民完全保留着 18 世纪时对俱乐部和社团的痴迷。当地最知名的社团是哲学俱乐部，它成立于 1737 年，至今仍然以爱丁堡皇家学会的身份蓬勃发展。

但是这座城市并没有什么战斗精神。当 1745 年詹姆斯党人的军队挺进爱丁堡时，当地的公民生活、文化生活、职业生活很快就停止了，苏格兰的银行、法院、政府管理部门等都关闭了大门。公共生活领袖大多数都迅速地退缩了，只有一群衣衫褴褛的志愿者进行了抵抗，但为避免更多的流血冲突，这股力量也很快就投降了。爱丁堡花了很多年才从这场灾难中恢复过来，1745 年的事变在历史上投下了阴影。对许多人来说，特别是对那些"中间群体"来说，这次事件残酷又感伤地提醒他们文雅社会的脆弱性。长期以来，苏格兰人民一直忌惮威斯敏斯特政府可能直接统治爱丁堡，这次对叛乱的镇压提升了这种可能性。另外，爱丁堡咖啡馆的温文尔雅与高地的野蛮传统之间形成了鲜明对比，这揭示了一个更根本的问题——苏格兰内部存在如此之深的语言、宗教和地理环境的分歧，它是否真的算是一个统一的国家？

对亚当·斯密来说，他一定想到了一个更深层次的问题：什么是人类社会性的基础？若如哈奇森所言，人本质上是一个社会存在，那么如何解释发生在爱丁堡的事情？如果哈奇森的"道德感"无法给出满意的结论，那么又有什么别的理论（如果有的话）可以取而代之呢？也就是说，让人们能够共享繁荣生活的条件和机制到底是什么？对于这些问题，斯密很快就开始构建自己宏大而全面的答案。

在接下来的两年里，斯密和他的母亲一起住在家里。我们对这段时光几乎一无所知。斯密毫无疑问会继续贪婪地阅读和思考，但是他未来的道路尚不清楚。在放弃成为一个牧师之后，他曾一度希望去一个伟大的家族担任家庭教师，这对当时的大学毕业生来说很常见，但他没有成功，而学术职位也很少。斯密那"永不能遗忘"的老师哈奇森在 1746 年去世了，但是他在格拉斯哥的教授职位已经转给了来自圣安德鲁斯的托马斯·克雷吉。斯密本来也没有什么指望接替他的导师，因为他当时还太年轻，缺乏公众声誉。

在 1748 年，亚当·斯密被邀请在爱丁堡举办讲座，这是一个不容错过的机会，他能够集中展现自己的思想，获得公众关注。邀请斯密的人是法学家亨利·霍姆，即后来的凯姆斯勋爵，他是苏格兰启蒙运动中的一个重要人物，但在后世不太为人所知。凯姆斯勋爵同时认识斯密的好朋友奥斯瓦尔德和休谟的堂兄；凯姆斯勋爵还曾经说服休谟在《人性论》中放弃了一些煽动性过强的段落。他年轻时倾向于詹姆斯主义，是一位多产的作家，也是一位充满活力但又有控制力的人；根据博斯韦尔的记录，休谟曾经说过："如果有人形容某个人是世界上最傲慢的人，那只是一种修辞手法，但是如果人们说的是凯姆斯勋爵，那绝对是事实。"[2] 尽管如此，凯姆斯勋爵是很多年轻人才绝佳的赞助人。他非常擅长人际交往和建立组织，并且在很多方面都是一个典型的启蒙运动式的人物。他一直致力于将苏格兰建设为世界级的文学国家和商业国家。

斯密给凯姆斯勋爵留下了深刻印象。凯姆斯勋爵曾经委托斯密为一位流亡的詹姆斯派诗人威廉·汉密尔顿的诗集写序言（斯密似乎也做了编纂工作），这是斯密在公共出版物上的初次露面。后来，凯姆斯勋爵又委托斯密在 1748 年秋天支持了一系列关于修辞学和纯文学的讲座。讲座在 1749—1751 年多次重复举办。讲座设定的主题十分巧妙——"如何在写作和演讲中有效沟通"。这个话题既符合爱丁堡听众的胃口，又恭维了斯密个人的兴趣和能力，并且也方便为斯密获取教职铺路。之后讲座又增加了法理学主题系列。这两个系列的讲座都很受欢迎，斯密的名声逐渐建立了起来。

斯密的修辞学和纯文学讲座的内容后来发表了。他究竟在爱丁堡哪里做的讲座，我们不得而知，肯定不是在大学里，斯密从未在爱丁堡大学任教。讲座有可能是由哲学俱乐部主办的，也许是为了帮助俱乐部在战乱之后的艰难岁月中保持活力。讲座的听众是"一群有地位的听众，主要由法学和神学学生组成"，其中包括奥斯瓦尔德和一些斯密的未来很出名的朋友，比如未来的大法官亚历山大·韦德伯恩。这些讲座为斯密赢得了每年 100 英镑的教学经费，为期三年。依靠 1762—1763 年的两份学生笔记（笔记记录了斯密在格拉斯哥做的一个分为 30 讲的讲座），我们可以间接了解讲座的内容。这些笔记记录了做笔记的学生理解的内容，而不是直接的文字转录。不过，斯密那时也对讲座内容进行了很大的改编。所以我们很难确切追溯他的思想发展，特别是他的第一本书，1759 年出版的《道德情操论》。不过斯密的写作习惯良好，他很少引用 1748 年之后发表的作品，整体而言他的讲座也足够清晰。很可能从一开始斯密的讲座和书就有很多相同的内容。

修辞学是说服他人的艺术，有着古老的起源，可以追溯到古希腊亚里士多德的著作，以及古罗马西塞罗和昆体良的作品。但是在

17 世纪，修辞学受到了新皇家学会及其追随者的严厉批评。这群人追随弗朗西斯·培根的思想，力求清除科学中的人类主观影响，比如文化和宗教的虚假性，以及"偶像崇拜"心理，甚至是语言本身。杰出的数学家科林·麦克劳林[3]是牛顿的学生，也是当时受到宗教攻击的牛顿主义的有力捍卫者。他将科学表达的火种留在了苏格兰，"他纯粹、正确、简洁的风格，引发了喜爱纯粹、鄙夷矫饰的风潮"。关于修辞风格的争论不仅仅是出于知识兴趣，对经历过 1745 年灾难之后的苏格兰低地也具有相当的实际意义。特别是在爱丁堡，年轻人如果想要进入法律、政治、宗教领域，或者想当士兵，他们都必须要有很好的演讲和书面沟通能力。也就是说，他们要远离干巴巴的科学风格，培养优雅从容的个性。英格兰对苏格兰的敌意不断升级。英格兰对苏格兰崛起的嫉妒情绪到 18 世纪 60 年代蔓延成了严重的"恐苏主义"。约翰·威尔克斯主办的讽刺期刊《北不列颠人》和公众对乔治三世的宠臣比特伯爵①的敌意也让事态雪上加霜。正如休谟在 1764 年所写的那样，"如果我今晚摔断了脖子，我相信任何一个 50 岁的英国男人听到这个消息都不会感到伤心。一些人恨我，因为我不是托利党；另一些人恨我，因为我不是辉格党；还有一些人恨我，因为我不是基督徒；他们所有人都恨我，因为我是苏格兰人。"[4] 在这种情况下，一个人如果说苏格兰方言，有苏格兰口音，或是较少使用英格兰常用语，都会是他成功的障碍。

亚当·斯密的修辞学讲座因此具有相当大的理论和实际意义，他提供了许多有用的提示和建议，斯密本人在这方面也是典范。有一篇纪念斯密的讣告写道："他的发音和语言风格十分优越，远胜当时苏

---

① 比特伯爵是苏格兰贵族，乔治三世时的英国首相。——译者注

格兰人的平均水平。"[5] 斯密的讲座涵盖了很多纯文学的内容，包括现代文学和古代文学作品，使得讲座更通俗与全面，这也说明了它们在传播学和文学批评中的价值。在结构上，讲座分为两部分。第一部分涉及语言和风格，语言的起源及其有效用途。第二部分更长些，侧重不同类型的沟通，包括描述性、叙述性、诗性、示范性、说教性和法律性的沟通方式。讲座重点是修辞而不是语法。事实上，斯密认为"我们的讨论必须略过语法部分，因为它既乏味又无趣"。他充分利用名著选段和文学批评让讲座更有趣，他引用了大量作家的作品，从德摩斯梯尼、修昔底德、塔西佗到莎士比亚、弥尔顿、斯威夫特和教皇，讲座都有涉及。

休谟在 1742 年的一篇文章 "论口才" 中，[6] 颂扬了古典大师西塞罗和德摩斯梯尼的华丽风格。他想要点燃读者的热情，并哀叹这种风格被现代礼节所埋没。不过斯密偏向支持更现代化的趋势，他寻求为苏格兰创造一种有效的共同语言，让专业工作、商业交流和科学探究得以发展。最重要的是，斯密认为语言是未来人类科学发展和阐释的关键切入点。正如他的学生约翰·米勒[7] 所说的那样："解释和说明人类思维的各种力量的最佳方法，即形而上学最有用的部分，源于对言语传达思想的几种方式的考察，源于对说服和娱乐文学创作的有效原则的关注。"

无论是在当时还是在 1761 年写就的 "有关语言缘起的思考" 这篇重要的文章中，斯密都明确表示，有效的交流需要具备简明和恰当两种特质。简明指简单朴实的写作风格，与之相反的是虚伪和浮夸，一个常用的反例是沙夫茨伯里勋爵 "充满模糊修辞的地牢式的" 写作，晦涩而阴暗。简明的语言能够清晰地展示发言者的想法。恰当的，或者说对语言的正确运用，意味着既符合说话者的本性特征和交际意图，又符合听众的期望。有效的沟通需要发言者能够预测他们的话会对听众产生什么影响。因此，恰当性包含了关于语法和表达规范的大量默认假设，关于发言者的角色、讲话场合、讲话的社会背景和对听众的考量。这样语言的恰当性才能够引发同情和共感，在说话者和听众之间建立起可以交流的联系。斯密说："当说话者的情绪以一种整洁、清晰、明白、聪明的方式表达出来时，通过共情，他意图表达的热情或感情得以传达给听众，这是非常直接和巧妙的方式。只有这样，沟通才充分实现了语言赋予的所有力量和美感。"斯密对"共情"的表述预演了他在《道德情操论》中的核心观点，也展现了他早期思想的雏形。

古代修辞学的比喻、修辞、主题、细节和细分方式都已经过时了。对斯密来说，这就像托勒密天文学提出的"本轮"①模型一样，当整个主题需要被重新定位时，增加一些权宜性的论点并不能够系统性地挽救一个过时的理论。更引人注目的是斯密对语言的看法，他认为语言不仅仅是人类的一种艺术或工具，也是人类自主性和自我创造能力的体现。斯密用拟人化的视角看待语言，他形容语言是不守规矩、精力充沛、不受限制的，词语含义之间互相竞争，争夺着听众的注意力，"新的词汇不断出现，排挤旧词汇，所以我们掌握的词汇库存其实是非常少的，而且还在不断减少"。不仅如此，整个语言体系都处于动态的流动状态。一方面，社会的精细化会增加语言的复杂性，另一方面，与其他语言相互理解的需要又驱使语言简化。要使修辞成为一门科学，它不可以是正式的、个人的、静态的，而必须是动态的、社会的、在关系中的。这是贯穿斯密思想的人类互动观，在

---

① 在托勒密提出的宇宙模型中，行星做圆周运动的小圆称为"本轮"，而"本轮"的中心则围绕"均轮"做圆周运动。——编者注

《道德情操论》和《国富论》中均有体现。

　　语言是如此丰富多变，且不说驯服它，我们如何能够正确地理解和诠释它呢？在第 24 讲中，斯密建议使用"教学方法"（didactical method）来表述科学系统，并且详细描述了这种替代方法：

> 　　我们可以像亚里士多德那样，按照知识本身呈现的逻辑性去看待不同的学科分支，赋予每个现象一个新的原理。或者也可以学习艾萨克·牛顿爵士的方式，先确立一些在一开始就已知的或已经被证明的原理，使用这些原理解释相同的现象，将它们用同一个逻辑链条串在一起。我们称后者为"牛顿方法"，这无疑是最具哲学性的，并且无论是在道德还是自然哲学或其他任何意义上都更加巧妙，因此也比另一种方式更具吸引力。

　　在这里，我们首次看到斯密对"牛顿方法"[8]的偏好，他赞同这种科学表达方式具备的简洁性、连贯性和经济性，也赞同它所示范的科学研究方式。斯密的实证理论此时充其量只是处于萌芽状态，只是一个关于如何以更连贯的方式重新理解修辞的初步构想。不过，这个构想在几个方面都有体现，例如创新地将牛顿主义扩展到语言本身；这预示了后来贯穿斯密思想的相同主题；这平衡和调和了斯密的理论与具体观察之间的差异。斯密抛弃了古代修辞学家作品中华丽的规则和结构，他说"那都是些非常愚蠢的书籍，根本没有指导性"。斯密喜欢那些建立在少数基本原则之上的讨论，同时整体上保持经验主义和自然主义的风格。那些讨论里没有隐瞒不方便解释的数据，也没有以语言是人类的神圣遗产为理由，暗示语言研究超出了人类的理解范围或是受制于人类社会之外的规则。

斯密讲授的修辞学和纯文学不仅仅与有效交流的技巧相关，更与语言作为社会和知识交流的媒介相关，并且还可作为人类思想的力量和运行方式的例证。[9]这些内容今天已经鲜有人知也很少有人研究。有的人也许会惊讶，斯密有着独特的文学品味，他喜欢历史学家提图斯·李维，文学家斯威夫特，并且非常钦佩莎士比亚。这些主题在当时并非没有影响力和追随者，其中之一就是凯姆斯勋爵，他在 1762 年发表了自己的著作《批评要素》。另一位是年轻的休·布莱尔，他是斯密早期的听众之一，他在 1762 年被任命为爱丁堡第一位修辞学和纯文学的常任首席教授。如果真像学界猜想的那样，是 18 世纪晚期的苏格兰人开创了英国文学研究这一学术领域，斯密应该被算作创始人之一。[10]

无论如何，斯密的讲座是全面了解他的思想的一种途径，斯密后来的主要思想可以在其中找到萌芽。[11]我们可以把讲座的听众和读者视作《道德情操论》最初的"公正的旁观者"，在早期，斯密强调沟通中简明原则的重要性，预示了他后来对共情和互相认同的重视，同时他对修辞和劝说的观点也暗合了他在《国富论》中讨论的"人性普遍存在互通有无（truck）、以物易物（barter），互相交易（exchange）的倾向"。

然而，最核心的哲学问题仍未解决，即人的科学应采取何种形式。斯密的答案来自他此时写的一篇关于天文学史的文章。这篇文章是伟大研究的成果，旨在成为更宏大的学术探究的一部分，斯密毕生都引以为豪。文章的副标题表达了其目的——通过天文学史的实际例子发掘引导哲学探究的原则。这是一篇关于哲学，特别是自然哲学，或者说科学方法的文章。这篇文章明显受到了休谟的影响。尤其是休谟在他的论文中对自然科学的深层基础发起了一种颠覆性的怀疑和攻击，他认为人类的因果经验实际上只是某种因果关系之间的"持续耦合"。但是，如果我们知道的只是一个不变的耦合，似乎无法了解根本的因果律，并且我们对它们的理解永远无法超越人类的经验。因果关系变得有限和偶然，可能不是一种深刻的自然现象，而是人类心理的意外。

斯密在文章里对这个观点表示了尊重。自然法则像"无形的链条"，它使我们感到奇怪、惊讶和钦佩，并引诱我们相信自己可以直接了解它。斯密的修辞理论也提到，哲学的任务是"将秩序引入混乱的、不和谐的、不一致的表象中，减少由想象力带来的骚乱，并在探究宇宙的伟大革命时令其重启。哲学宁静沉着的气质令人愉快，也最适合它的本质。"斯密认为，科学发现依赖想象力，他以天文学的发展历史为例，说明人们是如何通过一系列富有想象力的尝试在混乱中找到秩序：首先是古人，然后是托勒密系统，还有一大批近代思想家，比如哥白尼、布拉赫、开普勒、伽利略、笛卡儿和牛顿。

每个得到认可的知识系统，并不是因为它向世人提供了关于自然法则的知识才胜出（根据休谟的理论，真正认知自然法则是不可能的），这些知识系统得到认可是由于它们在现实证据允许的情况下成功解决了人们的疑惑，这些理论给人们带来了知识上的一致性，还带来了美与秩序的感受。用斯密的话来说，"知识系统在很多方面都像机器一样。机器是一个小系统，它被创造出来用于执行和连接创造者需要做的动作和实现的效果。一个知识系统就是一个想象的机器，它被发明出来是为了将那些已经在现实中运行的不同动作和效果联系在一起"。随着时间的推移这逐渐变得清晰、简洁和有序："用于执行任何特定动作的机器在一开始都是非常复杂的，后来的创造者总会逐渐发现可以使用更少的车轮，运用更少的运动原理，以更简单的方式来达到相同的效果。"

斯密强调自然科学体系和机器相似的方面，并且尝试把这描述成一套精细的科学方法，在这方面，斯密的成就远远超越了休谟，他创造了新的理论路线，后来有很多模仿者。事实上在现代，人们认为牛顿的科学世界观完全是机械论的和决定论的，将宇宙的运行描述为发条式的，并且他认为这是封闭的、完整的、最终的真理。这种理论作为反对上帝存在的思想基础是有效的，我们还将看到近来它与经济学中的一般均衡理论的对比。但事实却截然不同，牛顿其实将自己对科学的推进视为一个更广泛过程的一部分，其终极目标是发现事物潜在的本质。在《自然哲学的数学原理》一书的第三版中，牛顿增加了关于规则四的论述，[12] "在实验哲学中，以归纳法从现象中得到的论断，即便还有任何相反假设的存在，也应被认为完全（或者非常接近）正确，直到发现了其他的现象，能够让这个论断更加确切，或者证实例外的存在"。牛顿的思想并不是封闭的，而是很开放。换句话说，科学思考是在现象和对现象的可能解释之间反复和相对照运动的过程。任何科学理论都是近似的，它们是有前提条件的和面向未来的，随时等待着被新的证据证实或证伪。

斯密对牛顿思想中的这个关键部分有着透彻的理解。对他来说，理论可以作为对一系列现象的连贯解释出现，不需要对不可知的自然法则做出宏大假设。因此，休谟的或者斯密的人的科学非常近似于当今的社会科学，两者都呈现了一系列有待研究、诠释和理解的现象。如果我们把这篇关于天文学历史的文章和斯密的修辞学讲座放到一起考虑，值得注意的不仅仅是斯密在思想上与宇宙物理理论的深度交融，还有他不愿意将系统性思维与今天所谓的"硬核科学"联系起来，也不愿意以任何封闭或静态的方式进行阐述的立场。到 18 世纪

50 年代中期（或许更早），斯密开始形成一种明确的，并且非常现代的，关于人的科学可能是什么的概念。

斯密关于修辞学的讲座强调严谨性和实用性，强调牛顿法则和有效性。这不仅是他思想的体现，也展示了一个极具"苏格兰启蒙运动"特征的一系列假设和关注的综合体。

学界一直存在争议，苏格兰这场启蒙运动的概念是什么，发生在哪里，如何发生，有谁参与，有什么意义？到 17、18 世纪之交，整个欧洲的情况越来越表明一场思想革命正在进行中。在某种程度上，这是科学进步的结果：托勒密宇宙观被废弃，哥白尼及其追随者提出的日心说兴起；牛顿在科学上有惊人的发现；在数学领域，笛卡儿在几何学方面获得发展，以及莱布尼兹和牛顿在微积分数学上获得发展；望远镜和显微镜被发明出来，伽利略、波义耳和胡克提出新自然哲学。这些成就反过来导致了更广泛的知识、社会、文化领域的重组，一切变得远离宗教、尊重制度、崇尚智慧，同时提倡个人理性、怀疑主义和思想交流。在恰当的时机，这些变化引发了对宗教宽容、法律权利和道德平等的呼吁，许多欧洲的王室和政府都感到了极大的威胁。

18 世纪初的苏格兰是孕育这些想法的沃土。长老教会仍然是一个影响巨大的机构，它与格拉斯哥王室的权力之争证明了这一点。但是，苏格兰新教的契约特征致使该国首先开始抗议，这导致了在 1638—1640 年与查理一世的战争。这再次证明了苏格兰的精神独立性，以及苏格兰人对特权和等级制度的抗拒态度。此外，苏格兰的知识分子文化得到了很好的发展。苏格兰有 5 所大学：圣安德鲁斯大学、阿伯丁的国王学院和马里沙尔学院、格拉斯哥大学、爱丁堡大学，苏格兰低地上还有一个庞大的教区学校网络，而英格兰只有两所大学，分别位于牛津和剑桥。达里恩计划的失败深深刺激了苏格兰的民族自豪感，并且后来的《联合法案》再次激怒了很多人。在这些不同因素的影响下，苏格兰启蒙运动有明确的目标，着重于可以指导实践的理论，关心个人提升和社会进步。这样的社会环境孕育了越来越多的社团、俱乐部和咖啡馆，孕育了一个非凡的思想迸发的时代。当时苏格兰的思想家遍布地质学、法学、医学、化学、人类学、艺术各个领域。亚当·斯密和大卫·休谟是知识界的核心，他们思考着人性和社会深层次的运行方式等问题。

大约在 1750 年，斯密终于遇到了休谟，获得了他生命中在知识方面最重要的友谊。休谟对公众关于《人性论》的反应感到失望，但此时他已经恢复过来，并开始撰写新文集《道德与政治》，也着手开始写《英格兰史》，这本书在 1754 年以 6 卷本出版，在文学批评界和大众读者中都获得了极大的成功，以至于当出版商恳求他出版另一本书时，休谟的回答令人印象深刻："我有 4 个理由不想写：我太老了、太胖了、太懒了，而且太有钱了。"[13] 休谟是很幸运的，虽然在早期职业生涯中遇到了各种各样的挫折，但是在晚年，他和蔼又爱讽刺的脾性和他的智慧一样出名。1745 年，由于认同无神论，休谟被剥夺了爱丁堡大学道德哲学的教席。历史很快就重演了。

在 1750—1751 年冬，27 岁的斯密在凯姆斯勋爵和阿盖尔公爵的支持下在格拉斯哥大学当选逻辑学与形而上学教授。按照惯例，在 1751 年 1 月，他宣读了一篇就职演说（题为《关于思想的起源》，但是文本已失传），在格拉斯哥长老会前签署了信仰告解，并宣誓为信仰服务效忠。斯密于次年 10 月抵达格拉斯哥，他的母亲和他的表亲道格拉斯也来了，她们为他照看房子。斯密同意承担道德哲学教授托马斯·克雷吉的一些教学职责，因为当时克雷吉正在生病。

克雷吉很快就去世了。斯密在 1752 年 4 月被选为道德哲学教授，他正好也对这个学科和这个职位的收入很满意。于是逻辑学和形而上学教授的职位就空缺出来了。休谟再次申请了这个职位，看起来不管他是否认可无神论，他都愿意进行忏悔和宣誓的仪式。但是他再次因为宗教理由被拒绝了，因为阿盖尔公爵和长老会都反对他。因此，格拉斯哥大学和爱丁堡大学一样，成了曾经拒绝伟大思想家任教的学校。

斯密显然已经看到了这种反休谟倾向，但并没有打算对此提出质疑。在斯密给他的朋友，医学教授威廉·卡伦的信中说："我非常愿意和休谟共事，但是我担心大众和我有不同的看法，大学的利益迫使我们不得不在意公众的意见。"[14] 这是一个务实的判断，但不是一个英勇的判断，因为这是一个权贵的世界，对休谟的任命缺乏宗教界和政治界的支持。斯密一般都试图避免多管闲事，并且他的支持也无法改变最终结果。不过休谟还是在爱丁堡的律师学院找到了一个图书管理员的职位，[15] 他说："在这个职位上，我的薪酬几近于零，但是我有了一个大型图书馆可以探索。"

休谟比斯密大 12 岁，这两个人未来很少生活在同一个地方。尽管如此，他们从一开始就关系密切，在知识上互相尊重，并且关系不断加深。到 1776 年休谟去世时，他们互相称呼对方为"我最亲爱的朋友"。1752 年，在他们之间的第一封信中，[16] 休谟承诺给斯密发送文章副本，并且说："如果有任何事情发生在你身上，那么我将不得不对你负责，因为我给过你暗示。"而且休谟常常在信里开玩笑，比如当他说到决定砍掉书中的第六章和第七章时，他写道："但我的书商米勒提出了抗议，他告诉我最好的评审都对此赞赏有加，我因此受到了触动于是保留了这两章。"

休谟的另一封信表达了他对斯密身体不适的担忧。鉴于斯密此时的工作量，他很可能已经筋疲力尽了。大学的一学期是从每年的 10 月中旬到次年的 6 月中旬。每个工作日的早晨 7 点半，斯密为公共课的学生上一堂一小时的道德哲学课程；在上午 11 点，有一个小时的讨论会和针对早上讲座内容的考试；另外，在学期中的一段时间内，他还要教授每周三次的小班课程，在中午上一个小时。雷表示当时全校学生有 300~400 人，上公共课的学生有 80~90 人，小班课有 20 人。每天下午，斯密还会与学生进行讨论。斯密每年的收入大概有 150~300 英镑。这在当时是一个非常可观的数额，而且免租金政策和定期来求学的寄宿学生也增加了他的收入。

在斯密生命的最后阶段，斯密成了一个典型的"书呆子"教授。斯密有一则逸事，他有一次向查尔斯·汤曾德非常投入地讲述劳动分工，以致不小心跌入了一个制革厂的大坑。玛丽·科克女士在 1767 年 2 月的日记中也记录了一件趣事："斯密先生一来吃早餐就开始讲话，他拿起一块面包和黄油，把它搓得很圆，又把它放进了茶壶里，还倒水进去。一会儿他把这壶水倒入了杯子里，喝了一口说，这是他喝过的最糟糕的茶。"斯密还有很多其他类似的逸事。

虽然被贴上了"书呆子"的标签，斯密显然是一位优秀的老师，他的课堂总是组织有序，引人入胜。用杜格尔德·斯图尔特的话说，"以斯密先生的能力，做教授是最有优势的。在课堂上，他几乎完全是即兴演讲。他的举止虽然不优雅，却明确而坚定；并且他对自己教授的课程总是饶有兴趣，因此也总是能吸引听众的兴趣"。其中一位听众是年轻的詹姆斯·博斯韦尔[17]，他在 1759 年进入格拉斯哥大学，他慕名而来，斯密没有让他失望。"我来这里的最大理由是听斯密先生的讲座，他的讲座真是太棒了"。博斯韦尔写信给一位朋友说。同样令人印象深刻的是斯密的性格，"他没有那种教授中常见的，很正式的僵硬和迂腐。到目前为止，他是最有礼貌的，他非常喜欢让他的学生和他在一起，并以最大的宽容和友善对待学生"。

斯密也是一名高效的管理者，他先是在格拉斯哥大学任职，后来在爱丁堡担任海关关长。在格拉斯哥，他参加了几个大学委员会，协助管理复杂的产权谈判，参与了一系列建筑项目，包括修复校长的房子，并成功地将图书馆搬到了一栋新的由威廉·亚当设计的建筑里（虽然一开始的时候这栋建筑受潮了）。斯密是财务主管，曾两次被全票推选为院长，还担任过副校长。这说明他不是一个在管理方面没有经验或者没有能力的人。并且这些额外的职责并没有削弱他对大学的喜爱。在 1758 年，休谟试图让斯密接受爱丁堡大学自然法和国际法的教授职位，但是没有成功。

虽然身担多职，斯密还想办法抽出时间协助《爱丁堡评论》创刊，这本短命的杂志曾在 1755—1756 年发行。斯密给《爱丁堡评论》的第一期写了一篇评论，评价塞缪尔·约翰逊刚刚出版的《英语大词典》。[18] 斯密的评论文章态度温和但是不失批判性。斯密提到，作者的艰苦工作值得赞扬，但是整个方法论都存在一个根本问题：整本书在语法方面都不够好。约翰逊在词典中汇集了关键的词汇实例，但他没有分析这些基本原则或概念的基础，"没有对那些显然是同义词的词汇进行合并"。斯密举例说，"但是"（but）这个词在词典里有 17 种含义，但实际上可以减少到 7 种。

《英语大词典》是约翰逊和一群努力的编纂人员花了近 10 年的苦工才完成的著作，它标志着决定性的进步，并在出版时受到广泛好评。博斯韦尔后来评论道："一个人可以完成如此艰苦卓绝的工作，世界都震惊了，这样的事业在其他国家需要整个学术界去完成。"不同于斯密对语法的细微关注，这本书并不是一个枯燥的纲要，其风格是刻意如此。事实上，这是由约翰逊的个性，以及他对引用的选择和他讽刺的措辞决定的。比如，他把词典编纂者称为"无害的苦工"，并且说赞助人"通常都很傲慢，想要得到奉承作为资助的回报"。此外，约翰逊本人对批评非常敏感，特别是在戏弄博斯韦尔时，他往往显得比一般的老派人士更过分一些。他还把燕麦定义为"在英格兰通常是喂给马吃的谷物，但在苏格兰喂给人吃"。

因此，被斯密这样一位在当时并不出名而且也没什么著作出版的苏格兰学者评论，这位伟人一定感到很受伤害。他们两人后来的关系也一直很冷淡。斯密和约翰逊似乎在 1762 年左右才第一次见面，用约翰逊的话来说，"并没有相互接受"。[19] 斯密可能对约翰逊的托利党政治没什么兴趣，而约翰逊则不喜欢哲学，并且鄙视休谟的宗教怀疑主义，他怀疑斯密是赞同休谟的。当斯密于 1773 年搬到伦敦时，他们的关系也没有改善。

斯密的兴趣非常广泛，从修辞学到道德心理学，再到法学和政治经济学，18 世纪 50 年代是斯密非常高产的年代。他总是敏感地保护自己思想的优先地位，常对其他人可能的抄袭发出警告，其中有一次是对宗教思想家休·布莱尔，还有一次是对历史学家威廉·罗伯逊，还有全能的苏格兰哲学家亚当·弗格森。根据杜格尔德·斯图尔特的说法，斯密在 1755 年向一个当地学会提交了一篇文章，"那是一份很长的清单……关于政治和文学的一些主要原则，他急于建立对这些理论的专属权利"。其中包括一些青史留名的言论：

> 让一个国家达到最高程度的富裕和最低程度的野蛮的前提条件，除了和平、宽松的税收、宽容的司法行政之外，没有其

他；其余的都是由自然过程带来的。所有阻碍这种自然进程的政府，如果迫使事物进入另一个通道，或者试图在特定时刻阻止社会进步，都是不自然的，对这种目标的支持手段也必然具有压迫性和暴虐性。

这是斯密关于"自然自由体制"的首次陈述，在他的第一本书《道德情操论》出版的 4 年前，在《国富论》出版的 21 年前发表。这提醒我们，斯密几乎在他职业生涯的一开始就构思了他伟大著作里的主要思想。

此时的斯密似乎是格拉斯哥大学校长安德鲁·科克伦的门生。科克伦也是格拉斯哥的市长，他使更多人阅读到了斯密早期的论文。在投身公共行政领域之前，科克伦在烟草贸易中赚了大钱。作为一名坚定的汉诺威王室支持者和一个市长，他曾在 1745 年 8 月力争减少詹姆斯党人对赎金的要求，他亲自前往伦敦谈判赔偿，最终让格拉斯哥免于破产。他注意到了斯密这个年轻人的能力，早早就把斯密招募到了自己的"商业俱乐部"。这让斯密接触到了格拉斯哥的商人阶层，包括烟草巨头约翰·格拉斯福德、亚历山大·斯皮尔斯和詹姆斯·里奇。对年轻的斯密来说，这是进入商业世界的极好方式，尤其可以让他了解贸易的力量以及商人们和政府的密切关系。

斯密后来回忆说，他在格拉斯哥的 13 年是"迄今为止最有用的，因此也是我生命中最快乐、最光荣的时期"。[20] 这是典型的斯密式的表达方式，他把快乐解释为有用，并且脱离了个人色彩，因为这种叙述方式与爱情、友谊之类的快乐因素无关，虽然那也很有价值，但是非常个人化。我们几乎不知道斯密是否有过任何浪漫的依恋关系，因为在这些事情上，他的一生都像一本未开启的书。人们传说他曾经爱过法夫郡的一位女士，并且曾经"真心爱上了坎贝尔小姐……一个性格和习惯跟他极其不同的人"。[21] 但就这些话题而言，正如最近一位传记作者恰如其分的观察，"我能做的事情很少，也只能为这段光荣历史增加一点注脚"。[22] 除了亲密的朋友，斯密也建立了一个范围越来越广的由朋友、记者和崇拜者组成的圈子。而且，随着他的名声越来越大，据说他的雕像都可以在当地的书店买到。他还被邀请加入了众多俱乐部：比如格拉斯哥的科克伦俱乐部，还有爱丁堡的文学社、哲学社、知识选择学会和支持军队俱乐部。除了 1755 年的论文和其他一些参考文献之外，他并未对这些机构产生很大的影响。但是这些社团让他结交了朋友，在社交中获益，同时又未影响他的日常工作，也不影响他强烈的工作欲望。

斯密确实还在努力工作。在此期间，尽管有这么多的事务，斯密还是抽出时间写出了他第一本公认的杰作——《道德情操论》。

《道德情操论》近年来一直都屈居于《国富论》之下。大众认为那是斯密的"其他作品"，远不如他后来写的书那么广为人知。《道德情操论》的读者较少，也经常被视为是有缺陷的，[23] 只是一个年轻人在道德哲学领域一次不成功的尝试，很快就被康德的伟大作品的光环所掩盖。[24]

在最后一版中，《道德情操论》有很大一段内容分析"美德的特征"，并回顾了道德哲学的不同体系，斯密试图证明他的理论应该被阅读。但这本书在一开始的时候并非定位为一部道德哲学的作品，更不是利他主义的赞美诗。相反，它属于道德心理学和社会学领域。尤其是斯密并没有参与早期的康德式话题，即为道德原则提供理由或基础。相反，他想解决的是一个心理学问题——我们的道德情感从何而来？人们经历了什么样的个体的和社会的过程，才产生了道德意识？

普遍的道德原则存在吗？是否有人性这样本质的东西，还是说它其实根据时间和环境会发生变化？因此，"道德情操论"不仅是一本书的标题，更是对整个领域的划分，是一个可以实际深入研究的领域。这是一个关于人如何成为人的问题。

这本书的目标很明确。事实上，斯密在 1756 年《爱丁堡评论》的第二期（也是最后一期）刊登的一封信中明确阐述了这个问题，他借卢梭的不平等话题展开讨论。[25] 正如我们已经指出的那样，17 世纪的思想家，例如霍布斯和普芬多夫，已经建立了关于人性的伟大理论，这是一种高度悲观的假设。但是卢梭比他们更进一步，他对文明本身发起了激烈的批评，认为人类被虚幻的好处诱惑和腐化。正义已成为强者压迫弱者的工具；私有财产并没有给人类提供更多可能性的空间，而是在破坏这种空间。斯密这样阐述卢梭的话："从一个人有机会接受另一个人帮助的那一刻起，从他认为一个人有优势为两个人制定规则开始，平等就消失了，财产出现，劳动变得十分必要，大片的自然森林变成了宜人的平原，这一切都必须用人类的汗水浇灌，于是世界上开始出现奴隶制，伴随着文明硕果的丰收，悲惨的事件也不断增加。"文明实际上并不是一种在道德上可以估量的福祉的来源，而是一种严重的欺骗行为，它没有创造自由，而且建立在奴役之上。

正如斯密指出的那样，这种批评本身建立在《蜜蜂的寓言》①上。那是英国古典经济学家伯纳德·曼德维尔在 1705 年写的一本散文诗体的书，非常有趣和讽刺，曼德维尔在之后的 20 年中写了一系列的文章辩护这一观点。曼德维尔的写作是一项非凡的工作，他讨论了很多与《国富论》有关系的内容，比如劳动分工，并谈到专业化的优

---

① 《蜜蜂的寓言》的核心观点是："私人恶德即公众利益。"即西方思想史上著名的曼德维尔悖论。——编者注

点；《蜜蜂的寓言》的副标题"私人的恶德，公众的利益"也说明了个人的自私行为会对公众产生意想不到的积极影响的理论；他也反对正统的宗教观点，认为奢侈品消费在经济上是有益的而节俭是徒劳的。最重要的是，《蜜蜂的寓言》是对道德虚伪的全面谴责。对曼德维尔来说，沙夫茨伯里（以及后来的哈奇森）对人类仁慈的信仰，都是虚无缥缈的，所有关于良好道德的独特性，原则和标准，美德和恶习的讨论也是一样。曼德维尔认为人类只有两种动机，"自我关爱"和"羞耻"。文明、文化和其他东西，全都是为了掩盖人类对获得赞美的渴望，是对厌恶尴尬的伪装。"美德"和"恶"是熟练的"政治家"用于引导人民的激情以控制群众的概念。

曼德维尔的《蜜蜂的寓言》完美地说明了这一点。最初，蜜蜂沉浸在恶行中，幸福且繁荣：

> 大量的蜜蜂挤满丰硕的蜂巢，
> 它们庞大的数量使它们兴旺发达；
> 数百万蜜蜂努力满足彼此的需求，
> 彼此的欲望和虚荣。

可是突然之间，道德和美德降临，这种影响是灾难性的：竞争、野心和消费被节俭和善良取代，价格下降、贸易枯竭，商品的选择减少，质量下降，经济停滞不前。因此，曼德维尔认为，关于人类堕落的逻辑被颠倒了，仁慈和利他主义对社会来说才是灾难性的，而自私和贪婪将导向成功。甚至正义本身也被腐蚀了，用斯密的话来说，"根据（卢梭和曼德维尔）的说法，那些如今还在生效的公平正义的法则，最初都是由狡猾和拥有强权的人发明的，原本是为了让他们获得维护自己、压倒别人的不公正的优势"。

　　有时候斯密的言论与卢梭很像，比如他谴责人们对物质和社会地位的过度关注。卢梭对自尊和自爱的区分给苏格兰人留下了深刻印象——前者指人们对自己在他人眼中形象的爱，后者指人的自私之爱。斯密和卢梭都提供了阶段式的人类发展理论，都对商业社会和人性的起源以及他们对社会的影响展开了长篇讨论，以不同方式从不同角度探讨了不平等和压迫。但在理论气质上他们是两个极端：斯密逻辑清晰且务实，卢梭则展示了惊人的修辞力量，在强烈的悲观的谴责和乌托邦式的乐观主义之间来回摇摆。总的来说，斯密的工作是对加尔文派哲学家的全面反驳：对文明的辩护、对商业自由的辩护，对法律保护下的个人自由和私人财产的辩护，他试图强调不协调的个人行为不仅不会对社会有害，反而会以意想不到的方式有利于社会。《道德情操论》的核心目的是通过解释道德情感如何从人类的社会性中产生，来维护文明作为促进道德改善的力量的主张。斯密拒绝曼德维尔的摩尼教[①]世界观，但是遵循了他的观点，"为什么很少有人能理解，因为大部分写作者总是告诉人们他们应该是什么样，却不愿费力气说明他们实际上是什么样"。

　　斯密的《道德情操论》非常注重"告诉人们他们的真实面目"。然而，这是建设性的理论工作，而不仅仅是怀疑论。但这也要谨慎地避开熟悉的陷阱，例如诉诸神圣恩典，或者落入哈奇森式的未经证实的道德感理论。斯密的写作风格多变，但都很直接。这本书几乎没有什么逻辑上的诡辩或是存在争议的辩论，相反，书里充满了精心挑选的平凡例子用以说明其主题。看似简单的开场白表明了风格："人

---

① 　摩尼教是3世纪在巴比伦兴起的世界性宗教，又被称作牟尼教，明教。——译者注

类可能非常自私,但人性中显然具备一些原则,使他们乐于见到他人的好运,他人的幸福对一个人来说十分必要,虽然他除了见证的乐趣之外什么也得不到。这就是怜悯,或者说同情……"

因此,同情(compassion)就是亚当·斯密认为的人性基本原则。然而很快我们就能清楚看到,这里的同情并不是指可怜他人,而是指能感受他人情感的共情。休谟在《人性论》中写道,对受影响者的同情(sympathy)可能会引起道德上的认可或反对。斯密在几处都使用了"sympathy"这个词,但在关键意义上,他比休谟更进一步,他把同情的观念拓展到怜悯和体恤之外,还包括"我们任何一种对同伴的感情"。从这个意义上说,同情指的是发现和反映他人情绪的能力。这实际上体现了现在被称为同理心的运作机制:想象力使我们在精神上能够或多或少地感同身受,即便他人可能离我们非常远或者和我们非常不同。那么,在斯密的理论中,我们能够通过同情的能力和想象力体会到他人不愉快的、反感的情绪,或是体会他人快乐的、自我满足的情绪。这并不是通常意义上人们对同情的理解。

正是这种共情的能力使我们对他人的生活和命运感兴趣。让我们能够将自己反对或赞同的情绪与他人进行类比。我们的道德认知和判断能力源自何处?斯密这样说:

> 我们判断他人和判断自己一样……需要尽最大的努力保证坦率和公正。为了做到这一点,我们必须用我们看待他人的眼光来看待自己:我们必须想象自己不是演员,而是自己性格和行为的观众……简而言之,如果我们行为的整体情况是已知的,那么在我们赞赏或者谴责他人之前,我们就必须回答是什么?应该怎样?他人的感受是怎样的?[26]

斯密假设了一个完全与社会隔绝的人来说明个体自我意识的社会维度："如果一个人在某个与世隔绝的地方长大成人，与同物种的其他个体没有任何交流，他就不可能思考自己的性格、情感和行为的恰当性或缺点，不可能断定自己的心灵是美丽还是怪异的，也无法判断自己长相的美丑。"因此，拥有自我、自我感受或自我意识，利用社会和道德价值观对自己进行判断，这些过程总是与"他人情感的直接参照"有关。

但是，"用看待他人的眼光看待自己"[27]也是为了让我们被他人看见，并且我们可以看到他人看着我们，他人也可以看到我们在看着他们……而且，他人可以看到我们的行为，并看到我们作为行为者，反之亦然。这是人类集体意识的形成方式，并最终升级成为共同知识。视觉的作用是直接的也是相互作用的；对斯密来说，这和语言交流一样，人类利用这种基础方法，把对他人的原始意识升级为社会性，成为道德自我意识，自此，人们生成了对自己的义务和他人应履行的义务的认知。此外，斯密的分析超越了道德行为者与行为之间简单的双向关系，增加了第三个要素：如果所有事实都已知，那么该行动将如何被他人在已知的事实背景中看待。这种三元关系使他的道德理论具备未来的元素，以及进化的可能性。

通过"如果我们的行为的整个境况都是已知的"这种说法，斯密也暗示了需要额外的矫正因素。他沿用了休谟的说法——"公正的旁观者"。一个"冷静"和"无动于衷"的旁观者，他可以客观地看待问题，没有激情或偏见，也了解问题的不同方面。斯密似乎想说，通过他人的眼光看自己，使我们摆脱了自己具有特殊性的想法，并可能达成客观的判断。"公正的旁观者"这种机制纠正了人类的弱点，并允许我们建立比传统智慧更优越的规范或行为标准。

　　罗伯特·彭斯是斯密的崇拜者，他在 1786 年写的诗歌《致虱子》选择了道德这个主题。这部作品是用彭斯最喜欢的哈比诗节 ① 的形式写就的，他以诙谐的语调讽刺一只爬在年轻女士帽子上的无礼的虱子：

> 你这只丑陋、阴险、怪异的寄生虫，
>
> 好人、罪人都厌恶地甩掉你，
>
> 你怎么敢跑到她身上谋生，
>
> 这么高贵的女士！
>
> 到其他地方去寻觅你的晚餐，
>
> 去找一些可怜的躯体。

　　……然后彭斯的叙述转向这位女士，警告她即将发生的攻击和她创造的这一奇观：

> 哦，詹妮，千万别摇头晃脑。
>
> 卖弄你的美丽！
>
> 你看多么要命的速度，
>
> 那些怪物！
>
> 我怕你挤眉弄眼，
>
> 只会更让人把它注意！

　　但是诗歌的转折给这首诗带来了进一步的冲击力量和意义，它

---

① 哈比诗节（habbie stanza）一种诗歌体裁，由哈比·辛普森发明，因此以他的名字命名。——译者注

在最后一节以一种不寻常的生气结尾：

> 噢，天赋能否给我们力量，
> 使我们看清自己如同他人看到我们！
> 那将会把我们从愚蠢中拯救出来，
> 不再胡乱猜想，
> 什么样的装饰和步态会抬高身份，
> 甚至被人膜拜！

　　这些诗句直接呼应了《道德情操论》。对彭斯来说，像他人看到我们一样地看到自己，是一种令人泄气的惩罚性体验。对斯密来说，这在集体意义上将意味着发生变革："如果我们能以他人的眼光看待自己，或者如果他人可以在已知背景的情况下看待我们，那么社会将必然发生变革。不改变的话，我们可能无法忍受这些视线。"

　　"公正的旁观者"的想法非常好，但它面临一个明显的挑战：这是道德感或上帝的别称吗？答案是否定的。实际上，斯密试图找出良心的本质，但他的叙述既是分析性的，也是基于人类经验的。他的理论路径不是从内心到外在的，而是由外至内的。斯密并不认为个人的道德判断是原生的，是神圣灵感或原始本能的结果，他认为道德源于一个人对他人的看法，是次生的。我们通过对比自己和他人的实际行为和可能行为做出道德判断，我们参与和回应整个社会的规范，并从中发展出了自己的道德原则。我们可能会给予这些道德理解不同的名称，但它们都源于人性和人类的社会性。其结果是一种来自自然主义和经验主义的道德感受，它不依赖于哈奇森式的道德感，并且反驳了任何把道德视作独特的或者高级人类品质的主张。

然而，斯密关于同情概念的延伸也有一些吸引人的反直觉的含义。尤其是他用这种情感来解释一种现象——人们不自觉地就会钦佩有权势和财富的人，对穷人则是铁石心肠。这个主题贯穿了斯密的思想。他在早年的修辞学讲座中就谈到了这一点，他说："人性中有一种奴性让我们崇拜地位优越的人，以及一种不人道的心理，让我们蔑视和践踏不如我们的人。"《道德情操论》对此给出了更深刻的解释：

> 这是因为人类更愿意同情喜悦而不是悲伤，我们倾向于炫耀财富，掩盖贫穷……当我们考虑伟大之人的处境时，我们的想象力描绘出虚幻的色彩，一切似乎处在一种抽象的完美和快乐的状态之中……因此我们对他人的满足感尤其能同情共感。我们赞成他们所有的意愿，向往他们所有的愿望……伟大的国王万岁！如果现实经验没有教我们看到荒谬之处，在东方式的奉承之后，我们就很容易制造颂歌。[28]

斯密的理论从原理上解释了为什么那些便利但腐化的规范和那些对社会有益的规范都可以广泛传播。

显然，曼德维尔式的人类在这里是被基础本能支配的，他们认为传统道德一定是对的。就像电影《非洲女王号》中，凯瑟琳·赫本把杜松子酒倒入乌兰加河之后，对汉弗莱·鲍嘉饰演的角色说："阿尔纳多先生，大自然就是我们在这个世界上崛起的地方。"不过斯密关于人性的整体概念远比曼德维尔积极。斯密努力区分出"对真正值得付出情感的荣誉和尊重的欲望"和"对无聊赞美的欲望"："虚荣与对真正荣耀的向往非常近似，因为两者都旨在获得尊重和认可。他们的不同在于，后者是一种公正、合理、公平的激情，而前者是不公正、荒谬和荒唐的。"斯密的观念更加积极，因为他有着对道德力量的信仰。由于存在同情和公正的旁观者，人类有自我觉知和道德反省的能力；他们知道诚实的野心和不应得的贪心之间的区别，人们对自己和对他人的道德判断都证明了这种能力。相比之下，曼德维尔对道德的攻击是用一种方式来批评另一种，因此显得模棱两可。

斯密还反驳了卢梭关于原始自然状态已经被人类社会和对他人劳动的依赖所腐化的观点。实际上，斯密否认有任何曾经存在的自然状态，以后也不可能存在，因为人性是在人类社会内部形成并且由人类社会塑造的："人类社会的所有成员都需要彼此的帮助，并且同等承受相互伤害。如果必要的帮助是从爱、感恩、友谊和尊重中得到的，社会就会兴旺发达、幸福快乐。社会所有不同的成员都被爱和感情的友好纽带捆绑在一起，被吸引到一个共同的美好的中心。社会并不存在一个单一的理性基点可供人们去探查，或者像阿基米德似的，可以用一个杠杆撬动整个社会。社会是通过社交和道德规范传导的利益关系，通过相互的义务和情感，多元化地融合在一起的。"[29]

与语言一样，这是一幅动态的画面。我们的道德生活在持续地变化、发展、为他人提供养分，没有起点也没有终点。同情带来了互惠、付出和责任的交换，互惠促进了商业和贸易双方的安全，而这一切以充分扩散和自我强化的形式塑造了社会道德。人们不断做出道德判断，以便在特定情境下，在新兴规范中采取合适的行动，并酌情做出恰当的选择或者处罚行为。在现代术语中，亚当·斯密的理论是一种真正的进化式的理论，但它是通过社会过程而不是自然选择来运作的。这套理论形成了一种至关重要的亚当·斯密式的视角，即无数的人类互动可以产生影响巨大但完全无意识的集体后果（这对社会既有好处，也有坏处，正如我们将在第9章和第10章中看到的那样），而且这样一种自我组织的方式引出了我们现在所说的自发社会秩序的概念。该理论仍然是事实性和描述性的，适用于一种真正描绘道德科学的尝试。它提供了思考道德如何产生的通用框架，也提供了分析道德在不同情况下如何出现的具体方法。但是它也具有明确的道德含义，因为它描述了公认可见的道德标准是如何出现的。它通过分析"规范"的概念，从事实描述过渡到了价值描述。

即便存在完全没有感觉到道德过程的人群，悔恨或内疚的存在以及对道德规范的觉察也证明了同情是深埋于人类行为之中的。一个没有同情心的社会不可能产生互惠，这样的社会状态也会反过来影响其成员的道德感。斯密尊重高尚原始人的高贵品质，但他否认野蛮人有任何道德上的获得。恰恰相反："每个原始人……都处于持续的危险之中，他们经常暴露于极端的饥饿，经常死于纯粹的欲望……他不能指望来自同胞的同情或纵容……因此，野蛮人无论遇到什么样的痛苦，都不会指望他人的同情。"[30] 斯密与卢梭的观点正好相反，他认为文明带来道德进步，哪怕只是部分的进步："一个文明的人习惯于在某种程度上压抑原始天性，变得坦诚、开放和真诚。野蛮人则相反，他们被迫扼杀和隐瞒热情的表象，必然会习得虚假和掩饰的习性。"

我们现在已经接近了这个问题在哲学意义上的核心，因为人类之间的"和谐"或相互依存是斯密整个理论体系的枢纽，努德·哈孔森在这一点上有令人佩服的总结："这种持续交换基本上是所有人类文化的基础，可能也是语言的基础。以虚荣的形式，它是所有等级区别的基础；以易货交易的形式，它是所有经济的基础；通过同情机制，它导致了人类道德的产生。"[31] 这是斯密整个思想体系的基本假设。但是用他的话说，"要获得这种和谐，必须要有自由的情感和意见交流"。因此有益的自发秩序取决于个人自由的存在。

鉴于当时的时代特征，斯密的理论中对礼貌、文明和自我完善的赞颂受到了意料之中的热烈欢迎。《道德情操论》于1759年春天出版，在伦敦和爱丁堡都很畅销。事实上，由于这本书过于畅销，斯密在伦敦的出版商安德鲁·米勒甚至吹嘘第一次印刷就有2/3在出版前售出。这本书获得了十分广泛的成功，极少书能与之匹敌。值得注意的是，为这本书写评论的其中一位作家是一个年轻的爱尔兰人，埃德蒙·伯克，他当时只有29岁，是《年鉴》（the Annual Register）杂志的一个不出名的编辑，此时距他当选议员，成就辉煌的公共事业还有6年时间。传说休谟将这本书分发给了伦敦有影响力的人物，收件人有政治家等大人物。并且，休谟还非常有先见之明地给伯克也寄了一本书，巧妙地将伯克的潜力透露给了斯密，他说："他（伯克）最近写了一篇关于崇高的非常精彩的论文。"[32] 伯克在杂志刊登的评论中说："（斯密这本书）对关于美德和恶习的检验进行了立论和驳论，并证明了一切都是建立在同情之上，作者基于这个简单的事实提出了一种从未有过的美妙的道德理论结构。"在一封感谢斯密寄书的信中，[33] 除了友好的评论，伯克还赞赏了"书中那些取材于日常生活的轻松愉快的插图"，伯克邀请斯密在下次到伦敦的时候会面。后来这两个相互欣赏的人建立了长久的友谊。

鉴于斯密与休谟的亲密关系，斯密最想听到的一定是休谟对他新书的好评。休谟没有立即表达评价，但是他不会错过这个好机会，他在1759年4月12日从伦敦给斯密发了一封信，信中充满了善意的调侃，那封信一定让这个年轻人发疯了。休谟在信中这样说，"虽然它刚发表几个星期，但是我认为已经出现了非常强烈的征兆，我几乎可以冒险预测它的命运。简而言之是这样的……在我写信的时候，我被一次愚蠢无礼的访问打断了……"休谟迟迟没有说明这是来自苏格兰同胞的消息。然后休谟继续写道："讲回你的书以及它在这个城市收获的成功，我必须告诉你……又来了一个突发的拜访！"休谟又插入了一次拜访的内容，然后继续兜售八卦，这次是关于爱尔维修和伏尔泰的新书。

休谟继续写道："但这对我的书来说意味着什么呢？你说呢？我亲爱的斯密先生，有点耐心，安顿下自己，表现出一位哲学家的经验和专业。想想人们共同的空虚、轻率和无用。"然后他又谈论了斯多葛式的节制美德，又用拉丁语引用了一句波斯格言，在以嘲弄的方式勉强得出结论之前，休谟又说："因此，若你已经对最坏的反响有心理准备，我就把这个令人悲伤的消息继续讲下去，你的书非常不幸，公众似乎对它极为赞赏。"休谟还忍不住挖苦宗教权威："三位主教昨天在给米勒的商店打电话想买书……彼得伯勒的主教说……他听说这本书受欢迎的程度超越了世界上所有的书籍。既然这些迷信的守护者如此赞扬它，你可以想到真正的哲学家会对这书有什么看法。"休谟的这封信实在是古灵精怪，可以想象可怜的斯密在读信时的复杂情绪。

《道德情操论》取得的巨大成功实至名归。但斯密明确表示，这本书是一个更大项目的一部分。斯密在书的最后写道："我将在另一场讨论中尽力讲述法律和政府的一般原则，以及它们在人类社会的不同时代和不同时期经历的不同革命，不仅涉及什么是正义，还涉及警察（即公共管理）、税收和军队，以及任何其他与法律相关的对象。"正如我们将要看到的，他在接下来的 30 年里一直在努力履行这一承诺。虽然他的尝试失败了，但是在失败的同时，却创作出了有史以来最伟大的社会科学著作。

第三章

启蒙时代的插曲，
1760—1773 年

1760 年初，亚当·斯密 36 岁，当时他仍然未婚，与母亲和表亲（同时也是他的管家）珍妮特·道格拉斯一起住在格拉斯哥。斯密在当时是一位受人尊敬的大学教授兼管理人员，也是一位第一本书就非常成功的作家。后来他得了一种原因不明的慢性病，医生的处方非常有智慧，要求他在夏天结束之前骑行 500 英里。除此之外，他的生活就是典型的宁静的居家生活。

虽然斯密过着平静的生活，但他周围的世界并非如此。自 1756 年以来，英国一直与法国交战，虽然英国与法国的战争已不算新闻，但这是第一次英法战争升级为全球性冲突。七年战争是一场真正的世界大战，从北美殖民地延伸到加勒比海的瓜德罗普岛，欧洲的大西洋沿岸地区，西非的塞内加尔，甚至蔓延到印度及孟加拉。法国对殖民逐渐丧失的雄心壮志与其巨大的武装力量在陆地上肆虐，试图与英国不断扩张的经济实力和皇家海军强劲的海上势力相抗衡。

欧洲大陆的情况复杂多变。那时英国的欧洲政策已经持续了 400 多年，目标是尽可能地平衡欧洲的力量，防止出现超级大陆帝国。但是，英国在战争爆发 10 年前发现盟国奥地利不再能够制衡法国的野心。亚琛和谈 ① 终结了 1748 年奥地利的王位继承战争，英国迫使奥

---

① 此次和谈签署了《第二亚琛和约》，由法国、英国、荷兰和奥地利在第二次亚琛和会后于 1748 年 10 月 18 日签订，标志着奥地利王位继承战争的终结。——译者注

地利把珍贵的西里西亚省割让给普鲁士的弗雷德里克，这让奥地利人非常愤怒，双方的伙伴关系难以为继，1756年，奥地利与法国这个历史上的敌人联手，而英国则与普鲁士结盟，此举也缓解了英王乔治二世对其家乡汉诺威安全的担忧。

随着英法之间的战争在四大洲升级，1759年成为关键的一年。尽管查尔斯·爱德华·斯图尔特和他的流亡内阁再次向路易十五恳求支援，法国还是没有执行出兵5万入侵朴次茅斯以支援詹姆斯党人起义的计划。法国人在美洲十三个殖民地的西部边境地区的行动陷入了停滞状态，而在1759年年底，英国人却取得了一系列显著的胜利。8月，伟大的海军上将爱德华·博斯科恩在葡萄牙拉古什附近几乎摧毁了法国的地中海舰队。9月，詹姆斯·沃尔夫将军在加拿大境内完成了不可能的任务，他领导军队勇敢地攀登上了亚伯拉罕平原的悬崖，击败了法国将军蒙卡尔姆，占领了法国控制的魁北克省。11月，英国海军上将霍克在布列塔尼海岸附近的基伯龙湾英勇击败了法国的大西洋舰队。

1756—1763年的战争在历史上非常重要。如果法国人在北美获胜，可能就不会有美国的革命战争，也就没有美国的出现。如果法国人在印度战胜了英国人，就不会有英属印度，英语也永远不会有目前的全球影响力。如果法国人掌控了海洋，英国的贸易野心和大英帝国后来的发展可能就会被完全扼杀。

七年战争的重要意义在当时就受到了重视。霍勒斯·沃波尔是英国首相罗伯特·沃波尔的儿子，他是一个富有洞察力的睿智的日记作者，同时也是一个势利眼，他在1761年写给霍勒斯·曼爵士的信中说："你要不认识你的国家了。你离开的时候它还是一个不为人知的小岛，仅能勉强维持生计。现在你会发现它成了世界的首都，而且，用罗马式的傲慢语气来说，圣詹姆斯街上挤满了东方富豪和美国酋长，皮特先生在他的萨宾农场接待东方来的君主和北方来的代表，客人多到让他脚上的痛风都犯了。"[1]

1760 年英国国内政治也发生了重大变化。10 月，乔治二世去世了，在此之前他的儿子弗雷德里克已经在 1751 年去世，所以他的孙子乔治三世继承了王位。新国王和他的祖父和曾祖父相比是一个非常不同的君主。乔治一世和乔治二世出生于汉诺威，讲英语时带有强烈的德国口音，他们更关心狩猎而不是公共政治，并且非常愿意将英国的政务交给罗伯特·沃尔波爵士及其继任者管理，当然他们都是辉格党人。但乔治三世出生于英格兰并且以英语为母语，他喜欢强调自己不是德国人，他在继任演说中满怀激情地强调："我在英国出生和受教育，我以做英国人为荣。"由于他父亲过早死亡，他在 22 岁，一个非常年轻和自以为是的年龄就登上了王位。他非常赞赏政治家，特别是迄今为止占主导地位的辉格党人，并决心在政治舞台赢得一席之地，巩固他认为君主应有的宪政权利和义务。

英国的政治家和新国王眼下必须解决的关键问题非常简单：如何偿还战争债务。老威廉·皮特做首相的时候，利用英国政府极低利率的国债和国际贷款，毫不犹豫地花钱支持海军，还对殖民地加强补贴。1757 年，英国的国债约为 7 500 万英镑，大致相当于当时英国的 GDP[2]（国内生产总值）。但仅仅过了 7 年，债务就增加了近 75%，达到 1.3 亿英镑，这还没有算上让英国军队留在北美所需的每年 2.5 万英镑支出。这些债务都即将到期，而且按当时的标准来说数额是惊人的。

在适当的时候，斯密会谈论战争对公共债务的诸多影响，以及为此所必须付出的税收。但是在当时，君主的更替、乔治三世的雄心壮志、平衡收支的巨大压力，让英国政治卷入了持续 10 多年的政府轮替和政治动荡中。讽刺的是，当稳定终于到来时，1770 年诺斯勋爵政府的管理却带来了灾难性的结果。

自 1750 年开始，斯密就一直在思考政府和法律的本质。他曾把这项内容加入凯姆斯勋爵在爱丁堡委托他举办的一系列法理学讲座中，作为仅次于修辞学的第二主题。当他得到了格拉斯哥大学道德哲学教授职位时，斯密即着手重写并扩展了这些内容，或许是为了将来用于出版。斯密在《道德情操论》末尾提到的"其他话题"并不是《国富论》的内容，而是"法律和政府的一般原则，以及对它们在不同的时代和社会时期所经历的不同变革历程的说明"，这段话在《道德情操论》的 6 次再版中都一直保留着，直到斯密 1790 年去世时也未删改。

关于斯密的史料总是缺失，有关这段内容的信息也很少。事实上，我们能够对斯密早期的讲座有所了解已经是奇迹了。在生命即将结束时，斯密痛苦地写下了他早先的希望：

> 我承认，以我目前的年纪，我很难期望能够以自己满意的程度完成这项伟大的工作了；然而，我仍然希望继续履行我能尽的义务，因为我还没有完全放弃我的计划。30 多年前我留下那段话时，我毫不怀疑自己能够完成一切自己立下的宣言。[3]

但是斯密显然接受不了自己的未完成作品被出版，因此在临终前，他坚持要求遗嘱执行人将他的讲座资料和其他未完成的作品都销毁。于是资料都湮没了。

这对我们来说是无法估量的损失。但幸运的是，和之前的修辞学和纯文学讲座情况类似，斯密的法学讲座也有学生的笔记保存下来，材料可分为三份。第一份是斯密同时代的人，约翰·安德森从一些学生笔记中转录下来的。这部分内容很短，大约记录了1753—1755 年的内容。它证实了材料最初呈现的顺序，展示了斯密早期的一些知识渊源，并证明了斯密的政府理论中关键思想的出处。10 年后的其他笔记更加有趣。第二份可以追溯到 1762—1763 年。第三份可能是来自 1764 年，似乎是在讲座期间抄录的完整笔记，第一部分只是部分记录但是非常详细，貌似是为了私人使用；第二部分进行了润色，变得更加完整，像那种学生可以出售给别人的材料。它们在内容上既不一致也不完整，而且在某些地方很明显有缺失。但这些仍然是非常重要的资料，因为它们在斯密两部伟大作品之间架起了理解斯密思想的重要桥梁。一方面，这些资料概括了 1759 年《道德情操论》的关键内容；另一方面，当斯密开始构思《国富论》时，这些资料也清楚展示了斯密的思考是如何发展的。

很明显，斯密认为他在法理学方面的工作是一个更大项目的重要组成部分。他的学生约翰·米勒在格拉斯哥听了斯密的逻辑学课和道德哲学课，并在斯密去世后向杜格尔德·斯图尔特讲述了斯密的思想。米勒的话非常重要，他把斯密的思想分为 4 个部分：

> 第一部分是关于自然神学，其中讨论了上帝存在的证据和上帝的属性，以及宗教依据的人类思想的原则。第二部分讨论严格意义上的道德，包括后来斯密在《道德情操论》中发表的学说。
>
> 在第三部分中，斯密用了更长的篇幅处理与正义相关的道德分支，由于这个部分更容易明晰精确、固定的规则，因此能

够进行充分和具体的阐释。在这个问题上，他遵循了孟德斯鸠的路径，努力追踪法学在公共和私人领域从原始到完善的发展历程，并且指出了这个领域是如何改进和改造法律和政府机制，使其有助于私人财产的建立和积累的。斯密在《道德情操论》的结论中提到，他打算把这个重要的研究分支的成果传达给公众，但是这一心愿并没能够在他有生之年实现。

在讲座的最后部分，斯密详细分析了一些政治规则，指出它们并非出于正义的原则，而是有利于政府增加自己的财富，扩大自己的权利和繁荣，甚至是刻意而为的算计。根据这种观点，他讨论了与商业、财政、教会和军事机构有关的政治机构。他在这些方面的研究，涵盖了他后来以《国家财富的性质和原因的研究》（即《国富论》）为题发表的作品中谈到的实质内容。

关于"自然神学……以及上帝的存在和属性的证据"，以及宗教方面，我们对斯密的想法几乎一无所知。但是关于斯密其他方面的思想，我们认为米勒和斯图尔特的记述具有足够的权威性，因为他们和斯密关系亲密，并且斯图尔特记录的关于斯密生平的笔记内容十分出名。米勒的记录表示，在斯密的思想中，关于法理学的讨论应起到关键的连接作用：一方面解释了法律和政府的起源及其主导原则，同时这种解释可以建立起一种连贯的、基础牢固的理论，把个人的道德心理学和政治与法的社会学联系到一起，并且最终可以联系到经济与商业上来。总的来说，这是一项雄心勃勃的知识事业。

法理学被斯密定义为"关于法律和政府一般原则的理论"，以及"研究所有国家法律应当符合的一般原则的科学"。这个主题已经成为18世纪道德哲学课程的主要内容，特别是在格肖姆·卡迈克尔影响下的格拉斯哥大学，在其 1727 年的课程改革之后这一特点变得更加突出。在该领域的伟大作品中，霍布斯的《利维坦》（1651）是众所周知的，但这本书在当时由于宗教原因而未被广泛阅读。当时孟德斯鸠提出的法律精神也深入人心。与此同时，法理学广泛而系统性的自然法传统中关于权利和责任的区分也非常有影响力，尤其是雨果·格劳秀斯 1625 年的著作《战争与和平法》和塞缪尔·冯·普芬多夫 1673 年出版的《人和公民的义务》让这个观点焕发新生。普芬多夫的追随者卡迈克尔把这些书籍带到了格拉斯哥深入研究，由他的思想继承者弗朗西斯·哈奇森把它发扬光大。

与《道德情操论》一样，斯密未发表的《法理学讲义》也是以自然主义 4 的方式展开讨论的；他试图避开基于第一性原则或是神圣法令的逻辑演绎，通过社会规范和实践分析，通过当代社会以及历史上的实例来解释法律和政府。斯密认为每种法律体系都应具备 4 个目标：其一，维护正义；其二，政府的有序管理，特别是促进“富裕”或财富创造；其三，提高公共收入；其四，管理国防武装。但在 4 个目标中，维护正义是最根本的，因为正义与《道德情操论》中同情的概念类似，是社会秩序的基石。用斯密的话说，任何社会管理都不会存在于那些随时准备伤害对方的人群之中。如果没有正义，“人类社会的庞大结构……必然会在一瞬间崩解成原子”。

斯密的理论方式再一次表现出了它的与众不同。对哈奇森来说，正义源于仁慈和道德感。与哈奇森截然不同，持怀疑态度的休谟认为正义是一种“人为的美德”，并非根植于任何特定的人类本能或能力，正义是在社会中基于产权自发衍生的惯例，正义的形成并不是出于道德而是出于功利原因。对斯密而言，第一种观点不够充分，正如我们所看到的；仅仅说正义源于道德感是不足以解释正义的，更不用说这种理论可以成为"人的科学"的一部分。

但第二种观点也不充分，尽管它更细致。休谟的理论有一个了不起的优点，它用一种进化论的方式叙述正义，并且他可能是历史上第一个使用这种方式的人。在其20年后出版的《道德情操论》也使用了类似的方式。事实上，这一理论有一部分可能正是源于斯密试图概括和改进休谟的正义观的努力。休谟理论中对惯例的运用也体现了曼德维尔的结论，即个人行为可能会产生意想不到的社会影响。休谟从曼德维尔的商业世界中吸取了观点并运用到了对道德和政治的解释上。但休谟基于功利的惯例理论似乎无法解释正义的一些明显特征：例如，正义具有令人难以抗拒的权威性，它以深刻的义务和责任约束人类行为，并且当正义受到挑衅时将引起怨恨的情绪。这些特征都是更早期的良心理论的一部分，对此，巴特勒主教1726年在罗尔斯礼拜堂讲道的15篇文章中着重阐述过。

斯密在《道德情操论》中重点讨论了休谟理论的这些弱点。在他看来，正义的特质以及它在更广泛的道德和政治讨论中的核心地位，使正义比其他美德更容易理论化。"决定谨慎、慈善、慷慨这类美德的一般法则[5]……允许很多例外的存在和条件的修改"，因此无法以任何一般方式进行分析。正义则不同，它可以通过一系列一般规则来规定，至少当它被视为一种"消极的美德，只会阻碍我们伤害近邻"时，这种说法并没有错。

斯密的《法理学讲义》完善了这一基本思想，构建和拓展了这套理论的观察框架。斯密认为，"只要一个人被剥夺了他应有的权利，或是可以正当地要求他人的权利，或者更确切地说，当我们可以没有理由地伤害他或是给他造成损失时，正义就被侵犯了"。[6]"当一个公正的旁观者认可受害人，站在受害人一边，并和他一起捍卫他遭受暴力攻击的财产，或者使用武力拿回他被非法夺走的东西"时，怨恨是正当的。这种论断和《道德情操论》一样，把公正的旁观者当作一种道德良知的关键理念，解释了正义带来的责任，以及与不公遭遇相伴相生的怨恨情绪，并将这些观念的处理提升到了比纯粹的"惯例"更高的理论层面。

这种对正义相对温和的定义方式，让斯密有更多的空间来解决人类自由的范围和边界的基本问题。他使用传统的法学分类法，详细分析了对"作为个人"的权利损害（对人身、名誉、尊严的侵犯），对"作为家庭成员"的权利损害（对妻子、后代、仆人的侵犯），以及对"作为国家公民"的权利损害。这些分析大部分是技术性和法律性的，但也有许多引自历史和其他文化的有说服力的例子被用于说明关键论点。其总的目标很明确：不仅要概述和解释斯密的正义观念（虽然相对有限和"消极"），同时也要表明，尽管在不同的社会中有不同的形式，正义是如何普遍扎根于人类生活的。换句话说，斯密的目标是把财产和恰当性概念重新联系起来：对定义私有财产的所有权、使用权、转移方式的规则给出法理上的解释，同时对商业社会恰当的正义感给出道德上的理解。

斯密对正义的讨论选用了非常现实主义的路径，相比之下，他对乌托邦思想只有厌恶，特别是对脱胎于某种早于人类文明的自然状态的理想化概念尤其厌恶。无论是霍布斯的"所有人反对所有人的战争"，卢梭的原始自然状态，还是普芬多夫的更加良性的愿景，他认为没有任何区别："自然状态下发生的法则，实际上毫无意义……因为并没有这样的状态存在。"[7] 在社会形成之前谈论人类的自然状态是没有意义的，因为人类本质上是社会性的。但是至关重要的是，斯密的历史方法也消解了休谟在人为美德和自然美德之间所做的区别。对斯密来说，人类创造的人工产品本身就是一种自然现象。它受人类的期望、惯例和规范支配，因为所有人类活动都是被支配的。

在《法理学讲义》中还提及了另一种理论，斯密可以说是创始人之一。这类似杜格尔德·斯图尔特所描述的"猜测史学"（conjectural history）：试图想象一个特定的机制或实践最初是如何产生的，并将这一想象的历史纳为更广泛的理论的一部分。由此来看，斯密的目标几乎是要探寻政治和法律的起源。根据他对产权的分析，他引入了"人类经历的四种不同阶段"[8] 的概念。第一阶段，即"猎人时代"，人们的生计仅仅取决于一个群体的成员可以为自己捕获的东西。但是随着人数成倍增加，他们会发现追捕猎物太不可靠，于是开始驯养动物，进入"放牧时代"。当游牧部落的规模变得越来越大，人口变得越来越多，他们发现仅仅依靠圈养动物还是很难维持下去。然后他们自然会转向耕种土地……并逐渐进入"农业时代"。专业化和不断增长的技术带来了生产盈余，因此根据契约进行商品交换"不仅可以在同一社会的个人之间进行，还可以在不同国家的个人之间进行……于是，'商业时代'兴起了"。

斯密很快将这套阶段理论应用在解释产权和政府的产生上，证明了它的价值。他认为，在猎人时代，产权主要是对被杀害者的直接占有（occupation）；在放牧时代，产权还涵盖牧群和土地，以及使用权（accession）。到农业时代和商业时代，产权将覆盖土地并"增加到几乎无穷无尽的数量"。并且他指出，政府的形态会根据产权塑造的社会需求改变。只有到了放牧时代，个人才拥有物资储备，于是人们之间产生了不平等和依赖，因此需要政府维持秩序。但是，这些初期的法律和裁决机构对农业社会的需求来说就不够完善了。在农业社会的政府分工中，现代法学的框架雏形形成，这种早期法学也必须继续进化，以满足商业社会的需要。

最后，斯密将整个理论与他认为的英国政府的实际发展历程联系起来。在征服者威廉①的时代之前，英国似乎已经处在斯密所说的放牧时代和农业时代的过渡阶段。威廉一世认为拥有财产是"自由的"，也就是说它不受更高权威的影响，因此"伟大的领主们不断互相打仗"。威廉把英格兰所有"自由的"领主变成了封建地主，使他们受皇权制约，使自己成为贵族的首领。正是由于皇室对收入的需求不断增加推动了17世纪税收制度的形成，议会才能行使权力来保障个人的自由并限制君主的权力。再加上法院的发展，这些措施一起开创了商业时代。

关于这个话题，也有一些早期的经典讨论，还有一篇非常精彩的未完成的文章，作者是18世纪50年代早期法国著名的政治家安妮·罗伯特·雅克·杜尔哥。除此之外，斯密算是第一个提出完整的人类发展理论的人，也是第一个对商业社会，人类社会发展的第四阶段给予应有的重视的人。我们不能确定这个理论的确切根源，但是至少可以追溯到1750—1751年斯密最早在爱丁堡举办的法理学讲座。这一理论的影响显而易见，后来它又成为《国富论》的重要组成部分，引发了很多评论和效仿。另外，通过讲座也可预期斯密其他重要论点的后期发展。通过发展司法理论，斯密可以进一步探讨财富创造、公共收入和武装等话题，这些都是他的现代读者更熟悉的部分。我们已经看到斯密早在1755年在科克伦俱乐部举行的演讲中就已铺开了《国富论》的核心论点，并且他关于法理学的讲座再次巩固了自己的观点。到1764年，斯密已经深入思考了各种基本问题，包括：

---

① 征服者威廉一般指英国国王威廉一世，1066—1087年在位。——编者注

劳动分工，市场规模和专业化的影响，消费者文化和偏好，人类对以物易物货和互相交易的态度，"自然价格"和"市场价格"，货币和金银的本质，银行和破产，国际贸易，利率，竞争，市场，信托，常备军和民兵，以及国际法。所有这些问题都将在《国富论》中被再次讨论。

因此，斯密的《法理学讲义》是理解他工作的重要一环，但是它的内容却遗失了。讲义内容在当时没有发表，到今天也鲜为人知。其内容可以将《道德情操论》和《国富论》的主题联系在一起。如果我们要对斯密思想的整体架构有更深刻的理解，就必须重新审视讲义内容的重要性。众所周知，斯密的阶段论提出产权类别在历史上的不断重构，这和传统法学的产权观点之间存在着有趣的角力。然而斯密的讲义略过了分配正义等问题，对消极正义的密切讨论成了当今正义观念的核心。斯密的讲义远没有得到应有的关注。讲义覆盖的话题广泛、细节详尽，尽管有矛盾之处，斯密仍然完成了稳固的理论推论。斯密的研究主题是好的政府和好的法律。他很清楚某些机制未达到标准，比如奴隶制在道德上是无耻的。其他的制度，比如长子继承权，要求财产必须由第一个后代继承，并且严格规定土地在几代人中的传承方式，斯密认为这显然是不公正和不明智的。

另外，对后世影响最深远的，也许是斯密关于政府的措施和干预伤害了"财富增长的途径"的抨击。这些措施包括：战争、税收、垄断、特许公司特权和补贴等人们熟悉的内容，还有一些无形的因素，比如政府力量薄弱，不合理的合同法，执法不力，以及公共基础设施薄弱等等。斯密对这些政府措施的批评，不仅标志着他认为"市场"在财富创造和经济社会发展过程中具有中心地位，也标志着他非常关注政府的有效性。正如他所说，"财产和公民政府彼此依赖"。斯密在法学上的成就展示了财产与政府之间的互动方式和原因。

1762 年，格拉斯哥大学授予了斯密荣誉法学博士学位，表达了衷心的赞赏。那时斯密已经收到了一个非常有吸引力的邀约，但是那将使他远离大学和学术生活。他的名声吸引了各种各样的贵族学生，最出名的是托马斯·佩蒂·菲茨莫里斯，他是爱尔兰贵族谢尔本伯爵的第二个儿子，也是未来英国首相的兄弟。斯密与贵族的交情非常有用。谢尔本伯爵十分重视斯密的道德建议，也很看重他的学识，他有充分理由。这个贵族男孩在斯密的悉心指导下成长起来，得以远离英格兰式的繁文缛节。斯密经常详细诚恳地向谢尔本伯爵汇报教学进展。学生和老师之间也建立了亲密的关系。斯密和弗朗索瓦·路易斯·特龙金之间的情况也是如此，弗朗索瓦的父亲西奥多尔是日内瓦的一位知名的医生，也是《百科全书》的赞助者，他在 1761 年将自己的儿子托付给斯密。

休谟在 1759 年 4 月的信件中，戏谑地提到了一个有趣的潜在机会："查尔斯·汤曾德，英格兰最聪明的家伙之一，对《道德情操论》非常着迷，他甚至对奥斯瓦尔德说，要把巴克卢公爵交给这本书的作者照管，并努力让他跑这一趟值得。"这话非同寻常，因为巴克卢公爵是苏格兰最大的地主。汤曾德后来也非常出名，因为他担任了财政大臣并且执行了与美洲殖民地贸易的"汤曾德法案"，而且他还与公爵家族结亲，成了亨利·坎贝尔·斯科特（当时 12 岁，年轻的公爵在伊顿公学读书）的继父。

休谟也温和地指出，"汤曾德先生对自己的提议也有点不确定，"后面也没有再继续讲玩笑话。这也许不足为奇，因为霍勒斯·沃波尔也曾经嘲讽过汤曾德，"他是这个时代最伟大的人，假如他能够拥有普通的真理，普通的诚恳，普通的诚实，普通的谦逊，普通的沉稳，普通的勇气和常识的话"。[9] 但是，汤曾德在年轻公爵的身上寄予了很大的政治野心，他认为需要给公爵提供良好的智力和道德教育。4 年后，即 1763 年 10 月，汤曾德直接找到了斯密，向他提出了非常可观的待遇——每年 500 英镑酬劳，退休后还有每年 300 英镑作为养老金，聘请他作为欧洲游学的游伴和导师。酬劳需扣除旅行费用，但即便如此还是远超斯密的预期，他在格拉斯哥最好的年景也赚不了这么多。另外这个工作的职责比大学更轻松也更多样化。这场旅行让斯密第一次探访海外，同时他也能继续写作和研究。而且工作结束后他将获得终身养老金，足以支撑他完成自己的写作，更好的是，斯密还将获得巴克卢公爵的人脉。

休谟想要尽力促成这次机会，几天后斯密就收到了休谟的来信，那时休谟已经移居法国，担任英国大使赫特福德伯爵的秘书。休谟在信中极力劝诱："我到处周游，获得了最自负的人所能期望的最高荣誉[10]……来自公爵、伯爵、外国大使们的称赞现在对我来说已经毫无意义了，现在仍然让我感兴趣的只有来自女士们的赞许。"这一点确实非常诱人。

斯密迅速接受了汤曾德的邀请，辞去了他的教授职务，并将自己剩余的教学任务也分配给了其他人。他还非常体面地坚持要补偿学生们为课程预付的学费（因为他不再继续教授后面的课程），但是学生们不愿善罢甘休，最后还发生了肢体冲突，这是斯密唯一一次经历暴力冲突（虽然并不严重）。"斯密先生不愿妥协"，[11] 当时的报道记载，"斯密喊着：'你们不能拦着我满足自己的愿望。天啊，绅士们，你们不应该这样'，随即他抓住了一个站在旁边的年轻人的外套，把钱（课程退费）塞进了他的口袋，然后把他推开了。其他人看到斯密心意已决，不得不让开一条路让他走了。"

斯密和巴克卢公爵于 1764 年 2 月抵达巴黎，然后向南前往法国第二大城市图卢兹。从各种角度来说这都是一个精明的选择。年轻的巴克卢公爵是一个温柔而未经世事的人，并不适应烦琐的巴黎社会，相反图卢兹的气质更亲切，因为它是一个拥有大量专业人士和神职人员的大学城。然而，当他们到达图卢兹时，整个城市正处在动荡中，人们激烈地反抗刚推出的"二十分之一税"，这种税收征纳市民 5%的收入，名义上是为了应付法国的巨额战争债务，但实际上徒劳无功。这一事件一定让斯密深刻思考了有关公共财政的重要问题。更进一步的刺激则是汤曾德寄给公爵的源源不断的信件，鼓励他思考在旧制度下法国经济和金融体系的不足之处。

图卢兹还有更加险恶的骚乱来源。1762 年，当地一位胡格诺派商人，名叫让·卡拉斯[12]，因被判定谋杀自己的儿子而被定罪，据说是因为他儿子皈依天主教。卡拉斯遭受了反新教势力的不公正的审判，被折磨、殴打，但卡拉斯仍然勇敢地捍卫自己的清白直至被处决。直到 1764 年，伟大的伏尔泰接了这个案子，使其变成一桩公案，并成功推翻了原判决，结果前首席裁判官被驱逐出境并向卡拉斯家属支付了赔偿金。这是一场胜利，但这起事件和伦敦 1780 年的反天主教的戈登骚乱（在骚乱中，一个醉酒的暴徒袭击了酿酒厂，释放了纽盖特监狱的囚犯，并企图占领英格兰银行）一样，都体现了所谓的文明社会有可能被暴力迅速瓦解。

冥冥之中，法国的财政困难和图卢兹宗教冲突的暗流都对斯密理论的形成产生了重要影响。然而，汤曾德选择的当地联系人舒瓦瑟尔公爵很有问题，斯密的法语口语很差，但在斯密和巴克卢公爵抵达图卢兹后，舒瓦瑟尔公爵没能提供任何有用的帮助。7 月，斯密绝望地告诉休谟，"我们的进展不太顺利。[13]公爵不熟悉任何法国人……对比现在，我在格拉斯哥的生活真是愉快又闲散。我已经开始写一本书，好打发时间。"我们无法确切地知道发生了什么，但是可以做一个有趣的推测，也许正是图卢兹的无聊生活催生了斯密的《国富论》。

随着时间的推移，这座城市变得更加热情好客，来自英国的游客，前往波尔多和蒙彼利埃的旅行丰富了巴克卢公爵的教育素材。1765 年 4 月，汤曾德同意他们搬去巴黎。在去巴黎之前，他们还要在法国南部进行一次夏季旅行，然后在秋季前往日内瓦。日内瓦与图卢兹非常不同，它是一个共和国，一个带有强烈新教印记的城邦，并且是卢梭的诞生地。斯密遇到了一个他早期的学生和仰慕者的父亲——泰奥多尔·特龙金，在他的帮助下斯密和巴克卢公爵进入了日内瓦最高级的社交圈和学术圈。那时卢梭已经离开日内瓦，他与斯密从未见过面。但是斯密在法国逗留期间见到了伏尔泰，那时伏尔泰居住在法国边境地区，斯密一直很钦佩他。这次旅行对斯密和巴克卢公爵的巴黎之行来说是一个很好的预热。这位导师和他日渐成熟的学生终于在 1765 年圣诞节到达法国首都，并在那里度过了 9 个月。遗憾的是，那时赫特福德伯爵被召回伦敦，也带走了休谟。虽然没有朋友的陪伴，那时的斯密也能游刃有余，他的名字已经开始出现在上流社会的祝酒词中。经历了早期在图卢兹的贫乏，他终于在巴黎的沙龙中享受到了熟悉的快乐。斯密也结识了一些当时最伟大的法国人，包括政治家、经济学家杜尔哥，金融家内克尔，社会哲学家和著名的无神论者爱尔维修，数学家达朗伯，最重要的是皇家医生和古典政治经济学家弗朗索瓦·魁奈和他的追随者，后世称他们为重农主义者。1758—1759 年，魁奈出版了他的著作《经济表》。这本书尝试了一种开创性的方法，它以高度简化的形式描绘了法国经济中的货物流和货币流，在实际上将经济视为一个独立的实体或系统，其关键要素原则上可以理论化和形象化。魁奈和他的追随者在 18 世纪 60 年代末继续发表了一系列著作，充分阐述他们的想法。他们正在成形的理论体系，堪称政治经济学领域第一个连贯的思想学派。当时法国精英群体的舆论正在努力理解并接受国内的债务和经济停滞带来的挑战，同时还要接受一个他们更加不愿意见到的事实——英国在经济和军事方面的崛起。

这是一段非凡的思想酝酿期，至少重农主义者对斯密形成了艰巨的挑战，这帮助他进一步试炼和发展自己的理论。斯密非常喜欢并钦佩魁奈，他这样评价重农主义的理论，[14]"政治经济学的真相尚未公之于众，尽管重农主义有很多不足之处，但仍然是最接近真理的一种，对想要了解这个重要科学领域的人来说，非常值得花时间了解"。斯密认为重农主义切中了许多关键问题，例如，它把经济视为一个循环系统；研究私有财产的地位；强调个人通过自由交换追求自身利益；关注劳动作为经济价值的来源。斯密非常赞同上述观点，以至于在当代，一些评论家甚至认为斯密继承了重农主义者的衣钵，但这是错误的。虽然斯密向他们学习，但他在分析他们的错误方面也是不留情面的，特别是在《国富论》第四卷中。重农主义者是农业主义者，他们的核心思想是，只有农业部门才能产生过剩的经济价值，因此，商人、贸易者、工匠都是没有生产力的，是贫瘠的（斯密已经在他的《法理学讲义》中反驳过这种观点），并且城市是人为强加于自然秩序之上的。这些都是斯密强烈反对的主张。

另外在政策方面，重农主义者认为该如何实现这种农业转型呢？他们的建议非常理想化并且具有革命的潜力，深深震撼了斯密——他们提议彻底简化税收和消除法国内部的贸易壁垒。斯密在《国富论》中写道，魁奈博士想象一个经济体"只能在某种精确的制度¹⁵下才能茁壮成长，这种制度是完全自由、完全正义的。但他似乎没有考虑到，在政治中，制度常常有局限和压迫的一面，每个人为改善自身状况而不断做出的自然的努力是一种基础的保障，可以在很多方面阻止和纠正政治经济的不良影响"。这里的灵感肯定来自曼德维尔的《蜜蜂的寓言》，它的副标题正好叫作——私人的恶德，公众的利益。在斯密这里，个人事业（"每个人为了改善自身状况而不断做出的自然的努力"）的概念对所有人来说都是有价值的，这种观点后来成了一个强有力的论点。

1766 年夏天，詹姆斯·麦克唐纳爵士在罗马去世了，这给斯密和巴克卢公爵欧洲之旅的最后几个月投下了一片阴影。麦克唐纳是巴克卢公爵的朋友，曾在图卢兹陪伴他们。斯密和巴克卢公爵陷入了巨大的悲伤中。同年 8 月，巴克卢公爵也生病了，他和路易十五一起在贡比涅森林打猎的时候食物中毒。他进行了放血治疗，在放了"三茶杯热血"¹⁶后，他很快恢复了，但在此前斯密已经给汤曾德写信，详细而痛苦地描述了小公爵的病症。

接下来还有更糟糕的事发生。巴克卢公爵的弟弟休·坎贝尔·斯科特早前曾在波尔多与他们会和。10 月中旬，休突然患病，尽管斯密从日内瓦给魁奈和特龙金打电话求助，二人尽了最大的努力给予帮助，但休还是在 10 月 19 日去世了。悲痛欲绝的斯密写信给休的妹妹弗朗西丝小姐，说："非常不幸，必须让你了解我们遭遇了最可怕的灾难¹⁷。斯科特先生今晚 7 点钟去世了……在我回来之前大约 5 分钟他已经离世了，我没能够用自己的双手替他闭上眼睛。我没有力量继续写这封信了。公爵也非常悲痛，不过幸好他目前很健康。"

斯密和巴克卢公爵立即取消了他们剩下的计划，即刻返回英国。11 月 1 日，他们又回到了伦敦。斯密此后再未出国。他在给伦敦出版商安德鲁·米勒的信中写道："我渴望重新见到老朋友们，如果我安全跨过海洋回到你身边，我认为我再也不会出去了。"[18] 事实确实如此。

但斯密回到英国后却没有立即回家，而是在伦敦待了 6 个月。他对《道德情操论》第三版进行了修正，还指示他在苏格兰的出版商斯特拉恩，在封面上"简单地叫我亚当·斯密就好，不要加任何前后称呼"。[19] 那时书商在他的名字后加上了字母 LLD（法学博士）。不过斯密留在伦敦也有可能是为了帮助巴克卢公爵管理他的大片庄园（巴克卢公爵在 9 月获得了大部分土地的所有权），并且他也参加了巴克卢公爵在次年 5 月 3 日的婚礼。随后斯密就结束了这份工作，并且马上就开始领取退休金。他回到了柯科迪，回到了母亲和珍妮的身边，并于 1767 年 6 月写信给休谟说："我在这里的事业是继续研究我已经开始了大概一个月的课题。我的娱乐活动是沿着漫长的海岸独自散步。你可以想象我过着什么样的日子。我觉得自己非常开心、舒适、满足。这可能是我这辈子最满足的时刻了。"[20]

斯密接下来的 9 年都投入思考和研究中，最终写成了《国富论》。在此期间，斯密尽了很大的努力，使他的工作保持平稳，并尽量减少干扰。唯一的例外是巴克卢公爵。汤曾德于 1767 年 9 月意外去世，享年 42 岁，他对年轻公爵的政治期望也随之而去，让巴克卢减少了很多心理负担。也许正因如此，斯密与这位曾经的学生之间的关系得以继续深化。

后来的几年里，斯密总是定期拜访爱丁堡郊外富丽堂皇的达尔基思城堡，探望巴克卢公爵。这座住宅后来由亚当兄弟进行了现代化改造。回到苏格兰后，巴克卢公爵一直面临着接手和管理家族财产的艰巨任务，他的家族已经背上了沉重的债务。最紧迫的事是需要与佃农重新签署数百份租约。公爵采取了斯密的建议，非常开明地大量投资道路等基础设施建设，并延长租期，既鼓励了对未来的投资，又平衡了佃户现有的义务，还能够吸引新的优质佃户。

整个计划取得了巨大的成功，在那个年代农业改良既符合潮流又有利可图，巴克卢公爵逐渐被公认为是有创新精神的地主。但是仅仅5年之后，1772年，道格拉斯·赫伦公司（后来更名为艾尔银行）的倒闭事件，[21] 再次重创了巴克卢公爵的财富，他和许多其他苏格兰的大地主一样都投资了这家公司。这几乎是一场金融灾难。该银行成立于1769年，原本被寄予厚望，希望可以满足当地农业信贷不断增长的需求。但是，如果视它为长期的金融投资，情况就完全不同了。当时苏格兰的银行体系在结构上存在资本不足、存款短缺的问题，因此不得不依靠昂贵的汇票以及本地与伦敦银行之间的其他票据进行融资。

缺乏资金一直是创新的动力，苏格兰皇家银行发明了世界上第一个可以透支的"现金账户"。但是，非常容易贷出款项的艾尔银行很快就被贷款需求淹没，其中还有很多投机者，艾尔银行也因此过度扩张。在1771年的苏格兰，一场严重的经济衰退导致许多贷款逾期；自那时以来，由于缺乏流动性和资本，银行不断倒闭，整个金融系统陷入崩溃。然后这又导致了第二次的银行危机，爱丁堡只有4家私人银行幸存下来。这场危机给艾尔银行的原始股东造成了巨大损失，这些原始股东并不像今天的投资者那样是有限责任制，他们全部的财富都必须承担风险。他们的债权人最终被全额偿付，这些合伙人支出的总额高达663 397英镑。据说，价值750 000英镑的土地被出售以弥补亏空。

虽然说艾尔银行的遭遇是当地的灾难，但也间接地传达出了一个积极的信号：苏格兰经济正在快速增长。[22] 如我们所见，格拉斯哥是第一个从联盟中获利的城市，在 18 世纪三四十年代扩大了贸易规模，成为世界上最重要的烟草港口。1746 年最后一次詹姆斯党人叛乱的失败标志着社会和政治稳定时期的开始，和平有助于私营企业的发展。更为普遍的增长迹象甚至在此之前已经出现，而且在 1745 年以后，新的道路、港口和桥梁的建设项目也加速了经济增长。1753年后，政府制定了雄心勃勃的爱丁堡发展计划，包括建设宏伟的乔治王朝风格的新城。具有公民意识的机构，例如御准自治市会议，促进了对低地苏格兰的公共投资，同时还成立了专门的公司来执行一些公共项目，例如 1768 年连通两个大峡湾的福斯-克莱德运河。苏格兰商业区曾经（实际上仍然）相对较小。所以与英格兰不同，苏格兰的地主、实业家、商人之间在地理和阶级距离上要小得多，价值观念的共识也要多得多。这些因素再加上长期以来的资本短缺，促使大地主与新兴的商人和企业家一起投资新事业。

总体效果是巨大的。1759—1775 年，在苏格兰港口清关的船舶吨位翻了一番。生产亚麻是该国最大的产业，在政府出口补贴的支持下，企业雇用了成千上万的纺织工。麻纺业持续蓬勃发展，到 18 世纪 70 年代初，仅俄国一年就有 120 趟货轮来苏格兰进口亚麻。尽管在 18 世纪中叶英国的烟草贸易也大幅增长，但苏格兰所占的份额增长得更快，从 1738 年的 10% 增至 1765 年的 40%。伟大的卡隆钢铁厂于 1759 年在福尔柯克附近建立。尽管开端艰难，但它后来成了苏格兰工业转型的标志，以其制造的轻型短管海军加农炮闻名。

尽管工商业逐步发展，苏格兰在 1750 年却仍然是一个农村社会。只有不到 1/10 的人口生活在城市中，城市化率仅有英格兰的一半。而且，虽然存在农业改良的风尚，但是广大农业地区的社会结构、耕种技术和所有制仍然十分传统。然而，到 18 世纪 60 年代，苏格兰进入了一个持续的爆炸增长期，确实，有人论证说，1750—1850 年间，苏格兰城镇的发展速度比英格兰，甚至欧洲大陆其他任何地方都要快。休谟在 1754 年的论文《论新教继承》中赞扬了过去 60 年中社会、政治和经济的进步，并将进步归因于"我们的宪法"和汉诺威议会的建立："公共自由，伴随着内部的和平与秩序，几乎没有间断地繁荣起来；贸易、制造业和农业都在增长；艺术、科学和哲学都得到了发展。甚至连宗教团体也必须搁置彼此的怨恨。这个国家的荣光已照耀整个欧洲。"亚当·斯密在 1760 年 4 月写信给他的朋友和他未来的出版商威廉·斯特拉恩时评论说，1707 年的联盟是"一种能对国家产生无限好处的措施"，他见证了一场伟大的、持续的经济发展的早期阶段，国家从贫穷变得富裕，这样的经济发展现象直到 20 世纪才在新加坡、韩国等亚洲四小龙身上再次出现。

这种惊人的发展并非是必然的。相比之下，爱尔兰此时也有所发展，但这种势头在 20 年后就逐渐消失了。苏格兰的城市化是由工业化推动的，尤其是纺织业，而后是煤炭开采、造纸、酿酒和蒸馏等产业的发展。随着经济增长，自然因素和人为因素的完美结合将进一步发挥效益：丰富的煤炭储量，临近主要港口的地理位置，与英格兰接壤的陆地边界，出口贸易的扩大，充满活力的（有时过于活跃）银行体系，低廉的劳动力成本和蓬勃的企业家精神。

这样的增长需要资本，但苏格兰的资本短缺意味着该国没有能力应付因过度扩张、需求变化或收成不好而造成的周期性衰退，所有这些因素共同酿成了 1772 年的艾尔银行危机。斯密很可能帮助了他的资助人巴克卢公爵给这场危机善后。即便他没有参与，他也在达尔基思城堡里担任了某种角色，可以观察到银行贷款的激增，之后的迅速崩溃，和后续的一片狼藉。斯密的才能有一部分体现在能够吸收个人的实际经验上，并且他能在自己的著作中将其包装为逸事，提炼出经验教训。《国富论》第二卷致力于讨论货币和资本，斯密充分利用了 1772 年危机，并对危机的成因和后果进行了细致而敏锐的分析。这是一个典型的关于滥用纸币和银行系统的负面案例。斯密解释说，苏格兰银行市场长期以来一直充斥着投机性贷款，投机者和支持者作为贷款责任人，非常担心英格兰银行会采取行动压制过热的汇票市场，给自己带来毁灭性的打击。这导致了严重的社会和政治压力："他们自己的困难[23]……却要说成是国家的困难；这种困难……他们说完全是银行无知、粗暴和不良行为所造成的……他们似乎认为，银行有责任提供很长的贷款期，并且提供满足自己期望的最高额度。"

银行的起源在于对这种压力的回应。"在这种喧嚣和困扰中，在苏格兰成立了一家新银行……在授予现金账户和贴现汇票方面，这家银行比以往的银行更自由。"银行雄心勃勃，但也因竞争而受到致命的影响：它不仅要支持商业活动，还得"吃掉整个银行业务的蛋糕，取代所有其他苏格兰银行，特别是在爱丁堡成立的银行"。这件事情完美说明了金融泡沫的经济逻辑，也说明社会和政治因素可以迅速将小问题变成大问题，以及在资金用尽时可能造成灾难性的后果。

斯密描述了一幅惊人的画面，他说如果银行的价值可以得到恰当的发挥，我们将会有这样的经济状况："银行业如果运作得当，请允许我使用一个夸张的比喻，它将会在空中建起一条大道，于是国家就可以把陆地上的道路变回牧场和农田，从而大大增加土地和劳动力的产值。"不过这种做法也会带来新的风险："不得不承认，国家的工商业……尽管可能会增产，但是安全性也会降低，因为他们会依附于复杂精巧的纸币体系，而不再奔驰在金银体系构筑的坚固道路上。"

艾尔银行的崩溃就完美地说明了发生灾难的可能性。

但斯密也冷静地指出，艾尔银行的倒闭实际上有利于它的竞争对手，因为它打破了昂贵的汇票流通方式："因此，那些作为竞争对手的银行很轻松就可以脱离这种要命的体系，否则他们想要脱身会付出巨大代价，而且在某种程度上这是不诚信的。"

总而言之，"长远来说……这家银行本是出于缓解国家困难的目的设立的，实际上却增加了困难，而对它本想取代的竞争对手来说，却极大地缓和了它们面临的压力"。整个事件是一个反面教材，告诉我们发展银行业需要三思而行，它的发展规律可能会导致出乎意料的结果。

由于艾尔银行的倒闭，以及挽救巴克卢公爵的急迫性，斯密暂时告别了自己的工作。另外也还有其他原因。1772 年 9 月，斯密在给一个朋友，国会议员威廉·普尔特尼的信中谨慎地写道：

> 虽然这次公共灾难与我无关，但是我最看重的一些朋友却被牵涉其中；我现在最关心的事情是如何恰当地把他们解脱出来……我的书本来应该在今年初冬就准备好出版，但是，由于思虑过多且缺乏娱乐的缘故我最近的健康状况不太好，也由于我上面跟你说过的事情，我不得不把出书的事情推迟几个月。

斯密为了完成这本书所付出的努力引起了他一些朋友的讨论。凯姆斯勋爵在 1773 年给瑞士律师丹尼尔·费伦贝格的信中说："斯密博士的朋友们就像你一样渴望他的书出版。这段时间以来，他一直在写作和删改。但是我担心他的品位太高，超出了自己的执行能力，所以原计划完成的时间已经过去很久了，他的这本书还在难产中。"[24]

斯密面临的一个具体障碍是写作本身的困难。在他的一生中，斯密的笔迹一直都庞杂烦琐，不方便进行长时间、快速的自我表达。众所周知，他雇了人来抄写《国富论》。有个逸闻是，斯密在自己柯科迪的家中向一个文员口述内容（由文员抄写），他（思考时）总是把头靠在墙上摩擦，以至于他假发上的发油[25]在墙上留下了一个印迹。

还有一些事拖慢了斯密写书的进度：他得到了一个加入东印度公司委员会的机会，但后来没达成，另外也有人建议他担任汉密尔顿公爵出国访问的导师，他也拒绝了。也许是因为劳累过度，也许是因为压力或者太孤独，也有可能三者兼而有之，斯密的健康状况一直比较脆弱。1772 年 11 月，休谟在一封信里恳求他尽快完成这本书并在伦敦出版，之后到爱丁堡定居。5 个月后，斯密回信给休谟，在信中任命他为遗稿保管人，语气坦率而绝望，还附有详细指引：

> 亲爱的朋友，我把所有的论文都托付给你了，我必须告诉你，除了我随身携带的那些文章以外，没什么是值得出版的，另外还有一份伟大作品的片段，里面梳理了天文体系的渊源，直到笛卡儿时代……你可以在我书房的写字台上找到一本薄薄的对开本，里面有我的这个小作品。你在那张桌子上或是我卧室里有玻璃折叠门的柜子里，能找到所有未装订的文件，另外还有大约 18 本薄册子[26]（大约也是在玻璃折叠门柜子里），我希望这些纸册不经检查就直接被销毁。除非我突然去世，否则我会小心翼翼地将我随身携带的文件完好地寄给你。

不久之后，他带着那些"随身携带的文章"前往伦敦。直到 1776 年他才返回，后来因为《国富论》，他名噪欧洲。

第四章

"你将在这个领域独领风骚"，
1773—1776 年

1773 年 5 月，亚当·斯密抵达伦敦，住在萨福克街（靠近现在的国家美术馆和特拉法加广场）。他之前来过几次，一定对伦敦很了解，才明智地选择了这个落脚地：这里距离议会大厦、泰晤士河和圣詹姆斯公园仅几步之遥，非常靠近苏格兰人爱光顾的英式咖啡馆。如今我们仅能瞥见斯密在伦敦 3 年中的一些片段，但可以肯定的是，生活环境的转变对他很有裨益，他在喧嚣繁华的环境中快速成长。

斯密来伦敦主要是为了完成并发表《国富论》。但最初，他是为了陪伴汉密尔顿公爵完成欧洲之旅。但是巴克卢公爵说服他拒绝了这个差事，他告诉斯密等到新书完成后会有更好的职位可供选择。后来巴克卢公爵确实给他找了爱丁堡海关专员的职位。

但这一切都发生在未来。目前而言，斯密在伦敦的生活很充实，他很快就加入了皇家学会。皇家学会在克里斯托弗·雷恩爵士的积极推动下于 1660 年成立，致力于宣传"新科学"。虽然自牛顿、胡克和赫歇尔的时代以来，皇家学会经历了某种程度的衰落，但仍然保有很高的声望。斯密定期参加在舰队街附近的学会讲座，并把讲座文集仔细收集起来。之后不久，斯密又被推选进入了约翰逊博士俱乐部，这个俱乐部的会员资格并不逊色于皇家学会。该俱乐部成立于 1764 年，至今仍为人所知。长于交际的画家约书亚·雷诺兹在苏荷区的土耳其人头酒馆（the Turk's Head）创立了这个俱乐部，最初是为了招待他的朋友塞缪尔·约翰逊。约翰逊博士俱乐部最初的9名成员来自艺术界，包括埃德蒙·伯克和杰出的剧作家奥利弗·戈德史密斯。后来大卫·加里克、詹姆斯·博斯韦尔、查尔斯·詹姆士·福克斯和爱德华·吉本等人也加入了。

这是一群耀眼天才。然而约翰逊在晚年却哀叹俱乐部开始变质，失去了独特性。他可能是在讽刺斯密的加入。根据博斯韦尔的说法，约翰逊认为斯密是"（我）见过的最沉闷的蠢狗"[1]，"这家伙尤其在喝了点酒之后，就更让人扫兴……嘴里絮絮叨叨"。当斯密轻率地赞扬格拉斯哥的建筑时（这些建筑在过去20年中曾被多次装饰和修葺过），约翰逊尖酸地说："天啊，先生，你见过布伦特福德的建筑吗？"[2]斯密对约翰逊也没有好印象，他曾经对人说："我见过那个怪物……他在一群人中间，毫无预兆地突然跪在椅子后面开始念祷告词，然后又坐回桌边。他会在一个晚上重复这种古怪行为五六次。这不是虚伪，这简直是疯了。"[3]

至少对约翰逊来说，这种私人层面的敌意可能是有长期渊源的。约翰逊有着深刻而扭曲的基督教信仰，他憎恶休谟的宗教怀疑主义，并以同样的理由怀疑斯密。另外，他可能因为斯密在20年前批评他编纂的词典而耿耿于怀。斯密曾在《爱丁堡评论》上发表文章，评论约翰逊的词典不够准确，在定义上存在偏差。这篇评论在当时几乎没有产生公众影响，但仍在核心知识上对约翰逊的努力造成了致命的冲击，这位大文豪因此怀恨在心。然而相互怨恨的两人也曾有过几次彼此尊重的往来。据说斯密对约翰逊写的政治小册子表示过钦佩，约翰逊也曾反驳别人说斯密没有实际经验，没资格议论贸易的观点，"没有什么比贸易更需要哲学来说明……要写一本好书，一个人必须有广泛的观点，他并不一定非要亲身经历过才能写好一个话题"。[4]

留存至今的斯密的信件很少，当时斯密显然也没有频繁写信，他常为此向通信者道歉。但是这一时期有一封信显示了他独特的经济思想。1774 年，爱丁堡的医师学院向议会提出申请，要求学员选修经过认证的医学课程且修满两年，才有资格通过考试获得医学学位。对现代人来说这似乎是常识，但在 18 世纪晚期，医学还处于起步阶段，情况并不那么理想。然而斯密对该提议表示了强烈反对（他的一位密友，爱丁堡大学医学教授威廉·卡伦，曾征求他的意见），因为他在这一要求中嗅到了与垄断和贸易限制政策相似的等级化气息。

斯密给卡伦的回复，一开始就不具名地批评了牛津大学和剑桥大学，"以目前苏格兰大学的状态，我诚挚地以为……他们毫无疑问是最好的学习课堂……比欧洲任何其他地方都好"。[5] 原因很简单，与英格兰的大学相比（比如他在牛津的见闻），苏格兰大学教授的收入十分依赖学生，因此不得不满足学生的需求。那里很少提供助学金或奖学金，斯密认为这些都会妨碍学生追求真正的志趣，而且苏格兰大学的学位是公开竞争的。他认为新提案会限制竞争，导致发放的医学文凭无法保证医疗质量，影响苏格兰大学教育已达成的伟大成就。根据当时他对欧洲一流大学的研究，斯密断言："垄断者很少做好事，如果一个课程……学生必须参加，无论课程的提供方是否从中获利，那必然不太可能是个好的课程。"拿高标准说事其实是在掩饰实际的利害关系，"最严格的大学要求学生待够固定时间才授予学位。他们要求固定期限的真正动机，是为了使学生在校期间花更多的钱，他们就能从中获得更多的利润"。这也是《国富论》真实而具有批评性的观点。

斯密给卡伦的信以典型的方式开头，他从逸事讲起，"发生了一些事，让我很感兴趣"。其中之一是一桩关于年金的长期纠纷，事关爱丁堡的道德哲学教授亚当·弗格森，他虽是一位杰出学者，但脾气喜怒无常。斯密曾把他推荐给斯坦霍普伯爵做旅伴，在这件事上斯密表现得尤其合宜。然而当时另一个更大的公共事件引起了斯密极大的关注——英国与北美13个殖民地发生战争的可能性，这也引发了全英国的公众注意和政治讨论。

1772年，休谟给斯密写信，告知他由艾尔银行倒闭带来的灾难性影响，同时休谟也给这位辛劳的学者提出了理论问题："这些事件是否会影响你的理论？会不会导致你要修改一些章节？……你怎么看呢？这些都是供你思考的精神食粮。"[6] 斯密擅长将时事转化为论据，并利用它们使政治经济学更加有趣和切合当下。艾尔银行崩溃事件后来确实在《国富论》中占据了不少篇幅。这次殖民地冲突的事件也一样，甚至更有胜之，斯密深入探究了殖民地争端的原因、过程和影响，他在伦敦时一直沉迷其中。

北美这13个殖民地不是英国在美洲大陆的唯一财产，另外还有1713年收购的新斯科舍省，以及1763年收购的法属加拿大、东佛罗里达和西佛罗里达。但13个殖民地有其独特的历史，可追溯到1607年最早在弗吉尼亚詹姆斯敦建立的定居点。到18世纪70年代初，北美殖民地对母国的不满已经升级到了无可挽回的地步。冲突的根源在于，殖民地不断增长的商业力量和政治自主意识，与英国政策的限制之间的矛盾。由于出生率和移民率的提高，北美殖民地的人口比17世纪增加了10倍，约有200万人。许多新移民不是英国血统，对英国的法律和习俗并没有强烈的认同感，还带有新教的传统异议。但矛盾的是，他们又很容易与那些在英国法律和行政管理方面受过良好教育的殖民地精英走到一起。有人说，在殖民地的书架上，布莱克斯通爵士的《英国法释义》的地位仅次于《圣经》。

罗伯特·沃波尔爵士很明智地给予了北美殖民地很大的自主权，并且在他于 1742 年下台后，英国政府仍然把这种习惯性政策延续了 20 年，但是这样的自由并没有扩展到贸易领域。自亨利七世时代以来，一系列零散的规定已经融合成一种后来被称为重商主义的贸易观：殖民地的功能是生产廉价的原材料并回购昂贵的成品，母国负责从原材料到成品的转化过程，从而以最低的成本获取最大的经济价值，商人则承担了双方之间的贸易活动，根据《航海法案》的规定，贸易必须通过英国的船只进行。重商主义对英国来说是有利可图的，并且从英国的角度来看，还能让美国商人和农民常年处于缺少资本的状态，于是他们就更加依赖伦敦金融城的融资。这套体系既是刻意设计的也是由现实条件塑造的，它反映了英国既想维护控制权又要赚取利润的渴望，背后并没有更深层的理念支撑。对英国政客来说，当他们考虑这件事时，一切就像常识一样简单，并且一直如此。殖民地经济继续增长，当地对法律和政策管理的不满定期得到回应，然而走私活动日渐猖獗。对威斯敏斯特政府来说，在美洲大陆实施更严格政策的成本实在太高了，而且考虑到在殖民地北面和西面的法国人，风险也太大了。

七年战争改变了这一切。英国获得了"新法国"，即位于圣劳伦斯河沿岸的法属加拿大地区，因此法国对 13 个英国殖民地的威胁消除了，这也鼓舞了伦敦那些原本心怀顾虑的人，他们本来一直担心殖民地会投入法国的怀抱。与此同时，战争耗资巨大，英国国债几乎翻了一番，达到 1.3 亿英镑。在英国人看来，乔治·格伦维尔在 1763 年担任英国首相时提出的措施是完全可以理解的：他减少公共支出，更严格地执行《航海法案》，并且对殖民地的合法交易征收新的印花税，用于殖民地防卫的支出。殖民地的武力保障和防卫费用来自英国，这些会持续增加行政费用，因此英国政府将殖民地上缴的税款用于他们产生的费用，并且受益人是他们自己。一切似乎都非常简单。

但是，正如伯克和一些人清楚指出的那样，新政策实际上是灾难性的。殖民地在此前从未被直接征税，他们对《印花税法案》感到愤怒。在罗金厄姆侯爵领导下的新政府本应迅速废除这项政策，但罗金厄姆政府却迫于英国国内的压力，又通过了《宣示法案》，该法案坚持了英国在原则上可以征税的权利，加剧了殖民地的不满。但持续的收入压力迫使当时的英国财政大臣，即巴克卢公爵的继父汤曾德，在 1767 年 4 月的预算中又增加了一系列额外的税收，其中的茶税，进一步加剧了殖民地的不满情绪。

汤曾德提出的财政预算在下议院收获了"普遍的满意和掌声"，[7]但在后世一直备受批评。他可能在 1766 年下半年就征税问题咨询了斯密。当时斯密在法国，他更正了关于新提议的偿债基金的一些计算，其中的一部分税收将被划拨出来。但汤曾德很清楚，即便再增加上其他的税收项目，其增长幅度也不够还清债务。在给斯密的一封信中，他曾探讨过其他"加速和激励的措施"，并在信末写下了这样一句决定命运的话语——"我将增加一些真正来自美洲的收入"[8]（信中特别强调了这句话）。

斯密那时是汤曾德的税务顾问。[9]因此从种种迹象来看，斯密貌似对英国失去美洲殖民地负有间接责任。或者更确切地说，他的建议是否在某种程度上导致了汤曾德的税务危机？这种可能性极具讽刺意味。但答案有可能并非如此。斯密在原则上并不反对对殖民地征税，而且从 1778 年的备忘录中我们得知，他认为殖民地享受了英国国防力量的好处却没有做出相应的税收贡献，这是不应该的。但是实际上政府提议的税项与斯密提出的许多理论原则相冲突：它们效率低下，有利于维持东印度公司在茶叶再出口贸易上的垄断地位，而且这些税款是由英国征收的，未经殖民地立法机构通过，本身缺乏政治合法性。因此，斯密不太可能给出此类建议。此时英国财政大臣正被政治对手围攻，因为缺乏资金而着急上火，这样的情形不是第一次，也不是最后一次。汤曾德从许多渠道筹集资金，尽其所能把政治成本压低到他认为最少的程度。但是我们至少可以这样说，这一次他严重误判了现实情况。

在接下来的几年中，美洲大陆的抵抗组织以及反叛言论变得越来越突出，并且殖民地一开始对"未经代表的征税"的不满，逐渐汇聚成了更激进的观点，即认为英国完全无权为殖民地立法。在 1770 年，威斯敏斯特政府的绕圈游戏终于被诺思勋爵领导的新内阁终结了。新政府取消了汤曾德政策中所有的税种，唯独留下了茶税，目的是留下一个象征，以表示英国仍保有征税的权利。然而，此时双方的关系已经非常糟糕，大部分税负的撤回并没有真正安抚殖民地，反而助推了对英国不利的说法——英国只想利用泛滥的、廉价的进口贸易来摧毁殖民地的经济。

斯密在伦敦期间，英国与美洲大陆的关系正在加速滑向战争。1773 年 12 月 16 日夜，一些叛军伪装成莫霍克族勇士，在波士顿港登上三艘船，将 342 箱茶叶倒入水中。1774 年 1 月，当波士顿倾茶事件的消息传到伦敦，英国议会的意见快速而统一地激进化了，他们出台了严厉措施来重新确立英国在马萨诸塞州的控制权，惩罚殖民地人民。这些动作再次加剧了殖民地人民的被压迫感。大陆会议对英国国王发起抗议和请愿，于 9 月和 10 月在费城举行模拟国家议会的代表大会，但这次大会被英国官方无视了。由于英国议会的鄙视态度和国王的无能为力，殖民地舆论哗然，爆发战争只是一个时间问题。

1775 年 4 月，在波士顿郊外莱克星顿和康科德的交火引爆了一场激烈的革命。北美的殖民政府被推翻，新联邦宪法起草。1776 年 7 月 4 日，《独立宣言》签订。

此时，斯密对美国独立战争爆发的深层原因的初步分析已经持续了 4 个月。《国富论》于 1776 年 3 月 9 日在伦敦出版，是一套昂贵的两卷本，印数为 500—750 本。

斯密作品的范围之广、篇幅之长、内容之精巧，任何人的总结都未能尽抒其妙。不过《国富论》的完整标题已经给出了一个精简的总结——"国民财富的性质和原因的研究"。这不是一本经济学教科书，虽然它充满了分析、经验教训和信息，更确切地说，它是一本关于经济过程和经济发展的书。它从大量证据中得出结论，国家可以是富裕而繁荣的，也可以是贫穷而挣扎的。但是，国家财富不仅是环境的馈赠或神圣的礼物，更是人为创造的。财富并不等于货币或黄金的储量，也不等于任何东西的储量，而是"国家的所有土地和劳动力的年产量"[10]。

另外，财富的真正含义及财富积累的原因是可以被研究的：政治经济学可以被用来评估政治决策，而这些决策可以创造或摧毁财富。《国富论》的一个重要目标是，不仅要理解，更要影响人类的行动，要影响个人和集体做出政治决策的方式，并改造政治经济学本身。它贡献了一套"立法者的科学——约束立法者行为，使其始终遵循一种一般原则"。[11]该书论述范围广阔，在空间上，从苏格兰高地自给自足的经济讲到欧洲发达国家，又讲到印度的殖民地贸易；在时间上，涵盖从古代文明到当代的事件。不过，这些都比不上关于美洲殖民地的讨论，这个例子充分说明了糟糕的政治决策的后果。

和斯密在《国富论》导言中介绍的一样，这本书结构清晰，从

第一卷财富或"富裕"的根源讲到经济体内资本的性质和使用（第二卷），再到经济进步和发展的原因（第三卷），贸易政策及其在英国的失败（第四卷），最后到财政收入、税收和其他国内政策问题（第五卷）。前两卷阐述了斯密的基本经济理论，而后三卷则把这套理论应用在不同场景，描述了他"关于自由的自然理论"，也铺陈了这套理论的革命性意义。

斯密的论述从著名的制钉厂[12]案例开始，结合了他对柯科迪郊外奥斯瓦尔德制钉厂的观察，以及法国《百科全书》的描述。他写道："一个工人……也许在最勤奋的状态下可以在一天内制造一枚钉子，绝不可能制造 20 枚。"但是，在制钉厂里，生产过程被拆分成18 种不同的专门操作。分工的结果是生产力的显著提高："每个人的产量……大概是每天 4 800 枚钉子。"斯密认为，专业化通过三种方式提高了生产率：提升技术、减少中断，以及为专用机器的使用创造了空间。生产率的提高又会产生盈余，可用于新的投资，进一步提高专业化程度，从而在良性循环中不断提高生产率。

如果人类劳动创造了价值，那么劳动分工将加强这一过程。对斯密来说，这就是财富的主要来源，意义重大。但是斯密认为，像我们经济生活中的许多其他事情一样，这背后还存在更加基本的原因。斯密认为人类行为背后存在着两大动态原则。关于第一条原则，斯密给出了令人印象深刻的描述，"有一种倾向……世上没有比它更广泛存在的具有影响力的原则了，即人们倾向于互通有无、以物易物、互相交易"。[13] 这是人类作为一个物种的独有特征，它从斯密提出的"同情"概念，和人类可以感知他人的愿望和价值观的能力引申而来："没有人见过一只狗与另一只狗进行公平的交换，[14] 用一根骨头换另一根骨头。从来没有人见过一只动物会与另一只动物通过姿势或叫声传达这样的信息——这个东西是你的，那个东西是我的，而我愿意为了你的那个东西，付出我的这个东西。"第二条原则是对"改善自身状况的渴望"，[15] 而且这种渴望是"普遍的、持续的、不间断的"。当某个人拥有超过个人所需的钉子、苹果或布匹，他就会想要与缺乏这些东西的人进行交换，换来一些能改善自己生活状况的东西，这种交换行为最终就形成了贸易。

如果人们自由自愿地进行交换，并且买卖双方都能从交易中获利，那么贸易就是互惠互利的。成功售出自己剩余的钉子、苹果或者布匹的人又有直接的兴趣产出更多产品，于是贸易又进一步促进了专业化和劳动分工。贸易带来的结果是，即便在文明国家最贫困的地区，人们除了最基本的经济需求之外，一切都需要依赖彼此。斯密指出，即使是生产一件羊毛大衣这样人们熟悉的普通物品，[16] 也需要大量熟练工人的合作，从牧羊人到纺纱工、织布工，从剪毛工到水手均需参与其中。

正如斯密所说，"在一个人的需求中，只有很小的一部分可以由自己的劳动产出提供。人通过交换自己劳动的剩余部分来解决自己的其他需求……因此，每个人的生活都离不开交换，在某种程度上，他们都是商人，[17] 社会也就发展成了适合贸易的商业社会。是什么使人们维持这种相互的经济依赖关系？简而言之，就是人们持续的对物品交换和自我改善的渴望："我们能得到自己的晚餐，并不是靠屠夫、酿酒人、面包师的好心施舍，[18] 而是靠他们出于自己利益考虑所做的选择。我们在交易时并不会对他们高谈人性，也不会向他们诉说自己有多么需要这些东西，而是诉诸他们的自爱，他们的自身利益。"自爱只是众多人类情感中的一种，但它是解释商业社会创造经济和社会价值的关键。

货物在市场上交易，斯密倾向于将市场视为专门的"商业场所"，而不是其他更笼统的含义。随着时间的推移，生产无法出售的商品或服务毫无意义，这种简单的思想引出了斯密理论的另一个关键点，用他的话说就是："劳动分工受到市场范围的限制。"[19] 小型市场无法吸引客户，也无法产生可以促进专业化或带来投资的盈余。因此，在小型市场中，劳动分工的良性循环只能在挣扎中前进，或者进行得很缓慢。相比之下，大市场有大量富裕的客户，这个循环的运转速度也很快。斯密经常使用事实案例作为论证观点的论据，这些例子有的来自日常生活，有的来自可以代表更广泛的人类经验的历史事实。他说，只有在大城镇才会有搬行李的工人，偏远农村地区的人们别无选择，他们只能自给自足，因为要达成交易很困难。城市是经济增长的中心，这里汇集了无数不同的行业，港口城市又通常比内陆城镇更繁荣，因为它们可以接触更广阔的市场。斯密还列举了欧洲文明始于地中海贸易等其他论据。

任何交易都涉及某种价值估计，什么是价值？斯密坚持认为，最终的答案在于劳动，"衡量所有商品的交换价值的真正标准"是其中的劳动量，[20] 或者说是"获取这种商品必须付出的艰辛和困难"。但是，仅依靠估计去确定劳动量是不切实际的，市场需要某种通用的交换媒介。如果你真正想要的是橙子，那么用你的谷物交换我的平底锅就是毫无意义的。即便你真的想要平底锅，直接进行物物交换也是非常费时费力的。斯密推测，这就是早期使用贵金属作为交易媒介的根源，最终导致了货币的出现，"在所有文明国家中作为普遍的商业工具，介入所有商品的买卖之中"。[21]

货币不一定是金属。在荷马时代的希腊，牛被当成货币；在古代的阿比西尼亚，盐曾被用作货币，古印度曾使用过贝壳，古代的纽芬兰曾使用过干鳕鱼，烟草、糖、皮毛、钉子都曾经在某些地区、某些时代被用作货币。但是为了方便和跨地区互认，标准的金币或者银币最终被确定为通用货币，并且这种联系使人们形成了一种核心幻觉——金钱就是财富。斯密在他后面的书中做了很大努力去消解这种观念。特别需要强调的是，货币不是资本，银行的功能也不是增加资本，而是为了让资本能够为生产所用："银行发挥作用的方式不是增加国家的资本，而是尽量让更多的资本活跃且有产出……因此银行最明智的运作方式应该是助长该国的产业。"[22]

商品市场是如何运作的？在狩猎社会中，一个人拥有的只有自己的劳动力。在农业社会，贸易可以产生资本，而资本可以用来雇用他人工作并给他们发工资。如果土地是私人所有，土地所有者就会对土地使用者收取租金。这样一来，斯密就可以根据租金、工资和利润，或者土地、劳动力以及资本所要求的收益（包括利润）来分析某种商品的实际价格。当市场竞争激烈时，如果粮食的市场价格低于实际价格，那么预期收益的下降将导致土地所有者撤回土地租约，劳动者不愿付出劳动，雇主也不愿再付出资金。当市场价格超过实际价格时，这个过程就会反向运作，从而产生利润并刺激更多的生产供应。

市场就是这样通过竞争进行动态调整，以达到供需平衡。生产者有动力去供应顾客需要的东西。更重要的是，市场是自我调节的，其平衡是由交易驱使自动发生的，无须任何外部干预。正如斯密所说，"因此，自然价格就是中心价格，所有商品的价格都在持续地向这个价格靠拢"。[23]在供给和需求自由运转的正常市场中，实际价格将等于自然价格。斯密的想法是实现供需之间可能的"均衡"（equilibrium），不过他通常使用另一个近似的词汇"平衡"（balance）。他描绘的整个图景完全是动态的。在正常市场中，价格趋向均衡变动，但是总是无法达到均衡，因为伴随着市场情况的变化和演进均衡点也在变化。

因此，自由市场的竞争会让利润保持在最低限度。在斯密看来，任何长期持续的丰厚利润都标志着市场运作不佳，或是资本和劳动力的短缺，或是存在某些特权（有时特权是必要的）。高利润率标志着更贫穷的社会而不是更富裕的社会，标志着失败而不是成功："利润率与租金和工资不同，租金与工资随着社会的繁荣而上升，随着社会的衰落而下降。相反，利润率在富裕社会中自然就低，在贫穷社会中反而高，在快速奔向崩溃的国家中它总是最高的。"[24]

当然市场并不总是处在自由、平稳、竞争的状态，价格和工资亦然。斯密毫无保留地批判了所谓"排他性的企业精神"，生产者以这种说法为借口，实际目的是想要控制高度分散和无组织的消费者："即便仅仅是出于乐趣和闲暇，同行业的人们也很少会聚在一起。但是他们互相串谋，为了设法提价而进行会谈，一起站在了公众利益的对立面。"[25]

不仅对消费者如此，对工人也是如此，因为少数的雇主和大量的工人之间也存在经济力量的不对等："尽管我们通常听到的都是工人团结在一起，而不是雇主的联合，但是，谁若真的相信雇主之间不会联合的话，他对劳工问题、对这个世界就太无知了。雇主之间持续的、默契的、无处不在的联合，使劳动者获得的工资永远不会超过实际应得的工资水平。"[26] 斯密抱怨道，即便是当时的法律也是不对等的，因为法律惩罚工人试图团结的行为，却不惩罚雇主。

因此，公共政策的目标很明确。就像斯密后来所说的："消费是所有生产的唯一结果和目的。只有在促进与消费者利益相关的事情上，才应该关注生产者的利益。"[27] 然而，英国的公共政策并没有促进消费者的利益，它不仅限制竞争，相反还鼓励生产者通过贸易特权、行会、公共注册、福利基金等手段联合在一起。因此斯密认为学徒制法律对贸易来说是一种阻碍。例如 1563 年伊丽莎白时代的《学徒法令》就禁止男性在没有完成强制性的 7 年学徒期的情况下从事任何贸易或手工业。甚至《穷人法》也应被指摘，因为它限制了人们自由迁居的权利，这不利于劳动者找工作，也妨碍了生产。

如果说分工是创造财富的主要动力，那么与之对应的就是资本积累，因为深入的专业化会产生资本，同时也需要资本。这是《国富论》第二卷的主题。制造商需要资本进行投资，贸易商则需要资本买进库存，更多的专业化的经济体需要更多的资本创造更大的繁荣。"流动资本"围绕着一个经济体循环，被不断借出，通常被用于支付原材料或其他短期支出。而"固定资本"则被用于支持土地、工厂和机械等长期投资。

这些原理对现代的我们来说都很熟悉，这要归功于斯密。但对那个时代的人们，这些论调非常奇特。即便到今天，斯密的一些核心思想仍具备惊人的简洁性和丰富性。斯密曾指出，资本不仅可用于投资，也可用于消费。他的这种观点，以及他的表述方式，都与现代经济学相差甚远。他坚信资本的使用应有助于进一步的资本积累。他批评那些随意将资本花掉的人，特别是花费在"小玩意儿"或者其他琐碎的奢侈物品上："资本因节俭而增加，因挥霍无度等不当行为而减少……"浪荡子"不会依照自己的收入水平节制自己的支出，侵蚀自己的资本……他们为自己的闲散付出的代价，是他们的父辈通过勤俭累积起来的。"[28] 这种论调听起来与卢梭的非常相似，非常符合他们共同的加尔文主义的背景。

同样，斯密对"非生产性劳动"也非常严格。他认为服务业从原则上来说有助于累积资本，但是出于对奢侈的厌恶，他仍然严厉批评了仆人所从事的劳动是非生产性劳动，因为这些人的"服务通常在完成的一瞬间就消失了，几乎没有留下任何价值的痕迹"。[29] 出于同样的理由，君主也没有逃脱他的责难："例如，由于战争或法律而服务于皇权的军人，也都是非生产性劳动者。"[30] 服务于各种"荣耀""用处"或是"必要性"的公务员也同样包括在内。

在这一点上，斯密近似于神话中道德而纯洁的长老会中的苏格兰人。但他有关公共政策的言论让他免于讥讽。首先，对社会和个人而言皆是如此，"资本增加的直接原因是节俭，而不是勤勉"[31]，因为如果人们不节俭，工业产出就无法留存盈余。其次，虽然"每个乱花钱的人似乎都是公敌"[32]，但实际上"大国从来不会因为个人原因变穷，而是由于公共的浪费和不当行为。在大多数国家，全部或者绝大部分公共收入都被用来供养那些不从事生产的人了"。[33] 因此，控制个人消费奢侈品的法律和进口禁令不仅是坏的政策，更是"国王和大臣们……最严重的无礼和揣测……因为他们总是一个社会中最挥霍无度的人，没有例外。若让他们管好自己的开销，他们也应该充分相信其他人可以管理好自己的开支"。[34]

不过谴责进口禁令只是斯密想要讨论的问题中的一个方面。《国富论》不仅仅是一本分析性的著作，更是对糟糕政策发出的论战。斯密在 1780 年写信给一位丹麦的朋友，他在信中把这本书描述为"我对英国整个商业体系的猛烈攻击"[35]，事实也正是如此。这一攻击既是思辨层面的也是实践层面的。用他的话说，"每个国家政治经济的最大目标都是增加该国的财富和力量"。[36] 具体如何实现呢？政治经济学似乎只提供了两种选择。较老的一种是基于农业的思想体系，法国的魁奈和重农主义者是这一路线的先驱，不过斯密很少提及他们。

这种观点认为农业是"万物之母"，唯有土地是国家财富和收入的来源。土地所有者通过改良土地来创造财富，农民则通过耕种和劳动创造财富，而建筑师、制造商和商人都是有用的中间人，但他们在经济上是没有贡献生产力的。这些人的劳动"没有对土地的直接产出……增加任何价值"[37]，但是他们之间的竞争导致了价格降低并带来了商品市场，从而服务于整个经济体的利益。

斯密承认这种"农业主义"有其优点，例如它认识到了"国家的财富在于社会劳动每年创造的可供消费的产出，而不在于不可消费的金钱货币"，[38]并且它也认识到了自由和竞争的重要性。然而，重农主义者推导出的政策规定过于精确和严格，甚至非常的乌托邦主义，它明显的缺陷导致了整体性的失败。它对农业的过度重视会导致资本被投入无利可图的地方，并且它没能看到商人和制造者在改善商品质量和疏通市场渠道方面的重要性。而且它也过于狭隘，只关注法国的国家政策，而不考虑新兴的全球贸易秩序的需要。

另一个思想体系是重商主义，这是斯密的主要攻击目标。《国富论》第三卷探讨了经济进步的动力，描绘了各国从大男爵制到封建制度的转变，后来城市的出现，以及封建主义反过来又被商业社会取代的进步过程。重商主义是当代商业社会的一种病态现象。在 20 世纪，随着国际贸易的发展，它逐渐成为大国的信条："它是现代的制度，并且我们自己的国家和当前的时代最了解它。"在将贸易传播到世界各地这一方面来说，英国做的工作比任何其他国家都多，但这一过程也催生了一系列重商主义的做法，这些做法不仅没有使国家富裕，反而对国家有害。

对斯密来说，重商体系的特征在于对金钱的痴迷。它把财富等同于金钱，尤其是黄金和白银。正如商人试图通过储存货币来获取财富一样，重商主义国家也试图通过储存金银来获取财富。如何获得金银？传统上是通过征服他国和收购矿产来实现的，另外还有一个隐蔽的途径是控制贸易平衡。因此有了复杂的管制和激励体系，以抑制金银的出口，并鼓励出口金银之外的商品，同时限制进口创造顺差，以弥补流出的黄金和白银的损失。这些政策包括税收、禁令、补贴、救济、有利的商业条款、殖民地，以及随之而来的特权和垄断。

此外，斯密认为，重商主义对国家内部也造成了极具破坏性的影响，因为每一项对出口的奖励措施和对进口的限制措施，实际上都是对国内生产者的补贴。因此，重商主义扭曲了贸易和投资，增加了利润且妨碍竞争，于是间接地提高了商品价格。更糟糕的是，它助长了制造商和商人的"垄断精神"，使他们学会了利用政府，花费很少的成本增加自己的利润。结果促进了现在所谓的商业游说集团和特殊利益集团的增长，并进一步损害了消费者和劳工的利益。斯密对此类行为的论断是谨慎但严厉的："对基于这种主义的任何与商业法律或法规有关的建议，都应该小心防备……因为这些建议来自……那些为了自身利益常常欺骗甚至压迫公众的人。"[39] 对斯密来说，这个观点具有重要意义："立法会的成员都是雇主，因此，每当立法会试图调节雇主与工人之间的矛盾时，（他们制定的）有利于工人的规则必然是公正公平的，然而当规则有利于雇主时则必然不公平。"[40]

斯密还认为，殖民主义与重商主义的发展密切相关。最初，殖民只是为了获得矿山和金银，随着时间的流逝，殖民的目的扩大为对输入原材料并输出制成品的持续需求，随之而来的是对贸易的控制。正如我们已经指出的，它甚至扩展到奴隶贸易。斯密对此强烈谴责。东印度公司等特许成立的公司获得了专有特权和贸易垄断权，并通过军事力量控制了其他国家的主权。例如，在东印度公司成立之前，印度的部分地区已经是富裕、文明和繁荣的状态，然而，该公司对大米贸易的控制却使一时的短缺演变成大面积的饥荒。

因此，重商主义及其对贸易与繁荣的错误理论奠定了英国的帝国主义野心，这也是引发美国独立战争的主要原因。用斯密后来的话说，在美洲殖民地和西印度殖民地"已经建立了一个大帝国,[41] 其唯一目的是扶持一个消费者的国家，这些消费者有义务向我们的生产者购买商品，并且提供他们拥有的资源作为交换"。同样，七年战争的根源在于殖民扩张，这造成了"后期战争的全部损失"，其最终结果是债务的灾难性增长，其金额远远超过英国迄今为止任一时期的债务水平。实际上，不断增加的公共债务本身就是这套"商业体系"的副产品。那么最根本的原因是什么？"找出重商主义的始作俑者并不难。那不是消费者，在这个过程中他们的利益完全被忽视。而那些生产者，他们的利益被顾及得非常周到，尤其是商人和制造商，一直以来他们都是这套体系的设计师。"[42]

因此，不管表面上如何有吸引力，实际上整个商业体系完全是误导性的，并且（它导向的结果）适得其反。实际上"没什么（理论）……比贸易平衡理论更荒谬了"。[43] 贸易不是一场零和游戏，各国并非像重商主义者想象的那样，只有以邻为壑才能获利。这种观点不仅是单纯的不明智，在整体上也不合逻辑。不可能有一种贸易体系，能让每个国家都保持贸易顺差。事实上，在某些社会，比如美洲殖民地，可能在数十年间都是贸易逆差，但由于其他原因经济依然蓬勃发展。与其固执于贸易平衡，不如与其他大国开展贸易，可能获利更多，即使是英国的宿敌法国，从经济理性的角度考虑，与它贸易也是有利的。

经济理性的基础指的是什么？关于重农主义和重商主义的替代

方案，斯密从未给出过详细说明。至少对"自由体系"他并没有给出最终确定的方案，也不可能给出。然而他还是很清楚自己的想法，"于是，我们已经排除了所有的理论体系，无论是基于偏好还是基于限制。显而易见，简单的自然自由体系确立了自己的理论地位"。[44] 这个理论包括了人类生活的四个主要领域的自由原则：职业或就业自由，土地所有权自由，内部贸易自由，以及对外贸易自由。在这样的体系中，个人在与他人的竞争中应享有自由，可以追求自己的商业利益。商业特权、法律造成的垄断、税负、禁令、补贴等都应削减，甚至废除。英国应当放宽对殖民地贸易的强制垄断，且应根据殖民地对公共财政所做的贡献的比例给予他们相应的政治代表席位，使殖民地的纳税与政治代表权相对应。长子继承法及类似的限制性法律应该废除，对公民所从事职业的地点和类型的限制也应当取消。主权国家或政府应完全取消所谓"监督私人产业的责任，或将私人就业引导到最有利于社会利益的地方的责任"，因为这种责任并不是"人类现有的智慧和知识能够做到的"。[45]

不过，对私人企业也必须有所限制。特别是为了使自然自由体系蓬勃发展，政府必须保留三个简单的，但是至关重要的职责：保护一个社会免受外敌入侵；通过执行"严格的司法"保护国内成员，使他们免于互相伤害；以及"建立和维护公共工程和公共机构的责任，并且永远不能让这些建设和维护工作被任何个人或小群体的利益所把持"。这些公共事务包括：某些类型的建筑项目，一个地方的教育系统，以及对所有年龄段的公民的行为指引，尤其是从事公务和专业职业的人士，以及从事"科学和哲学研究"的人员，务必要尽量让他们避免受到来自宗教道德判断的影响。

斯密指出，在上述领域中，商业社会的影响以及商业体系的局限性是明显的。首先，商业体系增加了战争的复杂性和成本，国际性的贸易战争已经很普遍。例如，在七年战争期间，超过 2/3 的战争成本耗费在那些距离遥远的国家，[46] 包括德国、葡萄牙、美国、地中海港口、东印度群岛和西印度群岛。其次，资本和私人财富的出现导致了经济的不平等，这反过来要求政府机构足够强大，才有能力维持秩序和执法。事实上，斯密冷静地观察到，"公民政府所谓的保护财产安全，实际上是在保护富人免受穷人的侵害，或者是为了让有产者对付无产者"。[47] 第三，商业本身可能需要一定的公共支出。某些商业行为应由特定的税收资助，甚至采取"临时垄断"的方式，在一段时间内授予交易某种商品的专有权。更普遍的措施是，对道路、运河、桥梁等基础设施的投资应尽可能通过对使用者收费来支付成本，以防止使用无用或者不经济的建造方案。

　　但是斯密也提出，商业社会与狩猎社会和放牧社会不同，它也对贫穷的劳动者提出了要求。"若一个社会的大部分成员是贫穷而悲惨的，这个社会就不太可能幸福繁荣。公平地说，那些为社会提供食物、衣物和房屋的劳动者也应该能够享受到自己的一部分劳动产出，应当保证他们吃饱、穿暖、有居住的地方。"[48] 他们的幸福不仅仅取决于收入，更取决于相对而言他们是否能够过上他人眼中体面和有尊严的生活："因此，我理解的必需品，除了那些自然生存所需的东西之外，还包括由约定俗成的尊严定义的最低标准所要求的必备之物。"但是穷人"几乎没有时间去接受教育"，创造了如此多财富的劳动分工体系也在无意中损害了穷人的利益，让他们过上非人的生活。穷人经常需要做高度重复的体力活，这些工作让他们变得"迟钝、腐败和堕落"，并且削弱他们的"智力、社交能力和武德"。斯密提出的应对措施是，政府应当建立一个广泛的地方教育系统，为所有人提供基础教育，教育的成本一部分由公共财政支付，另一部分的低廉学费由个人承担。

最后，《国富论》谈论了公共财政问题，特别是政府的三大职责——国防、司法和公共工程的成本问题和筹资问题。在这个部分，斯密毫不畏惧地讨论了几个当时最有争议的问题——民兵体系、教会资金和税收。他对这三个问题的论述都很重要。

关于公民武装或民兵相对于常备军特别是雇佣兵是否存在优势的问题，长期以来在苏格兰一直存在争论。这种情绪来源于公民共和主义的思潮与长期以来对常备军作为统治工具的反感情绪，并且传统武德与所谓商业社会的软弱、奢侈和腐败的形象往往是对立的。1698年，激进的共和党人安德鲁·弗莱彻发表了关于政府与民兵一番的言论，他谴责苏格兰的自由正受到威胁，因为雇佣兵正"算计着要奴役整个国家"。他认为民兵体系对一个自由的政府来说是必不可少的。在《联合法案》之后，关于民兵的言论作为一个重要的民族主义观点变得更加兴盛。但是在 1745 年叛乱中，一个残酷的事实是，爱丁堡民兵并没有与詹姆斯党人叛军和高地人对战，而是立即四散而逃，反而是坎伯兰的专业军人和雇佣兵在卡洛登战役中摧毁了叛军。

1746 年后，英格兰颁布了民兵禁令，苏格兰大众认为自己的民族自豪感受到了冒犯。10 年后亚当·弗格森又写了一本广受欢迎的小册子，题为"在建立民兵之前的思考"。弗格森也是《联合法案》的支持者，他并没有天真到看不到苏格兰发生的变化以及商业社会的长远价值。但他坚持认为民兵作为维系武德的一种手段仍然非常重要。他担心如果没有民间武装的话，人民所享有的"自由宪法"将会受到侵蚀，"恺撒就会出现"①。

亚当·斯密非常了解辩论的双方，也对民兵思想背后的古典共和主义和人文主义传统有着敏锐的认识。1762 年，他加入了弗格森的一方，成为民兵俱乐部的创始成员之一。这个俱乐部随后迅速更名为"烧火棍俱乐部"（the Poker Club）②，因为俱乐部成立的目的正是煽动大众对民兵的支持。在斯密的其他著作中，尤其是在他的《法理学讲义》中，他经常表现出对民兵的支持。[49] 但他也以一贯的务实态度讨论了两种国防体系的优点和缺点。

斯密在《国富论》中进行了一番现实主义的分析，他同时考量了历史和政治经济方面的因素。没错，重要的历史先贤们都是反对常备军的："恺撒的常备军摧毁了罗马共和国，而克伦威尔的常备军将长期议会拒之门外。"但是随着技术发展和劳动分工的变化，国防变得与人类生活的其他部分同样重要。在原始社会中战争是季节性的，这意味着人们可以暂时离开田地去战斗，归来后也不会失去生计。然而"在一个更先进的社会状态中，两个不同的因素导致了军队完全不可能自给自足——制造业的进步和战争形式的改进"。

战争需要专业化：

> 当军事逐渐进化成为一项高度复杂的科学时，战斗不再像人类社会的初级阶段那样，通过一次小冲突就可以决出胜负。一场战争通常会在几个不同的战场展开，每次战役都会占用一年中的大部分时间。所以公众需要负责维持那些战斗人员的生

---

① 恺撒象征独裁者。——译者注

② 此处的"poker"指烧火棍，"poke"作为动词有激发、引起的含义，就像烧火棍让火烧得更旺一样。——译者注

计,至少是在他们为公众而战的服役期内。

事实上,常备军是现代商业社会自我防卫的唯一选择:"一个富裕而文明的国家最有能力去维持这样一支军队,而这样的军队也能够独自捍卫这样的国家免受周围贫穷野蛮的邻国的侵扰。因此,只有依靠常备军才能使一个国家的文明得以延续或永存。"

但斯密仍然支持民兵体系。他曾做出了准确的预测,"如果与美洲殖民地的战争持续拖延下去,那么美洲民兵可能会成为一支与英国常备军相匹敌的力量"。不过总的来说,"民兵……无论以何种方式存在,它在纪律和执行力方面必然都远远不如训练有素的常备军"。不过斯密对这句含糊且有争议的陈述增加了一个重要的警示:常备军不仅要有严明的军纪,还"必须有国家宪法的支持"。只有这样才能避免像恺撒一样的独裁者的崛起。

教会资金问题也一样争议纷纷。休谟在自己的《英格兰史》一书中对英国国教提出了挑战。他说,起初政府鼓励私人捐款而不是国家补贴来资助教会似乎是明智的,"但如果我们更仔细地思考这个问题就会发现,明智的立法者本应对神职人员的这种与权益相关的勤奋有所防范。因为每一种宗教,除了真正虔诚的那些人之外,其余的人都是非常有害的……立法者最终总会发现,他已经为他假想的节俭付出了高昂的代价"。休谟认为更好的办法是由立法者提供公共资金:"对于这群精神导师,(立法者)最便利且最体面的做法是为他们提供政府工资,贿赂他们的懒惰,让他们除了自己的本职不必再做多余的活动,只专注于防止他们的"羔羊"① 在逐利的过程中迷失。这

---

① 这里借用了《圣经》中"迷途的羔羊"的典故,指迷失方向的世人。——编者注

样的话，教会机构将会有利于社会的政治利益，虽然这些教会最初通常是出于宗教目的兴起的。"休谟指出，这样一来，建立教会机构实际上是将主要的宗教教义和宗教行为国有化，从而抑制了宗教的活力和发展。

斯密引用了休谟的原话，但他的立场与休谟完全相反，他强调了教会与政府完全分离的优势。他的论述将一系列我们熟悉的观点都联系在一起。[50] 斯密认为，在任何情况下都应该极力避免派系之争，而宗教总是引发派系争斗："在宗教派别间发生暴力争端的年代，通常伴随着政治派别间的暴力斗争。"成功的宗教派别总是试图通过操纵对公共补贴的诉求来让自己获得选举权。而温和的宗教教义和宣讲则可以为社会带来真正的好处。然而，宗教和教育、商业一样，人们总是受到激励措施的影响。所以，"如果政治从来没有借助宗教的力量，那么获胜的党派就不会特意推崇某一个教派而压抑另一个教派，那么当这个党派胜利时，它就有可能平等公正地对待所有不同的教派，并允许每个人按照自己的想法选择自己的牧师和宗教信仰"。

因此，不设立国教导致教派之间的竞争："在这种情况下，毫无疑问将会出现众多的宗教派别。"但是，斯密认为，达成这种局面并不是为了煽动宗教热情，反而是为了抑制这种热情，因为"每位宗教导师必然都认为自己必须尽最大努力、充分利用每一种方法来保持并增加他的门徒人数。但是正因为所有导师都这么想，就不会有某一位或者某一派导师能够真正成功"。一些教会，也有可能是大多数教会，可能仍然会有过激的观点，"但是如果这些教派数量众多，而且每个教派都因为规模太小而无法扰乱公众的安宁，那么每个教派对其特定原则的过度热情就无法产生任何真正有害的影响"。阅读休谟和斯密之间的思想交锋，使人很难不联想到当今世界的主流教派和宗教极端主义。

然后, 斯密开始讨论税收。与现代税收制度的复杂性和衍生性截然不同, 18 世纪的英国只有 4 种税收来源: 基于土地的土地税; 基于法律文件和其他文件的印花税; "评估税"例如窗户税①; 以及关税和消费税。(现代的)所得税直到 1799 年才由威廉·皮特引入, 目的是支付拿破仑战争的费用, 在战争结束后就废除了, 在 1842 年由罗伯特·皮尔爵士重新发起。斯密讨论这一问题的目标是阐明什么是好的税收政策, 以及税制如何塑造更广泛的经济激励效应。

斯密提出的关于好税制的 4 项原则特别值得注意。第一, "一个国家的各个主体应该尽可能地根据各自的能力为支持政府做出贡献, 也就是说, 应做出与他们在政府保护下所享有的收益成比例的贡献"。这个想法可以展开如下: "一个大国的政府支出之于个人就相当于一所大房子的管理费用之于其中的租户。租户有义务按照各自在这所房子中所享利益按比例支付管理费……对这一原则的遵守或是忽视, 决定了税收是否平等。"并且有证据表明, 至少在某些情况下, 斯密不仅支持按比例缴税而且还支持累进税, 即税率随着应纳税额的增加而增加。就土地税而言, 斯密认为, "因此, 对房租征税, 税负大部分会落在富人头上, 这种不均等也并非不合理。富人为公共开支贡献的资金, 不仅要与他们的收入成比例, 更应超出那个比例"。这种说法符合他更广泛的平均主义, 也符合他对穷人、"野蛮人"和奴隶制的看法。

第二, 斯密认为"每个人必须支付的税款应该是确定的而不是任意的。支付时间、支付方式、支付金额都应该让纳税人以及其他所

---

① 窗户税, 17—18 世纪英国的一种税收方式, 指根据一栋房屋的窗户数量评定该栋房屋的房产税额。——译者注

有人清楚明白"。这可以防止不公平的征税，减少不确定性和腐败。第三，"每种税都应当按照最方便纳税人支付的方式征收"。这种情况体现在今天对消费品的征税上，既可以防止纰漏，同时也让较大金额的税负准确地落在有支付能力的人身上。最后，"每一项税收都应尽量这样设计，使从人民的口袋征收的税款与进入国家公共财政的金额相比，差异尽可能地小"。效率低下的税收会助长官僚主义，破坏生产激励，鼓励走私、制造争端。

自从亚当·斯密提出税制应遵循上述公正、明确、便利、高效的原则以来，税务政策的制定者一直在参考这些原则。直到今天仍然没有过时。

从严格的商业角度来看，斯密发现自己被他的朋友爱德华·吉本给比下去了。因为在《国富论》出版前一个月，吉本的《罗马帝国衰亡史》几乎一面世就销售一空。虽然《国富论》的市场反响也还不错，但是同时出版这两本书的威廉·斯特拉恩说，"前者（《罗马帝国衰亡史》）更受欢迎……不过后者（《国富论》）的销售速度虽然没有那么快，它的内容却远远超出了我的预期。这部作品需要读者的深思和反省（而在现代读者中并不常见这种品质）"。

斯密一定很清楚，在已面世的同类型书籍中，《国富论》的内容是最全面、最敏锐的。但他还是对一些严肃的书评表示了感谢，他说"总的来说……我收到的批评比我预想的要少得多"。与《道德情操论》一样，《国富论》最早期、最重要的反馈来自斯密的朋友们。4月1日，在书出版的三周后，休谟在写给斯密的信里热切地讲到这本新书："干得好啊！帅哥！亲爱的斯密先生，我对你的表现感到非常满意，并且细读之后我从一种极度焦虑的状态中走了出来。你自己、你的朋友还有你的读者都对这本书抱有巨大的期待。它面世的时候我紧张得发抖。但我现在放心了……它很有深度，立论稳固又不失犀利，并且还充分地利用了新奇的事例去论证，至少能够吸引公众的注意。"不过，休谟也非常严格地提到了几个与他的观点存在分歧的内容：关于生产的代价，关于铸币税（政府通过发行货币获取的利益），以及"其他 100 个……只适合当面讨论的问题"。

两天后，斯密收到了休·布莱尔篇幅更长的来信："我的期望很高，但我不得不说你还是超出了我的期望。很多人在这个主题上的讨论都令人迷惑不解。我都不指望能读到清晰明了的观点了。但你给了我充分、完全的满足感，坚定了我的信心。"布莱尔特别赞扬了这本书的写作风格、结构和布局，他还建议增加索引和"内容大纲"，列出主要论点。斯密随后增加了索引，但没有增加大纲。另外布莱尔还提醒他："关于大学和教会的那两章，你已经树立了非常强大的反对者，他们将会竭尽全力攻击你。"

斯密的其他朋友也纷纷发表了自己的评价。历史学家威廉·罗伯逊写道："我对这本书的期望很高，但它还是远远超出了我的预期。你已经建立了一套完善、一致的理论体系，而且那是政治学中最复杂、最重要的部分之一……你的书必须成为欧洲政治和商业行为的准则。"亚当·弗格森应和了这种观点："在进一步了解你的工作之后，我对你的敬佩之情大大增加。你在这个领域将独领风骚。继续完善这些观点吧，我希望它能够指导未来的几代人。"他继续直率地说："你已经激怒了教会、大学和商人，我愿意与你站在一起面对这些人；你同样激怒了民兵，在这一点上我必须反对你。"由于弗格森曾是黑卫士兵团的牧师，并且曾是建立苏格兰民兵的主要支持者，所以他的说法并不令人惊讶。但他这番话指出斯密的观点同时得罪了苏格兰和英格兰的重要机构。

由于斯密此前写过《道德情操论》，埃德蒙·伯克在当年的《年鉴》中匿名审阅了他的新书。伯克再次提供了热切、敏锐的评价："法国经济作家无疑有其优点。在本世纪，他们开辟了理性讨论农业、制造业和商业的途径。但是他们中的任何一位，甚至他们全合到一起，也比不上这本书，它思维敏捷、有深度、具有广泛的应用性，它做到了准确的理论划分，恰当又自然的衔接，但各部分又保持独立。这本书实现了对社会的完整分析。"伯克敏锐地认识到，斯密的书是一项奠基性的尝试，他给出了市场交换和人类渴望"改善自身状况"的完整意义，重塑了大众对政府和社会的理解。

然而，斯密在一片欢欣鼓舞声中也收到了一条关于他的苏格兰朋友的悲伤消息。当他在伦敦奋力书写《国富论》的时候，他的灵感之源、好朋友以及 25 年的知识伙伴——大卫·休谟，陷入了健康危机。

第五章

工作到最后，
1776—1790 年

现在回想起来，休谟最后一次生病的迹象可能早在 1773 年 9 月就出现了，但这些迹象在当时都被很好地掩盖了。亚当·弗格森当时给斯密写信说："（休谟）现在的健康状况很好……他在你离开家后不久就开始咳嗽，身体有些虚弱，掉了些体重。他现在的体重仍然比平时轻，不过没有人为此感到担心，就健康和精神状态而言，他的状况很不错。"[1] 休谟凭借《英格兰史》一书收获了广泛的赞誉，并且他在后半生仍然保持高产。在一年前他搬到了爱丁堡新城的圣安德鲁广场。他向朋友吉尔伯特·埃利奥特推荐美味的"老羊肉和老红葡萄酒"和"羊头肉汤"，他还说道，他以前的房间"太小了，无法展示我在烹饪方面的巨大天赋，我打算把我的余生投入这门科学"[2]。

然而，到了 1776 年初，休谟的病症（可能是肠癌）已经很严重了。到了 2 月，休谟以哀怨的语气自嘲道："按道理说，你打算在今年春天和我们一起住些日子，但我们再也没有听到你的消息……我前几天称了一下体重，发现已经掉了 5 英石（相当于 70 磅，大概 32 公斤）。如果你再拖久一点，我可能就能完全消失了。"[3] 休谟和斯密一个共同的朋友，化学家和医生约瑟夫·布莱克博士，在 4 月写信敦促斯密速到北方，并附上了一份完整的诊断报告，让他转交给休谟的另一位朋友，著名的医生和皇家学会主席约翰·普林格尔爵士，"他的身体在持续地衰弱。12 个月前，他的病症开始加速恶化"[4]。

休谟前往伦敦进行身体检查，4 月 23 日，他在途中与斯密共进晚餐，当时斯密正前往柯科迪探望他年迈的母亲。他们讨论了一个对斯密来说相当棘手的问题。休谟在 1 月份委托斯密为自己的文学执行人，并在遗嘱中给了他 200 英镑的遗产。然而，休谟真诚地希望他所著的《自然宗教对话录》能在他死后出版。《自然宗教对话录》一书以柏拉图和苏格拉底对话式风格为框架，将引发广泛的宗教争论，其中有些部分甚至将引爆舆论。尤其是关于上帝的信仰基础的部分，书中探讨了信仰是否必须依赖启示，还是可以建立在自然界和世俗世界的证据之上。这些论点很精彩也很有趣，斯密认为"写得很好"。但这些论述也具有很强的挑衅性，在朋友的劝阻之下，休谟在 1751 年停止了出版计划，只让它以手稿的形式流传。

朋友们的担心并非空穴来风，他们知道休谟在格拉斯哥和爱丁堡的教授职位都丢了，而且在 1755—1757 年，有人很想把他和凯姆斯从苏格兰教会中正式开除。我们实际上并不清楚休谟是否是一个严格意义上的无神论者。虽然他对教会的许多做法和信条深表怀疑，但他从未正式否认过上帝的存在。而且正如我们看到的，他似乎愿意接受大学任命所必需的宗教宣誓仪式。这种教条主义并不是他的行事风格，因为作为一个哲学家，休谟永恒的目标是让别人以一种超脱的、分析性的、附带不可避免的条件限定的方式看待问题，宗教问题也包括在内。然而，这种精细的区分在各派教会人士的心中并没有什么区别。对他们来说，休谟就是一个异教徒，用博斯韦尔的话说，是"一个伟大的不虔诚人士"，他的哲学破坏了道德和真正的宗教。

斯密并不想在休谟身故后出版《自然宗教对话录》，除了他低调的心态和不喜麻烦之外，可能还有其他多种原因：这本书一定会激怒宗教舆论，而他作为遗稿的执行人会被视为责任人；而且由于他接收了 200 英镑的遗产，他更可能被认为是为了利益而出版这本著作。病重的休谟试图说服斯密他的担忧是不成立的，但是斯密很迟疑，休谟也看出来了，最终此事不了了之。休谟把任务托付给了他的侄子，《自然宗教对话录》在 1779 年出版，并没有引起很大争议。但这件事无疑让休谟在生命的最后几个星期里感到很不愉快，可能也对斯密生命最后的时间造成了影响。

休谟在巴斯和布克斯顿接受治疗并服用了一些药物，最初取得了较好的疗效，但在他回到爱丁堡后却变得更加虚弱，医生们相互矛盾、混乱的诊断显得有些滑稽。整个 7 月，斯密陪伴着休谟，然后他回到了母亲身边。休谟不需要通过相信来世才能乐观面对死亡，他的镇定自若让所有见过他的人都印象深刻。他著名的乡下人式的幽默感也一直都在。1776 年 7 月 4 日，当杰斐逊、亚当斯、富兰克林和他们的革命伙伴在费城开会、发表《独立宣言》，宣布建立新国家的时候，休谟和斯密以及其他几个朋友聚集在一起，最后一次共进晚餐。斯密开始抱怨上天要把休谟从他的朋友中夺走太残酷，休谟回答说："不，不。在这里，我写了各种各样的文章，激起道德的、政治的以及宗教的敌意，但是我没有敌人，除了所有的辉格党、托利党、基督徒之外。"[5]

显然，斯密对朋友的离世感到苦恼。8 月 14 日，他在柯科迪写信给朋友和以前的学生亚历山大·韦德伯恩，信中说道："可怜的休谟死得很快，但他在这个过程中仍然非常开朗幽默，而且他对生命必然的终结有着真正的顺从，不像那些假装顺从上帝的旨意背后却发牢骚的基督徒。"[6]在斯密与休谟在 8 月 22 日和 23 日的最后一次书信交流中，谈到了出版《自然宗教对话录》这个棘手的话题。斯密小心翼翼地争取了休谟的同意，在休谟 4 月创作的一篇短篇自传出版时同时发表自己的"几行"文字。由于知道休谟的大限将至，两人在每封信的开头和结尾都使用了最亲切友爱的称呼，它们彼此呼应，明显是有意为之。斯密："我最亲爱的朋友……最亲爱的朋友，我是你最深情的朋友。"休谟在似乎是他的最后一封信中写道："我最亲爱的朋友……再会了，我最亲爱的朋友。"

休谟于 1776 年 8 月 25 日去世——正如他的医生所说，"他的心情已然如此愉快，没有什么能让他的病情好转了"。[7]博斯韦尔记录说，很多人出席了休谟的葬礼，他的棺椁在倾盆大雨中被葬入卡尔顿山墓地。后来还立起了一块由罗伯特·亚当设计的宏伟墓碑。但是斯密并不喜欢这个墓碑。

在这一年的其余时间里，斯密一直在与他的出版商斯特拉恩谈判。出版商终于正式同意以小册子的形式，把他写的几行文字与休谟的自传一起出版，并且不再添加他们之间其他的对话和信件。这是一篇简短深刻的自传，休谟计划把它用作自己一系列著作的前言，讲述了他一生从默默无闻走向名利双收的过程。因此，这部自传既有文学性又记录了历史："葬礼演说"谈及了休谟早期被低估的成就，包括关于《人性论》的那句著名评价——"它出版后就跟死了一样……"[①]，书中还着重描写了休谟热忱、善于交际的性格，以及他面对死亡时的冷静。"1775 年春天，我的肠道出现了紊乱，起初这没有引起我的警觉，但其实那时已经发展成了致命的、无法治愈的疾病。我现在估计很快会解脱。[8]我几乎没有遭受什么痛苦，精神状态也没有一刻减退……另外，我这样一个 65 岁的将死之人，因为身体虚弱而与世隔绝了几年……很难比现在这样更加淡泊生命了"。

---

① 休谟在原文中讲述《人性论》在刚面世时遭遇冷待，"它出版后就跟死了一样，即便是在最狂热的追随者中都没有激起水花"。——译者注

斯密在柯科迪给斯特拉恩写了一封公开信，日期是 11 月 9 日，在信中他细致地向休谟的家人和朋友讲述了他的贡献。给斯特拉恩的信是对休谟人生的完美写照。斯密对出版《自然宗教对话录》一事的任何一丝良心不安，都被他在悼念朋友时体现的悲怆和优雅抚平了。在休谟停笔的地方，斯密接着叙述了休谟生命最后的日子，反复强调他良好的精神状态，并且引用了布莱克博士的信来描述休谟的最后阶段。当病症在春末再次出现时，"他带着极度开朗的心态、最大程度的自足和不甘心……虽然他感觉自己的身体更加虚弱了，但他的开朗精神却从未消退"。[9]休谟一直在读卢西恩的《死者对话录》，斯密模仿休谟的口吻写道，他想到了休谟可能会这样告诉卡戎①："有点耐心吧，好卡戎，我一直在努力开拓公众的视野，如果我还能活几年，就能看到一些迷信体系的溃败。"[10]不过，卡戎可能会大发雷霆，失去理智，"你这个游荡的流氓，你说的再过几百年都不会发生。你以为我会给你这么长的生命吗？快点上船吧……"

这封公开信以一段动人的悼词结束：

> 我们最优秀的、永远不会被人遗忘的朋友就这样去世了。毫无疑问，人们对他的哲学观点会有不同的判断……但对他的性格和品行，我们无可置喙……即便是在他最穷困的时候，他的节俭也从未妨碍他在适当的场合做出慈善和慷慨的行为……他的个性幽默，这种脾性虽然在社会上广受欢迎却往往伴随着轻浮和肤浅，但是在他身上，这种幽默被展现得很恰当。他虚怀若谷，一心向学，思想深刻，并且在所有方面都知识广

---

① 卡戎是希腊神话中冥河的船夫，负责载死者渡过冥河。——译者注

博。总的来说，我一直认为他不论是生前还是死后都是一个近乎完美的智者和贤者，甚至超越了人类天性的限制。

这段话与柏拉图在《斐多篇》中对苏格拉底生命中最后阶段的著名描述有着惊人的相似之处。苏格拉底在古代雅典因不虔诚和败坏公共道德的罪行被判处死刑。两段话都展现了相似的场景：在哲学家临终的一刻，他的朋友们说着再见，当死亡逐渐降临，朋友们的悲痛与死者的不羁、开朗和接受现实形成了鲜明的对比。斯密的信中也特别呼应了柏拉图的最后一句话："我们的朋友啊，苏格拉底，这就是结局。关于他，我可以说，在我所认识的与他同时代的所有人之中，他是最聪明、最公正、最好的一个。"

葬礼上的演说、卢西恩的《死者对话录》、卡戎、苏格拉底的死——这些都是在讲古希腊，而不是当代苏格兰，是在讲异教，而不是长老会。斯密把休谟变成一个道德典范，使他成为基督教节俭、谦逊、慈善的典范，强调他没有在最后时刻寻找慰藉，再加上一个显然是在呼吁推翻既有宗教的笑话……不难看出，这封信在当时会是多么令人反感。而且毫无疑问，斯密知道有些读者会注意到这篇悼词与《斐多篇》的关联而有所联想，所以故意引用了《斐多篇》的内容。

然而，令人惊讶的是，斯密对这封 1777 年 3 月发表的信件可能引起的公众反响似乎并没有什么担忧。牛津大学副校长乔治·霍恩是一个不容忽视的大人物，他急忙写了一封信谴责休谟，[11] 谴责他试图"使有关真理和安慰、救赎和不朽、未来状态、上帝的旨意和存在的每一种想法都从这个世界消失"，并斥责斯密为一个无神论者谱写赞歌。霍恩的这些议论被大量转载，斯密在新闻界受到强烈的攻击。詹姆斯·博斯韦尔以此为由，与这位老朋友和他从前很敬佩的老师彻底断绝了关系。"这难道不是一个胆大妄为的时代吗？"[12] 博斯韦尔在写给约翰逊的信中说，"你可能会把休谟和斯密的头撞在一起，让那种虚荣和浮夸的不虔诚变得更加荒谬。难道你不应该花点时间在道德花园铲除这些有毒的杂草吗？"在这种情况下，这种讽刺是非常微妙的，正如斯密在 1780 年给丹麦贸易委员会专员安德烈亚斯·霍尔特的信中所说："我写的关于我们已故的朋友，休谟先生之死，是简单、无害的，然而它给我带来的诽谤却比我对整个英国商业体系的攻击还要猛烈 10 倍。"[13] 斯密很可能没有注意到，他曾经顾虑过的休谟的《自然宗教对话录》，在两年后顺利出版了，并没有引发任何大的争议。不过也有可能是因为他的《给斯特拉恩的信》引起了人们过多的注意。

这一连串的事件传达了很多与斯密和休谟有关的事情，但这并没有影响到斯密的生活。1778 年 1 月，在巴克卢公爵的催促下，他被任命为爱丁堡海关委员会的委员。鉴于两人关系密切，加上公爵大权在握，不难理解斯密为什么接受了这个职位。但实际上这是一个很糟的选择。斯密后来解释说，尽管委员的薪水很高，但"我每周有 4 天都要在海关总署工作，在这期间我不可能认真地坐下来处理任何其他事情。在另外 3 天里，我也经常被办公室的各种特殊职责干扰。[14] 这种环境完全不利于知识分子的写作工作，更何况斯密还有好几个写作计划。

但这个新职位也有值得称道的地方：这与斯密父亲在柯科迪海关的职位相似，甚至职级还超越了他父亲；这个岗位也很适合喜欢独处的人，并且年薪高达 600 英镑。斯密的个性驱使他放弃巴克卢公爵提供的养老金，但他被婉言拒绝了："我通过他的出纳员递交正式的文书，但是出纳传话说，我虽然考虑到了自己的荣誉，但没有考虑到公爵的荣誉。公爵说他绝不会给别人怀疑自己的理由，让人以为他为了摆脱支付养老金的负担而让自己的朋友去谋取一份工作。"[15]

有了新收入后，斯密搬进了班缪尔楼[16]。那是一栋大房子，位于爱丁堡老城区修士门附近的一个好地段。当时爱丁堡正处于新的建设浪潮中，包括在污染严重的北湖兴建排水渠，还建造了一座新的大桥，将中世纪的老城区与新城区的乔治亚广场和林荫大道连接起来。斯密选了一个好地方，这片街区既是中心地带，又不至于太过繁华，而且修士门教堂就在房子旁边，他虔诚的母亲常去做礼拜，非常方便。此外，在这里还可以看到对面卡尔顿山的景色，可以步行到亚瑟王宝座，距离海关大楼和其他官方机构所在的建筑也很近。玛格丽特·斯密和珍妮特·道格拉斯也从柯科迪搬来，他们很快就和大卫·道格拉斯一起住进了这里。大卫·道格拉斯是斯密的表弟罗伯特·道格拉斯的儿子，那时只有 9 岁，后来他成了斯密的继承人。

1778 年，斯密 55 岁，他还能够继续进行脑力工作，但是随着年龄的增长，以及外界事务的进一步干扰，继续写作变得更加困难。在休谟去世的那个时期，斯密一直在写一本关于模仿艺术的书。从表面上看，造成人类品位不同的机制及其原因对"人的科学"理论构成了威胁——因为如果人们的品位存在根本性的、不可调和的差异，那怎么可能存在任何对艺术的严格解释？如何能有一个客观的标准来评估或批评艺术作品，或是客观地解释艺术作品带来的享受？这项工作的成果是，斯密在 1788 年向格拉斯哥文艺学会提交了两篇论文，这两篇论文通过讨论"模仿艺术"论述了这些话题。有趣的是，他的论文不仅谈论了绘画，还包括音乐和舞蹈。斯密显然很喜欢这两篇论文，在他去世时，其他未发表的论文被烧毁，但这两篇被保留下来。尽管这些论文很有趣，但它们只是一个更广泛的理论体系的一个片段。值得注意的是，斯密其他作品中普遍存在的共同元素——对同情、交流、公正旁观者的强调，在这些文章中是不存在的。这也许是该话题一直没有成书的原因之一。

斯密同时还致力于《国富论》的传播。这本书问世太晚，没能影响到英国政府应对美洲殖民地危机的政策。其关键的政策建议是让殖民地人民在英国议会中占有代表席位，这让很多人觉得不切实际。直到 1783 年 11 月，这本书才在英国议会的议事程序中出现，查尔斯·詹姆斯·福克斯[17]在一次演讲中提到，这是"一本很好的书"。然而正如约翰·雷指出的，福克斯"既不是这本书的崇拜者，也不是书中原则的信徒，更不是书中主题的爱好者"。这种让人误会的表述很符合福克斯的性格，更有趣的是，他后来承认自己根本没有读过这本书，这也给后世的政客带了个不好的头。

但在其他地方，《国富论》被越来越多的人认为是经济学的宝库。1777 年，斯密大概亲自向诺斯勋爵提出了关于税收政策的建议，因为诺斯在作为首相的预算演讲中对斯密表示了感谢。1778 年 2 月，在美国人在萨拉托加战役中取得决定性胜利的 4 个月后，斯密向韦德本提交了一份备忘录，就是后来著名的《对与美国的竞争的思考》[18]。这份备忘录冷静分析了 4 种可能的冲突结果：第一，英国重新控制殖民地，并建立军政府；第二，完全解放；第三，恢复原先的殖民地制度；第四，英国控制部分殖民地，其余地区则获得自由。斯密扩展了他先前的论点，呼吁通过条约来建立联盟，在议会给殖民地人民与税收占比相当的代表席位。同时他也承认，这个措施在"目前不太可能"，很少有人会否定这一点。然而，备忘录的论证没错，英国人没有更好的选择。1779 年 9 月，由美国海军军官约翰·保罗·琼斯率领的法国中队差一点在爱丁堡的利斯港登陆，并在弗兰伯勒角附近击毁了护送商船的塞拉皮斯号护卫舰，这才让斯密强烈感受到战争的罪恶及其对贸易的破坏性。

斯密的好友亨利·邓达斯自 1775 年以来一直是苏格兰的总检察长，而且邓达斯一直在巩固自己在苏格兰政坛的权力，后期他的风头甚至压过了阿盖尔公爵。邓达斯赞同《国富论》中的许多观点，不过他并不赞成废除奴隶制，在 18 世纪 90 年代，他曾作为国务大臣阻挠了废除奴隶制的提案。邓达斯对《国富论》的赞赏很可能影响了他的好朋友小威廉·皮特，当时英国的首相。1779 年，他直接就爱尔兰的自由贸易问题征求了斯密的意见。长久以来，爱尔兰的贸易一直在《航海法案》的阴影下挣扎，虽然伯克和一些人一直在呼吁人们关注这些法令带来的损害，却未能引起公众的注意。但是美洲的革命让爱尔兰人有了解决这个问题的新动力。爱尔兰人要求政治独立，并且这种诉求带来了法国入侵的威胁。最大的问题是，英格兰与爱尔兰能否像 1707 年的英格兰和苏格兰那样结成联盟。商业利益集团提出了强烈的反对意见，但作为政治家的邓达斯老谋深算，他对前景感到乐观："世界上有足够的贸易来支持英格兰和爱尔兰的工业……如果能够实现联盟，那将是最好的选择；如果不能实现，那也必须要有适当的权利和义务分配机制来管理爱尔兰议会。"[19]

斯密则以经济和道义为由，支持英格兰与爱尔兰结盟："为了苏格兰或英格兰某些特定城镇的垄断地位，打压这样一个幅员广阔，势头良好的地区的工业……这是不公正且不道德的。"[20] 在评估各种可行方案时，他明确表示希望爱尔兰的贸易（包括与殖民地的贸易）尽可能自由："在我看来，没有什么比贸易自由对两国更有利的了。"几天后，斯密向贸易委员会主席卡莱尔勋爵阐述了这些观点："我们的制造商的利润非常微薄，这是所有这些不公正和压迫性限制的基础……我从不认为对种植园贸易的垄断真的有利于英国……爱尔兰商品在英国市场上的竞争可能会……打破这种垄断。但这种垄断是很荒谬的，其结果是大部分工人转而与我们为敌。"[21] 斯密在最高层的私人关系中一直坚持不懈地、恰如其分地主张废除不合理的关税和禁令，即使他发现自己不得不通过海关总署来强制推行类似的法律。最重要的是，他认为这些法律都会导致个人的不诚实和虚伪，还将导致走私："在我被任命为海关总署署长大约一个星期后……我吃惊地发现，几乎我所有的长筒袜、围巾、褶饰、袖珍手帕，在英国都是被禁止佩戴或使用的。我真想以身作则，把它们全部烧掉。"[22] 看来，没什么比这更能说明重商主义制度和斯密的公务是多么的愚蠢和无用。

斯密生命的最后 12 年主要是在爱丁堡度过的。虽然他不是一个特别好客的人，但他显然很享受在这个城市的生活。除此以外，他还与他的朋友约瑟夫·布莱克（休谟的医生）和詹姆斯·哈顿（现代地质学之父）一起创办了一个社团——"牡蛎俱乐部"，俱乐部以牡蛎这种软体动物命名，和现在一样，牡蛎在当时是一种很受欢迎的美食。俱乐部每周五晚上在青草市场聚会。这并不是什么放荡不羁的神学院，因为这三个人都是个人生活习惯十分简单的单身汉，但它很快就吸引了一批启蒙运动的文人。哈顿的传记作家、数学家约翰·普莱费尔描绘说，"在他们周围很快就形成了一个圈子，这些人知道如何与这些杰出人物保持交往"。[23] 爱丁堡皇家学会的情况也是如此。1783 年，该学会成为 1752 年斯密最初加入的哲学学会的特许继承者。斯密每周日在班缪尔楼举办的私人晚宴无疑成了爱丁堡社交圈的一件盛事。斯图尔特评论说："我们推崇的他的著作中的那些观点，并不是在他和朋友们的小社群中形成的。他通常满足于以自己的喜好或是想象力为原点，大胆而巧妙地勾勒自己的研究主题。"[24] 所以，他与朋友们在一起的画面应该是非常轻松愉快的。[①]

　　尽管如此，斯密仍有大量工作要做，特别是编写经过大幅修订的《国富论》第三版。《国富论》在 1778 年曾出过第二版，内容有许多小的改动，但第三版将是一项更宏大的工作。早期对该书最有力、也最详细的评论来自托马斯·波纳尔议员的一封公开信。波纳尔经验丰富，曾在北美任职 6 年，后任马萨诸塞湾总督。因此，他对殖民地贸易的现实情况相当熟悉。他用牛顿的语言谈论了这本书："这是一个思想体系，它也许为一门最重要的科学奠定了基本原则——人类社会的知识及其运作。它可能会成为政治运作的知识基础，就像数学对于力学、天文学和其他科学的意义一样。"[25] 然而，他还是批评了斯密对殖民地垄断的攻击。他质疑斯密对细节的把握，例如他对殖民地的回报率提出了质疑。他还强调书中存在一种倾向，把仅仅是逻辑上可能的、基于推理衍生的观点当作是确定的和基于事实的主张。除其他事项外，新版的主要目的就是解决类似这样的批评，还包括其他一些修改。斯密曾对斯特拉恩说，"这个版本很可能会是我生前修订的最后一版，因此，我应该把它当作我的传世之作，尽量使之完美无缺"。[26]

　　1782 年初，斯密在伦敦请了 4 个月的假，主要就是为了修订新版的《国富论》，不过他也做了一些海关事务。对他来说，这是个政治上的大好时机。美国独立战争已随着 1781 年 10 月沃利斯在约克镇战役中的投降而接近尾声。1782 年 3 月，诺斯勋爵最终被迫因"不驻军"的动议辞职。罗金厄姆侯爵领导的辉格派，可以说是英国第一个现代政党，在下野 16 年后，[②] 终于在以伯克为核心的组织之下，重

---

① 也就是说在宴会上斯密并不和朋友讨论很严肃的话题。——译者注
② 罗金厄姆侯爵曾在 1765—1766 年任英国首相。——编者注

新执政。但他们的政治基础极其脆弱。罗金厄姆侯爵在 1782 年 7 月突然去世，英国政府不得不在谢尔本勋爵的领导下重建内阁。而谢尔本勋爵又在1783年4月被查尔斯·詹姆斯·福克斯和诺斯勋爵赶下台。福克斯和诺斯勋爵曾是敌人，这次却联手行动。政治的旋转木马似乎又转起来了。

在 18 世纪的小政治圈子里，斯密和诺斯、谢尔本、邓达斯都是朋友。谢尔本曾说，他很感激 1761 年与斯密的一次旅行，"那是我生命中最美好的一段时光，自此区分了光明与黑暗"[27]。作为约翰逊博士俱乐部的成员，谢尔本曾与福克斯和伯克共进晚餐。所以，他在政治领域里的人脉很广。在那时，他与伯克相识已经有将近 25 年了，他们的关系很密切。斯密一定有怀疑过，《年鉴》刊登的文章中对他的书的赞美之词，一定与伯克有关系。[28]当伯克辞去财政部主计长的职务不再供职于谢尔本手下时，斯密也曾寄去表达慰问和钦佩的信。还有说法是，斯密曾说过伯克是唯一一个在经济问题上的思考与他类似的人，但这个传闻很可能是假的。实际上他们的观点有明显分歧，但也确如传闻所言存在部分共鸣。

由于福克斯与诺斯勋爵的联盟，伯克再次作为首席印度问题专家出任下议院议员。他决意通过委员会报告，甚至通过国会法案，来抑制他认为的东印度公司在海外的不当影响。因此，斯密对东印度公司在印度的历史及其对殖民地贸易的影响也有了更清晰的认识。这也为他修订《国富论》提供了更多灵感。他计划在书中加入"一段简短的历史，我想全面阐述几乎所有特许贸易公司共有的荒谬性和有害性"。[29]

《国富论》的修订工作一直拖到了 1783 年。回到爱丁堡后，斯密对他在伦敦购买的许多书籍大为懊恼，因为"我在阅读中发现了很多乐趣，那分散了我的注意力，使我不务正业"。[30] 他恢复了在海关的工作，等待财政部提供关于出口补贴的信息。斯密计划再次前往伦敦，但是后来他把 200 英镑旅费给了他在威尔士的一个贫困侄子，于是旅行计划也就流产了。斯密远远地看着福克斯的印度法案（即伯克起草的旨在遏制和重建东印度公司的法案）在下议院凯旋，却被国王在上议院的违宪阴谋破坏，联合政府也随之倒台。1783 年 12 月 20 日，小威廉·皮特成了英国的新首相，年仅 24 岁，他在 1801 年辞去首相一职。

1784 年 3 月 30 日，一场不可避免的大选开始了。短短几天的投票之后，小威廉·皮特在议会选举中以压倒性的优势当选。 1783 年 11 月，伯克被任命为格拉斯哥大学校长，任期两年。 虽然他在政治上感到绝望，但他还是利用选举期间的空闲，在 4 月初的复活节期间拜访了斯密，并在那里待了 10 天左右。 在与斯密在爱丁堡的一些著名的朋友会面后，两人前往格拉斯哥参加伯克就任校长的仪式，然后一起游览了洛蒙德湖。这次旅程对他们来说一定令人非常愉快。

但是在 1784 年 5 月 23 日，斯密的母亲去世了。 她的死并不算意外，因为玛格丽特·斯密已经非常高寿。 但这对斯密来说仍然是个可怕的打击。玛格丽特以寡母的身份抚养斯密长大，在斯密成年后仍长期照顾他，并为他料理家务，后来又与珍妮特·道格拉斯一起照顾斯密。在近 61 年的时间里，斯密母子俩断断续续地居住在同一屋檐下。母亲的离世让斯密很惆怅，他在 6 月份给斯特拉恩的信件中写道：

"一个人在她 90 岁的时候去世，无疑是一件符合自然规律的事情，因此，那是可以预见和有所准备的。但是，我必须对

你说（我对别人也是这么说的），这是一个比世上任何人都爱我
的人，我对她的爱和尊重也比对世上任何人要多。面对这最终
的分离，即便在此时此刻，我仍然不由自主地感受到了非常沉
重的打击。"

斯密显然花了不少时间才从打击中恢复过来。1784 年 11 月，由
于斯特拉恩希望议会的重新召开能够刺激销量，《国富论》的第三版
终于出版了（包括对第一版和第二版的一卷补正）。《国富论》第一版
和第二版为斯密带来了相当大的声誉，而美洲殖民地的丧失、东印度
公司的丑闻、爱尔兰的动荡升级和威斯敏斯特的政治动荡无疑更提高
了公众对这本著作的兴趣，它被视为政治经济学的里程碑。从商业角
度来看，新版的《国富论》正是针对这一不断增长的市场推出的，而
且新版以小 8 开的形式印刷，价格也比较实惠。

后来《国富论》在斯密的有生之年又出了两个版本，但都没做
更多的改动。第三版《国富论》的索引大约有 2.4 万字，包括关于补
贴的恶性影响和反对限制与法国贸易的新篇章。但最核心的部分是
斯密对重商主义制度的最后一次也是最有力的攻击，他用法规作为证
据证明了议会在多大程度上被商人的利益绑架。斯密对亚麻、羊毛
和其他一系列物品的禁令、补贴和关税进行了长篇的详细盘点和讨
论，使他的论点更加深入人心。再辅以对特许公司历史的梳理和分
析，斯密最后直接抨击了东印度公司。他说："通过永久的垄断，（东
印度公司）实质上在向这个国家的其他一切主体征税，这种荒唐的
税收通过两种不同的方式实现：一是商品的高价，在自由贸易的情况
下，他们本可以买到更便宜的东西；其次，大部分人都完全被既方便
又有利可图的行业拒之门外。"[31] 解决的办法就是取消垄断，"但在这

种情况下，私人冒险家们的超强警觉性和注意力，可能很快就会让（东印度公司）对这种交易产生厌倦"。

斯密名声大噪。据说，首相和邓达斯都认可了"自然自由体系"，国会的舆论也出现了正面的转变。小威廉·皮特阅读了《国富论》，并与斯密讨论了其中的观点。其他人也为这一广泛的转变做出了贡献，特别是乔赛亚·塔克，他是格洛斯特的教长，也是自由贸易的积极倡导者。新政府对自由化的强调是显而易见的。

在其他方面，小威廉·皮特在 1785 年推动与爱尔兰建立单一的自由贸易区，却被爱尔兰人以政治理由拒绝了；他在 1786 年与法国签订了一项条约，取消了关税，为双方开辟了新的市场；1787 年 2 月，皮特在国内施行了伟大的改革，扫除了当时应向 103 个不同的政府账户支付的复杂关税，设立了统一基金。1787 年 3 月，当斯密在病痛中挣扎的时候，邓达斯给他写了一封信，信中很高兴地向他发出邀请："我很高兴您有了假期。皮特先生、格伦威尔先生和您谦卑的仆人，我们都认为没有比这更好的地方能让您度过假期了。我在温布尔登的别墅非常舒适和有益健康，这里天气很好。您会有一个舒适的房间，而且因为我们的日常事务很轻松，我们每天晚上都有时间和您讨论您的书。"[32]

这可能是约翰·雷讲的一件著名逸事：

在伦敦，没有人比这位年轻的首相更有兴趣见到斯密了，因为他在实际立法中广泛地贯彻了这位经济学家的原则。他们曾多次见面。有一次他们在温布尔登格林的邓达斯家会面，当时阿丁顿、威尔伯福斯和格伦维尔也在场。据说，当斯密作为最后到场的客人之一进入房间时，在场的所有人都从座位上站起来迎接他，并一直站着。"请坐，先生们。"斯密说。皮特回答说，"不，我们会一直站着，直到您先坐下，因为我们都是您的学生"。

1785 年 7 月，斯密的密友兼出版商威廉·斯特拉恩去世。斯密年事已高，但仍然没有放弃完成其他伟大作品的希望。但他的首要任务是发行《道德情操论》新的修订版，就像新版的《国富论》一样。拉罗什富科公爵曾写信反对斯密在《道德情操论》中将曼德维尔这个被人鄙视的名字与他的祖先，法国著名作家拉罗什富科，放在一起。1785 年 11 月，斯密在信中安抚公爵说：

> "我没有忘记我在一个版本的《道德情操论》中向阁下承诺过的事，我希望在冬季结束前完成它。我还有另外两部伟大的作品在筹备中，一部是涵盖文学、哲学、诗歌、辩术的所有不同分支的哲学史；另一部是关于法律和政府的一系列理论和历史。这两部著作的材料在很大程度上都已经收集起来，而且某些部分也整理好了。但是，我感到老年人的懒惰正在向我逼近，尽管我与其做着激烈的斗争，但我对是否能够完成这两部作品都极不确定。"[33]

正如我们所看到的那样，斯密的计划中关于政府的著作大概是来自他的《法理学讲义》。但关于哲学史，我们几乎一无所知，尽管不难看出斯密现存的关于修辞学的演讲和关于模拟艺术以及不同科学历史的论文应该是其中的一部分。

此时斯密的健康状况明显恶化了。他对在海关的工作一直十分尽责。在经历了一个冬天的"慢性肠梗阻"[34]后，在 1787 年初，他的病有了好转，他得以请假 6 个月去伦敦，部分原因是为了求医问药。1787 年 3 月，他给他的朋友，斯奈尔奖学金学者、卡莱尔教堂的大主教约翰·道格拉斯写了一封信，半开玩笑地提到了古代占星学认为 63 岁是生命健康的转折点，"今年我正处于我的转折点，我的健康状况也比平时差了不少。不过我现在感觉一天比一天好，我觉得只要有良好的驾驭能力，我就能度过这危险的人生之旅；在这之后，我希望余下的日子能一帆风顺"。[35]

在伦敦，斯密接受了英国国王的外科医生约翰·亨特的治疗，身体情况有所改善。6 月，爱德华·吉本的一位朋友说他看到斯密"身体非常虚弱，离职业生涯的终点不远了……我担心他的身体已经快不行了"。[36] 就在这个时候，伦敦的苏格兰珠宝商詹姆斯·塔西制作了一个双面纪念章，其中一面是穿着现代服装和戴着假发的斯密，另一面是模仿罗马人的光头赤膊的斯密。认识斯密本人的道格拉斯·斯图尔特说，这枚奖章"准确地刻画了他的轮廓和面部表情"。这枚奖章制作的时间是 1787 年，这似乎是斯密唯一的一幅肖像画。虽然当时斯密的健康状况已经很不稳定，但他在奖章上的肖像显得精神饱满。

1787 年 11 月，斯密回到爱丁堡，他的身体已经恢复，可以承担格拉斯哥大学委员会主席的职位，这让他非常高兴。他在给校长阿奇博尔德·戴维森博士的信中说："没有其他更能让我满意的职位了。我在学校收获巨大……而现在，在离开格拉斯哥大学 23 年后，还能被我的老朋友和保护者们以如此愉快的方式记住，我感到由衷的喜悦，这种感觉难以言表。"[37]

与此同时，斯密开始修订《道德情操论》。这本书最初在 1759 年出版，在 1761 年的第二版中斯密进行了重要的修订，后来又在没有重大改动的情况下继续出了三个版本。然而，第六版则完全是另一回事。在写给拉罗什富科的信中，斯密表示希望在 1786 年初完成修订工作，然后将注意力转向"筹备另外两部伟大作品"。然而，到 1788 年，他不得不承认计划失败了。3 月 15 日，在写给将在伦敦出版这部作品的托马斯·卡德尔的信中，他写道："我的健康状况极不稳定，我不确定我是否能活到完成我计划的其他几部作品的那一刻。虽然我的新作品已经取得了一些进展，但是我想我现在能做的就是把我已经出版的作品以最好、最完美的状态留下来。"[38] 于是他第三次请假离开了海关总署，这次是 4 个月，以便对修订版做必要的补充和修改，但正如斯密所言，"我是个慢工出细活的人，我总是要重写很多次，才能让自己满意"。[39]

除了这些消耗时间的事务之外，收集新材料本身也比预期的更加艰巨。斯密对《国富论》的修改很费时间，但方向相对明确，因为总的来说，这些修改是在新的研究基础上对该书的核心思想的延伸。而斯密对《道德情操论》的修改篇幅几乎占了全书的 1/3，不仅内容多，在智识上的要求也更高。斯密的这次修改，基于其近 30 年的阅读和反思，他对他的理论做出了重要改变，必须对整个内容进行全盘的重新思考。在众多版本中，较为权威的格拉斯哥版的一位编辑将其描述为"几乎是一本新书"。

因此，修订工作直到 1789 年 11 月才完成。按照承诺，斯密在书中将拉罗什富科与曼德维尔断开了联系，并加入了关于"道德情感的堕落"、赞美、良知的界限的新段落，并扩写了关于道德哲学不同体系的结束语。但最大的变化是插入了全新的第六部分"论美德的品质"，其中探讨了社会交往和法律如何塑造道德品格，以及个人对家庭、国家和整个世界的义务的性质。斯密的道德哲学兼收并蓄，他乐于从不同的传统中汲取思想，但新的材料有一种强烈的斯多葛式的风格，强调造物秩序的仁慈，强调审慎、自我控制和责任的美德。其风格也相当不同：少了一些修辞手法，少了一些平常的例子，少了说教般的演讲气息，增加了可读性，与《国富论》更像。而且，正如人们期望的那样，这本书带有一种明显的哲学家接近生命末期的感觉，他希望分享自己的智慧。

在《道德情操论》中，斯密曾认为，道德的价值和标准并不来自神的启示或与生俱来的"内在感觉"。相反，它们是由人与人之间的互动创造出来的，人类自然而然地通过想象互相认同；他们看到对方的行为，基于斯密所说的同情心，他们会认为自己是可以被判断的，从而评估自己的行为。斯密明确指出，要使这些规范不仅仅反映舆论或传统智慧，还需要其他条件，那就是"公正的旁观者"，即"冷静的""中立的"旁观者，他们能够客观地看待事物，排除偏见和扭曲的视角。

然而，即便如此，在《道德情操论》的第六版中，斯密仍然觉得还有更多的内容要讲，即关于这样的规范为什么以及如何才能成为真正的道德规范，而不仅仅是舆论的反映。斯密的解答分为两个方面。首先，他承认舆论可能会在道德上出现错误，而且确实会造成损害。在这种情况下，同情心会使人误入歧途："这种钦佩甚至是崇拜富人和权贵，同时鄙视或忽视贫穷和卑贱的人的倾向，虽然对建立和维持社会的等级区分和秩序是必要的，但同时也是造成道德情感败坏的最重要和最普遍的原因。"[40] 他认为，通过同情心和公正的旁观者的判断而产生的社会规范，既可以产生积极的影响，也可以产生消极的影响。作为一种认可和同意的来源，它们可以支持社会赖以生存的有序结构，但它们促使人们赞美强者鄙视弱者，这会败坏道德。

斯密对道德规范的论述提供了另一个更重要的证明。他认为人类不只是寻求赞美和回避责备，人们寻求的是值得赞美，且不会被责备："人自然而然地渴望，不仅被爱，而且是可爱的；或者说，人自然而然地渴望成为那种自然而然的、适当的爱的对象。人不仅天然地害怕被人憎恨，而且害怕成为可恨的；或者说，害怕成为自然而适当的应被憎恨的对象。人们不仅渴望被人赞美，而且渴望配得上赞美，或者说，即便实际上无人赞美，也拥有那种天然应当被赞美的特质。"[41]

乍一看，这个论点似乎是循环论证的：如果不是"在道德上值得爱"，那么这里的"可爱"又是什么意思呢？如果是这个意思，那么斯密不是在他所谓自然的、科学的解释中加入了道德判断吗？不，一个东西是否可爱，最好的证据就是人们是不是觉得它可爱。斯密的观点似乎是，我们通过比较自己与他人是否赞美自己的行为，来把握什么是值得赞美的。一旦我们掌握了这个标准，我们就不需要通过获得赞美来保持这种理解，或者说这种想要得到赞美的欲望。我们可以用对什么是值得赞美的理解，来评估我们自己作为道德行为者"内心深处"的动机，看清赞美强者、轻视弱者的错误之处。因此，斯密的论述仍然是自然主义的。

新增的第六部分特别值得注意的一个特点是，斯密将他对道德品格和义务的反思，扩展到对不同社会和政治领导风格的评论。他小心翼翼地把对国家的爱和对人类的爱区分开来。

> 我们不仅仅是作为伟大人类社会的一部分来爱我们的国家；我们爱国家是为了国家本身，无关任何其他考虑。设计出人类的情感系统以及其他天性的这种智慧，似乎已经判断出，在个人的能力和理解范围内，促进伟大人类社会利益的最好方

式就是引导每个人，使其主要注意力聚焦到社会的特定部分。[42]

伯克在他 1790 年发表的《反思法国大革命》中表达了非常类似的观点："依附于社会的细分部门，爱护我们在社会中从属的小团体，是公共情感的第一原则（发源地）。这是我们走向对国家、对人类的爱的第一个环节。"我们可以看到，斯密和伯克对在康德之后成为道德理论标志的那种抽象的普世主义进行了有力的实证攻击。

斯密承认"一个由理智人和智慧人组成的伟大社会的利益是道德至上的，而上帝就是这个伟大社会的直接管理者和领导者"。[43] 但是，这并不意味着人类应该执着于普世观念或理想而忽略了他们的世俗责任。"人类被分配了一个更卑微的使命，但这个使命更适合其能力的弱点，更适合其有限的理解能力，这个使命就是关心自己的幸福，关心家人、朋友、国家的幸福。一个人不能以忙于思考更崇高的事情为借口，而故意忽视自己较为卑微的任务。"人不能逃避当下的责任，躲进永恒抽象的哲学意象中。

一个国家有时会受到斯密所说的"公众不满、内讧和混乱"的威胁，在这里，他的语言和思想都很有伯克的味道。伯克这位伟大的政治领袖的智慧在于，力图平衡现有权威的主张和"更大胆但往往更危险的创新精神"。但他认为，把权力交给"体制人"（man of system），即那些坚持把某种理想化的计划强加于社会的人，是特别危险的，因为"在派系的动荡和混乱中，某种体制精神很容易与关乎全人类之爱的公共精神混为一谈"。[44] 这种"体制精神"可以感染和煽动本来温和的舆论。心怀不满的党派领袖总是提出一些似是而非的改革计划……他们常常以此为由，提议新的宪法条款，并试图改变宪法的一些最基本的部分，而这些宪法的基础本来是一个伟大帝国的臣民在几个世纪以来可以共同享有和平、安全甚至荣耀的制度保障。政治上的"体制人"就和商业上的"败家子和投机分子"一样。

但斯密坚持认为，这种创新精神是错误的：因为它不仅牺牲了和平与安全，而且新的宪法往往不能实现最初的愿望。"党派的暴力拒绝所有的缓和措施、所有的情绪、所有合理的迁就，它们要求太多，却往往什么也得不到。而那些他们想要解决的不便和苦恼，本来只要稍加节制可能就可以在很大程度上消除或缓解了，但在实施新政后却完全没有希望得到补救。"正如在政治经济中，人的行为可能会产生意想不到的后果，革命的热情也会淹没真正的改革。

斯密给予了那些君主最严厉的批评，他们"在所有的政治投机者中……到目前为止是最危险的"。因为他们将绝对权力与"体制精神"结合在一起。如果政治领袖也受到了这种精神的影响，即使这并非暴政，但结果仍然是灾难性的。"体制人……总是自以为非常聪明，而且常常迷恋于他们理想中的政府计划，以至于他们不能接受现实有任何的偏差……他们似乎以为可以像棋手操控棋盘上的棋子一样，轻松地操控一个伟大社会的不同成员。"但是，这种几何学式的教条主义，以制度作为直接控制的手段，完全错解了社会的本质和统治的本质。"他们并不认为棋盘上的棋子除了被赋予的原则之外，还有其他的运动原则。但实际上，在人类社会的大棋盘上，每一颗棋子都有自己的运动原则，而且这可能与立法机关选择赋予它的原则完全不同。"这种"政策和法律的完美主义"没有把握住自由之于人的本质性和必要性。在自由原则之下，"社会在任何时候都必须处于最高程度的混乱状态"。同样，这里的论述与伯克也有相似之处，特别是与伯克在《反思法国大革命》中的讨论很相似。

在抨击重商主义制度时，《国富论》也不避讳以美国独立战争的时事举例，而在阅读《道德情操论》的修订本时，很难不联想到法国大革命的历史背景。1789 年 11 月 18 日，斯密写信给出版商卡德尔说，"这本书终于完美地画上了句号"。[45] 这时的法国已是一片哗然。在财政上，国家负债累累，濒临破产。其税收制度是倒退的、狭隘的、不公正的，但又无法推进改革。在政治上，法国在 6 月废除了三级会议，7 月革命者攻占了巴士底监狱后，政府陷入了危机。革命者很快就开始摧毁教会和贵族的权力。在广泛的动乱中，地方民兵组织起来了。10 月，法国王后玛丽·安托瓦内特的生命安全受到威胁，王室被强行从凡尔赛宫迁往巴黎。

斯密很清楚这一切。他从亲身经历中了解到了法国税收制度的不足，还通过信件与法国的舆论力量保持联系，法国的消息很快就传到了爱丁堡。斯密关于"体制人"的说法可能适用于当时的"开明君主"，普鲁士的腓特烈大帝和俄国的凯瑟琳大帝，只是作为一个哲学家，斯密提供了一个概括性的分析。他的这些言论是否有意与法国扯上关系呢？这个问题有很大的争议，至少他一定考虑到了重农主义者。我们可以肯定的是，这些论述与这种理解有关，并传达了他充分的思考。因为从 1789 年 11 月到次年 5 月《道德情操论》的第六版出版，斯密虽然健康状况不佳，但仍有机会进行反思并做最后的修改，但他并没有这样做。我们还可以肯定的是，他一定会鄙视革命相继陷入暴民统治、有组织的恐怖和战争的情况。正如他当时所写的那样，"在所有的道德情操的败坏者中……派系和狂热主义者一直是最恶劣的"。[46]

那时斯密的生命已经日薄西山。他的表妹和管家珍妮特·道格拉斯在 1788 年的秋天去世了。与对休谟去世的评价相似，斯密对她最后的毅力表示了钦佩："（她）似乎是心满意足地离去的，她对自己的生活感到幸福，对命运也非常满意，对她将要经历的人生变化没有丝毫的恐惧和焦虑。"[47]但当斯密向另一位朋友说明她对自己的重要性时，伪装的面具悄悄滑落："她还是一如既往的幽默和狡黠。她的离去会让我成为苏格兰最潦倒、最无助的人之一。"[48]

1790 年 2 月，斯密一生的朋友威廉·卡伦去世，他是格拉斯哥大学的医学教授，后来又去了爱丁堡。斯密在给卡伦儿子的信中为自己无法参加葬礼表示了歉意："我的胃病使我的身体非常虚弱，以至于我不能经受任何劳顿，甚至无法从自己家步行到海关大楼。"[49]直到 5 月他还抱着去伦敦看看的希望，"但我康复得非常缓慢，而且病情经常剧烈地复发，我越来越怀疑自己是否能够完成这次旅行。"[50]有朋友指出，他从来都是"非常有耐心，也很有毅力的"。[51]

但是，正如《给斯特拉恩的信》中明确指出的那样，一个哲学家的死亡不仅仅是个人泰然处之的问题。斯密在晚年的时候，非常注意尽可能以正确的方式离开世界。在一个任人唯亲的时代，他经常用鼓励的信件和金钱来提高年轻的朋友和家人的利益，但这些帮助并未刻意抬高他们自身的能力。斯密似乎在私下捐出了一大笔钱，他恪守着"匿名捐赠是最善良的慈善形式"的格言，据斯图尔特说，"数额远远超出了基于他的财富可预期的捐赠额"。也许因此，他的遗产并不多。

斯密非常恰当地处置了他的书和他的个人论文。斯密托付了约瑟夫·布莱克和詹姆斯·赫顿，他杰出的朋友和牡蛎俱乐部的成员，作为他的遗稿管理人。这是个明智的选择，用普莱费尔的话说，"布莱克博士最讨厌的就是错误，而哈顿博士最讨厌的就是无知"。[52]他们两人，一个总是害怕超越真理，另一个则是害怕无法认知真理。斯密再三强调要毁掉几乎所有的手稿，只保留少数几份，他们一定为此苦恼不已。这两个人答应了要销毁手稿，但他们迟疑了。然而随着大限将至，斯密明确表示他不会被他们搪塞过去。在斯密的坚持下，7月11日，除了一些"独立论文"，其他文本几乎都被烧毁了，斯密以前曾向休谟提到过的"18本薄薄的对开本"似乎也包含在内。只有几篇散文和斯密心爱的《天文学史》留了下来。他关于修辞学和自然宗教的演讲稿，他的法学著作和他向拉罗什福科提到的"哲学史"的草稿都被烧毁了。斯图尔特很了解斯密，他说，"斯密似乎希望除了他的作品可以作为他天才的永恒的纪念碑，以及他堪称典范的私人生活之外，不给他的传记作者留下任何其他材料"。对习惯于临终坦白的现代读者来说，斯密的行为看起来有些反常，而且这种损失也是一场知识的灾难。

亚当·斯密于1790年7月17日星期六去世，享年67岁。在去世的几天前，他在晚饭前去睡觉，对朋友留下了最后一句话："我觉得我们必须推迟这次会议了。"5天后，他被安葬在修士门教堂的墓地，离班缪尔楼很近。他的坟墓立着一块朴素的石碑，列举了他两部伟大的著作。斯密几乎所有的财物和财产，包括他的书，都留给了他的侄子和继承人大卫·道格拉斯。

总而言之，如何描述斯密的个性呢？在他的众多传记作者中，第一个，也是唯一一个认识斯密本人的，是杜格尔德·斯图尔特。他给我们描绘了一个教授和哲学家的形象："他非常杰出……他的观点具有独创性和全面性；他学识渊博，又不失正确性；他的创造力永不枯竭；他还从丰富瑰丽的古典文化中汲取想象力。"也有评论说他是一个"心不在焉"的学者，"他的举止和思维习惯都有一些特殊的地方"，这使他"不适合世界上的一般商业，也不适合积极融入生活的事业"。然而，正如我们前文提到的，这种说法忽视了斯密在格拉斯哥大学负责教学管理的工作经历，以及他作为海关关长在征收税款和防止走私等世俗事务领域取得的成绩。

我们还有其他的信息来源，可以进一步了解斯密的形象。据他的朋友，印刷商和古董商威廉·斯梅利说，"他的体格比普通人高大，而且他的面容很有男子气概，很讨人喜欢"。在性格上，他对公共利益的重要性有着坚定不移的信念，并坚持独立思考问题。他的思维敏捷，在哲学观点上也不拘一格，他的身上结合了斯多葛式的美德、个人责任、严格的自我控制与长老会对教育和公共领域的承诺。他是苏格兰人，完全相信苏格兰教育机制的优越性；他也是伦敦居民，深知1707 年的联盟对苏格兰社会和经济的价值。他在思想上和实践上都是平等主义者，似乎不喜欢任何形式的等级制度。

斯密对有需要的人很慷慨，在受人恩惠时很谨慎，包括他敬佩的思想家例如休谟、哈奇森、魁奈以及其他重农主义者。正如他的法学理念，他相信真诚的名声，或者说他相信保持不被玷污的名声的权利。有时他可能会对自己的成就持挑剔的态度，对那些他认为是二流政治经济学家的人（例如詹姆斯·斯图尔特）不屑一顾。他沉默寡言的个性使得人们无从得知他的宗教观点，不过他的宗教观点似乎混合了对天意的信仰，以及对教会等级制度和组织的厌恶。他是个害羞的人，他曾经说过："我是个除了书本之外一无所有的人。"[53] 他在公开场合显得相当正经、不善言谈、喜欢说教，但在朋友面前却很放松，熟悉他的人都喜欢他。他在文学方面的品位与众不同。在政治上，他是个辉格党人，但他"自然自由体制"的改革信念也深深吸引了皮特。关于他在两性关系或浪漫方面的情趣，关于他的个人生活是否有任何逾越道德的冒险行为或是放荡不羁的行为，我们几乎一无所知。他有过做父亲的希望吗，即使到晚年也没有吗？1777 年，他在 53 岁的时候给斯坦诺普勋爵写信，要求保留斯坦诺普最后的信件（现在已经遗失），他说："如果上帝肯赐予我一件东西，就给我的家人和后人留下一份道德遗产，作为他们在任何场合都应该遵循的榜样。"[54] 当然，这可能只是斯密在工作时出于礼貌说的。

斯密显然很受他的学生钦佩，比如约翰·米勒。詹姆斯·博斯韦尔在受到塞缪尔·约翰逊和宗教的影响背弃斯密之前，也一样很敬重他。巴克卢公爵与斯密的师生关系是最亲密、最长久的。在斯密死后，巴克卢公爵谈及他们的欧洲之行及斯密的后事："1766 年 10 月，我们在一起度过了近 3 年的时间后回到了伦敦。我没有丝毫不满意，也没有丝毫冷淡，与这样一个人的交往让我受益匪浅。我们的友谊一直保持到他去世。我将永远怀念他：我失去了一位我所爱戴和尊敬的朋友，他的可敬和可爱不仅是因为他才华横溢，更是因为他的美德。"[55] 这是一段很有分量的悼词。

斯密与休谟的关系值得特别关注。在思想上，他们是有史以来最杰出的人物之一。从时间脉络来看，从休谟到斯密，两人的思想一脉相承。但斯密也有自己独立的思想。他们在思想上有无数的重叠点，也有一些分歧点，这种思想的交锋，再加上亲密的友谊，使他们成为苏格兰启蒙运动伟大的思想引擎。虽然他们的年龄相差 12 岁，而且休谟的早慧更拉大了这种差距，但是令人惊讶的是他们的对话总是平等的。有时候，热衷交际的休谟想与斯密见面，他的邀约仿佛是对这位冷静自足的朋友的恳求。然而，斯密正是从休谟那里开始了他伟大的写作工程。休谟后来从哲学转向了散文和历史，力求向外传播自己的思想，斯密则反其道而行之，不断反复加工已有的作品，努力完善自己的核心思想体系。

在《道德情操论》最后补充的部分中，斯密写道："幸福的关键在于安宁和享乐。没有安宁，就没有享乐；而只要有完美的安宁，就没有什么事情是会让人不开心的。"他拥有亲密的母子关系，他显然也很喜欢珍妮特·道格拉斯，他几十年来一直都依赖着这两位女性。他曾说，"对一个没有父亲的世界的怀疑，一定是最忧郁的思索"，对这样的人来说，这两位女性是他安宁的源泉，给了他宝贵的爱和支持。

正是在 40 年来家庭温暖的支持下，在休谟的友谊和苏格兰启蒙运动的环境中，斯密才得以完成两本有史以来最重要、影响最深远的著作，并形成了一套思想体系。它的力量直到今天仍未完全发挥出来。现在我们来谈谈这些思想的发展和影响。

第二部分

思想

Part Two

Thought

第六章

荣誉、事实和迷思

今天，如果你沿着爱丁堡老城的皇家大道，从修士门外亚当·斯密故居往上，向海关大楼的方向走，你会经过两座伟大的雕像[1]。第一座是由公众捐款集资建设的亚当·斯密塑像，高大而光辉，矗立在圣吉尔斯大教堂外。他的身后是一把旧式犁，身旁是一个蜂巢，象征着农业社会向商业社会和市场经济的过渡。他的左手捏着长袍，暗示他投入大部分时间的学术生活。他的右手不怎么显眼，也被称为"看不见的手"，搁在一个地球仪上，委婉地提示着观众他作为知识分子的野心和世界性的声誉。

再往上走几百码可以看到第二座雕像，那是大卫·休谟的雕像。它的形象非常不同，它描绘的休谟是一个罗马式议员，身穿长袍，背靠椅背，右腿向观众伸出来，上面平放着一本书。他的脚从讲台上探出头来，仿佛是一个邀请，学生和游客们喜欢触碰它，以祈求好运。雕像的态度是慵懒的，脸上却没有笑容。如果说斯密的雕像传达的信息是直截了当的，那么相比之下，休谟的雕像就是一个讽刺性的作品。雕像半裸着的胸膛几乎完全没有显示出他实际上的肥胖身型。在这个最幽默的人身上，没有一丝幽默的痕迹；而作为一个最鄙视迷信的人，他却被大众塑造成了一个迷信的噱头——人们相信抚摸休谟雕像的大脚趾头就可以获得好运。①

---

① 传说抚摸休谟雕像的大脚趾头就可以获得好运，通过考试。因此雕像的大脚趾头被抚摸太多次，精光发亮。——译者注

不过很少有人注意到另一种讽刺。幸好还有 18 世纪苏格兰伟大的肖像画家艾伦·拉姆齐刻画了我们熟悉的休谟形象：有点肉感、有趣、有智慧，还富有一点妩媚的曲线感。然而爱丁堡的休谟雕像完全不符合上述特征。相比之下，我们可能会很喜欢斯密的雕像，但事实上，我们并不了解斯密的真实长相。在历史上只有塔西制作的肖像奖章是唯一与斯密同时代的资料，刻画了他的脸部细节。然而那也只是刻画了轮廓。无数同时代的苏格兰大人物的肖像[2]都流传下来了，比如亚当·弗格森、弗朗西斯·哈奇森、凯姆斯勋爵、约翰·米勒、托马斯·里德、杜加尔德·斯图尔特以及休谟等思想家，还有罗伯特·伯恩斯、詹姆斯·博斯韦尔和托比亚斯·斯莫利特等作家的肖像，甚至还有一幅由拉姆齐绘制的卢梭在访问英国期间身着亚美尼亚服装的惊人画作。然而，斯密的画像却都没有保存下来。而且，以斯图亚特的观点，斯密从来就没有过画像。斯密不喜欢被曝光，这一点再清楚不过了。

斯密的思想在今天耳熟能详，而关于他个人的信息却非常模糊，这形成了鲜明对比。更令人震惊的是，即使是现在，在整个世界上，斯密和他的思想真正被人理解的部分还是少之又少。有三个复杂的因素造成了这种情况。首先，虽然斯密是一个谦虚低调的人，但他知道自己成就不凡，并且很看重自己的名声，他把名声看成是一种个人财产。正如我们看到的那样，他精心塑造了他的生活与工作在后世的呈现方式。其次，虽然《国富论》的成功给斯密带来了非同寻常的名声，但它也遮盖了如《道德情操论》等斯密的其他著作的光芒，有些作品直到最近才出版。并且《国富论》的盛名有时甚至扭曲了公众对他思想的理解，斯密可能也从未预料到这一情况。而且斯密也未留有简短的文摘或概述来澄清错误或帮助后世理解自己的作品。于是，今天的人对真实的斯密仍然知之甚少，而且他们了解的内容基本都是关于他的经济学思想。

第三，斯密著述颇丰，其多样性和它们被引用的不同方式造成了巨大的模糊性。过去两个世纪以来，几乎每一个伟大的经济学家都声称受到了斯密的影响；几乎每一个主要的现代经济学分支[3]，从新古典主义到奥地利学派、马克思主义学派（从近期才开始），以及最近的制度经济学、发展经济学和行为经济学，都可以追溯到斯密的学说。世界各地的政治家、学者和酒馆里的高谈阔论者都发现《国富论》的权威性和他核心思想的简洁性，并经常利用这些思想来美化和修饰自己的信仰或论点。其结果是斯密的思想在很大程度上被模糊化了，这使人们误解了斯密的思想涉及的范围和它的影响力，制造了很多迷思。

斯密的声望在整个 19 世纪大大提升。到 19 世纪 20 年代，他受到的赞誉不亚于伟大的人口学家托马斯·马尔萨斯。马尔萨斯赞同波诺尔早期的评论，认为《国富论》对政治经济学的贡献相当于"牛顿的《自然哲学的数学原理》对物理学的贡献"。但是，斯密的去世在当时几乎没有引起什么直接的讨论，在后来的几十年中一直如此。他的讣告很少，而且都是平淡而简短的：《社科年鉴》上的讣告只有 12 行，《苏格兰人杂志》上的讣告则只有 9 行。当时，《泰晤士报》发表了一篇居高临下的文章，着重描写了斯密"对休谟禁欲主义"的"苦心孤诣的讴歌"，然后该报又发表了一篇较长的文章，评价《道德情操论》"巧妙而富于幻想"。这篇文章否认了《国富论》的独创性，并认为斯密"在宗教方面很早就成了伏尔泰的门徒"。

《国富论》出版后，其在美洲殖民地引起的反响比在英国本土热烈得多：[4]《国富论》在美洲的销量很大，它在美国 1787 年的宪法辩论中被引用，并且在联邦党人几份敦促批准宪法的文件中被提及。在革命时期，法国人对这本书的反响更加热烈。在斯密去世后，《箴言报》评论说："欧洲刚刚失去了一位著名的哲学家。"但是18世纪90年代初并不是一个适合做综合评价的时期。1789年7月14日巴士底狱被攻陷后，英国的激进分子、辉格派和知识分子都非常激动，许多人认为这代表了法国启蒙时代新政府的曙光。然而接下来又发生了一连串的事件。在1793年年初，英国陷入了道德恐慌之中，人们担心可能发生的叛乱和"法国式的叛变"：不仅是一个统治者被另一个统治者取代（这是"英国式的叛变"），而是推翻君主制。当年1月21日，路易十六被送上断头台，英国弥漫的这种恐惧感变得更加强烈。

在这种情况下，人们很容易误解斯密，或者我们很容易以今天非常熟悉的方式将他附和到某一特定的事业中去。特别是法国的护教者，把斯密与休谟的宗教怀疑论关联在一起，又将其归为无神论者，同时又把他当作自由贸易的革命先锋来颂扬。但这种情绪的高涨又产生了更微妙的影响——人们开始将政治经济学与政治本身分离开来。杜格尔德·斯图尔特在1793年1月向爱丁堡皇家学会宣读了由他所著的长篇传记，那是关于斯密生平的第一部也是最重要的一部传记。当时正值臭名昭著的爱丁堡叛乱审判时期，斯图尔特小心翼翼地将"政治经济学的投机学说"与"政府的第一原则"区分开。他强调斯密对现有体制的抨击是指向商业而非政治，因此斯密给法国人带去的影响都是经济理论，而非关乎政治和政府。[5]

随着时间的推移，政治经济学的主题将进一步脱离政治。事实上，在19世纪，人们开始尝试将政治经济学设立为经济学的新学科，以科学的名义，将经济学与政治学区分开，使经济学从伦理学中分离出来。随着经济学变得更加科学化，它也变得更加数学化，因此也变得更加脱离日常生活、脱离人类制度和人文价值，甚至脱离价值理念本身。

接下来的章节将从斯密本人出发，更详细地考察他的思想及他对后世的影响。尤其是在 4 个领域的影响——经济学、市场、裙带资本主义、道德规范与价值观。斯密的思想在这 4 个领域中既深刻又具有巨大的当代意义。但是，我们首先要从整体上审视这一思想，拂去两个多世纪以来蒙于其上的尘埃。

人的科学

评估斯密的思想，最好不从斯密本人开始，而是先回溯早于斯密两个世纪的弗朗西斯·培根（1561—1626 年）的思想。在那个模糊而复杂的时代，培根是其中最复杂、最暧昧的人物之一。培根有句名言："每一个成功的人都要走过一段迂回曲折的道路。"他自己跌宕的政治生涯完美地诠释了这句话。在争权夺利的欲望驱使下，在伊丽莎白一世和詹姆斯一世变幻莫测的宫廷政治风云中，经过激烈的斗争，培根最终成为大法官，最终又因受贿罪而蒙羞。但毋庸置疑的是，他帮助奠定了科学革命的基础。

中世纪哲学的范围远比今天要广泛得多，具有强烈的理性主义色彩。当时的哲学侧重逻辑学、形而上学和修辞学，而不是自然；侧重理性而不是经验（或者说实验）；侧重对宗教教义的阐述和辩护，而不是获取关于世界的知识。随着时代的发展，传统哲学的主流变成了追随托马斯·阿奎那的经院派，对他们来说，天主教的信条（只要他们没有自相矛盾）和亚里士多德的作品是最重要的。对学院和更广泛的社会来说，重要的是承认今生和来世的神圣秩序，了解《圣经》

典籍的知识，而对上帝的创造过于深入的探究是不虔诚的。在 16 世纪初，即使是伊拉斯谟和托马斯·莫尔这样的人文主义者对自然哲学也不怎么感兴趣。

在培根出生的时代，亨利八世与罗马教廷决裂并在英国发起宗教改革，培根的思想与时代主流非常不同。在他看来，知识的范围在不断扩大，这是一个探索的时代，麦哲伦绕过好望角，哥伦布发现了新大陆，这个时代也需要探索自然本身。而这种探索反过来又需要"破坏偶像主义"（iconoclasm）。破坏偶像主义主张粉碎虚假的偶像，摆脱错误的假设，培根认为这些假设抑制或阻止了知识的进步。

培根的目标指向了形而上学的理论化，以及学者狭隘的口头争论。他也反对当时炼金术士的玄学。在培根看来，科学研究是一项共同的、公共的事业，最好由专家在一所专门为此目的而设立的学院里进行，他在 1627 年发表的《新亚特兰蒂斯》中称其为"所罗门之家"。培根有句名言："知识就是力量"，人应该理解自然、控制自然，从而推动物质文明的进步。他认为求知的理由不是因为学习的快乐、优雅性或内在价值，而是今天所说的技术效用，知识最终要转化为经济效用。

培根在其一系列著作中，依据知识的不同分支，为自然科学建构了一个极为广泛的知识体系。在保持对宗教教条的尊重的同时，他关于自然哲学的概念是独立于宗教的。与宗教不同，自然哲学是一种积累性的、渐进的、公共性的活动，它的方法强调非常细致的数据统计过程。这些都是为了证实或者证伪从个别到一般的归纳推理，而后形成对科学规律的推论基础。

培根批判形而上学，强调探索、归纳、技术和有用知识的增长，这与他同时代的笛卡儿的理性理论和对确定性的不懈追求，形成了鲜明的对比；在这里，我们很容易看到英国的经验主义与法国的帕斯卡式①的几何学精神之间经常出现的剧烈对峙。但是，培根试图引导一条中间的道路：他说，自然哲学家不能像蚂蚁，只是收集，也不能像蜘蛛，只是织出自己的网，而应像蜜蜂，它"提取某种物质……并且通过自己的努力改造和塑造它"。

培根并没有任何科学发现，他的思想也有缺点：他没有认识到数学在科学进步中的中心地位，他对科学方法的具体论述在今天后继无人。可以毫不夸张地说，牛顿所著的《自然哲学的数学原理》，无论以何种标准来衡量，都是历史上最伟大的科学进步之一，它结合了数学的精确性与富有想象力的理论，但它并非培根思想的范例，反而部分说明了培根的思想在科学性上的不足。但在今天被称为应用科学的领域，培根的思想在当时产生了巨大的影响。事实上，在接下来的两个世纪里，培根的思想，他的知识体系、分类法和测量法迎来了空前的发展，为工业革命奠定了基础。

亚当·斯密在大约40年的时间里建立了自己的"人的科学"，他借鉴了培根的许多基本假设。像培根一样，斯密也希望构建一种自然主义的、经验主义的理论。事实上，他的野心似乎是，对人类生活的主要方面，包括道德、社会、艺术、政治和商业，进行一个统一的一般性叙述。像培根一样，斯密认识到人类的专业化与合作的重要性。他也像培根一样提供了一套思想体系，它是公开的，容易被理解的，并且基本独立于宗教之外。

---

① 布莱士·帕斯卡是法国著名的数学家、物理学家、哲学家。他在自己的著作《思想录》中提出了"几何学精神"和"敏感性精神"这两个相对的概念。几何学精神指以几何学为代表的严谨的逻辑推理方式，而与之相对的敏感性精神指依靠直觉、心灵敏感建立观点和判断的思维模式，是宗教信仰中常见的思维模式。——译者注

但是，他们的思想也存在许多差异。斯密在许多方面都继承了休谟的思想，他追寻休谟的因果论观点，坚持认为我们永远无法知道作为自然规律的那些"看不见的链条"。此外，在《天文学史》一文中，斯密对科学发现的逻辑的看法比培根要复杂得多。这种看法将人类的想象力和假设置于一系列渐进的尝试的中心，"将秩序引入这混乱的杂糅的不和谐的表象之中"，从而使我们混乱喧嚣的想象恢复"平和与宁静"。

最重要的是，斯密的理论是动态的，而培根的理论是静态的。尽管培根自称已经超越了亚里士多德，但他仍然从本质而不是从变化的角度来思考科学。他思考的问题是事物是什么，而不是问它做了什么。相比之下，斯密敏锐地意识到了变化，而且更注重自己的知识体系的传承性。亚里士多德以他形而上学和逻辑学著作《工具论》为其伦理学和政治学奠定了基础。类似地，斯密以《天文学史》作为《道德情操论》的基础，后者又是《国富论》的基础。同样，在斯密未完成的作品中，他"关于文学、哲学、诗歌、修辞学不同分支的哲学史"和"关于法律和政府的历史与理论"也将呈现一致的脉络。

斯密思想体系的核心是一种牛顿式的科学程序。斯密在其早期的修辞学和文学讲座中明确表示他很钦佩牛顿的研究方式，"（牛顿）以某些已知的或已证明的条件为初始原则，以此为基础就可以解释相同的现象，用同一逻辑链条将所有的现象连接在一起"。在同一部著作中，他强调说，这一过程可以超越物理学和天文学的范畴，扩展到人类思想和行动的领域："后者，我们可以称之为牛顿的方法，那无疑是最有哲理的，而且在各种意义上，无论是对道德哲学还是自然哲学来说，都比其他的方法更巧妙，因此也更吸引人。"值得注意的是，斯密在《道德情操论》和《国富论》中沿用了这种方法。

但这是呈现结果的方法，而不是发现结果的方法，《自然哲学的数学原理》一书明显是开放式的。用牛顿的学生科林·麦克劳林的话说，牛顿提出"我们应该从现象或表征出发，研究自然界中运作的力量或原因。我们的研究从追寻特定的原因出发，推演到更一般的原因，直到找到最普遍的原因"。通过归纳法得到的结论应该被认为是有待进一步的数据修正的真实结论，因此科学家应始终对未来可能出现的例外情况或更有力的证据保持开放态度。这不是几何证明的封闭世界，而是现代科学探究的临时的、假设的世界。

1720—1721 年的南海泡沫事件让牛顿在股市损失了一大笔钱，他说："我可以计算出星星的运动，但却算不出人的疯狂。"同样，斯密的牛顿主义并不天真，他并不主张可以像预测无生命的原子、行星或台球的运动轨迹一样，通过科学规律完全预测人的行为。事实上，我们已经看到，他明确拒绝把人的行为视为与棋盘上的棋子一样的可控的乌托邦式教条。正如他指出的，"每一个棋子都有自己的运动原理"，当它们以一种动态的、并不完全固定的方式适应不断变化的环境时，就会产生现在所说的反馈回路。因此，斯密提出的"人的科学"并不是教科书上物理学意义上的科学或技术。相反，在 18 世纪的标准用法中，科学的意义是一个有组织的思想体系，其目的是将一系列可能存在着广泛而巨大差异的现象，呈现为一个可以被理解的整体。这套科学体系创造的解释和理解或许可以作为建立未来期望的基础，甚至可以像物理学那样，让预测变得可能，但那是另一回事。值得注意的是，斯密在他的任何作品中都很少进行预测。这不是偶然的，这表明他很清楚地意识到，面对人类行为的不可预测性，他的研究主题是复杂和不确定的。

进化论

我们可以更进一步。斯密提出的"人的科学"不只意识到了变化，它也是以变化为前提的。在某种程度上，"人的科学"是对人类进步原因的考察。这是一种原生理论，但事实上，它还是归属于进化论的范畴。斯密关于天文学的论文不仅仅是对科学发现逻辑的研究，更是对人类心智的一种进化论式的叙述。他的修辞学讲义主张对语言进行动态的、复杂的理解，充分承认了在语言的相互理解过程中，不断变化的实际应用与标准之间的潜在矛盾。《道德情操论》则对人类社会和道德规范进行了进化论式的阐述，社会规范与道德规范就像语言一样，通过同情心或同胞情感产生作用。《国富论》则关注人类互动的一个特殊方面，即市场交换。斯密将对其的解释置于从封建社会向商业社会转变的历史过渡中，并说明了这一思想如何可用于解释经济发展和全球贸易秩序的演变。有学者认为，斯密的法学，特别是由他的门生，格拉斯哥大学民法学教授约翰·米勒发扬光大的部分，其影响之一就是促进了苏格兰法律体系中以判例为基础的普通法传统，[6]这样的发展路径非常符合进化论。斯密最终决定毁掉他尚未完成的作品的深层原因，也许是无论那些作品的思想多么丰富，都未能够像这两部伟大的著作那样，成功纳入一套统一的进化理论之下。

但是，斯密的"人的科学"并不仅限于进化论的范畴，不过几乎可以肯定它是进化论的核心部分。我们有切实的理由可以推断，斯密的著作对达尔文产生了强烈的间接影响。[7]1825 年，达尔文在爱丁堡的医学院度过了两年相当不愉快的时光。同样在爱丁堡的医学院，斯密的朋友和他后来的遗稿保管人，约瑟夫·布莱克，在那里教了 30年书。达尔文在爱丁堡的那两年，保护主义与自由贸易之间的矛盾正逐渐成为这个城市重要的公众辩论话题。1829 年，在剑桥大学，达尔文在一封信中曾说："我的研究包括亚当·斯密和洛克"。通过家庭关系，他也经常与哲学家和历史学家詹姆斯·麦金托什见面。而麦金托什正好成长于启蒙运动时期的苏格兰，是比斯密更年轻的一代人。在"贝格尔号"①上，达尔文看到了法国博物学家亨利·米尔恩·爱德华兹将斯密的劳动分工思想应用到描述人体器官上，并迅速地将这套理论应用于说明生态系统中的物种多样化和特殊化。19 世纪 30 年代，达尔文开始小有名气，他与杰出的作家哈里特·马蒂诺走得很近，马蒂诺的畅销书《政治经济学解释》（1832 年）介绍了亚当·斯密的思想，使其在更广泛的公众中产生了巨大影响。所以斯密很可能对这位伟大的自然科学家产生了相当大的影响。

　　斯密的思想究竟是如何体现进化论的呢？在现代意义上，达尔文式的进化论被表述为一种"遗传变异"：一个物种的不同性状，在一代又一代的遗传过程中，通过适者生存的机制，自然选择淘汰了不太成功的形式。斯密的理论也落脚到了两个主要机制。第一种是文化机制。在《修辞学讲义》中，斯密解释了新的语言实践和应用方式如何不断涌现，"那些最初树立榜样的人并没有任何意图或预见性，也没有打算建立任何一般性的通用规则"。在《道德情操论》中，他进一步描述了这种机制：人们学会了通过他人的行为来对自己的行为进行部分反思，形成对自己行为的判断，即这种行为会产生何种实际的或可能的现实影响。同时，在"公正的旁观者"的调和与影响之下，人们开始客观地看待自己的行为，摆脱个人过度的激情或偏见。斯密认为，这种机制的结果是个人可以对自己行为带来的影响进行审慎把

_____

① 达尔文曾跟随英国皇家海军的"贝格尔号"军舰周游世界，这趟旅行对他后来写成《物种起源》有重要意义。——译者注

握，而且一旦当这种机制内化，就会形成一种道德原则。也就是说，从进化的角度看，实际的和可能的行为模式会通过社会模仿而自发地出现，然后其中的一些行为模式会被传递或被选择；被选择的行为模式成为规范，并通过进一步的行为和选择继续传递给其他人。整个过程就这样循环往复。这种模仿和选择的过程通常是有益于社会的，但并不总是如此。有时，就像我们对富人和名人的崇拜一样，它在道德上是可疑的，但在经济上是有价值的。有时，通过这种机制人们可以选择对某个小群体有利的规范，但这可能对更广泛的社会没有好处。随着时间的推移，无论如何，它的总体趋势是让对整个社会有利的规范得以传播。

这与达尔文的自然选择学说有一个重要的不同点。在自然选择中，被选择的属性，例如更快的速度、更大的力量、更好的伪装等，一般来说，都是同时适合于个体以及整个群体的。速度快的猎豹比速度慢的猎豹活得更好，它们被自然选择青睐，速度的基因会遗传给它们的后代，诸如此类。但这里有两个重点。斯密认识到，人的生活为对个体有利的行为提供了巨大潜力，这可能会产生消极的而非积极的社会效应。那么关键问题就不只是自然环境中的进化论中所说的，个人行为为什么会对群体有利，而是能有效地约束和惩罚个人不良行为的道德规范是如何产生的。斯密给出的答案是，就像生物进化一样，这是通过"遗传变异"实现的，其效果是动态的：道德秩序是自下而上，自发产生的，虽然不一定立即生效。由此形成的规范和价值观念也会演化成人类社会的制度。正如斯密的朋友亚当·弗格森在1767年所言，"即使是在被称为开明的时代，大众的每一个步骤和每一个动作，都是在对未来同样盲目的情况下进行的。而国家历经困难建立起的制度，虽然是人类行为的结果，却不是人类设计好的结果"。[8] 休谟在 1779 年写的《自然宗教对话录》中，有力驳斥了所谓世界必须是神意的产物的观点。但在此之前 20 年，即 1759 年，斯密部分受到休谟的影响，勾勒出了一种文化机制，证明道德和社会规范可以完全从人与人之间的互动中产生。

看不见的手

在斯密的思想中，第二个进化机制更著名——"看不见的手"。正如他在《国富论》第四卷中所说：

> 因此，每个人都尽可能地把自己的资本用于支持国内工业，于是这种工业朝着最大化其产品价值的方向发展；每个人都努力使社会的年产值尽可能地增加。实际上，个人一般都不以促进公众利益为目标，也不知道自己促进了多少公众利益。当人们选择支持国内工业而不是国外工业，他们只是为了保障自己的安全；而促进工业向最有价值的方向发展，他们也只是为了自己的利益。这种情形，与许多其他情况一样，个人被一双看不见的手牵着鼻子走，无形中推动了一个与自己的目的无关的目标的达成。对社会来说，人们不把自己视为社会的一分子并不一定会带来更坏的结果。当人们追求个人利益，往往比他们直接追求公共利益时更能促进社会的利益。

长久以来，人们对"看不见的手"这一观点褒贬不一。[9]对一些人来说，这是一种基础概念，即市场是一种平衡机制，通过竞争将个人的贪婪转化为普遍的福利。对另一些人来说，这只无形的手象征了一种赢家通吃的经济体系，它利用一种非人的市场力量，合理化了整个体系对没有经济实力的人的压迫。对前者而言，政府充其量只是阻碍了高效市场和普遍福利的实现，但对后者而言，政府是防止不公平和不平等的重要保障。后世对"看不见的手"的理解还有很多种，有的嘲讽它，有的把它奉为天意。因此，至关重要的是，我们必须明确，"看不见的手"对斯密来说到底是什么、不是什么，它是否重要，为什么重要。首先要注意的是，在斯密的全部著作中，仅三次提到这句话。"看不见的手"这个隐喻并非《国富论》的核心，它只在《国富论》中出现过一次，并且没有具体的阐述。即使在《国富论》中，它也未称颂不受约束的市场和一些人宣称的对自我利益的有益影响。相反，它是在讨论投资者对安全的渴望时提出的：斯密的主张是，从常识性的、狭义的角度来说，国内资本是一个国家国防的宝贵资源，而资本管制是不需要的，因为外贸的额外成本和风险给了人们自然的经济刺激去投资国内市场。

在斯密的著作中，还有两次提到了"看不见的手"。一次是在天《文学史》的文章中，[10] 那是一个完全不同的语境，我们不需要关注。另一次更有意义，出现在《道德情操论》中。斯密认为，对财富和地位的渴望鞭策了自我完善。一旦富人获得了财富，他们的消费不会比穷人多多少，他们可能会把自己的财富看成是虚幻的。但是，"正是这种自我欺骗，让产业不断发展，促使他们开荒种地、建造房屋，建立城市和联邦，发明和改进所有的科学和艺术，使人类的生活更加丰富多彩，完全改变了整个世界的面貌。因此，他们集体努力的效果带来巨大的进步，使全人类受益"。斯密认为，"尽管人们出于天生的自私和贪婪，做这些事情只是为了自己的方便"，但富人通过提供投资和就业使穷人受益。因此，"他们被一只看不见的手引导着，同等分配了生活必需品，这将使地球上的所有居民都同等地享用地球的一部分，从而在不经意间，在不知情的情况下，他们促进了社会的整体利益，并为物种的繁殖提供了方法"。无论人们如何看待这个含糊的表述，它再次明确了所谓的"有益的溢出效应"，以及"制度……是人类行为的结果，却不是人类设计好的结果"。

在斯密的著作中，除了这三处之外，再没有关于"看不见的手"的论述了。虽然他还讨论了许多不同的市场，而且在《国富论》第四卷中的延伸篇"关于谷物贸易和谷物法"[11]中还详细探讨了市场的运作，但再也没有提及"看不见的手"这个词汇。不过，正如斯密在上面的引文中所指出的，"看不见的手在许多其他情况下也在发挥作用"。从更广泛的意义上说，这个词汇所表达的思想确实是斯密思想的一个重要组成部分，并且从那时起就成了社会科学的基础概念之一。因为在许多情况下，由公开竞争和自愿交换达成的市场可以发挥类似自然选择的作用。一般来说，这一理论认为，能够实现可持续发展的个人和公司会随着时间的推移存活下来，而无法实现这一点的个人和公司则会失败。用达尔文的话说，这是一种"遗传变异"。其结果是秩序自发地形成（在此场景中，指的是政治经济秩序，而不是特指道德秩序），这种秩序并非是由上向下强加的，而是自下而上产生的。正如斯密所说，这可能是个人选择的意外结果。那些参与其中的人不需要知道其原理或了解其目的，如果他们刻意行事，反而可能无法产生类似的效果。这种现象无处不在，堪称一种奇迹。

这使我们能够更清楚地认识斯密所谓的"人的科学"。这一理论的范围非常广泛，有潜力将语言、个体心理学和社会心理学、道德政治经济学以及关于法律和政府的内容，都以一种连贯的、概括的方式联系在一起。不仅如此，它还具有动态的、进化的特点。实际上，它是一种集体思想理论，以自由的人际互动和开放的交流为前提。以这种方式来理解，我们会发现，即使在斯密去世两个多世纪后的今天，虽然现在的语境和时代背景都和斯密的时代存在巨大差异，但他的理论仍然具有惊人的现代感。[12]

这也使我们看到了斯密在政治经济学方面的巨大成就。18 世纪末的世界，尽管有时看起来很熟悉，但在很多方面都与今天的世界大不相同。[13] 那时大多数人都在从事农业劳动，拥有工厂的一般都是个人、家庭或小型合伙企业，而且都是个人参与的，并且工厂主之间往往相互认识。那时雇用童工是很普遍的。当时大部分银行都自己发行纸币，商业组织不多，而且它们一般都负有无限责任，如果它们像艾尔银行一样倒闭了，企业主就必须偿还相关债务，否则就得坐牢。现代社会的科技、金融和商业景象，例如跨国公司能够随意筹集资本，在不同大洲的多个地点雇用数万甚至数十万人，这些都是不可想象的。要在这些杂乱的现实中辨析出私有制、商业利益、市场交换、劳动分工、资本、利润创造和工资性就业等抽象原理，不是一件容易的事。并且，不将这些原理归结为某个贵人的开明行为，而是总结出一个普遍的经济秩序演变的理论，以及"集体利益在不经意间达成"的理论，这是很了不起的。

要说明的是，斯密明显也弄错和忽略了一些事情，[14] 这也是他没有预见到的现代经济学的关键领域。他没有预见到 19 世纪的快速工业化，尽管他有举过例子（唯一的例子），提到在他住处附近的福尔柯克有规模很大的卡伦钢铁厂。他也没有完全把握住技术变革的重要性，尽管他是詹姆斯·瓦特的朋友，还赞助他在格拉斯哥大学建立了一个工作室。他很可能会对股份公司的快速发展感到惊讶，或许也会感到沮丧。他对货币起源的推测很有意思，但也是错误的。他关于价

值的论述令人困惑，他的生产成本理论和劳动价值论，被大多数 19
世纪的理论家证明是一个死胡同，除了一些马克思主义经济学家之
外，今天几乎没有什么人认同这些理论。现代经济理论的一些核心领
域，例如需求、边际效用、货币政策、大规模失业、商业周期等，《国
富论》几乎没有什么直接的讨论。这在很大程度上是意料之中的，因
为《国富论》是在前工业时代末期写成的。

此外，尽管斯密在他关于道德、历史和法学的著作中经常有令
人惊叹的独创性的内容，例如公正的旁观者、动态的发展理论，以及
对商业社会的许多详细分析，但他在政治经济学方面的独创性并不
突出。[15] 伟大的经济学家约瑟夫·熊彼特在他的《经济分析史》中写
道："事实上，《国富论》中没有一个分析思想、原则或方法在 1776
年看来是完全创新的。"这一大胆直白的断言的准确性有待商榷，不
过熊彼特仍然是斯密的崇拜者，并且相当够资格。他的这句话抓住了
一个更广泛的事实：在《国富论》中，斯密的诉求是对思想不究来源
的整理、发展和综合。他的独创性体现在他促使经济学思考进入了一
个令人出乎意料的领域（例如他对奴隶制的分析），甚至成为政治学
的一部分。在这一点上，他又一次预见到了现代经济学的发展方向。

也许更让人惊讶的是，尤其是对斯密这样一个深具历史眼光的
人，他似乎没有意识到，或者他忽略了早期政治经济学著作中许多有
价值的东西。特别是他使用了"重商主义制度"作为一个概括性的术
语，虽然在修辞上很方便，却模糊了前代思想家彼此之间的区别，并
将他们都归入了"斯密之前的政治经济学"的范畴。然而，早在 18
世纪 50 年代，我们已经看到了这个领域的思想和著作蓬勃涌现，包
括费迪南多·加利亚尼、乔赛亚·塔克、理查德·坎蒂隆以及魁奈和
休谟的著作。休谟在自己的书中预见到了斯密讨论的许多关键主题，

包括"人和商品（而不是金银财宝）才是一个社会的真正力量"的观点，政府干预带来的许多不利影响，自由贸易的互惠性，以及试图向邻国乞讨的行为在经济上的愚昧性。但是斯密在《国富论》中声称，"据我所知，休谟先生是迄今为止唯一一位注意到商业和制造业与'个人的自由和安全'之间的联系的作者"，这句话充其量只能被了解内情的他的同时代读者们以嘲笑的口吻来看待。[16]

詹姆斯·斯图尔特爵士是斯密对前辈们的选择性描述的一个受害者。他是一个詹姆斯党人，也是《政治经济学原理探究》（1767年）一书的作者。斯密在1772年写给议员威廉·普尔特尼的信中驳斥了斯图尔特的书："我不想提这本书，我认为书中的每一条错误的原则在我的书中都会得到明确而直接的驳斥。"这就有点过分了。确实，斯图尔特的作品经常是冗长、沉闷、枯燥的，读起来很无聊。但是，他强调了政治经济学的一些方面，比如说就业、不确定性和无知等，这是有用的，而这些主题在斯密的著作中或是部分缺失，或是完全未涉及，但这些内容后来变得很重要。然而，《国富论》的成功导致斯图尔特的著作几乎完全被忽略了。

指出这些缺点是必要的，尽管比起《国富论》的宏大篇幅和丰富内涵来说它们微不足道。在一个问题上，斯密保证了他不朽的地位，他在《国富论》中讨论了一个基础性问题，即人们通过文化和市场交换来追求个人利益，在多大程度上可以产生经济增长和社会效益。对这一问题的讨论标志着经济学开始走向成熟。

在提出这个问题时，斯密强调了劳动分工——人类社会中最非凡、最重要的现象之一。更确切地说，他也是第一个把市场、竞争和市场交换视为经济学核心问题的思想家。在他之前的其他人已经注意到了供过于求对价格的影响，在一定条件下的均衡趋势，以及市场交换对资本积累和繁荣的作用，但只有斯密将这些思考概括成了一个理论，即"自然自由体系"，并且探讨了它对单一市场和整个商业社会的影响，他的思想还应用到了解决当时的一些关键经济难题上。而且，在斯密去世两个多世纪之后，他的分析仍然是主流经济学的绝对基础。微观经济学家仍然在斯密建立的对市场动态的分析框架中运作，而宏观经济学家则在他的利润、储蓄和投资理论中运作。斯密在今天被誉为经济学之父并不是没有原因的。

五大迷思

这一理论十分宏大，但也只是斯密整个思想体系的一部分。要更清楚地了解斯密的思想和他的成就，我们也需要清楚他不是什么。这看起来要更加困难得多，因为在过去的两个世纪里，围绕着亚当·斯密产生了一些巨大的迷思。学者、经济学家、政治家、意识形态评论者、经济学爱好者，有很多人坚定地捍卫着这些迷思，他们试图将斯密思想的智慧，更多的时候是将他的名字所附带的威望，应用于自己个人的项目上。这些迷思需要在 5 个关键领域中解决。

迷思 1："亚当·斯密难题"

第一个迷思从某种程度上来说是一个数字上的问题。在 19 世纪，德国学者们曾就"亚当·斯密难题"[17]展开辩论。这个问题是，只有一个亚当·斯密，即只有一套总的理论，还是有两个？这其实是在问，《道德情操论》和《国富论》的理论体系是不同的吗？前者的内容似乎是关于利他主义和人类的善良，而后者则是关于自私和人类的贪婪。如果是这样的话，其二者间肯定存在根本的矛盾？有人推测，斯密在 18 世纪 60 年代访问法国, 见到魁奈和重农主义者的时候, 他的心态发生了戏剧性的变化, 这位心地柔软的年轻道德哲学家一定是在那个时候臣服于这位年长的经济学家。然而, 这种说法只会使问题更加复杂, 因为斯密怎么可能没有注意到这两本书之间有如此明显的分歧, 尤其是他在晚年修订《道德情操论》时, 怎么可能没有注意到呢? 为什么他没有采取任何行动来缓和或减少这种矛盾呢? 这么说来, 斯密也许是一个伟大的经济学家, 但他是一个哲学上的傻瓜, 甚至可以说, 他是一个怪人。

人们一直对这些问题争论不休, 关于"两个斯密"的观点以不同的方式吸引着一些解读者。当时缺乏对引文的规范, 令人困惑的是, 为什么斯密在这两本书中未进行交叉引用, 以揭示它们之间的联系, 以及他的思想演变。例如, 他晚年在《道德情操论》的修订版中讨论了人们对伟人和权贵的崇拜是多么的强烈又虚妄, 这里本可以进行交叉引用。

然而这场讨论是没有希望的。在思想上, "两个斯密"的观点严重地误解了斯密的思想, 以及他不同思想之间的契合度。在《道德情操论》中, "同情心"这一关键概念与利他主义并不是一回事, 事实上, 同情心根本不是行动的动机, 而是使人能够形成道德判断, 在一定程度上形成道德自我意识的机制的一部分。因此, 没有必要将之与利己主义进行对比。同样, 从事实的角度看, 这个观点也是完全无法成立的。杜格尔德·斯图尔特(再提醒一下, 他写的传记是我们所拥有的关于斯密的最权威、最独立的资料)在他所著的斯密传记中指出, 至少从 1755 年起, 斯密就在构思《国富论》中的主要思想, 并引用了他当时的一篇论文, "要把一个国家从最落后的野蛮状态带到最高级的富裕状态, 除了宽松简易的税收和包容的司法管理之外, 几乎没有什么其他必要条件。其余的一切都是自然而然的"。这番言论比《道德情操论》的出版早了 4 年。斯密的《法理学讲义》也强调了这一观点，这表明，在 1762 年，在完成《道德情操论》第二版的修订之后，斯密已经在教学中发展出了《国富论》内容的雏形。事实上，《国富论》的早期草稿，显然是斯密试图将教学讲义的一部分写成一部单独的政治经济学著作。这些草稿很可能是在斯密前往法国前，即在 1763 年 4 月之前完成的。

因此，并不存在"两个斯密"。在《国富论》出版的时候，里面有一个关于《道德情操论》的广告，而《道德情操论》后期的版本中也有关于语言最初形成的文章。考虑到斯密发展其理论的广泛的进步性和系统性的方式，这是在我们预期范围内的。在生命的最后 10 年里，斯密经常同时对这两本书进行审阅和修订，两本书的修订版交替出版。在他生命的最后时刻，斯密回到他的第一部著作，在完全没有引用《国富论》的情况下，对其论点进行了扩展。毋庸置疑，斯密希望他的两部伟大作品被并列阅读，希望它们被看作是自成一体的，同时也是一个统一的哲学体系中深度互补的不同部分。这个体系建立在一个思想基础之上，即持续的、不断发展的相互交换：沟通时的语言交换，道德和社会心理学中的尊重交换，政治经济学中的市场交换。

这并不是说斯密的思想没有变化和发展，也不是说他的两部作品之间没有不一致的地方或者是不同的侧重点。其两部作品讨论的主题不同，在语言和风格上也有很大差异。《道德情操论》几乎没有触及商业生活，而《国富论》则几乎没有谈到同情心、义务、谨慎或前者中的任何重要主题。因此，在一些人看来，这两部作品似乎是不同作者的产物，这也就不足为奇了。事实上，一些现代作家认为这两本书划分了人类生活的两个不同领域[18]：一个是关于爱和信任的有严密界限的领域，与朋友、家庭和亲近的社区相关；另一个是更广阔的合作的领域，在其中我们匿名地、间接地从广阔的文明中获取经济和社会利益。基于这种观点，我们的道德规范没有也不可能延伸到我们不认识的人身上，我们与陌生人交往只是为了自我利益，也因此而接受他们与我们交往。是自我利益，而不是爱，支撑着交易体系。

　　从某种程度上来说，这是一种诱人的解读方式，但它并不是对斯密思想的正确解读，因为它让斯密的"人的科学"的核心逻辑变得不自洽了。《道德情操论》并没有划定一个具体的道德互动空间，它的目的是要建构一个笼统的理论，说明社会中的道德规范和共同的道德承诺是如何产生的。没错，斯密确实认为，基于"自我利益"或者说"自爱"，就可以解释运作良好的市场利益机制了，不太需要通过别的要素来解释。但没有证据表明他认为道德价值不适用于他在《国富论》中描述的更广泛的交易秩序。如果他有这样说过的话，那就与他之前的书相矛盾了，也就违背了他的总体理论，即市场是在规范和信任的背景下运作的，而规范和信任本身支撑着司法和法规的运行机制。之所以人类可以进行用一种东西换取另一种东西的"公平且刻意的交换"而狗不行，正是因为这种交换是建立在公平的共识之上的，并且人类具备判断力，知道可以拿什么去交换、换来什么，以及什么东西对方会接受。毋庸讳言，相关的道德规范可能会发生变化，而且基于心理机制的特性，在非人情化的交易环境中，相关的道德规范通常会变得淡化，不再具备强烈的约束性。在伦理学上，斯密并不是一个世界主义者。但是，斯密并不认为商业世界是一个无道德的世界。他也不认为政治经济学是，或者应该是，或者可能是，一门与价值观无关的科学。他的观点恰恰相反，这一点在后文中将会阐明。

迷思 2：亚当·斯密推崇自私自利

理解这两部伟大著作之间的真正联系非常重要，因为这不仅揭示了斯密的整体观点，而且有助于避免把《国富论》视作他的定论，仿佛他认为经济学总是凌驾于道德之上。这里所说的第二个迷思即斯密在某种程度上推崇自私自利。他那句著名的格言经常被引用："我们期望的晚餐不是来自屠夫、酿酒师或面包师的好心，而是来自他们对自身利益的关切。我们不求诸他人的人性关怀，而是求诸他人的自利心，永远不要对他人倾诉自己的需要，要告诉他人有何利益可图。"用诺贝尔奖得主，芝加哥经济学家乔治·斯蒂格勒的名言来说，"《国富论》是建立在个人利益基石上的一座巨大宫殿"[19]。但是传统上一直认为，经济学是且应该是"真正"只考虑自我利益，在某种程度上来说，人的理性本身就是追求自我利益的。

毋庸置疑，《国富论》在一定程度上肯定了商业和资本积累的合法性，并为其对公共利益的重要性进行辩护。同样，"自爱"的概念对斯密来说也确实是至关重要的，这是斯密的基本思想之一，它与同情心、劳动分工、交易的本能等其他理论一起，支撑着他的自然自由体系。虽然斯密有一种牛顿主义的倾向，想要把"人的科学"建立在少数几条基本原则之上，但是他并没有局限在唯一的理论上。在另一语境下，他曾批评希腊哲学家伊壁鸠鲁过于保守，因为他的道德体系仅建立于审慎之上，而其物理学仅建立于原子论之上。实际上，斯密宁可他的假设中存在一定程度的复杂性，即便这可能会不利于实现他想要对全部政治经济现象提供公正解释的目标。他希望他的理论体系不止有一根琴弦，这样他才能奏出更丰富、更有价值的旋律。[20]

事实上，斯密认识到，也讨论了人类情感的多重性，其中有些情感，例如惊奇、骄傲和虚荣，与个人利益本身几乎没什么直接关系。此外，这些情感在行动的过程中有可能，而且确实曾以新奇而又出人意料的方式结合在一起。他在《修辞学讲义》中说：

> 不同的激情都是以同样的方式从不同的心态和外在环境中产生的。但是，如果以这种方式去研究所有不同的情感和激情，那将是无止境的，也是无用的。因为虽然激情的种类并不多，但这些激情往往以不同的方式混合在一起，它们的组合方式几乎是无限的。而且虽然我们已经经历了所有不同的情感，但人的性格、年龄和环境的差异，会使我们提出的任何通用规则都不适用。

同样，斯密的描述是动态的和复杂的。斯密不认为有一个固定的或本质的东西叫作"人性"，尽管他把某些本能和欲望看作人的基本特性，但他接受人可以有多种身份。人有共同的特征，但这些特征是由社会内部的选择和环境塑造的。这些因素，以及这种情感的复杂性，使得任何关于人的科学都难以做出准确预测，甚至让预测变得根本不可能。

此外，个人利益的概念，以及相关的自私的概念，实际上与自爱的概念是相当不同的。[21] 斯密只在《国富论》中提到过一次个人利益，即在解释天主教神职人员的"敬业和热心"时，因为他们与新教的神职人员不同，他们必须依赖教友的馈赠。斯密明确指出，公共利益应该高于个人利益："聪明而有德行的人在任何时候都愿意牺牲自己的私人利益，以维护他所属的秩序或社团的公共利益。他们随时都愿意牺牲这个秩序或社团的利益，以维护更大的国家或主权的利益，因为相对于后者来说，前者只是其中的一个从属部分。"斯密还攻击霍布斯和曼德维尔提出的基于个人利益的思想体系。而《道德情操论》在开篇就明确反对将自私视为人类动机的唯一来源："无论一个人有多自私，在人类的本性中都存在一些原则，让他对增进他人的幸福感兴趣，使他看到他人的幸福对他来说是必要的，尽管他除因看见他人幸福而感到快乐之外，什么也得不到。"

这一思想是斯密对道德和社会心理学进行分析的基石，而且它是以同情心为基础的，与个人利益的理论针锋相对。前文提到的斯密关于屠夫、酿酒师和面包师的观点，并不是说这些人缺乏道德敏感性，不是说他们没有或不应该调动自己的情感，也不是说他们应该被私利所驱使，或者说仅基于这一点就形成了他们的理性行为。斯密的意思是，不需要提供更进一步的动机来解释他们实际的行为方式了。以自我需求为导向的行为可以提升共同利益，这可能会限制美德的范围，但这并不是说这种行为是必需的，也不是说这种行为在某些条件下可以被合理化。

事实上，按照当时的用法，对斯密来说，自爱既不是不道德的，也不是一个特殊的负面词汇。是的，它可能会让人迷惑，关于这种情况，"自爱的自然表现可以通过公正的旁观者来纠正"。[22] 但是，休谟在其《道德原则研究》（1751 年）的附录中抨击了"自爱是人类行动的深层的隐藏的动机"这一观点。休谟认为这是一种不必要的、过于复杂的解释人类日常行为的方式。我们没有理由认为斯密不赞同这种观点。但对斯密和当时的人来说，自爱也有一个积极的道德维度。它恰当地包括了很多其他方面，远远超出了狭隘的经济自我利益，包括一个人对自己的福祉，以及对自己的财产、家庭、受养人、朋友和名誉的关注。作为一个独特的斯多葛式的思想，它还带有道德内涵，即人有责任照顾好自己，培养个人美德。这与斯密坚持的立场是一致的——人民而非政府才是最适合对自我利益做出判断的一方。最后，虽然自爱有其弊端，但斯密认为，自爱驱动的商业行动本身就是一种文明力量，它可以改善习惯，把人的精力引导到交际、节俭、勤劳和投资上。即使是那句关于屠夫、酿酒师和面包师的名言，也在一定程度上强调了对他人利益的认同和满足，强调了交换的互惠性。

迷思 3：亚当・斯密为富人说话

《国富论》出版时，苏格兰刚进入有史以来国民经济增长持续时间最长、最快速的时期。苏格兰的商人和工业家们正在创造巨大的财富。《国富论》的作用不仅仅是解释，更是在维护和捍卫以自由市场为基础的商业体系的新兴思想。因此，斯密的名字在今天经常被用来为财富和收入的极端不平等辩护，认为这是自由制度的自然结果。

的确，《国富论》确实赞扬了"普遍富裕"的可能性，鼓吹社会各阶层的物质进步。但事实上，斯密远非大富大贵的信奉者。他在《国富论》中写道："只为自己，不为他人。这样的观点，在世界历史上的每一个时代似乎都是人类主宰者的卑鄙格言。"如同他在《法理学讲义》中表达的，斯密对允许合并财产的制度，如继承法、长子继承制和田产制等用来捆绑几代人的土地制度，提出了极端的批评。他也不向富人看齐。在《道德情操论》中，我们已经指出，他鄙夷人类崇拜富人和权贵而轻视穷人的本能，并批评了这样的现实："财富和伟大往往收受了只有智慧和美德才配得上的尊敬和仰慕；而对贫穷和弱者的鄙视是最不公正的，因为鄙视本应该针对恶习和愚蠢。所有时代的道德家都在批评这样的现象。"不过斯密也看到了这种情形蕴含的价值，因为这种自欺欺人的行为"推动并保持了人类产业的持续运转"。[23]

斯密也很清楚，财富不一定能带来幸福。事实上，他对消费和物质财富的价值持怀疑态度。"有多少人因为把钱花在各种花哨的小玩意上而毁了自己？"他忍不住重复这句话，在讲述民间传说中的富翁如何在晚年反思自己的人生时，他写道："于是在生命的最后一刻，他的身体被劳累和疾病摧毁，他回想起敌人的不公对待、朋友的忘恩负义，他的心灵被无数次伤害和失望的记忆侵扰，他终于才发现，财富和伟大仅仅是花哨的小玩意，并不比玩具爱好者的小匣子更让人感到身体的轻松或心灵的安宁。"相比之下，"在身体轻松和心灵安宁的层面，所有不同阶层的人处在同一个水平上。在路边晒太阳的乞丐已经拥有了君王们争相抢夺的安全感"。[24]财富对一个人的幸福感确实有一定影响，但平衡的人生观可能更重要。

从这段描述来看，令人惊叹的是，斯密是一个平等主义者。当富人和穷人的利益发生冲突时，他的本能和理论几乎毫无例外地站在穷人一边。他所谴责的措施，都是用于限制穷人而不是富人的。当议会决定设置工资的上限而不是下限时，受损的是工人而不是雇主。按照斯密的说法，商人利益集团对政府的操控意味着，在法律上，对工人的诉求必须始终给予基于同情的听证。事实上，对斯密来说，价值本身最终并不是由金钱或土地代表的，而是由劳动代表的。但是，在谈论"工人""主人"和"生活的等级"时，他并没有采用马克思主义式的阶级分析。他所描绘的景象更富于变化和动态。相比富人更偏向穷人是符合道义的，也是符合经济原则的：给穷人一个更公平的竞争机会，让他们获得成功。

迷思4: 亚当·斯密反对政府

今天许多市场自由主义者喜欢把亚当·斯密看作伟大的自由主义预言家，是政府和国家干预的敌人。那些试图批判斯密的左派也是如此[25]。因为对他们来说，曲解斯密的观点为他们提供了一个易于攻击的"稻草人"①。双方都以这样的典型文本解释斯密的观点，"每个人，只要他不违反正义的法律，就可以完全自由地以自己的方式追求利益，使他的产业和资本与其他任何人的产业或秩序去竞争"。[26]

然而，事实却大相径庭。斯密的确在许多地方都对政府的负面影响不满，特别是在对贸易的干预和监管方面。正如杜格尔德·斯图尔特记录的那样，1755年，斯密说过："所有阻碍这种自然的（贸易）进程的政府，试图把事物强行引入另一个方向，或试图在某一点上阻止社会进步，都是不自然的。他们为了自己的利益不得不进行压迫和推行暴政。"这不仅是在说中央政府，18世纪英格兰和苏格兰教会以及地方政府在更小范围也时常存在干涉及滥用官方处置权的情况。《国富论》"对大不列颠的整个商业制度进行了非常猛烈的攻击"。而且，我们也看到，对政府通过殖民化在国内和国际上暗许或教唆推行垄断权力和"公司精神"的行为，斯密认为是很残酷的。

但总的来说，认为斯密有反政府倾向的观点是严重误解了他。如果"自由放任"[27]指的是市场应该完全独立运作，政府干涉应该压缩到最小甚至完全不必要，那么斯密绝对不是"自由放任"的信徒。魁奈和重农主义者采用了"自由放任"一词，而斯密从没有使用过这个词。他对重农主义者的乌托邦式经济政策表达了明确的拒绝。他明确指出，市场，以及整个社会，一般是靠信任和信用来维持的，而这和某些事务的存在依赖于外部机构，尤其是法律和政府。反之，如果商人任意而为，一定会带来有害的结果。正如我们指出的那样，斯密断言："同行业的人即使是为了娱乐和消遣也很少见面，但他们谈话

① 稻草人在这里意为假想敌，常用稻草人作为某人不支持的理论的代表。——编者注

的结果往往是对公众不利的阴谋，或是共同提高价格的诡计。"仔细阅读过斯密著作的人都没有理由认为他是一个自由市场主义者。

斯密也很清楚，市场可能会表现不佳，市场的失败会造成经济不景气，这与凯恩斯在20世纪30年代强调的观点相似。在《国富论》第一卷中，斯密想象了如果劳动力市场出现这种情况，会有什么样的结果：

> 每一年，在所有不同的职业类别中，对仆人和劳工的需求都会比前一年少。许多在上等阶层长大的人，由于无法在自己的阶层找到工作，而愿意到最底层去工作。于是最底层不仅有自己阶层的工人，还有来自所有其他阶层的工人，就业的竞争非常激烈，导致工人的工资降无可降，只能勉强糊口。即使条件如此艰苦，许多人也找不到工作，他们要么挨饿，要么乞讨，要么被逼着去做最糟糕的事情维持生计。短缺、饥荒和死亡四处蔓延……

这几乎完美描述了后来凯恩斯所述的次优均衡的状态。对那些误解斯密，认为他支持市场总是最有效的，能够使人类利益最大化的观点，我们就无须多言了。

此外，斯密的"自然自由体系"的重点并不是绝对的市场自由，而是清除贸易的特殊障碍，例如补贴和关税。他的重点不是讨论完美的市场，而是指出市场的不完美。即使是在上述经典引文中，斯密也明确表示，他认为有必要取消的是"优惠制度或限制制度"。当一种管制有这些负面作用时，他本能地拒绝接受这种管制。但他也意识到监管也会产生积极的影响，因此也强调了政府在保障财产权、维护法治、提供信任和可预测的制度环境，使市场蓬勃发展等方面的重要性。正如他在《国富论》中所说的那样，"那些对小农有利的法律和风俗习惯，对英国目前的辉煌成就的贡献，也许比商人们吹嘘的所有商业法规加在一起还要大"。[28] 也就是说，具体的法规可能有价值，例如在银行业方面，但真正重要的是习惯和法治。

人们很容易忘记，虽然斯密在书中抨击的政府干预所涉及的政策非常广泛，但是在他的时代，政府的权力范围远小于今天的发达国家。斯密提到的干预政策包括：《航海法案》；对烈性酒征收比啤酒更多的税，以减少酒精的消费；在偏远地区或敌对地区授予临时垄断权，以刺激海外贸易；在法律上规定雇主有义务用现金而非实物支付工人工资，以防欺诈；对实物租金征收比货币租金更高的税；强制登记抵押贷款；强制执行建筑标准；要求用白银制作钱币，用布料制作邮票，以保证质量优良；对银行和货币实行特别管制；甚至对利率设置 5% 的上限，以防止"败家子和投机者"的浪费行为。斯密对适度征收羊毛出口税和对外国制造业适当征税的做法表示赞同，认为这可能会增加公共收入，同时给国内工人带来"在国内市场上的优势"。当然，斯密也承认政府能发挥更广泛的作用：不仅仅是履行国防和司法行政等传统职能，还包括运营造币厂等特殊机构，促进商业和教育的发展，承担街道清洁和预防疾病等职责，组织公路、桥梁、运河和港口等公共工程的建设，以改善大众福利。

最后，认为斯密反对政府的观点严重误解了斯密政治经济学的整体观点。他是一个务实的而非理论化的，具体的而非乌托邦式的，归纳型的而非追求普世规律的理论家，他关注的是具体的补救措施，而不是最大和最小的问题，也不追求一刀切的解决办法。他对市场是如何出错的问题抱有浓厚兴趣，例如沟通不畅、缺乏安全感、经济上的非理性行为和信息或权力的不对称等。与许多现代经济学的作品不同，《国富论》充满了事实和历史材料。尽管斯密采用了现代经济学特有的"让我们做出假设"的思想实验方式，他在一般情况下避免抽象的讨论。相反，他总是从历史上或其他社会和文化中寻找一些有说服力的例子来证明他的观点。他的风格更接近大卫·休谟：如果一个人"试图在政治、贸易、经济或生活中的任何商业活动中制订计划，他永远不应该把论点描绘得太精细，也不应建立太长的因果链条。否则，一定会发生什么让他的推理变得混乱，让整件事变得不符合他的期望"。[29]

迷思 5：经济学家是亚当·斯密的首要身份

最后的这个迷思在某种程度上最能说明问题。亚当·斯密是经济学之父，但他个人最首要的身份并不是一个经济学家。当然，在 18世纪，"经济学家"并不指经济学的理论家或实践者，而是寻求"经济"的人，即节约开支的人。但是，即使在现代意义上，斯密也不完全是个经济学家。这并不是因为他没有写学术论文，或在研究作品中没有用数学公式，也不是因为他没有掌握今天成为受人尊敬的经济学家的先决条件——积分和微积分，[30] 事实上，他很擅长这些科目。真正的原因是，斯密是一个哲学家，并且他也认为自己是一个哲学家。政治经济学及其思维模式对他来说只是更广泛的"人的科学"的一部分。即使是这种科学在斯密那里也更多的是历史性的，而不是科学性的。他做的工作更多的是解释性的，而不是像现代经济学那样预测性的。

与他同时代（包括其后数十年）的人一样，斯密并没有把政治学和经济学分割开来，这与现代的做法很不同。在斯密看来，没有纯粹的政治政府，也没有纯粹的经济市场。他认为，国家政策走向是被"局部利益的强烈要求"影响的。当时，国家和市场并非像今天这样被视为独立的领域，而是被看作是相互依存的。[31] 也许，在一个企业城镇、特许市场和特许公司存在的时代，这并不令人惊讶。在《国富论》中，斯密对既定的不公正现象进行了一系列的抨击：反对教区委员会和教会管理人的琐碎规定；反对阻碍穷人自由流动的定居法；反对公司和行会的限制性做法，特别是对学徒的限制性做法；反对东印度公司和其他大型公司的腐败；反对重商制度的补贴、关税和赏金。这里面可能只有最后一条会被认为主要与经济相关。此外，我们还忽略了政治游说在斯密提供的解释中的核心地位。

　　总的来说，斯密反对片面的解释，反对将经济活动从政治、心理学和社会学、伦理学中分割出来。他的"人的科学"也具有广泛性。不过他也常常以经济学的方式来分析问题。毕竟，他试图通过发现或阐述一般原则，如互通有无、以物易物、互相交易的本能，来解释更广泛的人类行为。他结合这些原则、数据与自己的观察，使之达到反思性的平衡，思考例如分工、专业化及其与市场规模的关系等问题。他还将自己的理论应用到分析市场过程中，例如对谷物贸易的讨论。斯密并没有运用现代风格的数学模型[32] 来简化和阐明经济问题中的利害关系，这样的模型在当时并不存在，不过法国哲学家和数学家孔多塞的杰出工作表明，至少在投票制度的相关领域，那个时代距离形成这样的模型并不遥远。但是，他并不怕质疑现有的经济理论，也不怕把明显的经济学思维扩展到新的领域。

　　不过，需要注意的是，亚当·斯密肯定会对现代主流经济学的许多成就感到惊讶。他一定会惊叹于其理论的复杂性和解释力，也一定会很高兴看到《国富论》在19世纪产生了出乎意料的，但在很大程度上是有益的结果——推动政治经济学成为一门独立的学科。但他或许也会对现代经济学产生严重的忧虑：19 世纪和 20 世纪经济学变得狭隘化，其专业的自信与知识和实践的局限性之间形成反差，其取得的成就牺牲了公众的尊重。现代经济学的世界是一个理性经济人的世界，其核心的"一般均衡理论"和"有效市场假说"非常有选择地借鉴了斯密的理论。现代经济学对斯密的思想进行挖掘，不仅是为了更好地理解和解释经济现象，也是出于适应其专业和意识形态的目的。在此过程中，它在很大程度上忽视了斯密世界观的核心特征——将市场活动嵌入规范的道德和社会框架内。

真正的斯密，其理论范围涉及历史学、哲学和政治经济学，我们还可以从他那里学到许多东西。从更大的范围来看，从市场到裙带资本主义，从不平等到我们生活的社会基础，都可以从他的思想中汲取深刻教益。在下一章中，我们将讨论他对经济学的影响。

第七章

亚当·斯密的经济学

在 1971 年出版的《一般竞争分析》这本非常成功的经济学教科书的开头，作者肯尼斯·阿罗和弗兰克·哈恩[1]这样评价亚当·斯密的重要性：

> 从亚当·斯密到现在，已经有一大批经济学家试图证明，以自我利益为动机、以价格信号为指导的去中心化的经济模式可以带来协调的经济资源配置。我们已经明确，这种模式比其他可能的资源配置模式更好……
>
> 亚当·斯密的"看不见的手"是对最基本的经济平衡关系的一种诗意表达……但斯密也觉察到了一般均衡理论的重要含义……因此可以认为，斯密是一般均衡理论的创造者，尽管他在这方面论述的连贯性和一致性可能会受到质疑。

这种说法很有分寸，措辞克制，也不完全学术化。但它的含义很直白：亚当·斯密是第一个提出这一观点的人，即在完全自由竞争的市场环境中，个人追求自我利益可以在不同类型的市场中发挥作用，从而产生更高的经济效益。虽然斯密说得有些模糊，没有直接这样表述，但是我们仍要赞美他的天才。

这个观点在过去和现在都可以说是现代主流经济学的核心见解。

但对《一般性竞争分析》的主要作者，被认为是有史以来最伟大的经济学家之一的肯尼斯·阿罗来说，认定经济学起源于亚当·斯密还有另一个更私人的原因。1954 年，阿罗与杰出的法国数理经济学家热拉尔·德布勒一起完成了对一般均衡理论存在性的证明，这个理论被认为是现代经济学的点金石。同时期的莱昂内尔·麦肯齐也完成了类似的工作。他们通过严格的数学方法证明了在竞争性的市场经济中可以存在一般均衡：即存在一组或者多组价格，在此价格水平上，市场上所有的供求数量将同时相等。

换句话说，严格的数学方法证明了在无数的、混乱的经济决定中，买入、卖出、投资、储蓄或者消费，总是不经意间产生了经济秩序。而宏观秩序的实现源于每个人都追求自我利益的魔力，或者用行话说，"根据一组给定的偏好，使效用最大化"。十分简单地，人们基于已知的价格和自己的偏好进行买卖，在没有总协调者、监督者、监管者、中央计划者或者一个指导组织的情况下，就可以产生一个大规模的协调结果。事实上，自我利益的运作使混乱让步于秩序，它的运作方式既创造了最大的效率，又在一定意义上创造了最大的公共福利，后来的事实证明，这种经济能使身处其中的人的效用或利益最大化。达到这样的状态——没有人能够在不使别人变得更坏的情况下变得更好，这种状态被称为帕累托最优，由意大利经济学家维尔弗雷多·帕累托提出。根据这一观点，亚当·斯密的"看不见的手"不仅创造了最大的总体效率，也创造了最大的总体效用。

这一发现让那些自由放任的追捧者感到兴奋。他们认为这一发现为不受干预的理想市场提供了佐证，至少是一个关键的警告。但矛盾的是，阿罗和德布勒的证明也激励了潜在的干预主义者，因为人们发现，帕累托最优原则上与各种不同的分配途径都是相容的，通过在个人之间进行一次性转移支付，然后允许他们自由交易，也可以达到一般均衡点。这些发现被称为福利经济学第一定理和第二定理，至今仍然是非凡的理论成就。

1954 年的相关论证奠定了一般均衡理论的地位，这是现代经济学的里程碑之一。于是，阿罗与德布勒的合作研究以及《一般竞争分析》的陈述，使《国富论》的关键论点在数学上拥有了令人信服的现代式的解决方法，这些成就使两人后来获得了诺贝尔奖，不过麦肯齐并没有获得诺贝尔奖。阿罗和哈恩的读者看完书后也许会认为，亚当·斯密的天才并不在于《国富论》或《道德情操论》或其他著作说了什么，而在于他确定了一条思想路线，预见了阿罗的一般均衡理论。他们认为，斯密的工作并不十分连贯或一致，但他仍可以被认为是一般均衡理论的创造者之一。

然而，有一个小问题，阿罗和哈恩所著的伟大教科书对亚当·斯密的解读有很大的误导性。他们引用斯密的名字显然是为了使一般均衡理论具有背景和历史上的合法性，这表示阿罗和德布勒的著作在某种程度上代表了斯密思想的顶峰，但事实并非如此。他们的论证工作无疑是经济学的一个里程碑，但斯密本人提出的讨论范围实际上更广阔，而且在许多方面也更有趣。

"严格界定的问题，预先选择的假设"

让我们快进 30 年。20 世纪 80 年代末，弗农·史密斯和一群雄心勃勃的年轻经济学家在一所不太知名的美国大学里从事一个在许多年长的同事看来既无关紧要又具有颠覆性的项目：在实验室条件下，或者尽可能接近实验室条件的模拟环境下，测试主流经济学的许多关键假设是否真实或者说在多大程度上是真实的。实验的形式多种多样，包括"信任博弈""最后通牒博弈"和"独裁者博弈"，以及一系列其他形式。

实验者的发现令人费解。根据标准的主流观点，个人行为被定义为"理性经济人"，即一个纯粹自利的效用最大化者。这个观点长期以来一直被视为经济理性的典范，也是一般均衡理论的核心，实际上也是整个现代经济学的核心。由于经济学倾向于解释所有人类行为，在这个程度上，它可以被认为是理性的最终答案。然而，弗农·史密斯和他的同僚们却发现，这一假设并不能解释人们在实验室条件下的实际行为，这项研究成果后来帮助他和丹尼尔·卡尼曼一起赢得了诺贝尔奖。例如，按照理性经济人理论，匿名的陌生人在只进行一次互动，没有历史参考也没有未来期望的情况下，应该做出完全自利的选择。由于只有一次互动，又不可能有互惠的利益，如果他们选择获得最大回报，即使对方因此利益受损，他们也不会有任何损失。然而，在一次又一次的游戏和情境中，相反的结果总是会顽强稳定地出现。人们以牺牲个人利益为代价选择了与对方合作，他们尊重公平、信任和互惠的准则，他们受到对所有权的恰当性和合法性的认知以及其他一系列道德、行为和文化因素的影响。而且，即使只有少数几个不了解情况和不完全理性的参与者，他们也能达成一种有效的平衡。用弗农·史密斯的话说，这"对市场表现来说是个好消息，但对科学界来说却不是好消息，因为它表明我们并不了解市场为什么会这样运作"。[2]

实际上，实验者的结果对主流经济学一些最深刻的假设提出了质疑。[3]问题并不在于数学模型本身不够现实，因为所有模型在某种程度上都有简化；也不在于人类是否能够以自利的方式行事，没有人怀疑这一点。这是对理性经济人的自我利益这一核心假设的直接挑战。这个假设并非是一个有用的附加条件，而是标准理论的核心。它看起来可能有破绽或者不完整，因为即使在所谓人类经济行为的更小范围内，实验结果也表明，自我利益只说明了一个更广泛、更多样化的图景的一部分。这反过来又强调了另一点，在实验室进行的测试说明主流经济学已经变得形式化。事实上，主流经济学越来越脱离经济活动的混乱细节，越来越专注于模型本身，正如另一位诺贝尔奖获得者阿马蒂亚·森曾经指出的，过度专注于"对预先选定的假设提出的问题的答案的准确性"[4]。人们实际上是如何生活的，他们实际上是如何交易和对待彼此的，他们的经济生活、社会生活和道德生活是如何相互影响的等等，这些问题在某种程度上被遗忘了。

理性经济人

这提出了一系列重要问题。主流经济学与《国富论》的政治经济学有何关系？在这两个世纪中，经济学发生了什么变化？亚当·斯密是"理性经济人"这一概念的创造者吗？为了回答这些问题，我们需要先回顾一下历史，然后再转向经济学的现状。我们不仅要审视主流，还要审视哪些事、哪些人被排除在了更广阔的视野之外。这些问题的结论令人惊讶，并且十分重要。

我们从 1790 年斯密去世的时刻开始讲起。边沁在此前一年出版了《道德与立法原理导论》。他在书中提出，根据"效用原则"，对一个行为道德善恶的判断不应该以该人的意图、美德或责任感为标准，而只应该以其对他人的幸福或快乐的影响为标准。边沁认为，为了达到这个目的，可以按照"快乐计算"的七个维度来衡量快乐和痛苦：强度、持续性、确定性、远近性、繁殖性、纯粹性、广延性。这种方法的吸引力在于它显然具有客观化和科学化的潜力，它将模糊的道德直觉简化为原则上可以检验的人类心理的客观事实。"效用"成了一个关于满足人类欲望或偏好的无所不包的指标，把个人对商品的消费映射到他们所获效用之上的"效用函数"概念也萌芽了。

在不到 10 年的时间里，托马斯·马尔萨斯发表了他著名的《人口原理》（1798 年）。他在书中预言，如果不加以控制，世界人口将以几何级数增长（如同数列 1、2、4、8、16……），而粮食产量只能以算术级数增长（如同数列 1、2、3、4……），两者间的差距会导致巨大的粮食缺口，可能会造成灾难性的后果。这不仅仅是一个警告，还是将经济模型与具体的政策制定相联系的开拓性尝试。对马尔萨斯来说，他作为亚当·斯密的忠实学生，这一预言否定了无法证实的激进的关于人类完美性和乌托邦的思想，同时也指出了可以限制人口增长的经济因素和政策措施。确实，人口增长可能会导致工资降到仅可维持生计的水平，给贫穷工人造成压力并带来经济波动。关于晚婚和教育的公共政策可以比其他政策更好地缓解或调和压力。[5]

关键是，马尔萨斯故意缩小了他的分析范围。在他的理论中，他认为人类只受制于两种基本的驱动力。一个是自我利益，另一个是显然根本不属于经济范畴的驱动力——性欲。在他的论述中，这些驱动力压倒了理性，使人类的其他属性与他的基本分析无关，但这并不意味着没有补救措施。缩小范围使得分析更加简单易行；通过对深层人性做出激进的假设，并从偶然的特征、逸事和个别案例中抽离出来，马尔萨斯实现了更普遍的理论化。在亚当·斯密去世后不到 10 年的时间里，他就向我们现在所认为的"经济人"[6]迈出了第一步。

20 年后，大卫·李嘉图又迈出了更远的一步。李嘉图在今天最著名的理论，是一个非常天才又反直觉的理论——比较优势原则[7]。

如果两个国家在不同的生产领域各自拥有较低的成本，那么它们都可以从贸易中获得利益，这是斯密的一个基本观点。但是，李嘉图把这一思想推进了许多。在《政治经济学及赋税原理》（1817年）一书中，他指出，至少理论上，两个国家之间的贸易可以是互利的，即便其中一个国家每一种产品的生产成本都比另一个国家低。在他列举的简单例子中，如果英国生产布匹比生产葡萄酒的效率高，葡萄牙生产葡萄酒比生产布匹的效率高，那么，即使葡萄牙事实上能够以比英国更低的成本生产布匹和葡萄酒，它们之间的贸易也是合理的。为什么这么说呢？因为贸易释放了两国资源，可以生产更多具有比较优势的产品。在这种情况下，英国生产布匹，葡萄牙生产葡萄酒，两国的生产得以最大化。李嘉图采用了斯密的交换理论，更仔细、更系统地研究了它对生产的影响。

同样，李嘉图的思想也是通过两个层面的抽象过程来运作的。令人惊讶的是，他作为一个商人，却对具体的事实或个别案例非常不关心。事实上，他似乎是第一个自觉地把阶级分析的思想引入英国政治经济学的重要思想家，再次概括了斯密以及在他之前的重农主义学派的观点。由于利润在一定程度上取决于工资，因此，地主和工厂主作为同一个阶级与工人阶级之间天然存在冲突。这一点以及其他更广泛的分析，卡尔·马克思都有沿用。其次，李嘉图更多地从政治经济学的必然规律出发，而不是从灵活的一般原则出发，用他的话说，这"比万有引力法则还要确定"。市场机制不分地点和环境，是一种固定不变的经济规律。其结果是，斯密提出的谨慎的、经验性的、有限的"自然自由体系"变成了"完全自由的商业体系"。这种激进的概括能力是李嘉图思想力量的重要来源，难怪政治家亨利·布鲁厄姆曾说李嘉图是从另一个星球落到地球上的。

然而，直到 1836 年，"经济人"这个概念才第一次在公共舞台上正式亮相，而且那时也没有那么直接。这个概念第一次出现是在约翰·斯图亚特·密尔讨论政治经济学定义的文章中。密尔后来说："《国富论》在许多地方已经过时，而且总的来说是不完善的。"他认为政治经济学是在他自己的时代才出现的，他也很清楚人类生活的多样性。他延承李嘉图的精神，从一系列细节中抽象出了政治经济学的概念，"政治经济学并不认为人的全部本性或人在社会中的所有行为，都为社会状况所影响。与政治经济学相关的，只是人渴望占有财富的本性，以及人们判断获取财富之手段的比较优势的能力"。那这种本性又从何而来？密尔抛弃了马尔萨斯对性欲的关注，而代之以一种更狭隘的、完全经济化的观点，"它把人类所有其他的激情或动机完全抽象化了，除了那些可被视为与财富欲望永远对立的原则，即对劳动的厌恶以及对奢侈放纵的渴望"。

转向数学

密尔的功利主义思想和边沁一样，注重结果和后果，注重效用最大化，而不考虑责任和义务，它反映了政治经济学家对物理学和数学的日益关注。亚当·斯密虽然奉行牛顿主义，但他也敏锐地意识到，人并不像物体一样遵循固定的轨迹行事，而是以一种动态的方式对激励和环境做出反应。在某种程度上，《道德情操论》的目的就是以一种规律性术语阐述对这些现象的理解，但这种阐释一定是能够说明其动态特征的。这些关于形式化方法的强调在马尔萨斯和密尔的工作中找到了共鸣。19 世纪，有一批人反对将数学方法引入政治经济学，认为它具有误导性、异化性和混淆性。阿尔弗雷德·马歇尔在 19

世纪 90 年代出版《经济学原理》时，为了不使一般读者望而却步，他小心翼翼地把数学计算过程排在了最后。

然而，随着政治经济学在 19 世纪中叶正式确立其地位，一些人对将其数学化变得更加雄心勃勃。在 19 世纪 70 年代，一套新的思想汇聚在一起，这在后来被称为经济学的边际革命。有三个核心人物：英国的威廉姆·斯坦利·杰文斯，奥地利的卡尔·门格尔和在瑞士的莱昂·瓦尔拉斯。他们各自的工作是独立的，但他们被一种思想统一起来，即商品的增量价值或"效用"随着商品数量的增加趋于下降，即所谓的边际效用递减原则。正如杰文斯所说："交换将……继续下去，直到每一方都获得了所有可能的好处，且再进行更多的交换就会造成效用的损失为止。此时，双方的交易行为都停在满足和平衡中，效用已经达到了目标水平。"但这意味着，在竞争性市场中，价格不是由工资或其他生产成本决定的，而是由边际价格决定的，此时，所供和所求的数量是相等的。用杰文斯的话说："这个均衡点的衡量标准是，达到一个无限小的商品交易增量水平，当以同样价格进行交易时不会导致效用的增加，也不会导致其减少。"而且他能够从原理上说明，如何用微积分来计算出这种情形下的均衡点。[8]

杰文斯的工作说明了数学形式化在新经济学中的潜在力量，它比普通语言更精确，并能以简单的形式表达复杂的思想。与杰文斯同时代的法国人莱昂·瓦尔拉斯则更进一步。瓦尔拉斯用他认为的牛顿式的术语来思考经济学和均衡问题。他曾受教于安东尼·奥古斯丁·库尔诺，后者是在政治经济学中应用数学方法的先驱。正如库尔诺认为的那样，个别市场可能处于平衡状态，供求相当，这一点没有争议。但是，是否能证明整个经济体系可以同时在所有市场处于均衡状态呢？瓦尔拉斯认为"可以"，并且他提供了一连串指向该结论的推测性的渐进证明。这些证明在当时和后来都引发了很多争论和反对。但是瓦尔拉斯基于此制订的研究方案并没有引发争议，即系统地调查和发展不同的一般均衡理论，被证明是非常有意义的。

随着时间的推移，这些思想融合、扩展和发展，成为后来现代微观经济学的主流。然而，从一开始，关于市场如何运作以及市场如何达到平衡的问题，一直存在不同的观点。其中成就最突出的是弗朗西斯·伊西德罗·埃奇沃思。埃奇沃思拒绝了瓦尔拉斯的理论，即人们与"市场"进行交易，而不是相互交易，埃奇沃斯认为这过于形式主义。相反，他定义了一个谈判的过程，或者用斯密的话说叫作"讨价还价"，即市场参与者达成一致的过程。在人数较少的情况下，这是一个不确定的过程，使得讨价还价的效率很低，但随着人数的增加，市场作为一个整体将逐步走向最大限度的经济平衡。埃奇沃思的方法的独创性在于，它合理地将关于实际上人们如何讨价还价的描述与数学上理想化的完美竞争结果联系在了一起——从这个意义上说，它更接近斯密而不是瓦尔拉斯。他的思想被忽视了几十年，但在20世纪下半叶，随着约翰·纳什和其他人研究工作的发展，他的思想被重新发现并得到了振兴，他的思想对合作博弈和非合作博弈的研究产生了重要影响。

博弈论是数学被应用到经济学中的又一个例子。不过，人作为一个理性的经济行为人的核心概念（即经济人的概念），仍然是这些工作的核心。随着经济学越来越数学化，经济人的概念也逐渐变窄。古典政治经济学家，如约翰·斯图亚特·密尔，是从一般规律的角度来思考问题的，这些规律可能存在许多例外，事实上，自由贸易的基本原则本身也可能存在例外。对他们来说，经济人永远是独立的个人，是一个逐利者，但他并没有失去与社会、制度和文化背景的联系。政治经济学中的理性只是人类理性行为的一种。政治经济学本身就包含了政治和经济之间的联系，并在寻求经济解释时为历史和社会因素留下了空间。带有各种目的性的人类活动都被视为包含在伦理学范畴中，这是行动，而不仅仅是行为。

不过，在瓦尔拉斯的时代，政治经济学家已经在退缩了。[9] "政治经济学"一词开始被"经济学"取代，"经济学"既放弃了"政体"或政治共同体的提法，又带有一种与数学、美学、伦理学和政治学并列的，在智力上自给自足的学科的气息。事实上，经济学的目标更大：它渴望成为一门以物理学为原型的精确科学。[10] 也就是说，它的目的是要成为一种完全通用的理论体系，关注"普遍规律"，超越任何特定的环境或环境组合，以及任何特定的社会类型或时代。经济学开始被定义得很规范、很精确，而且越来越数学化，以至于非专家都无法理解。它是关于个人的理论，而不是关于阶级或群体的理论。与物理学和其他"硬"科学一样，它认为自己是无价值倾向的，是描述性和经验性的，而不是规范性的。在超越文化背景和历史的过程中，它没有留给制度存在的空间，因为如果要使利益最大化，边际成本必须等于边际收益，所有降低成本的机会和所有有利于交换的机会都必须被抓住，所有的技术改进都必须被采用。由此产生的资源配置将是有效率的，这纯粹是一个数学问题。[11]

在其基本形式上，这种理论从来没有探讨过公司、家庭或其他机构的性质，在它的模型中，它们并不存在，文化、历史和传统等由人类的认知构建的产物都不存在。[12] 与物理学一样，它不屑于心理学和社会学，认为它们与自己的关注点和方法论无关。与物理学一样，它声称自己是没有历史性的，因为在一门硬科学中，当现代的结果取代了过去的结果，旧的记忆或历史又有什么意义呢？

同时经济人的概念也发生了变化。随着一般均衡论进入思想舞台的中心，个人越来越多地被视为单纯的经济行为者，而不是一个人，每个人都是与他人隔绝的原子，完全理性，在拥有完美信息的无摩擦市场中以不存在例外的方式运作。该理论本身是高度抽象的，并不能说它是乌托邦式的，因为自然界中不存在、也永远不可能存在这样的状态，所以它不是直接从自然界推理得出的，而是以完美的市场条件为出发点，而且它的特点是静态的。一般均衡论是这样运作的，在理论上，哪怕是一个行为者对某一产品的边际欲望的任何扰动或变化，都会影响到它对该产品的需求，并可能影响到既定经济体系中每一个产品的价格，因为不同的等价物在整个体系中以数学的方式发挥作用。

当肯尼斯·阿罗和热拉尔·德布勒在1954年给出了他们广为人知的关于一般均衡论的证明时，这一证明就在这种广泛的新古典传统的范畴中，并且加强了该学派在现代微观经济学中的核心地位。政治经济学早就变成了经济学，而经济学则孕育了"经济人"。因此，难怪亚当·斯密不仅仅被视为经济学之父，也常常被认为是"经济人"这一概念的创建者之一，甚至是唯一的创建者。

显而易见这很讽刺。数学原本是分析的工具，却被搬到了舞台中央，越来越多地左右了经济学可以提出什么问题，并且成了经济学家在牧师般的大学内部的专业等级制度中抬高自己地位的手段。"经济人"最初是作为一种有用的虚构概念发展起来的，它的目的是把复杂的问题简化为一种基本的数学结构，也就是说，能有一个抓手实现应用数学方法解决问题所必需的简化。可是实际情况却相反，它被功利主义的思维和边际主义的数学所挟制，转化为一种重要的文化模因，影响了经济学的发展方向，后来又引发了那些关心"新自由主义"经济学如何影响政策制定的人的广泛的政治反应。[13] 于是，我们今天看到的"经济人"形象总是呈现出以下特征：追求财富最大化、追求享乐、贪婪、算计，并且总在被利益触发时才行动起来。

此外，阿罗和德布勒的工作也被卷入了这一过程，尽管他们工作的一个关键内容是要澄清实现一般市场均衡所需的条件究竟有多苛刻，对此阿罗不厌其烦地进行了很多说明。换句话说，正如马尔萨斯用经济学的思维模式来反对人类完美的乌托邦思想一样，一个多世纪以后，阿罗也用它们来强调市场的不完美性。事实上，他论及的条件是如此苛刻，以至于这种均衡永远不可能出现。换句话说，数学证据表明，市场永远不能保证在一个经济体中实现经济产品和福利的最佳配置，或对再分配的效果进行最佳调整。无论是在理论上还是在实践中，政治和政府总会有发挥作用的空间，这种作用可能是好的，也可能是坏的。

至于斯密本人，他没有提出一般均衡论，也没有提出协商理论或是比较优势理论。在他的著作中没有提到理性经济人或经济人，在许多方面，这种思想对他来说是陌生的。此外，对当代经济学的许多批评并不适用于斯密本人，许多批评事实上在他的著作中已有回应。斯密的天才之处在于，他以一种令人震惊的方式，阐述了以市场为中心的政治经济学领域，而且在说明的过程中，使用了公认的经济思想模式，围绕对制度和历史的感悟在这一领域内提出了丰富而深刻的见解，这些观点至今仍激励着各个领域的经济学家们。

主流经济学

然而，在我们评价斯密的成就之前，我们需要深入了解主流经济学的本质。究竟什么是"主流经济学"？

因为"主流"这个词可以出于意识形态或专业目的而被用于定义和排挤其他非正统、狭隘或不相关的观点。习惯上，主流经济学总是与保罗·萨缪尔森的著作关联在一起。他的畅销书《经济学》第三版（1955年）提供了一个在数学上很严谨但易于理解的综合体系，将微观经济学的"基础"（公司和市场）与从凯恩斯的宏观经济学（GDP、通货膨胀、就业等）中提取的更广泛的图景结合起来，萨缪尔森的《经济学》成为有史以来最畅销的经济学教科书之一。但这种传统的说法大大低估了凯恩斯的成就。凯恩斯认为他的《就业、利息和货币通论》（1936年）提供了一个真正的通用理论，而古典经济学则只讨论特例，凯恩斯与均衡主义学者的理论完全不同。是的，凯恩斯认为，经济中可以有均衡点，但这可能恰恰是因为市场，特别是劳动力市场没有出清：一个经济体可以长期陷于高失业率和低总需求之中。而让这情况发生的原因正是影响实体经济的关键因素——最重要的是，激进的不确定性、囤积以及凯恩斯所说的影响信心与士气的"动物精神"。[14] 而这些关键因素在标准经济模型中根本没有出现。

凯恩斯标榜他的《就业、利息和货币通论》一书打破了所谓的"古典传统"。但他并没有把这一传统的起源追溯到斯密，而是准确地指向了李嘉图和法国经济学家让·巴蒂斯特·萨伊。对凯恩斯来说，斯密比他们都更高明。他在《传记随笔》中写道："经济学家应该把亚当·斯密和他辉煌的著作放在一边；他们应该鼓起勇气，将前人的著述抛在脑后，关注当代时事，这样他们可能会偶然收获不朽的名声，如果真的有名声能不朽的话。"由于凯恩斯坚持把人看成一种动物，并把市场嵌入社会和规范的背景下，凯恩斯可能比他自己宣称的更接近斯密的观点。保罗·萨缪尔森后来建构了非常重要的、不同的"凯恩斯经济学"，融合了凯恩斯的观点和约翰·希克斯的部分观点。

但是，在许多方面，所谓的"新古典综合学派"更应该被描述为凯恩斯综合学派，甚至这样表述也不足以公正地评价凯恩斯的创造力、现实主义，以及他对一些被认为是经济上不合理或数学上难以解决的人类行为的探索。

无论如何，这种广泛的观点仍然是经济学的主流。可以说，近几十年来，它在政策上遇到了一些麻烦，但贬低它的成就是荒谬的。事实证明，它在理解人类行为、分析经济活动，以及解释、制定和指导个人、家庭、公司和政府的决策方面具有重要意义。主流经济学在公众心目中的地位也在不断提高，但是导致其地位提升的三个关键特征却与这个理论的内在优点没有太大关系。第一个特点是，经济学常常被呈现为一个公共智慧和社会选择的自主领域。这反过来又提供了一种强大的道德理由去合理化市场机制，因为在市场中，人们通过交易表达了自由选择，个体的交易行为又汇聚成了大众的集体智慧，而这种集体智慧达成了意想不到的、非预期的、有益的社会结果。

第二个特点是，经济学常常被看作是一种实质上关于一切的理论。从几十年来经济学不断扩充的定义就可以看出这一点。[15]1844年，约翰·斯图亚特·密尔将政治经济学定义为"调节财富的生产、分配和消费规律的科学"。大约90年后，莱昂内尔·罗宾斯在1932年更笼统地将经济学描述为"研究人类行为的科学，研究给定的目的与有其他用途的稀缺手段之间的关系"。最近，畅销书《魔鬼经济学》的作者们则表达了现在流行的定义，即"从根本上说，经济学是研究激励机制的：人们如何获得他们想要的或需要的东西，特别是当其他人需要同样的东西的时候"。这种变化的惊人之处在于，经济学从对行为创造和分配财富的研究扩展到了最大限度的对激励机制的一般性研究（大概还包括那些看起来与经济学毫无关系的激励机制）；而且，经济学越来越多地被定义为一种方法论而非一门学科主题。这在学术和政策方面似乎都是不寻常的，也许也是独一无二的。历史学家研究历史，化学家研究化学，律师研究法律，经济学家研究的是激励机制如何运作。这使经济学成了一门通用的研究。

认为经济学是（或者可能是）一种（或者唯一的）关于人类行为的通用理论的这种观点，极大提高了它的威望。以至于当前在全世界许多政治家和官员的心目中，经济学作为一门学科在政策分析和政策工具中占有无可置疑的主导地位。而这又得到了其第三个特点的支持：这个学科在技术上的森严要求。虽然也有一些值得欢迎的举措使经济学进一步向公众监督和辩论开放，但这个学科作为一个整体，对非专业人士来说仍然是非常难以接近的。这种趋势因主流经济学的术语、核心理论假设，特别是数学形式主义而大大加强，极大地阻碍了更广泛的大众理解和参与。这些特质反过来又阻碍了非专业人员的审查，使整个学科具有某种神秘感，从而塑造了一种充满学术争论和知识逻辑混乱的学科文化，阻碍了外部挑战、跨学科研究和对自身假设的自省。

这三个特点共同塑造了某种有利于经济学而非其他学科的先决条件。政治学、心理学、社会学、人类学、规划学、设计学，甚至是历史、文化和艺术等学科，都不得不经受这样的暗示：它们至少有一部分是从经济学派生出来的，或者是一直以来"真的"与经济学相关。这些领域发展出来的传统和实践、概念和思想模式，都可以用纯经济术语来重新解释。经济学并未主张自身为一门纯粹的描述性科学，也没有提供中立的政策工具，而这种主张可以把经济学从业者和专家推向一种特殊的、狭隘的、个人主义的、追求利润的世界观，似乎他们的理想化模型本身就是应该的，且可以在实际市场中实现。

超越主流

为什么这很重要？为了回答这个问题，首先要回答主流经济学的假设是什么，以及它忽略了什么。

首先，它遗漏了经济学其他方面的内容。不同的经济学教科书在如何对不同的现代经济思想流派进行分类上存在分歧。冒着过度简单化的风险，笔者认为至少有 6 个可识别的、成体系的、尚在活跃的分类可以作为主流经济学的替代者。按照粗略的时间顺序，它们包括：马克思主义，关注生产、阶级冲突、资本积累、商业周期和技术变革；奥地利经济学，强调人类理性的局限性、规范的重要性、自发的秩序、作为信号的价格、创新和企业家精神；后凯恩斯主义，强调不确定性和"动物精神"、停滞、失业和政府进行积极财政干预的空间；发展经济学，分析阻碍或帮助提高生产力的产业联系，以及保护主义和政策在培育新兴产业方面的作用；制度经济学，探讨制度如何塑造个人和集体行为，以及最近提出的交易成本的具体作用；[16] 货币主义，强调货币供应的重要性和货币因素对通货膨胀、经济绩效和国民产出的影响。这种分类是漏洞百出的，例如，许多人会认为，制度经济学或行为经济学现在应该被视为主流经济学的一部分。

因此，主流经济学代表了从《国富论》中脱胎而来的一套观点。但我们并不清楚斯密是否会赞同主流经济学的每个部分。他对市场中心地位的独创性见解的力量是如此之大，他的观点涉及的范围如此之广，以至于每一个现代经济学派别都可以公正地称他为鼻祖。事实上，其中有两个学派——马克思主义经济学和奥地利经济学的主张可以与现代主流经济学相提并论。

以马克思主义经济学为例。卡尔·马克思既是亚当·斯密才思敏捷的学生，又是他的尖锐批评者。[17] 乍一看，马克思主义经济学是从斯密的思想中衍生出来的想法似乎很荒谬。但马克思主义一定是自由市场的对立面吗？《共产党宣言》的基础学说怎么会有《国富论》的影子？这些问题太大，在这里无法好好辩论，但我们可以注意到一些相似之处和联系点。在马克思想象的未来中，历史只能导致无产阶级的最终胜利，废除私有产权，实现生产资料和交换方式的共同所有制；到那时，为了支持集体所有制和商品的行政分配，任何形式的市场都将不复存在。但是，按照马克思的说法，历史的进程（实际上是历史本身的演进）最终是由经济决定的。马克思的理论是一种分阶段的理论，是唯物主义的，而且具有更广泛的决定性，但同时也是一种非常广泛的斯密式的理论。

对马克思来说，历史的逻辑在根本上是一种经济逻辑，在几个关键方面，他的经济学思想也与斯密一致。在马克思看来，经济主体不是个人，而是阶级，他把斯密对地主、工人和商人的分类框架扩展为一个完整的阶级理论。他承认斯密对工人权利的重视，并采纳和发展了斯密的劳动价值论。他接受了斯密关于市场如何运作的大部分分析，但他认为市场有一种趋势，不是走向均衡，而是走向不可避免的不稳定和自我毁灭。而且他极大地扩展了斯密关于专业化和分工导致异化的思想，对19世纪中叶的快速工业化进行了猛烈的攻击。马克思的阅读范围非常广，他的基本哲学思想产生了很大影响，他的政策建议来源于他自己以及他的合作者恩格斯。他的许多经济分析直接或间接来对亚当·斯密理论的反思。马克思的现代继承者们也是如此。

奥地利学派的情形也类似。它的奠基者卡尔·门格尔是边际革命的缔造者之一，我们在前面已经介绍过。他与他伟大的继承者路德维希·冯·米塞斯和弗里德里希·哈耶克的理论重点，与倡导一般均衡论的新古典理论家非常不同。均衡论者关注完美信息和理性条件下，处于理想假设之下的经济状态，他们用数学来分析在特定市场中和整个经济体系中供求数量相等的条件。

奥地利学派拒绝了这种方法。他们的研究对象包括：市场的动态；价格作为一种信号如何体现相对稀缺或丰裕；人们如何利用有限的信息和理性成功地进行交易；人们如何在没有硬性规定的情况下，不去不断地寻求效用最大化，而经常去接受不理想的结果；在没有硬性规定的情况下，"启发法"（心理捷径）如何通过经验法则和直觉行动来指导人的行为。此外，他们还研究制度，这些制度似乎在塑造经济和社会成果方面发挥了重要作用；他们研究创业和创新；最重要的是研究了冯·米塞斯和哈耶克所说的耦合秩序：在混乱的个人关系和个人交易中，秩序如何自发地出现。这与斯密关于道德和经济秩序自发形成的观点的关联是显而易见的。

可以说，《国富论》的特点更趋近奥地利学派，而不是新古典学派。事实上，在许多方面，恰恰是主流经济学误解了亚当·斯密。它视个人为固定的、孤立的、有偏好的个体，而不是像斯密那样，视个人为变化的、动态的和社会性的存在。主流经济学把个人的偏好视为既定的，而不是像斯密那样，认为个人的偏好在交易过程中是持续变化、被不断要求和塑造的。主流经济学中的竞争是交易双方最终的平衡状态，而不是一个争夺优势的持续过程。也就是说，在主流经济学中，这是一种封闭的、静态的理论，而斯密的观点是一种开放的、进化的理论。因此，主流经济学，尤其是一般均衡理论，远非如阿罗和哈恩所说的那样，是亚当·斯密理论的核心，实际上正好相反，一般均衡理论与斯密理论的许多核心要旨在更深层次上是相冲突的。

忽略了半个世界

还有一些东西是被主流经济学及其传统忽略的，比如一些非常基本的东西：女性的角色。问题的关键不在于"经济人"（homo economicus）说的是一个男性，因为拉丁语中的"homo"和"man"这个词，就像"mankind"（人类）一词一样，虽然是一个阳性词，但从根本上说是一个物种词。也不是说要忽略经济学与希腊语"oikonomia"（家政管理）之间的词源学联系，因为与这个词相对的是对市民或者城邦的管理，这削弱了女性在历史上的贡献。实际问题比这更加深刻，即整个经济学的架构，包括"经济人"假设、主流经济学、一般均衡理论，都倾向忽略传统上与女性相关的观念和期望。这些观念例如：人从根本上说是社会性动物，而不是相互割裂的原子；人的行为往往不是竞争、自我追求和攻击性的，而是从根本上说是合作的和利他的；人不是不断算计的机器，而是受直觉驱动和充满同情心的。这些联想可能是正确的，也可能是不正确的，但这指出了主流经济学缺失的东西。在强调这些问题时，女性主义经济学[18]并不是一个单纯的学科分支，更不是一个古怪或深奥的旁门左道，它在一定程度上是对经济学基本原则的一种批判。

事实上，与所谓的"经济人"文化相去甚远，在前现代的几个世纪里，自然界作为一个整体的主流代表是女性化的。在古希腊神话中，代表大地的是盖亚女神，乌拉诺斯（天空之神）从她的指端诞生，她还生出了众神、巨神和独眼巨人。在古罗马，与生产性的自然元素有关的神（即与庄稼生长有关），几乎都是女性：克瑞斯女神（农业和丰收女神）、费罗尼亚女神（野生动物女神）、芙罗拉女神（花神）、俄普斯女神（播种和生产女神）、波莫娜女神（果树女神），特拉女神（大地女神）。通过生育、养育、丰饶、繁殖以及季节性和生命周期的概念，自然和女性气质联系到了一起。宇宙被视为有生命的、有活力的，有自己的思想和灵魂，能够对那些试图伤害它的人做出反应。[19]

与此相对应，科学的兴起及其在技术中的应用伴随着这样一种思想，即自然界并不是至高无上、强大的或包罗万象的，而是从属的：它是可以而且应该被管理的东西，或者说是可以被征服、驯服，可以被支配和可能被利用的东西。因此，应该对自然现象进行观察和测量，但要通过一种独立的、科学的方式。自然界是女性化的、不羁的、任性的和主观的，而科学是客观的、有序的、冷静的和阳刚的。正如弗朗西斯·培根在他的《男性时代的诞生》（1602年）中写的："我带着大自然和她所有的孩子来到你们这里，把她捆绑在你们的身边，让她成为你们的奴隶。"短短的一句话，就把科学、理性、理智和男性气质相提并论，却把女性渲染成感性和非理性的。由于科学宣称自己是无价值倾向的，因而这似乎不是一个可以被评判或批评的结果，而是世界的本来面目。

在19世纪末、20世纪初，随着科学的专业化，并与许多西方国家的学术、政府和军事机构联系在一起，其影响主要是排斥或边缘化女性。当古典政治经济学转变为主流经济学时，情况也是如此。人们可能会期望该学科脱离密尔对财富的生产、分配和消费的关注，向更广泛的主题开放；再加上边际主义者提出的新的数学工具的力量，将更推进这一过程。然而，事实上，经济学进一步脱离了现实生活。经济学仍然专注于传统上属于男性的公共市场的交换领域，后来又关注宏观经济，但经济学从关注生产转向了关注消费。而且，正如我们所看到的，它越来越忽视真实个体的实际经验，或者说是随着时间的推移，真实的家庭和企业在做出选择时的实际经验。阿尔弗雷德·马歇尔在《经济学原理》一书中，将经济学定义为"关于人们日常生活、行动和思考方式的研究"。[20] 这句话隐藏着双重讽刺：经济学确实如其所说，不仅仅是关于个人的一门学科；但哪怕他曾许下豪言，也有自己真正思考的内容，他的书根本没有讨论任何具体意义上的日常生活事务。

在经济学的职业圈中也是如此。2014 年，美国的经济学教授中只有 12% 是女性，只有一位女性诺贝尔奖获得者，即已故的埃莉诺·奥斯特罗姆。直到第二次世界大战结束的几十年后，经济学家才开始关注那些为公众所关注的、主要与女性相关的重要领域。即便如此，如同加里·贝克尔的开创性工作，许多研究都借鉴了主流经济学的方式或是加强了其影响。那些被忽略的主题包括很多经济、政治和文化上的核心问题，例如家庭本身作为一种制度，家庭生活、婚姻、工作的性质（特别是无偿工作），护理和护理职业、歧视以及女性在工作场所的经历。

对市场交换的关注也意味着，在很长一段时间内，主流经济学倾向于忽视许多单向的人类活动，例如个人捐赠和慈善事业，以及非政府组织的工作。这些主题显然被视为是"软"的（一个很形象的词）或者仅仅是"社会学的伪装"。与此相伴的一种观点是将经济视为"唯一的经济"：经济作为一个独特的实体，独立于社会和许多常规的社会规范之外。经济是独立的、自给自足的，是一个由法律（包括经济和法理层面的）制定规则的商业场所，而且在这里没有道德存在的空间。事实上，有人认为，几乎只有最低限度的道德才适用于商业行为。市场遵循着自己既定的逻辑，是无法抗拒的。在这种狗咬狗的竞争环境中，最重要的是适者生存。任何对他人、对自然或对道德原则的责任感，如果超出了适用于所有人的法律要求，都会带来不必要的成本，从而削弱个人或公司的竞争力和效率。而随着效率的降低，经济增长率也会降低。这些论点在金融业和银行业被大肆宣扬。

相比之下，正如经济学家朱莉·尼尔森所认为的那样，人们对家庭的看法与旧时看待环境的观点很类似：它是人类价值的无限源泉，是养育和爱的地方，不受贪婪和利益最大化的支配，而被合作、关怀和利他主义的规则统治。这种经济与家庭、男性与女性之间的对立，有时似乎被经济统计数据强化了。举个臭名昭著的例子，在英国、美国和世界上许多其他国家，国内生产总值的计算总是基于衡量支付交易的数量和规模，因此，它没有将家务劳动、照顾老人和其他仍然主要由妇女承担的无偿工作计算在内，这进一步强化了对性别的刻板观念。最近的研究发现，排除了种族和性别因素的经济行为主体的标准模型假设实际上存在严重缺陷。[21]

于是尼尔森没有采用教科书上常规的经济学定义，而是提出了她自己的定义：经济学的范畴是"关于社会如何组织起来以支持人类生活及社会繁荣，或者说是关于其为何未能达成这一目标"。这就把经济学完全置于社会之中；它是以主体为导向的，而不是以程序为导向的，并且包含了前面提到的隐蔽的主题；它也不回避关于稀缺或丰裕、市场或非市场互动、交换或单向活动，或政府角色等问题。除此以外，尼尔森还在经济学中倡导了一种古老的畜牧业的思想，即"精心的耕种、照料和管理"，并且对男性、女性同样适用。"当家"（Husbandry）[22] 这一概念所指向的，不是符合单一理性和效用最大化模型的经济主体，而是嵌入社会之中并尊重周围自然力量的人。正如她所指出的，"当家"的反义词包括，"随意浪费、虚耗、耗损、滥用、乱用，耗尽、挥霍、浪掷、耗费。"用她的话说，"'经济人'是消耗的，而'好的当家人'则不会……好的当家人无论是管理他人还是亲身工作，他们都在进行照料和培育。好的当家人负责任地工作一天，就会得到一天好的回报"。总的来说，"忽视了自己的照顾能力的人就不是一个完整的人"。这是一个发人深省的思想。

斯密关于女性的观点

亚当·斯密和这一切有什么关系呢？答案是，理性经济人的观念不仅塑造了现代经济学，而且深深地扭曲了公众对经济学以及对斯密本人的理解。近年来，斯密受到女权主义作家和经济学家的攻击，他们认为他的作品是导致在经济学的范围内外女性都被边缘化的重要根源。例如，记者凯特琳·马歇尔在她最近出版的《谁煮了亚当·斯密的晚餐？》一书中提出，斯密是经济人思想的鼻祖，他是一个严格的牛顿主义者，把个人看作独立的粒子，由自然法则以机械、发条的方式驱动。根据马歇尔的说法，斯密认为爱情是一种稀缺资源，他在自己的著作中将女性边缘化，并鼓励把家庭和工作分开，这种观点从那时起就损害了女性的地位。而且他是一个伪君子，因为在说这些话的同时，他几乎一生都在依靠他的母亲和珍妮特·道格拉斯。

马歇尔在书中提出了一些非常有价值的观点，说明了"女性的工作"的重要性，说明了在历史上女性工作地位低下的原因，以及女性在经济学和其他方面被边缘化的原因。但不幸的是，她所描绘的亚当·斯密的形象是无望而草率的。这些说法并不可靠。确实，斯密并没有详细讨论女性，并且偶尔会用今天会被认为是父权的语言来谈论她们。他有时用相当不同的术语来分析女人和男人，特别是在《道德情操论》中。然而，人们可能本就期望在一部道德心理学和社会学的著作中，有这样的尝试来认识男女之间的差异。确实，他几乎不写人们的私生活，也不写家务，在他自己的时代，他也不是激进的女性投票权和政治权利事业的倡导者。但总的来说，令人惊讶的不是斯密的观点在多大程度上符合传统女性观，而是他在多大程度上背离了当时和此后的传统女性观。而斯密对母亲和道格拉斯夫人浓浓的爱意和尊敬之情，从他的信中可以清楚地看到。正如杜格尔德·斯图尔特在谈到斯密的母亲时所说的那样："在长达60年的时间里，他用尽了一切应尽的孝道来回报养育之恩，他因为可以回报母亲而感到无比满足。"这与斯密在其他地方关于女性的说法并不冲突。

在《法理学讲义》中，斯密明确表示了他对男性权力与女性待遇之间联系的看法："大多数国家的法律是由男性制定的，往往对女性非常严厉，女性对这种压迫没有任何办法。"事实上，斯密完全没有支持男女不平等，而是具体地把他关于社会经济发展的阶段性理论中的不同阶段与妇女地位的提高联系起来，从狩猎时代到牧羊人时代、农业时代、商业时代，他把社会的完善和成熟与对妇女的尊重程度的提高直接联系起来。他对在基督教诞生以前妇女的待遇，人们对通奸法的双重标准，以及潜在的权力关系的不公平提出了高度批评。在被问及为什么女性因不忠受到比男性更严厉的惩罚时，他说："真正的原因（不是男人担心的"后代不纯"，而是）……在这方面制定法律的是男性；他们一般会倾向于尽可能地遏制女性，并更多地放纵自己。"

在《国富论》中女性的缺位是非常明显的，但斯密仍承认妇女的工资收入和她们的无偿工作都有价值。他说，女纺纱工和女编织工必须经常在工作间隙进行家政服务来贴补家用，但她们的工作"从来没有进入公共制造业登记册"。可见斯密在当时已经考虑到了今天低工资和国内生产总值的计算问题。总的来说，"到目前为止，至少可以肯定的是，为了养家糊口，丈夫和妻子共同的劳动所得，即使他们做的是最低级的普通劳动，也能够挣得比刚好维持自身生活所需多一些的收入"。斯密并未像许多他同时代人和后继者那样否认女性的地位，他承认她们作为经济和道德主体的作用。

斯密也因其所谓的资产阶级女性教育观而受到指责。他说："女性教育的每一部分显然都倾向于某种有用的目的：提高她们的自然魅力，或者是培养她们的心智，使她们懂得矜持、谦虚、贞洁和节约；使她们既能成为家庭的女主人，又能在成为女主人后表现得恰如其分。"这些话在现代人听来非常刺耳。但是，斯密是出于实用主义而不是高傲说出这些话的。他认为这种实用性正是使女性所受的教育优于男性的原因。正如他所说的那样，在两个方向上都带着一丝苛刻，"没有任何公共机构教育女性，因此，在她们普遍的受教育过程中，没有接受任何无用的、荒唐的或幻想的东西。她们所学的都是父母或监护人认为对她们有必要或有用的东西，除此之外，她们什么也不学"。而当他主张国家支持公共教育时，他一般不说"男人"，而是说"普通人"。因此没有理由认为他对公共教育的政策建议是把女性排除在外的。

事实上，正如一些女权主义作家争论的那样，斯密并没有边缘化女性，反而可以说他奠定了道德转向的基础——抑制了女性的边缘化。斯密主张的道德世界是一个极度平等主义的世界，他敏锐地意识到了压迫的可能性。值得注意的是，玛丽·沃斯通克拉夫特[23]在写她的《女权辩护》一书时就借鉴了《道德情操论》。斯密主张的，是一个哲学家和街头搬运工可以处在同一个水平、惺惺相惜、互相理解的世界，它承认伤害、尊严以及自尊在其司法体系中的重要性，它强调社会交往的私德和爱。

回到现实

因此，马歇尔的批评并不成立。在一个影响广泛且巨大的体系中，将亚当·斯密视作"新自由主义"经济学家的先驱，这是非常错误的。首先，正如我们看到的，斯密并不是"经济人"观点的始作俑者，他对人类贪婪的态度是很严厉的。事实上，斯密并未采用现代自利的经济理性范式，在《国富论》中，他指出了一系列在现代行为经济学中人们很熟悉的领域，在这些领域中人们的行为并不符合所谓的经济理性。这些领域包括，损失厌恶，即人们对失去某样东西的负面反应比对获得该东西的积极反应要严重得多；人们对短期收益的偏好非常明显，对长期收益则不然，也就是今天所说的对未来收益的双曲贴现；以及人们在评估风险选项时的过度自信。这正是我们应该预料到的，因为当出现明显的观点错误和判断错误时，斯密体系中公正的旁观者的职能就是纠正这些错误。而正如有些人指出的那样，沿着斯密提出的思路，现在的行为经济学还有很大的发挥空间，包括人们希望被后人尊重的愿望、人们对被误判的消极反应、人们错误地相信品味的客观性、人们对富人和大人物的同情等等，都有进一步的研究空间。所以斯密不仅对经济学整体的建构有很大贡献，他也是行为经济学之父。[24]

其次，任何这样简单的动机说明都违背了斯密对人类心理的细致理解。斯密根本没有把人当作单个的原子。与现代的描述相反，一个人作为某种"给定"的、独立于他人的存在的观点对他来说是完全陌生的；事实上，在斯密的思想中，这是不可理解的。相反，在他构建的体系中，个人不能被赋予独立的定义，个体在与他人关系的动态中被定义和重新定义。

最后，斯密的方法是经验主义的，而不是理性主义的。他一般不喜欢抽象的东西，而且特别反对在制定经济政策的过程中使用高度理想化的和人为的假设。他坚持认为在政治经济学中，实践经验比抽象的理论化更有价值。正如他所说的那样，"如果一个国家没有完美的自由和完美的正义就不能实现繁荣的话，那么世界上没有任何一个国家能够实现繁荣"。用"市场"代替"正义"，这是肯尼斯·阿罗会引以为傲的观点。

当弗农·史密斯和他的实验经济学同事在实验室条件下检验关于经济理性的主流假设时，成功地挖掘出了斯密在这一方面的探索。他们发现，"效用最大化"的简单假设并不能充分解释受试者的行为。相反，他们的行为深受互惠和公平等具体规范，以及习惯的力量和维护声誉的愿望的影响。换句话说，他们所研究的人是居于现实世界中的，这个世界融合了合作信任的规范与竞争对立的规范。

事实上，他们发现，规范并非经济活动的附属品，而是使经济活动成为可能的根本原因。这与斯密的观点很接近，他特别指出了公平和正义的规范在人类交往中的作用，"自然界在人类的心中植入了对于报应的认知，在违反规则时害怕受到惩罚的恐惧，这种意识使人类联合起来，保护弱者、遏制暴力、惩罚有罪的人"。只有这种集体规范或正义感的存在，才使市场交换的结构得以维持："如果它被取消，那么伟大的人类社会和构成社会的浩瀚结构……一定会在一瞬间崩溃为原子。"

对亚当·斯密来说，经济学与历史、社会学、哲学的反思密不可分。他的政治经济学思想是宽广而包容的，而不是高度归纳的。这一思想体系并不试图将一种单一的思维模式应用于它涉及的每一个领域，它预期的受众是所有能够阅读《国富论》的人。同时，对斯密来说，政治经济学的理念本身就涉及一种自觉，即经济理论的过程是嵌入社会中的，并且承载了很多价值观念。公平、互惠和正义的规范渗透到所有的人际交往中，包括个人的和非个人的，与交易相关的和与交易无关的。从市场到工作场所再到家庭，这些规范可能会有所不同，在个人、机构和社会的不同层面上，它们的运作方式也可能不同，但它们始终存在。在商业社会里，这些规范在法律上得到执行，在文化上得到强化，揪出并惩罚违规者，并促使他们回归恰当的行为。由于人们喜欢像交换商品一样交换信息和传播流言蜚语，从公司饮水机旁到猫途鹰网站，这些规范在各种地方流传，通过这些便捷的途径，实现了对社会成员行为的惩罚或奖励。由此，信任得到普及，社会走向繁荣。这就是现代市场经济的世界。

第八章

亚当·斯密与市场

现在我们来认识一下市场先生。如果你在金融市场上需要面对任何风险，例如你有养老金或抵押贷款，或者只是需要货币出国度假，那么无论你是否注意到，市场先生都是你的商业伙伴。他是一个友好的、负责任的人，除了在银行假期以外，他每个工作日都会出现，告诉你他认为你的股票、债券、货币或其他东西的价值。不仅如此，市场先生总是不厌其烦地愿意以当前的价格买入你的股票、债券、货币或其他东西，或者卖给你一些额外的东西。

但可惜的是，这个可怜的人并不总是状态很好。事实上，市场先生情绪波动的幅度令人震惊。有时他非常亢奋，开出天价，你可以与他顺利交易。有时他又非常悲观，沉浸在阴暗中，对你拥有的东西完全不看重，不管是买入还是卖出，他给的价格都极低。

市场先生是伟大的投资者本杰明·格雷厄姆创作的隐喻，也是他的学生巴菲特，这位传奇人物经常讨论的对象。这个比喻包含着深刻的内涵。市场先生的情绪并不理智，用巴菲特的话来说，"他有点像一个醉酒的神经病"[1]。他的价格可能时常是对的，或者说长期来看是对的，但聪明的投资者会极其谨慎地对待它。正如巴菲特所说："市场先生是为你服务的，而不是指导你……如果某天他以一种特别愚蠢的状态出现，你可以选择忽略他或利用他。"由此可见，如格雷厄姆名著的标题所言，一个聪明的投资者[2]，必须要有一些独立的、基本的方法来评估长期价值，还要有耐心等到市场先生傻到给他们提供机会，并要有足够的财力去抓住它。

有效市场假设

但是，还有另一种市场观点，与格雷厄姆和巴菲特的观点形成对比。这就是所谓的"有效市场假说"[3]。它并不是从政治经济学创立之时就提出的，而是由芝加哥大学的经济学家尤金·法玛在20世纪60年代末首先提出的，它还有不同的变种：强有效市场、半强有效市场和弱有效市场。但它们的核心都是两个关键思想：行为经济学家理查德·塞勒恰如其分地称之为"价格是对的"和"没有免费的午餐"。"价格是对的"是指金融市场的价格完整反映了关于交易资产的所有可知的信息，因此通过金融市场进行的资本配置具有经济效益。"没有免费的午餐"是指市场价格是无法预测的，因此任何投资者都需要做出风险调整，努力战胜市场。

原则上讲，一个市场要想有效率，必须包含无数的匿名买家和卖家，因为单一买家和卖家的力量都太小了，无法对市场价格产生影响。而交易的商品必须是同质的、可以互换的，如股票、股份、外汇、商品等。这也是证券市场成为有效市场理论发展的中心的原因之一。一般来说这种市场对任何新信息都能立即做出反应，没有随时间推移发生的平衡过程，也没有摩擦成本。[4] 当价格变动时，它们会趋向均衡，因此干扰是可以自我修正的。由于这种市场总是处于均衡状态，或向均衡状态运动，所以它们倾向于平稳。外部冲击可能会重新设定市场对未来供给或需求的预期，从而影响价格。这种变化也许是急剧的，但竞争市场会立即做出调整以适应环境变化，从而再次恢复平衡。

当然，这些假设是理想化的，仅仅从它们本身的角度考虑，也会引出很多重大问题。首先，我们甚至不清楚这些理论是否可以摆脱循环论证：如果市场反映了所有可用信息，那么它就反映了消费者的偏好和期望，而这些偏好和期望被认为是理性的，也就是说，它们是在……可用信息上运作的效用最大化的经济主体的偏好和期望。但是，如果是这样的话，该理论就以它要证明的主张作为假设前提。而且，在其最严格的形式下，该理论是自相矛盾的。因为如果市场总是包含所有可用的信息，那么，没有人愿意也不可能有动力去发现更多的信息；同样，如果所有关于技术的洞见都能立即为他人所用，那么，就没有发明者会有经济动力去创新，创新行为也会迅速减少。因此，自相矛盾的是，完美的信息效率和市场均衡将根本地抑制竞争的发生。

根据有效市场假说，金融资产的价格总是正确的。由此可见，不可能存在资产价格泡沫或市场超调：由于资产价格总是反映基本价值，因此迅速膨胀的资产价格只能反映对未来收益的预期不断上升。此外，由于不可能存在市场泡沫，中央银行也就不可能起到刺破或消除泡沫的作用；事实上，包括米尔顿·弗里德曼在内的一些经济学家曾建议完全废除中央银行。但"有效市场假说"还不止于此，它实际上意味着市场是无记忆的。如果过去的事件在预测价格走势方面发挥了任何作用，那么一个足够精明的投资者原则上可以与市场进行博弈，赚取无风险的利润。但该理论对信息效率的坚持使得这一点不可能实现。如果一项资产的价格过低，根据新的信息，投资者就会买入该资产；如果过高，投资者就会卖出。因此，价格被认为遵循统计学家说的"随机游走"规律。它们的涨跌没有明显的模式，在任何特定的时刻，价格下跌和上涨的可能性是一样大的，反之亦然。没有免费的午餐，没有无风险的利润，也没有任何投资者，无论他们是专家还是天真的新手在长期来看能比市场做得更好。

有效市场假说对现代金融理论的发展产生了巨大影响。其早期的影响是，经济学家迈克尔·詹森在 1978 年基于大量的研究提出："在经济学中，没有任何其他命题比有效市场假说拥有更坚实的经验证据了。"[5] 这种理论使分析者可以为未来价格变动的概率构建可行的数学分布。这些数学分布被用来创建风险分配模型，这些模型又是银行的资产负债表、投资者的投资组合、公司和债券信用评级以及监管机构的法规和干预措施的基础。从金融分析中产生了金融工程，因此也产生了炫目的现代金融工具，例如衍生品、担保债务凭证（CDO，由抵押贷款或其他资产担保的证券）和信用违约互换（CDS，一种贷款损失保险）等。不管他们自己是否意识到，世界上成千上万的银行和机构投资者每天都在使用依赖于有效市场假说运作的模型，监管机构也是如此，他们也要求银行和投资者使用这种模型来开展工作。全世界数以亿计，也许是数十亿的人（不仅仅是在金融领域工作的人）、银行，还有拥有养老金，或是拥有抵押贷款、共同基金或投资的人，他们的生计都或直接或间接地维系其上。

该理论的核心思路很明确：在收集和传播信息以及有效配置资本方面，金融市场的能力是无与伦比的。它拥有的集体智慧超过了政府、公司或个人所能获得的任何东西。通过让金融市场尽可能无摩擦地将现金流切碎并将其重新包装成不断拓展的金融工具，银行降低了企业的资金成本，而金融体系变得更丰富、更健康，经济也变得更强大。这与本杰明·格雷厄姆强调的基本面分析的价值相去甚远，有效市场假说认为基本面分析根本没有价值。

那么，哪种关于市场的观点是正确的呢？市场先生是醉生梦死，还是如有效市场假说描述的那般平稳有序？其实，这里有两个问题，对应的是理查德·塞勒之前提出的区别：市场是否总是能把价格搞对？也就是说，市场是否具有经济效率？是否有免费的午餐？也就是说，是否有无风险的利润可赚？关于这些问题，学术界已经花费了海量的笔墨，完整的答案并不在本书的范围之内。但解决这个问题的一个方法是，问一问亚当·斯密的思想是否能给我们带来一些启示。事实证明是可以的。

但在我们讨论斯密之前，还需要注意另一件事，就是"有效市场假说"已经惊人地成了公众理解经济学的核心概念。人们通常认为，随着金融市场的发展，一般市场也会随之发展。随着金融经济学地位的日益突出，人们越来越倾向于把金融市场，尤其是庞大的、流动性极强的全球外汇市场，视为市场机制的完美典范。实际上，关于金融市场的具体论述已经与理性经济人思想一起被认为是现代经济学事实上的公共特征，而亚当·斯密的思想被认为是其核心。2008 年金融风暴之后，这两者都成了民众的愤怒浪潮、敌意评论和专家诊断的对象。在这个过程中，经济学在公众心目中也被金融化了。

奴隶制的例子

那么，斯密是如何理解市场的呢？我们可以从三个部分来回答这个问题：看他的总体方法；详细分析他对自己时代的极端例子即"奴隶制"的看法；看他的思想如何在今天这个庞大而发达的全球市场经济中发挥作用。

从斯密对魁奈和重农主义者的批判中我们可以看到，他反对在政治经济学中使用高度理想化的和人为的假设。他在《国富论》中的关注点更具体，更历史化，更贴近数据，更注重政策导向。他倾向于首先把市场看成是具体的经营场所，尽管他明显从国际贸易中注意到了更广泛的非实体市场的概念。他对市场交换的分析在知识结构上是处于中心位置的，但不是理想化的。市场概念从属于他想讨论的更广泛的内容。值得关注的是，在他对《国富论》的总结——"导言和工作计划"一文中，斯密没有一处提到市场或价格。

正如我们所看到的，斯密在著作中并没有对"看不见的手"进行泛化的理论处理；他并没有把市场机制偶像化，也没有把市场交换看作解决经济弊端的灵丹妙药；他也知道，许多经济活动根本不是通过市场来运作的。在全书的推理中，他概述了他所认为的经济增长的关键驱动力，或仔细或简短地描述了许多不同的市场——从资本和土地到羊毛和鲱鱼。斯密并非不关心纷乱的细节，他偶尔也乐于让自己和读者陷入大段的仔细分析和事实描述中。

在考察具体的市场时，斯密的主要兴趣在于讨论它们是怎样的以及如何运转的。在他那个时代的绝大多数市场中，这种运作都涉及一定程度的（有时是高强度的）外部干预、操纵或管制，无论这种干预来自行会、城市公司、卡特尔①生产集团、教会或政府。我们将在下一章看到，斯密保留了一些最挑剔的谩骂，以及对有垄断倾向的保护政策的攻击。但他也承认，市场事实上并不总是趋向均衡，而且当市场趋向均衡时，对社会来说也有可能不是有利而是有害的。

斯密还抓住了市场表现不佳的许多其他方面。小市场的运作不如大市场，因为小市场的生产力较低，支持的专业化程度较低，并且投资也较少。相对于农村和较穷的城镇来说，城市和较富的城镇的专

---

① 卡特尔（cartel），是垄断组织的形式之一，指一系列生产类似产品的独立企业结成联盟，目的是提高该类产品价格并控制其产量。——译者注

业化程度高，生产效率高。由于市场依赖于买卖双方的沟通，而且往往依赖于货物的运输，所以位于港口的市场一般比内陆的市场运作得好。正如斯密敏锐地意识到生产者对消费者形成卡特尔的可能性一样，他也意识到劳动力市场的结构性缺陷，特别是权力和信息的不对称，这种不对称损害了工人的谈判地位，有利于雇主压低工资。

正如我们看到的，对斯密来说，人们并不因为参与经济交易而不再是社会人，因此，任何对个人行为或市场运作的纯经济分析都是不完整的。同样，市场的运作也不是独立于人类社会之外，而是嵌入人类社会之中的。它们不是数学上的抽象概念，而是具有特定历史、规范和价值取向的由人建构的机制。《道德情操论》也明确指出，这些规范和价值有可能变化而且确实因时因地而异。它们和人类社会本身一样，是发展的和演进的。

我们可以通过关注斯密对一个具体问题的探讨观察他如何应用自己的理论，这个问题就是奴隶制和奴隶贸易。有人说，亚当·斯密冷嘲热讽地纵容奴隶制的存在，或者说，奴隶制是斯密提出的"自然自由体系"的必然结果。也有人说，在一个完全自由的市场上，人们卖身为奴或售卖身体的任一部分原则上不会有任何障碍。毕竟，这种市场应该是由私有财产权担保的。而且，这种论点认为，如果人们拥有私有财产权，那么财产权就必须包括对其身体和未来劳动产品的权利。然而，实际上，斯密的观点完全相反：斯密鄙视奴隶制和奴隶贸易，他提供了非常有力的论证，说明奴隶制和奴隶贸易并非源于自然自由，重商主义和垄断才是其始作俑者。

英国于 1807 年通过议会法案禁止了整个大英帝国的奴隶贸易，并于 1833 年废除了奴隶制。然而在《国富论》出版时，奴隶制和奴隶贸易刚成为一个极情绪化和争议性的问题。当时，英国参与奴隶贸易至少可以追溯到 200 年前，即 16 世纪 60 年代，当时约翰·霍金斯爵士在英国、西非和加勒比地区之间臭名昭著的三角地区经营糖、货物和奴隶贸易。到 1672 年，这种贸易已经非常成熟，以至于英国特许皇家非洲公司获得从撒哈拉沙漠到好望角的 2 500 英里西非海岸的奴隶贸易垄断权。1713 年，西班牙根据一项臭名昭著的协议，与英国签署了一份为期 30 年的合同，向其殖民地提供奴隶和货物，该协议被西班牙人称为"阿西安杜条约"。1778 年，苏格兰的最高民事法庭释放了一个名叫约瑟夫·奈特的奴隶，这是继 1772 年英格兰萨默塞特案的判决后，苏格兰法律第一次确认了奴隶制的非法性。[6] 在一个著名的判决中，詹姆斯·博斯韦尔的父亲奥金莱克勋爵曾质问道："一个人是否因为他是黑人就该成为奴隶？不，他是我们的兄弟；他是个男人，虽然他的肤色与我们不同；他在一个自由的国度，有自己的妻子和孩子。让他留在那里吧。"然而，仅在 9 年前，《爱丁堡晚报》还曾刊登过一则广告，内容是："待售：一名黑人男孩，约 16 岁，健康、强壮、体格完整，曾患过麻疹和天花，会刮胡子，会一点穿衣打扮……详情请咨询议会大厦附近的书商戈登，他有权代理交易。"

奴隶贸易以及与之相关的糖和烟草贸易，对商人来说是极其有利可图的，尽管贵格会教徒和其他异议者长期以来一直大力反对奴隶贸易，但商人们还是积累了强大的议会支持力量，当时很多议员都直接或间接地从奴隶贸易中赚钱。并且奴隶制也在一定程度上获得了思想理论的支持。17 世纪的自然法理论家们反对亚里士多德关于有些人天生就是奴隶的观点，但他们仍然认为，奴隶制是一种自然现象，所以他们认为这是一种可以为之辩护的现象：非自愿的奴役可以与战时抓捕俘虏的行为相提并论，特别是当替代方案是处决他们的时候；而自愿的奴役作为一种自我保护的形式，也是可以通过协议来证明的。今天被誉为个人权利哲学家的约翰·洛克也是皇家非洲公司的投资者，他认为主人可以对在正义战争中俘虏的奴隶行使"绝对的统治权和专断权"，甚至是"合法的生死权"。

而且人们对奴隶制的接受也不只限于外国奴隶。与洛克同时代的、著名的共和主义者安德鲁·弗莱彻曾声称，奴隶应该由"所有那些无法生活自足的人"组成。甚至连亚当·斯密的老师弗朗西斯·哈奇森也认为，"作为对无所事事的流浪汉的惩罚，也许没有任何法律能比规定永久的奴隶制……更有效了，因为……（他们）不能从事任何有用的劳动来养活自己和家人"。因此斯密能在当时对奴隶制持有反对观点[7]，这是很不寻常的。[8]

斯密主要在《法理学讲义》中讨论奴隶制问题，他的重点是权利和法律，并且在《国富论》中也讨论了重商主义和殖民问题。如果他像刻板印象的漫画中描绘的那样，专注于绝对自由的贸易条件，或者他认为尊重财产权是进行市场交换的先决条件，那么他可能会对奴隶贸易有一定程度的认同。考虑到他与自然法传统的关系，或许就更加如此。但事实上，很明显，斯密与奴隶制没有任何关系。

首先要注意的是斯密对奴隶制的了解程度，以及他利用他特有的比较方法来研究不同时代和不同地方的奴隶制。他指出："我们很容易假想奴隶制在这个时代已经被完全废除了……忘记了在莫斯科和欧洲东部地区，以及亚洲从波希米亚到印度洋地区，整个非洲，以及美洲的广大地区，奴隶制都还存在。"[9]因此，英国和其他几个欧洲国家是一个特例。在斯密的讨论中，从古罗马到封建时代的英国，从非洲、德国到加勒比地区的殖民地，对奴隶制给社会和经济造成的畸形影响，斯密做了详细的评论。例如，作为殖民者，英国人被认为在"不自由和压迫性"方面没有西班牙人和葡萄牙人严苛，但英国的奴隶主却比法国人更苛刻。

其次，在关于奴隶制的问题上，斯密的愤慨和他所秉持的道德平等主义是显而易见的，这与他对所谓"野蛮民族"的勇气的钦佩是一脉相承的。例如，在《道德情操论》中，他说：

> 非洲海岸的黑人，都（在他们对死亡和酷刑的蔑视中）体现出一定程度的心胸宽广，这是他们灵魂肮脏的主人难以想象的。当命运对人类施展她的力量时总是特别残酷，尤其是她把那些英勇的民族交给了那些欧洲监狱里的垃圾，他们既不具备他们祖国人民的美德，与当地人相比也相形见绌。这些人是如此轻浮、残暴、卑鄙，奴隶们对他们的鄙视非常公正。[10]

再次，这些都是非常强烈的言论，在当时是很有争议的，但是斯密小心翼翼地把他的攻击集中在他认为最能产生实际效果的地方：不是道德层面，而是奴隶制和奴隶贸易的经济效果。他提出了一连串的论点来证明，与表面上的情形相反，奴隶制让奴隶主付出的经济代价要比雇佣劳动中雇主付出的代价大得多，并且也使更广泛的社会付出了代价。例如在古罗马这样穷人无法谋生的社会，有些人自愿为奴，富人通过奴役他们控制了手工业。奴隶不能拥有财产，因此他们除了维持生计外，没有动力去生产更多的东西。斯密认为目前的奴隶制之所以还可以维持是因为当时的殖民化和商业体系——奴隶主和商人之所以可以承受奴隶制的低效率，是因为他们通过垄断维持了糖和烟草贸易的高价格。

对斯密来说，奴隶贸易并不是由经济上的自我利益驱动的。那是由什么驱动的呢？斯密明确指出：它起源于暴政、人的激情和"对统治和权威的热爱"，所有这些长期以来都受到软弱政府的教唆。软弱的政府未能阻止奴隶制的出现，甚至在积极地利用奴隶制。斯密认为，任何类型的政府都不可能完全摆脱奴隶制，因为"废除奴隶制……就等于剥夺了大部分臣民，特别是贵族最重要最有价值的一部分财产。这一点他们绝不会屈服，而全面的暴动也会随之而来"。[11]斯密说，只有君主制和教会的反作用力使奴隶制在英国和其他几个欧洲国家消亡了，但这些都是例外，"因此，奴隶制在社会存在之初就已普遍存在，而对统治和权威的热爱很可能会使它永久存在"。

斯密的悲观预言仍然有很大的力量，因为在当今世界范围内，不同形式的奴隶制仍然是一个非常严峻的问题。但是，斯密的观点和立场是显而易见的。他并非冷嘲热讽地纵容奴隶制，而是坚决反对奴隶制；他对奴隶制的反对是发自内心的，经过深思熟虑的，是以道德和政治经济学原理为基础的；事实上，他是最早详细探讨奴隶制经济学的研究者之一。[12]并且，斯密对奴隶制的反对至少可以追溯到18世纪50年代末，当时他正在撰写《道德情操论》和《法理学讲义》。这比英国舆论风向发生转变早20年左右，当时由于美国独立战争，许多美国黑人站在英国一方作战。这比托马斯·克拉克森1786年发表的反对奴隶制的伟大文章，以及废除奴隶贸易委员会的成立早了30年左右。因此，斯密反对奴隶制的思想形成得很早，并且是独创的、有力的、正确的。

市场如何运作

亚当·斯密对奴隶制的看法不仅是重要的史实，还生动地说明了斯密对市场有影响的观点和思想。其中有一些人们耳熟能详，包括他认为市场是嵌入社会的，他对殖民压迫的批判，以及他对垄断的普遍不利影响的分析。但我们可以补充说，这也巧妙地说明了他对一般理论与具体案例分析的平衡；[13] 他对软弱政府的危害性的认识；他相信人为扭曲的高利润会带来经济和道德上的危险；以及他指出的市场可能被贪婪和暴政支配，并与公共利益相背离（有时甚至直接对抗）。

这种冲突非常鲜明，因为对斯密来说，市场和道德行为一般是相互促进的。商业之所以具有道德价值，是因为它带来了财富，使越来越多的人口能够享受更高的生活水平，以在其他地方和其他时代难以想象的方式生活与发展。正如斯密在《国富论》的开篇所说的那样，"一个欧洲王子的生活消费并没有大幅超过一个勤劳俭朴的农民，而后者的生活消费超过许多非洲国王，而这个国王却主宰着一万个赤裸的野蛮人的生命和自由"。[14] 此外，商业在道德上也是有价值的，因为它创造了自由，把人们从附庸关系和战争的负担中解脱出来："商业和制造业使社会秩序和良好的政府逐渐建立起来，个人的自由和安全也随之而来，从前，这个国家的居民几乎一直生活在与邻国的战争以及奴役的等级制度中。虽然人们很少观察到这一点，这却是迄今为止商业最重要的影响之一。"[15] 这种自由反过来又强化了道德，因为它允许人们进行不受胁迫的道德判断。我们的正义规范正是以这种道德判断为基础的，而正义和法律是维系市场和商业的力量。

这并不是说商业社会在所有方面都是完美的，或者处于某种优雅的状态，实际情况远非如此。商业社会也有其弱点和不足，在后文中我们将看到它一些非常严重的缺点。斯密是一个现实主义者，他不会看到其他方面。他的观点是关于历史和发展的。商业社会在某些方面，在经济上和道德上都优于中世纪英国的封建主义，而且在经济上和道德上都优于当时欧洲国家仍然实行的重商主义（实际上也存在

于英国)。[16]

那么，想象一下我们正在观察现代世界，如果我们通过斯密的眼睛来分析正常的、合法的市场行为，我们会看到什么？首先，有一些显而易见被忽略的、矛盾的东西。想想你的昨天是如何度过的。你起床，穿好衣服，也许吃了早餐，之后又吃了一两顿饭，你也许和家人打了招呼，去上班，使用公共交通，开车，在线下或线上购物，照顾孩子或年迈的亲属，运动，晚上可能和朋友去了酒吧。你几乎肯定使用过电子媒介，也许是重度使用者。一项研究发现，2015 年，18 岁以上的美国人平均每天使用电子媒介的时间超过 11 个小时。当然，你的工作可能涉及某种交易；你无疑时常进入劳动力市场，从一份工作换到另一份工作。但你总体上有多少时间是直接花在市场活动上的？一天最多一两个小时？这就是矛盾之处，很可能你所做的、看到的、听到的、闻到的、尝到的或接触到的几乎所有事情都受到市场运作的影响，或者是市场运作的直接结果。你的家、你的财产、你居住的城市或乡村、你使用的自行车、公共汽车、火车或汽车，你的工作或娱乐场所、你听的音乐、你朋友的须后水或香水，以及他们使用的护肤品和牙膏，几乎一切都是市场的产物。

问题的关键不仅在于市场在人们的生活中扮演着至关重要的角色，而且它还发挥着一种幕后作用。人们花在非市场互动上的时间比花在市场互动上的时间要多得多，比如运动、爱好或娱乐、旅行、交谈、打电话、发信息或使用社交媒体，甚至购物行为也有很大的社交成分，任何零售商都会这么认为。不仅如此，市场交换只是整体经济活动的一部分，而且其中大部分活动是在团队或大小组织的合作中完成的。这种活动不仅发生在公司里，也发生在非经济性的社会机构中，特别是在家庭中。对历史上的大多数人来说，家庭是迄今为止他们最重要的风险分担机制。

因此，如果单纯从市场的角度，或者说从经济学的角度看待人们的生活，就会忽略另一个更大的让生活变得有意义的部分，比如市场导向性较低的，或是市场不重视的，诸如照顾他人的工作、社交、志愿服务、玩耍和奉献等非市场活动。这些活动本来都可以具备经济价值，它们也是基于规范形成的，当然也包括市场规范，而且它们反过来塑造了这些规范——友谊、互惠以及信任的规范。在这个意义上，《道德情操论》比《国富论》具有更广泛的解释范畴。

其次，当专家们堂而皇之地谈论自由市场时，他们有时忘记了，完全自由的市场，即完全不依赖任何外部规则和监管的市场，在现代世界中是很少见的，而斯密并没有忘记这一点。即使是最虔诚的自由市场理论家也承认，产权需要是明确、公开和可强制执行的，这意味着需要法律、警察、法院和其他国家机构。事实上，有些人会积极主张制定专利、版权和其他保护知识产权的法律，即使这些法律实际上是对市场自由的重大侵犯。

但这些列举也仅仅触及了表面。比如许多东西根本不能合法买卖：人、身体器官、毒品、选票、法院判决、公共资格、体育比赛结果。还有一些物品，在许多国家只能在有执照的情况下才能经营出售：枪支、酒精以及多种药品。有关于谁可以工作的规定：关于童工、移民，关于一些职业的准入资格。有关于组织形式的规定：公司、协会、合伙企业、互助会、合作社、员工持股的公司、慈善机构。有些行业有准入要求，例如对银行业的所有权、资本和业务记录的规定，以及对产品安全、度量衡和贸易条件（如退款权）的规定。全球外汇市场常常被认为是最接近完美自由市场的地方。的确，它的规模大得惊人，流动性也大得惊人（2016 年 4 月国际清算银行的最新估算数据为每天平均交易额 5.1 万亿美元）但也受到非常严格的规则和条例的约束。[17]

即使是私有产权，在现代法律意义上的自由和明确的分散所有权，它的形成也比人们通常认为的要晚。1066 年，诺曼人入侵，强占了英国所有的不动产，并将其收归威廉国王所有，正如《末日审判书》中所记载的那样。在封建制度中，这种土地所有权并不为私人所有，而只能在与王室的租佃关系下持有，持有条件是向上级缴纳税款或承诺服兵役，或付出其他类似的实物或服务。随着时间的流逝，这一制度被打破了，但官方保留财产所有权记录，且该记录可用于裁决权利纠纷的原则却没有被打破。随着更广泛的社会规范和法律的变化，什么可以算作财产，以及如何使用、买卖财产，在法律上也不断发生变化。在英国，直到 19 世纪，妻子在法律上一直被视为丈夫的财产。还有最近的例子，音乐过去是以唱片或光盘等实体形式存在，而现在在详细的法律协议下已经获得了网上使用的许可。互联网域名、机场起降时段和无线电频谱都是现代形式的财产。这还没有考虑到，如果没有具体的国家干预，防止参与者将污染等成本转嫁给他人，某些市场根本无法运作。

第三，把所有市场都看作按照单一的平衡机制运作的想法忽略了一点，即并非所有市场都是一样的。斯密很清楚这一点，他通过对玉米、劳动力、汇票等具体市场的研究说明了这一点。今天，由于监管等原因，市场之间的差异远比人们通常认为的要大。粮食产品市场与资产市场大不相同；金融市场与劳动力市场大不相同；初级产品市场与这些产品的二级市场或转售市场大不相同；风险市场与房地产市场大不相同；水、气、电等管制市场又大不相同。举几个例子：在产品市场上，购买者在交易前非常确定自己能得到什么，而在劳动力市场上则不然，即便招聘顾问尽了最大努力。[18] 在金融市场上，参与者的优势一般不在于服务于实体经济的某种需求，而在于知道竞争对手在做什么，并对其进行猜测。英国的住房市场已经演变成一种代理储蓄工具，在这种情况下，价格上涨非但没有被鄙视，反而大受希望看到自己房产增值的业主的欢迎，这对新买家来说是不利的，并且业主对抵押贷款的依赖让他们对利率变化非常敏感，这就制约了国内政治和中央银行的货币政策。相比之下，德国的住房市场则以租赁为主，降低了对房价上涨的政治容忍度和经济风险。以此类推。

第四，与产权一样，出于类似的原因，市场也在不断变化和发展。今天，市场的变化常常被看作是由技术的转变推动的，这在 18 世纪也许并不那么明显，当然斯密也没有充分地认识到这一点。以书写交流的能力为例：几千年前，类人猿可以用手或棍子在沙子上画画，或在石头上划出痕迹；随后出现了可用于莎草纸的手写笔和墨水，后来又渐次出现了鹅毛笔、铅笔、钢笔、圆珠笔、打字机、桌面打印机、键盘、智能输入法和自动语音识别。书写工具的自给自足逐渐屈服于市场、竞争、专业化、成本的大幅下降、产品生命周期的缩短和普遍的可用性。不过在斯密的时代，变化的速度要慢得多，市场的变化和发展是为了应对更广泛的经济条件、季节性因素、政府干预、消费者或生产者的压力、竞争、品味、时尚和社会规范等一系列问题。同样，从斯密的角度来看，这使得我们很难用任何固定或静态的方式来谈论市场。它们总是在不断地形成过程之中。

第五，市场需要基础设施。在古希腊，市场就已经发展为指定的公共区域。古罗马的广场是一个集市，发展出了民事、法律和宗教功能；其他的集市也在城市中出现，可以买卖肉类、水果、蔬菜和葡萄酒。在中世纪，欧洲各地的城市都以市场为核心，如克拉科夫宏伟的中央集市广场，1241 年，这里被蒙古人入侵，后于 1257 年重建，成为布匹贸易中心。和罗马一样，其他地方的市场也可以有专门的用途，比如爱丁堡的草地市场，位于城堡下方，从 15 世纪开始就用于贩卖牲畜。现在的伦敦人仍然会参照以前的市场位置来区分城市的分区。科芬园是卖水果和蔬菜的，史密斯菲尔德是卖肉的，比林斯盖特是卖鱼的。集市也在 13 世纪和 14 世纪兴盛起来，成为人们定期进行交易和举行其他比赛的公共场合。但正如斯密在《国富论》第一卷中提醒我们的那样，市场需要一定规模来支持增长、专业化和创新。在现代，这意味着对基础设施的要求，特别是对能源、通信和运输的要求。其中一些项目可以通过向用户收费来融资，正如斯密建议的那样；另一些项目的规模、复杂程度或风险太大，可能需要通过合作或国家资金的援助来建设。但无论哪种方式，今天的市场通常都需要国家的积极合作，或者至少需要国家的存在与被动支持，以确保市场成功所需的权利、准入性和互联性。

最后，市场的运作并不独立于市场参与者的心理状态。市场不仅塑造了我们的家、我们的财产和我们听的音乐，还塑造了我们对他人的期望、我们的礼仪和我们的信任能力；这些东西反过来又塑造了市场。市场不仅是专家研究的防止被破坏的对象，也不仅是公共政策的中立工具，在市场中进行交易的人也不是纯粹按照经济激励机制运作的经济机器。恰恰相反，市场受制于"动物精神"，即人类面对未知的信心或悲观情绪，人类被故事和修辞打动的本能，以及人类对不公平或腐败的反应。斯密敏锐地意识到了这些现象，其形式是多样的，比如奴隶主的统治欲望，民众投资新矿的激情，未来企业家的雄心壮志，还有公共信用所依赖的信任。

那么，这些观点带来了什么结论呢？简单来说，借用亚当·弗格森的观点，即市场可能是"人类行为的结果，但并非任何人类设计的实现"。但市场也并非是来源于上帝或自然的纯粹天然产物；当斯密谈到简单而明显的"自然自由体制"时，他描述的自由市场并不是某种由自然预设的制度，而是一种给人的自由本能留有余地，并尊重这种本能的制度，在一定程度上就是一种社会建构。市场并非总是被规则和法律扼制，而是生动地说明了个人自由和繁荣是如何通过市场扩大的。市场的经济价值既哺育了社会价值和道德价值，又提升了社会价值和道德价值，是斯密让我们注意到了这一点。

　　总而言之，市场构建的不是一种纯粹的自然秩序，而是一种被创造和建构的秩序——一种能影响和塑造其参与者的秩序。市场之所以存在，是因为它们对参与其中的人具有经济价值，也因为它们几乎总是带来更广泛的溢出效益。多年来，明智的政府和官员已经认识到了这一点，他们也因此扶持和支持市场。政府和市场非但没有在本质上的对立，反而是相互依赖、相互受益的。事实上，随着市场竞争增加了对公共资源的压力，私有产权变得更加有争议，全球化对可执行的国际标准有了更多需求，对基础设施的要求也变得更加复杂，政府与市场之间相互依赖的地方也越来越多。有些市场是为了公共目的建立的，许多其他市场，也许占绝大多数，是出于人类以物易物和交换的本能设立的。但是，只要市场是合理合法的，一般都具有公共价值和私人价值。在现代社会，国家总是间接地或是直接地创造和维持私人和公共价值。所谓"私营部门赚钱，公共部门花钱"的老生常谈使人们忽略了一个更深层次、更有趣的真相。

　　市场是一种被建构的秩序，还有另一层含义。在对实际市场的理论化过程中，经济学永远无法达到精确科学的客观性。但这并未让经济学变得无趣或缺乏成果。不同经济学模型的创造和检验总有其价值。但市场不存在理论上的自然状态，历史上也从来没过。市场没有自然的或科学上可确定的边界，因为它们是由人类建构的。它们的边界最终是由作为消费者和公民的我们决定。此外，就实际市场而言，没有任何一种市场制度，或者任何一种市场理论，可以独立于历史和人类的价值观而存在。而政治经济学，是一门提供有限视角以研究其主题和方法的学科；这门学科承认其自身隐含的规范性假设；这门学科以工具的眼光看待市场，将其作为产生社会价值和解决社会弊端的手段，并试图从不同的角度来理解它们，而不是简单地通过单一的抽象模型来理解它们；这门学科承认市场在很大程度上受到历史、文化和政治的制约，无论这种制约是好是坏，并且承认市场是受到社会和道德规范塑造的。[19]

市场的局限性

因此，斯密完整的市场观，与歌颂市场总是最聪明或最有益的观点，形成了鲜明对比，更不用说参照金融市场提出的一刀切的市场模板了。具体而言，斯密的市场观对"有效市场假说"的两方面做出了不同回应：在市场中，即使是金融市场，无论是否真的有免费的午餐，价格有时也未必是正确的。事实上，很多主流或非主流经济学派也并未认可"有效市场假说"，而且也否定了市场总是最聪明的观点。事实上，经济学家在过去的半个世纪里，花了相当多的时间试图弄清楚市场实际运作的不同方式，以及它们出现了什么错误。他们大部分的分析都没有坚持完美信息、完美理性和完美流动性，而是探究放宽这些强烈的假设，基于不完美或不对称信息、有限理性和交易成本等条件建立模型。探究这些问题的佼佼者获得了诺贝尔奖。

肯尼斯·阿罗的职业生涯是一个典型的例子。首先，阿罗做了大量的研究工作，探索和解释了美国医疗保险市场中不对称信息造成的负面影响，以及如何使这个市场更好地发挥作用。1953 年，他还提出了一个实际上不可能的金融定理。他提问，在什么条件下，一般均衡的概念可以扩展到金融市场。为此，他假设性地创造了后来被称为"阿罗证券"[20] 的金融工具，这些金融工具假定涵盖了每个市场在未来每个特定可能的时间和状态下的所有风险，这会是一个令人瞠目结舌的巨大总量。这个理论想表明，一般均衡理论原则上也适用于金融业，但同样的，这只能在实际上无法达成的严苛条件下实现。有效市场假说在一定程度上是学术机构内部的竞争性反应：他们试图反驳阿罗的论点，声称连续交易的金融市场价格已经反映了当前所有可用的信息，但他们没能证明"阿罗证券"事实上能够存在。

这里的讽刺意味显而易见。2008 年金融风暴之后，公众的注意力不仅集中在银行及其工作人员的愚蠢、不良激励或不当行为上，而且开始关注并讨论关于全球金融体系的经济学。金融经济学是在大学的商学院而不是经济系中发展成熟起来的，它在过去 20 年的经济繁荣中得到了巨大的发展，但直到现在才被公众关注。监管者的要求使银行和经纪商过度依赖"有效市场假说"，这种做法很方便，也是他们的专业性存在的理由，而且它曾经是、现在也是非常有利可图的。但在经济学界，这个假说并没有被主流经济学视为核心内容，更没有被用于解释许多市场的实际运作方式，甚至在金融危机前也是如此。这种假说并不是基于理性经济人的思想展开的，理性经济人的概念早在一个多世纪前就已经产生，并在经济学界有着广泛的应用。而且它只是间接地与推动贸易全球化的因素有关，包括通信、技术、发展，特别是主张自由市场的"华盛顿共识"及其推动的印度、中国等新兴市场的开放。对"新自由主义"的批判在某些方面确实很有力量，但由于这些批判希望构建一个全面的、谴责性的整体叙述，使得其误解了许多真正发生的事情，甚至强化而非消除了刻板印象。而且，这可能会使事情变得更加糟糕，因为它推动了民粹主义政治的兴起，使各国完全远离市场。那将造成灾难性的结果。

那么亚当·斯密呢？现在我们应该很清楚，无论是对"有效市场假说"还是对斯密作为所谓"新自由主义者"的批评，都与斯密的实际想法相去甚远。还可以更进一步说，斯密的观点可以使我们对2008年经济危机表现出的问题有不同的、更深刻的理解。而且可以说，如果领导者了解并接受斯密真正的理念，那他至少可以避免或缓解一些危机造成的影响。因为经济危机发生的一个主要原因在于，以信贷和住房市场为首的资产市场并没有像几乎所有的经济学家和监管者预期的那样运行。这些人受一种经济意识形态的控制，受制于僵化的专业主义，完全没有关注或理解现实中发生的事情。

正如我们指出的那样，很少有市场是相同的，或是以完全相同的方式运作的。但是，至少对关键类型的市场，斯密提供的基本分析做到了惊人的成功。美国私人部门的支出，即国内生产总值减去政府支出，约有75%被用于正常的消费品，即非耐用品和服务，这有时被称为"理发和汉堡包"市场。这些产品不能被转售，而是被制造、销售和消耗掉了，然后再制造、销售、消耗新的产品，这个过程无休止地重复下去。一旦被消耗掉，这些产品就会从市场上消失。对这些商品，买家一般有固定的或自然的最终用途，比如出去旅行，吃掉饭菜，度假，所以他们一般不会因为价格的变动而转换角色成为卖家。这些产品的销售机制一般是像超市那样设置单一的销售价格，而不是像在机场外汇兑换亭上看到的那种买卖差价，或是其他可能的价格机制。总的来说，这些市场是基于斯密所谓"看不见的手"的模式运转的，供求双方趋向于竞争均衡，而且运作得非常好。

对这些市场的另一种看法是，它们表现出了所谓的"群体智慧"。[21] 它们之所以能做到这一点，是因为同时满足了 4 个条件：参与其中的人在获取信息和发表意见方面是多样化的；人们是独立的，每个人都在践行自己的观点，而不是听从他人的意见；人们是分散的，因此它们可以更专业化或利用本地知识；有一种手段，如市场机制，将他们的私人判断或选择汇集起来，形成集体决策。有大量证据表明，市场在有效配置资源方面具有很高的效率，并能高效创造经济财富和福利。更令人惊讶的是，即使放宽了主流经济学规定的苛刻理论条件，也就是说，即使参与的人相对较少，即使是在有限的信息下，利用有限的人的理性进行运作，市场似乎也能发挥出同样的作用。正如我们看到的那样，斯密本人也注意到了这一点，他说："如果一个国家在缺乏完美自由和完美正义的条件下就不能实现繁荣，那么世界上就没有任何一个国家能够繁荣昌盛了。这些市场天才的部分恰恰在于，它们可以在相当不完美的情况下，例如十分缺乏信息、理性和参与者的情况下，仍然运作得非常好。"

正如我们在上一章看到的那样，在某些方面，斯密不应被认为是新古典主义的发端，而应被视为一个奥地利经济学家的先驱。斯密对市场的动态很感兴趣，他能看到并非所有的市场都以同样的方式运作，而且很小心地寻求关于它们差异的解释。尤其是，他特别指出了人类崇拜富人和权贵的倾向产生的矛盾效应。他认识到这是竞争行为和人们追求上进的核心驱动力；他也认为财富和伟大是具有欺骗性的，是永远不能使人类真正产生幸福的陷阱和幻觉。斯密指出，这些人因追求"轻浮耀眼的小玩意儿"而错失了生命中重要的东西，这表明他意识到，市场可以由人类的激情和算计驱动。今天，我们可以把这样的一些商品称为"凡勃伦商品"。[22] 以伟大的挪威裔美国经济学家托斯丹·凡勃伦的名字命名，指那些用于"炫耀性消费"的商品。当价格上升时，这种商品的需求并没有像标准理论所预测的那样减少，相反，其需求会增加，因为消费者把价格上涨看作是相对稀缺的信号或地位的象征，因而价格上涨会使这种商品更受欢迎。市场结果往往是有序的，就像常见的珠宝和豪车市场一样。但是，泡沫、狂热和崩溃的历史 [23] 也证明了这种市场并不总是有序的，它们也可能起伏不定。

资产市场往往具有类似凡勃伦类型的特征。当然，并不是所有的资本市场都是一样的，但它们有共同的特征，它们与"理发和汉堡包"这类非耐用品市场有很大不同。在资产市场，如房地产、信贷、衍生品和其他证券市场中，产品不会腐坏，它们被交易和再交易。特别是证券，其买方和卖方一般不是固定的，而且会根据价格转换身份。市场机制一般是竞价模式，而不是"买入或放弃"的单一定价模式。因此，资产市场的功能与产品市场截然不同。正如凯恩斯的名言，他把专业投资比作报纸上的选美比赛 [24]，对基本价值的追求会导致越来越复杂的对其他参与者的揣测。

于是，共同基金、对冲基金和养老基金的投资经理们，作为绝大多数金融证券的实际拥有者，一般来说并不构成一个"明智的人群"，因为尽管他们的潜在信息来源可以说是无限多的，但在实践中，他们倾向于根据相同或相似的信息来源采取行动，减少了信息的多样性。而且他们的行为并不独立，相反，他们在相互认知和自我意识的驱动下一起行动。他们的公共激励机制也是典型的不对称的，虽然取得高于平均水平的收益会获得一些荣耀，但高于平均水平的损失可能很快会带来终结。其结果是，尽管有少数特立独行的人，但很少有人希望被看作是不寻常的或与其他人不同的。

这些市场的行为往往由"动量投资者"主导，他们的交易不是基于对基本面或内涵价值的估计，而是基于资产价格的涨跌速度。如同凡勃伦商品，高股价被视为内涵价值的标志，而快速或长时间的价格上涨则被视为供应不足的信号，刺激了需求并导致投资者挤入。反之，股价下跌则被解读为供应过剩的信号，将导致投资者大量抛售。但是，这些上涨和下跌也可能自发发生，因为投资者只是相互暗示其行为，而不是出于任何更根本的原因。

这一系列因素带来的影响是使资产市场比产品市场具有更明显的繁荣和衰退交替的模式。这些市场非但没有走向平衡，反而常常受到破坏稳定的力量的影响，这些力量通过它们特有的渠道运作，并因这些渠道而恶化。在银行体系中，最基本的形式就是银行挤兑。在正常情况下，银行的运作方式是吸收储户的存款（一般可以随意提取），然后一次性地将其借出数周或数月，有时甚至是数年。但是，如果储户们一下子都来提取自己的存款，银行手头的现金就不能满足需求，如果银行规模不够大，或者因为其他原因不能及时从货币市场借到足够的资金来弥补不足，银行很快就会倒闭。这就是 2008 年英国北岩银行和美国华盛顿互惠银行倒闭时发生的情况。几乎完全相同的溃败过程也会发生在货币基金市场，以及银行向企业提供的担保贷款或保证金交易中。一个在开始时相对较小的市场波动可以迅速导致溃败，就像投资银行贝尔斯登和雷曼兄弟的倒闭一样。近年来，我们对这些不稳定渠道的认识有了很大的提高，部分是因为海曼·明斯基[25]的开创性工作。他的理论不需要我们对人类行为做出任何不寻常的假设。在每一个渠道中，都蕴藏着特定的内部激励机制，促使投资者采取特定的行为。但作为一个整体的资产市场呢？它们并不像主流经济学通常暗示的那样，独立于更广泛的经济运行。恰恰相反，双方以几种互为因果的方式互动。当资产价格上涨时，它们的作用是在银行资产负债表上创造额外的纸面价值，而这些价值又可以在银行系统内被用作新贷款的担保，以购买更多的资产。在外人看来，只要价格不断上涨，贷款仍然可以很好地被其担保覆盖，杠杆率甚至可能下降。所以，银行内部负责评估贷款安全性和维持整体投资组合信用度的信贷委员会仍然保持乐观。如果这些贷款再汇集成资产去担保新的债券，比如抵押贷款担保证券，评级机构就会对其保持良性的态度。而且由于银行往往不仅是贷款出借人，也是金融产品的销售者，他们有特定的动机让投资者购买更多的产品。所以即便在信用质量受到明显的威胁且其中有明显的利益冲突时，银行仍然会使用更多的隐性杠杆，并通过提升费率来推高自己的利润。但是，如果在任何时候，市场情绪发生了变化，比如投资者对未来的看法变得不那么乐观，而这是不可避免的，那么同样的过程会向另一个方向迅速发展。在一个自我实现的循环中，对利润下降的预期会导致资产估值降低、需求减弱、增长放缓。可能很快就会造成灾难的结果。

因此，在资产市场中，既有特殊的渠道，也有一般的渠道，它们将资产价格上涨、信贷增长和盈利能力关联在一起。[26] 这使得资产市场本质上就不稳定，这种不稳定会导致危险的从自我强化繁荣到萧条的周期，这又会对更广泛的经济造成可怕的伤害。这正是 2008 年经济崩盘时发生的事情。那是一场"资产负债表"衰退——不是那种更为频繁和熟悉的，由整个商业周期的盈利能力下降驱动的衰退，而是由房地产市场的崩溃引发的资产价值的根本性转变，并在适当的时候从美国和英国蔓延到了全球。

当时，经济危机的迹象早已出现。在美国，就像 1929 年的大崩盘一样，资产市场在经济危机发生的前几年迅速上涨，尤其是住房市场。1997 年后，美国的房地产价值迅速上升，2001 年超过了 1989 年的最高点，随后又再次上升，后一次上升的速度也在加快，这表明在巨大的市场涨幅中存在很多"动量投资者"。这种上涨是由抵押贷款异常增加，以及贷款条件的放宽促成的：2005 年，大约 45% 的首次购房者完全没有支付首付款。这种增长的影响是，1997——2006 年，在美国房地产市场中，经通货膨胀调整后的总体权益，即人们在其房屋中拥有的权益，一般来说也是他们的主要财富来源，增加了一倍多，达到 13 万亿美元。但到 2011 年底，这一数字下降了 58%，降至 5 .6 万亿美元，这是自 1983 年以来从未见过的水平。超过 7. 4 万亿美元的价值被抹去，数百万房主陷入负资产的困境。房地产市场似乎既是导致这场灾难的原因，也是其主要指标。而在崩盘前的 2006—2008 年，新建的住房数量和住房支出明显下降，但股票和其他金融资产市场却在继续上涨。[27]

忘记斯密的经济学后果

以上我们对一系列高度复杂的事件进行了简短的描述，其中已经涵盖了我们想讨论的所有关键话题。首先，我们强调了产品市场与资产市场之间的深刻差异，对于前者，大部分市场可以很容易地从均衡趋势和所谓的"看不见的手"的角度来理解，而后者有完全不同的价格机制、不同的内部逻辑和繁荣与萧条的周期性趋势。2008 年的经济衰退生动地表现了不同市场之间的差异。美国的非耐用品和服务消费最大跌幅为 1.7%，而住房消费下降了近 60%。这是一个惊人的差异。

其次，这使我们能够回到我们在一开始提出的问题："有效市场假说"是否是充分有效的。在该理论的两个关键主张中，"没有免费的午餐"，即市场价格不可能预测，经受住了许多繁复的验证。但是"价格是正确的"这一条，即金融市场的价格反映了所有可用信息的观点，则不然。众所周知，这很难被证伪，用什么参照物来衡量它是否正确呢？它看起来是站不住脚的。正如基金经理、作家乔治·库珀指出的那样，"有分析家认为，1996 年 3 月纳斯达克综合指数的正确定价是 1 140 点，而 2000 年 3 月的正确定价是 5 048 点，而 2002 年 10 月回落到 1 140 点时仍然是正确的定价"。[28] 实际上，该假说在试图用简单的理论解释太多的现象。对非专家来说，这种解释很容易，从一般意义上看，它具有真正的解释力。但由于其简单性和一般性，它模糊了不同市场之间关键的区别，并助长了一种"一刀切"的观点，这种观点似乎让立法者、政策制定者和监管者忽视了美国和英国的过度信贷创造和住房资产通胀产生的影响。相反，在 2008 年之前的 10 年中，他们被鼓励沉迷于一种具有潜在的破坏性的不对称认知中——认为不仅在经济不景气的时候应该避免政府干预，在经济向好的时候也要避免政府采取限制措施。还有一个非同小可的问题是，如果价格不合适，如果市场事实上没有反映所有可用的信息，那么世界金融体系核心的资本配置和效率理论就会受到非常严重的冲击。这种思想的影响是非常可怕的。

第三，资产市场的不稳定趋势并不是非理性的。这种繁荣和萧条的循环并非"肥尾事件"① 或"黑天鹅事件"（指远远超出了正常概

---

① 肥尾，指一种概率分布形态，中值两边的"尾巴"特别长特别大，也即落在两端的极端情况的发生概率比较高。——译者注

率，以至于在数学上完全不可能发生的事件）。恰恰相反，这是通过特定的市场渠道运行的正反馈循环的结果，其结果是放大和加剧了不稳定。这就是为什么这种效应，以及与其紧密相关的市场快速的上涨或下跌，会以统计学上不可能的规律发生。这就是为什么自 1971 年布雷顿森林体系崩溃，货币流动自由化以来，"繁荣与萧条"一直是世界经济的一个常态特征，也是为什么"繁荣与萧条"的趋势很可能在可预见的未来继续存在。这也是本杰明·格雷厄姆所说的友好但疯狂的"市场先生"这一令人难忘的比喻的核心要义。

最后，我们有理由认为，如果在 2008 年以前担任公职的人能够真正阅读和理解亚当·斯密的政治经济学思想，他们本可以缓和这些问题。米尔顿·弗里德曼在 1953 年发表了很有影响力的《实证经济学方法论》，他在文中向作为科学的经济学的批评者发出了挑战：[29]"关于一个理论的'假设'，要问的相关问题不是这些假设在描述上是否足够'现实'，因为它们从来都不是现实的，而是这些假设对眼前的目标来说是否能够提供足够恰当的近似值。而要回答这个问题，只能看这个理论是否有效，也就是看它是否能产生足够准确的预测。"弗里德曼的挑战表达了他对经济学的宏大期望，许多经济学从业者痛苦的经历再次表现了其学科在预测能力上的局限性。但这也起到了转移注意力的效果，使人们不再关注需要研究的市场的具体内容。在这个检验标准面前，经济学家和政策制定者在 2008 年之前经历了集体性的失败。

相比之下，斯密提出的市场理论不是单一的。在《国富论》第二卷对货币和资本的讨论中，他分析了 1772 年艾尔银行的崩溃，我们前面已经讲到过。在那个案例中，他注意到这些内容：银行需要谨慎地持有准备金以防止贷款风险；了解客户对判断客户的信用度的重要性；市场的虚张声势对人们情绪的影响；在 18 世纪 70 年代早期汇票的流通和结算导致的市场加速；过度繁荣的市场如何逐渐脱离真实的生产性投资；借款人和投机分子对限制性政策的抵抗和公开游说；艾尔银行的交易中隐含的灾难性的经济后果；以及早期的繁荣如何扩大了后续的衰退。以上的每一项都能在我们对 2008 年经济崩盘的分析中找得到直接的对应。

在讨论到过程中，斯密明确指出，他所赞成的"自然自由体制"并不是让人们为所欲为。这表明，现代人理解的源自斯密的"看不见的手"的理论是有局限性的。他特别谈到了自由放任主义的代表性主张："可以说，限制私人出于自己的意愿接受银行家的期票，无论金额大小；或者在他们的邻居都愿意接受时限制银行家发行这种票据，这些限制就是对自然自由的人为侵犯。法律的天职本应是支持人们的自由，而不是侵犯自由。"同时他也对另一些主张表达了明确的反对态度，并且他的反对是很坚决和有预见性的："毫无疑问，这些规定可能被认为在某些方面是对自然自由的侵犯。但是，如果少数人行驶自然自由权利可能会危及整个社会的安全的话，那么他们都应该受到法律的限制，这种限制与政府是自由还是专制的无关。这就如同为了防火而建立防火墙一样，（防火墙）也是对自然自由的侵犯。这里谈论的关于银行业的监管（同防火墙的性质）是一样的。"

我们只能遗憾，到了 2008 年还是没有这样的防火墙。

第三部分

影响

Part Three

Impact

第九章

资本主义的不足

现代美国的掠影

2004 年，经过紧张的企业游说，美国国会通过了一项法规，允许企业以 5.25% 的税率将离岸收入汇回本国，而不是通常的 35%。据说这是为了刺激就业和投资的增长，法律明确禁止将这些钱用于股票回购或高管薪酬。然而，美国国家经济研究局的一项研究[1]却发现，这项新法规对就业、投资或研发没有产生实质性影响。并且，它让 843 家公司以通常税收成本的 1/6 的价格汇回了约 3 620 亿美元，而且每一美元中有 62%~90% 都被支付给了股东。根据一项研究估计，这项法规涉及的游说成本的回报率为 22 000%，即每花费 1 美元就有 220 美元的回报。

1980 年，美国人中收入最高的 1% 的人获得了美国人一年总收入的 10%，而在 2014 年，这个数字是 20%。[2]

2015 年，一项异常广泛的全国性调查[3]发现，79% 的美国人认为他们的政府是"由少数只顾自己的大利益集团进行管理的"，而 1964 年这个数字只有 29%。近 1/2 的人认为，他们的"选票并不重要，因为有钱人和大公司对选举过程有影响"。民主党和共和党的大多数人都认为"我们的经济体系不公正地有利于富人"，并对富人和大公司的利益"非常好"或"有些好"。

2016 年，在麦卡琴诉联邦选举委员会一案[4]中，美国最高法院以 5∶4 的多数票认为，国会通过的一项法律违宪，因为它限制了一个人在一个选举周期内可以给所有联邦候选人和政党委员会提供赞助的资金总额。首席大法官罗伯茨在总结其主要意见时，引用了各方的权威名言，包括埃德蒙·伯克，他引用伯克的名言说，一个民选代表应该与他的选民保持"最严格的联合、最密切的通信和最毫无保留的交流"。然而，罗伯茨忽略了两件事：第一，伯克绝不会接受将"选民"等同于"竞选捐款人"，事实上，伯克一生中的大部分时间背负着巨大的债务，部分原因是他不愿意屈从于经济诱惑；第二，麦卡琴一案恰恰涉及来自代表的选区以外的捐款，因此根本不涉及选民本身。对这个案子，布雷耶大法官带头提出异议，他在裁决中写道："它造成了一个漏洞，它将允许一个人向一个政党或候选人的竞选活动捐款数百万美元。将这个案子与公民联合会诉联邦选举委员会案[5]放在一起来看……今天的判决掏空了我们国家的竞选资助法，其造成的残局是，这些法律根本无法解决其希望解决的关于民主合法性的严重问题。"

监管、抽租和周期性危机

对许多人来说，这种政治游说、反竞争的规章制度、高到离谱的行政人员薪酬、不断升级的不平等和失去公众信任的有害组合是市场制度的自然结果。根据这种观点，自由贸易非但没有带来普遍的好处，还加剧了经济的不平等，而资本主义本身也倾向于鼓励腐败和贪婪。这种观点认为，在一个日益全球化的世界里，情况更是如此：在这个世界里，资本是流动的，公司是跨国的，并且能够选择在哪里纳税，劳动力被外包到很少有权利保障或工会保护的低成本的司法管辖区，而富人是流动的，可以迁居到他们认为更合适的地方。这反过来又支持了一种新兴的全球价值体系，这种体系崇尚物质上的成功，鄙视民族文化、地方价值和制度。托马斯·皮凯蒂近年出版的《21世纪资本论》一书取得了巨大的成功，该书认为在过去30年中，资本的经济回报和劳动力的经济回报之间非常不平衡，而这只是一种更深更广的忧患意识的象征。但是，就像经济学、金融市场一样，有些人会更进一步，把资本主义的这些失败都归咎于亚当·斯密。可是斯密的思想不正是21世纪初全球民粹主义和反抗精英阶层的核心理念吗？

人们特别关注银行体系的过度行为是理所当然的。用金融评论家马丁·沃尔夫的话说，"银行业似乎效率低下、成本高昂，充满利益冲突，容易出现不道德的行为，尤其是可能产生巨大的危机"。[6] 国际银行业以半卡特尔的形式运作，在这个世界里，旨在防止渎职和滥用的监管政策却被用于限制竞争，保护既有的参与者并阻止新的参与者。因此，国际银行业受益于大量新的和日益复杂的规则而蓬勃发展，这些规则造成了权力和信息的不对称，为内部人员所利用。银行既能靠游说反对额外的监管，又善于利用新监管政策为自己谋取利益。说得好听点，官员和政治家在放松对一个长期以来众所周知的周期性危机行业的管制时，显得非常天真。

自2008年金融危机以来，这些趋势明显恶化。1988年出版的关于国际银行资本监管的重要文件《巴塞尔协议I》规则手册只有30页；2004年的《巴塞尔协议II》规则手册长达347页；2010年的《巴塞尔协议III》规则手册长达616页。美国在经济大萧条后的一项重要立法，1933年的《格拉斯-斯蒂格尔法案》长37页，而2010年的《多德-弗兰克法案》不少于848页，这还不包括400多条的相关规则，这可能会使《多德-弗兰克法案》长达令人难以置信的30 000页。另外，监管还催生了监管机构。在英国，银行监管机构的数量自70年代末以来增加了 40 倍。正如英格兰银行首席经济学家安迪·霍尔丹指出的，"在 1980 年，英国金融业每 11 000 名员工对应一个监管机构。到了 2011 年，每 300 人对应一个监管机构"。[7]

这些趋势在很大程度上减少了竞争，推高了成本，使银行系统与公众利益进一步脱节。因此，正如霍尔丹指出的，尽管人类社会在技术上取得了惊人的突破，其他服务行业的成本也大幅降低，但美国金融中介的单位成本 100 年来并没有下降。在英国，商业银行远未能够支持企业发展，只有 10% 左右的银行贷款被用于商业地产之外的公司和企业投资。与此同时，约 1 000 万美国家庭和 150 万英国成年人仍然没有银行账户。在这种情况下，公众对银行的信任度如此之低也就不足为奇了。

与银行一样，更广泛的金融部门也是如此。此外，国际货币基金组织和其他机构越来越多的研究表明，在一些国家，金融部门对经济而言可能"过于庞大"，[8] 实际上不利于经济增长。国际货币基金组织在 2012 年的一份报告中指出了两个关键的潜在原因：其一，发生大规模金融崩溃的可能性增加；其二，资本配置不当，因为以金融业为主导的经济体更倾向于利用金融市场的信息差获利而不是通过评估商业风险和企业回报获利。除此之外，我们还可以补充另一个关键的相关因素：银行从更广泛的经济中抽取"租金"，即在竞争性市场产生的回报之外获得的额外收入。数十年来，由于银行业的整体增长，以及出现了一大批"因为太重要而不能倒闭"的银行，银行的"抽租"活动急剧增加。由于这些机构不能倒闭，它们还能获益于纳税人提供的隐性救助补贴，而这种补贴的数额是巨大的。根据国际货币基金组织的数据，2013 年，美国主要银行的几乎所有收益约 800 亿美元，可能都是来源于补贴而不是生产活动。据估计，在英国纳税人对银行的隐性补贴在 2009 年为惊人的 1 500 亿英镑，2013 年为 100 亿英镑。[9]

这些数字表明，即使考虑银行业更广泛的影响，银行业可能也只产生了很少的实际经济价值，或者根本没有产生价值。而在 2008 年经济危机期间，人们发现，银行的政治游说行为与更宽松的信贷标准、更高水平的证券化、更快的抵押贷款组合增长和更糟糕的回报率十分相关。这反过来又意味着，积极的游说可能在鼓励贷款人承担更多的风险，而银行业员工及其他内部人士则获得了更大的私人收益，因为他们相信自己一旦失败就会得到救助，而事实证明，这将使公共福利付出巨大代价。[10]

如果说银行榨取租金的能力是显著的，那么银行员工以薪酬和奖金的形式从银行体系中榨取租金的能力也是显著的。[11]2009 年的一项研究发现，自 20 世纪 90 年代末以来，在美国金融业意外获得的高工资中，有多达一半可以用"租金"来解释，即它们是超过市场合理竞争回报水平的收入，即使在排除了失业风险、工资波动和教育等影响因素的情况下也是如此。而这种不相称的薪酬水平似乎已经反馈到了中高阶层的收入不平等上。1979—2007 年，工资收入最高的 1/10 人口的收入占比从 28.4% 增加到了 42.6%；收入最高的 25% 人口的收入占总量的 2/3，而在他们获取的这部分收入中，约有 60% 属于在金融服务部门工作的人。根据这一观点，如果能将整个金融部门的工资和奖金普遍降低到接近其他类似技能行业的水平，将可以显著提高银行的盈利能力和股东的回报率。[12]

裙带资本主义与"商人利益"

游说、抽租、高薪、不平等现象加剧……这一模式似乎很明显。

虽然这种情况在银行部门特别明显，但我们不应忽视更广泛的情况。因为这其实只是一个更普遍的现象——裙带资本主义的极端例子。

什么是裙带资本主义？它没有一个固定的定义，但就目前而言，我可以认为它有两个主要特征。第一，商业活动与更广泛的公众利益失去了任何关系，并经常与之发生冲突；第二，商业利益与商业回报分离。在这种文化中，正派、谦虚和尊重的价值被忽视[13]，短期主义和快速回报支配了长期以来建立的相互义务、公平交易和公正回报的准则。很明显，花相对较少的钱去游说政府，争取补贴或有利的法规变化，就可以获得非凡的回报。至少在理论上，一些游说，包括"信息性"游说和与之相反的兜售影响力的游说，都是民主进程的重要组成部分，也具有经济价值，因为它们让政府可以直接听取可能受公共政策影响的群体（公司、工会、慈善机构以及其他）的意见。参与者往往认为，他们自己的游说不仅是被允许的，而且是有积极意义的，因为他们需要制衡其他的游说活动。有些人更进一步认为，公司寻求法律补贴和政治恩惠在道义上是正确的，因为公司的管理层有义务为了股东的利益最大限度地争取利益。

裙带资本主义还有很多不同的变种。[14]19世纪末，垄断资本主义在美国盛行。当时科尼利厄斯·范德比尔特和洛克菲勒等人通过将铁路、石油等新兴产业集聚成"托拉斯"，行使垄断或寡头的市场权力，在西奥多·罗斯福利用《谢尔曼法》对其进行管制或拆分之前，托拉斯能够积累大量的财富。1947年后，在所谓的许可证制度下，许可证资本主义在印度蓬勃发展。尼赫鲁政府及其继任者试图建立计划经济，但最终却制造了大量的许可证、规章制度和繁文缛节，抑制了经济增长并刺激了腐败，这一制度直到近50年后才最终被废除。特许经营资本主义于20世纪90年代在俄罗斯也发展起来，出现了一代所谓的寡头，他们与国家的官方机构合作，甚至控制了官方机构，他们的大部分财富来自由国家创造和控制的石油和天然气等自然资源的特许经营权。军事资本主义在埃及和巴基斯坦等国生根发芽，在这些国家，军队本身已经成为大型的经济行为体。例如在埃及，由军队运营的生产占经济总量的10%。近几十年来，墨西哥和哥伦比亚等国出现了毒品资本主义。毒品贸易创造了巨大的非法利润，而且随着毒品贸易成为地方或区域经济的重要组成部分，它又通过腐败和洗钱进一步巩固了自身地位，使打击毒品贸易的努力变得更加复杂并受到严重破坏。

关于裙带资本主义的列举很难详尽。在一个特定的国家或社会中，这些变种还可以共存。有一些类型例如毒品资本主义，是非法的，而另一些可能是腐败的，但并不非法。但是裙带资本主义的所有类型都是利用法律、执法、市场机制或文化的缺失，而在其他的时空之下这些机制都是限制个人追求财富的。久而久之，这些市场中的赢家成为重要的利益集团，并试图对政府施加影响，以获取有利的监管、补贴和更少的监督。同样的模式一次又一次出现——游说、抽租、对内部人员的高额回报，往往会导致经济增速下降和不平等加剧。裙带资本主义在不同国家的程度和影响各不相同，事实证明，一些国家对它有相当大的抵抗力，另一些国家则非常脆弱。

但是，如果认为这种模式仅限于银行和金融市场，或在地理上仅限于发展中国家，那就大错特错了。根据经济合作与发展组织的一份报告，仅2008年美国企业在游说方面的支出估计就达3.2亿美元。[15]据称，仅一个游说团体在一年内就为其客户争取到了12亿美元的政府合同和援助，而费用仅为1 100万美元，也就是说每花1美元就能获得100多美元的回报。据《经济学人》报道，2016年，一个基于美国企业游说行为的投资指数连续第 18 年击败了标准普尔 500 指数，《经济学人》指出，该指数在大部分时间的回报率"可与最炙手可热的对冲基金相媲美"。

总的来说，这是一个致命的控诉，它提出的问题远远超出了本书的范围。但这些指控与亚当·斯密是否相关？是他造成了我们目前的不满吗？我们应该在多大程度上认为斯密与裙带资本主义的兴起相关？

首先要注意的是，我们离斯密的时代已经跨越了两个多世纪，在如此迥异的环境下，很难做出有价值的判断。斯密写作的时候，正值西方世界从长期的王国、公国交战时期，过渡到公认的现代全球化商业国家竞争时代。当时的人并未能看出贸易为什么会逐渐取代战争成为国家之间互动的主要模式，也无法预知经济问题会变得越来越重要，以至于经济理论化的基本条件从治国之道、王权或其他方面转向了政治经济学，更不用说在 20 世纪政治学和经济学成了独立学科。这正是斯密在自己的时代所要理解和解释的趋势。

此外，如果我们把资本主义看成是开放市场和作为独立机构运作并控制自主资本池的工业公司的结合，那么资本主义直到 19 世纪下半叶，即《国富论》出版约 80 年后才出现。[16] 在斯密的著作中，"资本主义"一词没有出现。事实上，关于斯密的一个重要事实是，他并没有以任何深刻的方式预见到工业化是一种经济现象，尽管在他周围有一些早期的迹象，似乎已经预示着现代公司股份制的兴起。但无论如何，他的兴趣不止于资本主义，而是广泛地延伸到与商业社会的本质和原因相关的问题中。

因此，我们应该审慎思考是否应该过度相信斯密的先见之明或我们自己的后见之明。斯密去世后，市场经济和市场经济学经历的一切曲折都被归咎或归功于斯密，这是很荒谬的。即便如此，这些观点还是很广泛，而且表达得十分尖锐，值得我们认真思考和审视，尤其在现在这个特别容易相信肤浅的声音的世界，更是如此。所有成功的现代经济模式或多或少都是市场经济。因此，对市场体系是否会滋生不平等、腐败和不道德行为的问题，是涉及现代商业社会合法性的核心问题。尤其是越来越多的证据表明，极端的或根深蒂固的不平等不仅在道德上站不住脚，而且会损害教育和就业机会，降低经济增长，破坏社会信任。解决这个核心问题，可以让我们更好地理解斯密和一些根本问题，以及如何解决这些问题。

那么，让我们不要拘泥于"亚当·斯密"作为祸害的扁平形象，而是去认识斯密的真实面目。正如我们所看到的那样，真实的亚当·斯密并不是一个自我利益的倡导者，他不相信理性的行为仅仅是由对利润的追求构成的，它不是自由放任的信徒，也不站在富人一边。他也不反对政府，不过他对反政府主义的局限性及其可能被滥用的范围表现出深刻的理解。斯密并不认为所有市场的运作都是一样的，更不认为它们的运作方式与现在的金融市场一样，他也不认为市场已经形成了一种自我调节系统不需要政府的干预。斯密承认资本积累的作用和意义，但他不是资本主义的理论家。事实上，他忽略了资本主义的一些核心特征。斯密并未为了消费美化消费，他在他的著作和生活中都对消费进行了谴责。他并未崇尚物质上的成功，而是认为追求物质上的成功不可避免地与经济发展的进程联系在一起，只有当它能使人类获得更大的福祉和自由时才有价值。正是因为他相信商业社会能反映并且能够帮助"自然自由"的发展，比起其他政治经济自组织形式能够使人的福祉和自由得到更好的发展，所以斯密才重视商业社会。

　　然而，斯密也敏锐地意识到了商业社会的优势和弱点，意识到了商业社会在"重商制度"和"排他性企业精神"面前的脆弱性。如前所述，他对垄断、奖励金、关税和其他贸易限制带来的不良经济影响进行了严厉批评。但他也意识到商人利益与更广泛的公众利益可能发生冲突的方式。"然而，商人在任何一种特定的贸易或制造业分支中的利益，总是在某些方面与公众的利益不同，甚至相反。"商人是"这样的一群人，他们的利益与公众的利益从来就不完全相同，他们一般都有欺骗甚至压迫公众的动机，因此，在许多场合，他们既欺骗了公众，又压迫了公众"。公司一旦成立，其利益就是保证自己的生存，所以要抑制或阻止竞争，并阻碍新的参与者进入市场。这与以确保自由竞争和开放进入为目标的公共利益直接相悖。自由市场可能不是企业资本主义的典范，而是企业资本主义的对立面。在两者冲突时，斯密是站在市场一边的。

　　此外，商人还具有巨大的政治影响力，[17] 他们积极行使这种影响力来维护自己的利益、压制竞争："军队的军官们必然反对裁撤部队数量，如果大制造商们以同样的热情和一致的态度来反对一切有可能增加他们在国内市场上的对手数量的法律……那么试图减少任何的垄断就会像试图裁军一样危险。"而且，斯密把这种军事比喻延伸开来，他认为这种程度的影响威胁到了政府本身："这种垄断使他们中的某些特定群体的数量大为增加，就像一支规模过大的常备军一样，他们已经成了政府的强大对手，并在许多场合恐吓立法机关。"出于这个原因，政治家和官员应该以极端怀疑的态度对待他们："对任何源自这一秩序的新法律或关于商业条例的建议，都应该秉持极其谨慎的态度来听取，而且要秉持这种怀疑态度，经过长期仔细的严格审查之后，才予以采纳。"

斯密特别斥责了那些"败家子和投机者"。[18] 他声称，他们用自己不切实际的计划将有价值的投资挤掉，使其无法获得信贷，从而损害了公众利益。斯密最强烈批评的是重商主义带来的影响，它扭曲了国内的商品和资本市场，在促进殖民贸易方面产生了负面影响。因为殖民贸易既是剥削性的，又是低效率的。他还特别批评了东印度公司[19] 及其竞争者。在最坏的情况下，这种操纵是灾难性的。"几年前（1770 年）孟加拉地区的旱灾，可能会造成非常严重的粮食短缺。而东印度公司的仆人们对大米贸易实行的一些不合适的规章制度及限制，又让这种短缺扩大成了饥荒。"[20] 在这一点上，斯密预言了一个有影响力的现代论点，即饥荒不会发生在民主国家，因为在民主国家，政府要受到言论自由、公众批评和连任选举的制约。

然而，本着孟德斯鸠的精神，斯密还提出，不同的经济安排不仅会影响一个国家人民的钱包，还会影响一个国家人民的价值观和道德品质。因此，他欢迎英国商业社会的兴起，通过在市场背景下重塑社会关系，构建"自由和安全"以取代"持续的战争"和"奴性的依赖"，从而遏制迄今为止根深蒂固的从属和服从的习惯。

所以对亚当·斯密而言，事实在很多方面与其说是有争议的，不如说是与流行的形象相悖。在斯密的时代，早在资本主义的完整形式出现之前，裙带资本主义就存在，就像今天一样，它把政治游说、反竞争监管、惊人的财务回报、日益严重的不平等和公众信任的丧失联系在一起。这就是斯密所说的"重商制度"，东印度公司就是一个例子；斯密并没有接受它，而是用最激烈的措辞谴责它。鉴于斯密与格拉斯哥的大商人之间特殊的友谊和关系，他可能需要很大的勇气才能这么做。

事实上，斯密大概是第一个全面分析裙带资本主义是什么，以及为什么它对企业和政府都有损害的人。在分析的过程中，他提出并强调了三种观点，这些观点经过进一步的重新梳理和发展，已经成为具有持久意义的分析工具。第一个是寻租[21]的概念。这个意义上的"租金"，或者说"经济租金"，与从土地或财产上获得的租金不完全是一回事，尽管这两个概念是相关的。具体来说，这里的租金是在竞争性市场的回报之外所获得的非劳动收入，可以将其看作是市场价格与卖方接受的最低价格之间的差额。在经济理论的完全竞争市场中，不存在具有既定公众声誉的品牌或产品，也根本不存在品牌，因为没有任何参与者具有足够大的市场地位，能对市场定价产生任何影响。所以，租金永远不会产生，它在竞争中消失了。然而，在现实世界中，成功的企业往往可以在市场上持续收取比其他企业更多的费用，原因很充分，因为他们的品牌或他们的产品质量、服务更值得信赖，所以在经济上，他们产生了更高的租金。就像胡佛牌或施乐牌一样，他们的品牌可以非常知名，甚至作为产品的代名词进入了语言体系。

当企业不再追求在市场上有更好的表现，不追求创新、建立新的品牌或提高产品质量或服务水平，而是通过非竞争性的手段来提高回报时，问题就来了：企业之间相互勾结，利用政治影响力赢得不公平的拨款、补贴或豁免权，建立垄断势力，或者把成本和进入市场的障碍强加给其他竞争者。斯密的理论并未论及经济租金的这些问题，在1777年，即《国富论》出版一年后，在与他同时代的评论家詹姆斯·安德森的著作中，经济租金理论才迈出了第一步。[22]因此，斯密似乎低估了公司可以通过合法手段建立起"好的"租金，从而获得可持续的竞争优势的可能性。但是，正如我们所看到的，斯密敏锐地识别和描述了他那个时代的特殊利益集团，以及寻租、勾结、游说等相互关联的问题及其影响。而他勾勒出的重商主义和殖民化之间更广泛的联系，则是大胆而富有启发性的。

在分析裙带资本主义过程中提出的第二个重要观点是，市场中的参与者之间可能存在信息和权力的不对称。[23]正如我们看到的那样，商人可以轻易地蒙蔽政治家；在商业中，斯密从未相信一只无形的手必然会在市场中创造平等竞争的条件，而是清醒地认识到一些市场参与者可能可以获得并利用对其他参与者来说不公平的优势。他强调商人会议总是走向"反对公众的阴谋，或某种提高价格的阴谋"，他还谴责那些促进这种会议的贸易法规，这使得在较自由的市场中难以进行的"阴谋"得以成立。

斯密同样清醒地认识到，雇主或"主人"有可能通过"不断的、统一的联盟，把劳工的工资控制在低于其实际工资率的水平"来实现与工人的不公平谈判。他们是一个紧凑的团体，而工人则是分散的，因此，"由于'主人'的人数较少，可以更容易地联合起来"，这种统一性使他们能够惩罚任何可能希望支付更多工资的叛逆的雇主。"违反这种联盟在任何地方都是不受欢迎的行为，也会让一个雇主受到他的同胞和同阶层人的责备。"最后，他们也有更大的权力，因为他们在短期的纠纷中可以坚持更久："一个地主、一个农场主、一个制造商或者商人，即便在不雇用任何一个工人的情况下，也可以靠他们的股票生活一两年。而许多工人无法在没有工资的情况下维持一个星期的生活，能维持一个月的就更少了，能维持一年的则极其罕见。"斯密指出，"工人需要雇主，而从长远来看，雇主一样非常需要工人，但是这种必要性并不那么直接"。但是市场的结构不允许工人从他们对雇主的长期重要性中提取经济价值。

第三个观点是后来被称为委托人与代理人的问题：负责执行任务的人可能与委托人之间存在利益冲突，因为他们有自己的计划，会影响其判断或表现。斯密通过讨论"股份制"公司（例如东印度公司，其股份可以交易，通常有许多被动的外部股东）与"合伙制"公司（其成员或股东负有无限责任，因此公司的利益与其自身的财富联系更紧密）之间的区别来解决这个问题。至少在理论上，当时和现在一样，股份公司的董事是股东们可信赖的代理人，但"作为管理者，与其说是管理自己的钱，不如说是管理别人的钱，因此不能期望他们能像私人合伙企业的合伙人看管自己的钱那样谨慎和上心"。这就导致了管理上的马虎和表现不佳："就像富人的管家一样，他们对小事的关心不是为了主人的荣誉，而常常是为了让自己免于失职的责任。"正如斯密在《道德情操论》中认识到的那样，在政府内部也存在着类似的现象："有时是……政府的利益，有时是暴虐政府的特权阶级的利益，扭曲了国家的实在法则，使之偏离了自然正义所规定的范围。"现代的利益集团理论，以及詹姆斯·布坎南和戈登·图洛克的"公共选择"理论，认为政府本身实际上就是一个利益集团，[24] 就是源于此处。

所以，斯密并不认可我们现在所说的裙带资本主义，而是抨击它。事实上，他不仅仅是抨击它，还把它当作商业社会的一种病态形式进行了深刻的批判，并奠定了现代处理这个问题的思想基础，包括寻租、市场信息和权力不对称以及代理人等关键观点，这些观点已经成为政治和经济分析的标准工具。

但是，这里还发生了一些其他的事情，也许更加有趣。在前文中我们看到了斯密是如何反对不平等与贫穷的，他那令人难忘的"普遍富裕"一词强调的是"普遍"而不是"富裕"，而且出于经济和公平的原因，他把一个国家在世界上的成功与高工资而不是低工资联系在一起，这与当时的正统观念是相反的。斯密的颠覆性思想还远不止于此，他倡导的"自然自由体制"与巨大的不平等不相容，在他提倡的制度下，财富的巨大不平等根本不应该出现。

一开始，斯密认为，在最发达的经济体中，创造利润的能力会受到竞争的严重制约。对他来说，正如已经指出的那样，"利润率并不像租金和工资一样，随着社会的繁荣而上升，随着社会的衰落而下降。相反，利润率在富国自然是低的，在穷国自然是高的，而且在最快走向毁灭的国家它总是最高的"。在被广泛认为拥有欧洲最先进商业经济的荷兰，"普通的净利润率是非常小的，所以通常能负担的市场利率非常低，以至于除了最富有的人之外，任何人都不可能靠他们的财富利息生活"。与竞争性较弱、任人唯亲的经济环境相比，例如臭名昭著的 18 世纪的法国，在这样的经济环境中资本的大量集中不太可能出现。此外，当谈及这个问题时，斯密更倾向通过税收制度来重新平衡公共收入，使之有利于穷人而不是富人，这也是出于经济生产力和公平性两方面的原因。例如，他承认，"对房屋租金征税……一般来说，富人的负担最重"。但这一事实并不能说明问题。恰恰相反，"富人对公共开支的贡献不仅要与他们的收入成正比，而且要比这个比例更多，这并非不合理"。同样，斯密也谴责"落在穷人身上的税比落在富人身上的税重得多"的现象，并对必需品的征税提出了批评，因为穷人除了从他们有限的收入中支付税款外，别无选择（避开这种税收）。

那么如何解释现在资本或财富的集中呢？斯密的观点结合了现实主义和原则性。对他来说，一些不平等是农业剩余的出现和私有产权发展的必然结果，这是商业社会的基础。斯密并不认同这样的不平等，他认为每个时代的富人都有出于虚荣心和自爱而挥霍财富的倾向。但是，正如我们看到的那样，他也谴责长子继承制和限定继承权，因为这些制度具有长期保存和集中财富的作用。对斯密来说，这些都是不受欢迎的封建残余，其效果是破坏了对土地的有效利用。同样的道理，斯密也承认遗产税的价值，因为它鼓励更广泛、更公平、更有生产力的所有权机制。综上所述，这些观点对英国社会的阶级结构进行了有力的批判。

所以，任何认为斯密在某种程度上是裙带资本主义奠基人的说法都是大错特错。事实上，斯密根据"自由的自然进步"理想提出的经济愿景，特别着重于抑制人们积累大量财富，他悲观地认为期望这种愿景在英国实现"就像期望在其中建立一个大洋国或乌托邦一样荒谬"。在这种理想社会中，利润被竞争降低了；工资很高；土地被广泛分配；遗产被分享；税收公平而恰当，虽然在原则上是繁重的；同时，政府采取行动支持教育，改善公共工程，防止市场操纵和抽租。这不是裙带资本主义，也不是它的各种变体，而是它的解药。

资本主义与平等

我们更好地了解亚当·斯密及其思想，不仅仅是为了驳斥对他的一些狂妄指控。还可以依循他的思想来回顾现代市场经济的成就，追溯自斯密去世以来关于自由贸易的争论，审视今天推动裙带资本主义的新力量。

有一个基本的、重要的观点值得重申：市场是有史以来促进经济发展、财富创造和社会进步的最伟大的工具。它使知识、金融或人力资本的拥有者能够通过行使他们的财产权来赚取利益，作为对他们使用这些资本的回报。这是资本主义的一个好处，另一个则是公司的出现使资本、风险和知识的集合成为可能。资本主义的这两个要素共同创造了财富。从历史上看，它们是 18 世纪末以来更广泛的自由化的一个关键部分，经济学家迪尔德丽·麦克洛斯基称之为"大丰盛"（the Great Enrichment）[25]，在这一时期，从西北欧开始再到北美和远东地区，实际人均收入增长了惊人的 30 倍，即 3 000%。就更靠近现代的情况来说，我们还可以将西方民主国家的发展与 1945 年后共产主义国家的发展进行比较。1990 年，联邦德国的人均 GDP 比民主德国高 60%，[26] 这还是保守估计。

发展中国家的情况也是如此。由于 1950—1953 年的战争，朝鲜分裂成两个国家。朝鲜战争 30 年后，韩国的人均 GDP 是朝鲜的 5 倍，到 2009 年则是 16 倍。中国的经济增长在 20 世纪 80 年代开始加速，当时中国开放了经济特区，并开始实施以市场为导向的改革，而印度的经济增长也是在 1991 年改革后才开始的。技术发展带来的贸易，远比援助更能使非洲各国在经历了几十年的发展停滞后摆脱贫困。

第二点同样重要：总体而言，全球不平等现象正在减少，而不是增加。事实上，不平等现象在以惊人的速度减少，而且减少的原因是开放的自由贸易市场数量的增长。在 1988—2008 年这 20 年间，全世界 60% 以上人口的实际收入累计增长了 40%～75%，这就是所谓的全球新兴中产阶级，他们主要来自亚洲国家，如印度、泰国、越南、印度尼西亚，特别是中国。最底层的 1/10 人口的收入取得了实际增长，尽管速度较慢。而收入处于世界前 10%～20% 位置的人们，主要是欧洲和美国的中产阶级，收入则几乎没有增长，在这些国家反而产生了潜在的严重的生活成本问题。

然而，对许多国家收入处于顶层 10% 的人群来说，情况却完全不同，这也助长了人们对不平等的愤怒。在那些人中，我们看到收入最高的 1%、0.1% 和 0.01% 的人群，也就是在收入分布中处于最顶端的那群人，与其余人群之间的不平等迅速加剧。这种不平等在一定程度上是裙带资本主义造成的。但总的情况来说，全球的不平等正在下降，尤其是国家之间的不平等，而且下降的原因正是由于市场的扩张。这证实了我们已经提出的观点：裙带资本主义是一种特殊的病态形式，是资本主义的弊病，而不是资本主义本身。

创造人类繁荣的能力是一种人性的善，所以资本主义的兴起不仅仅关于财富创造。正如斯密提醒我们的那样，这也是一个关于社会价值的问题，这个社会给人的自由和能力的培养提供了空间。本着类似的精神，我们还可以更进一步：一个正常运作的资本主义制度是在个人自由、勤奋工作、创造力、进取心和节俭的基础上发展起来的。它支持社会机构和经济交换机制的建立，鼓励有利于人们分享智力、财力和人力资本的传统和最佳实践。它依靠家庭来分担几代人的风险，依靠法治来保护产权。但是，资本主义可以同时激励人们以有利于社会生产或者不利于生产的方式行事：[27] 把精力用于建造房屋或寻找新的税收漏洞；开发拯救生命的药物或经营海外血汗工厂；可以刺激富有成效的投资，也可能鼓励人们寻找不知情的客户进行诈骗；可以引导人们在科学、技术和工程方面取得惊人的成就，或者系统性地滋养和利用已知的人类弱点。当资本主义运作良好时，它能带来信任、合作和创新。当这些美德缺失时，就表明资本主义本身出现了深层次的问题。

贸易的作用

然而，与流行的看法相反，即使在西方世界，在斯密去世后的两个多世纪里，合理的自由市场政策也基本上是例外，而不是常态。

在欧洲大陆，当时领先的自由贸易国家是斯密曾指出的荷兰和瑞士。至于美国，用美国商业史学家阿尔弗雷德·钱德勒的话说，1865 年南北战争结束后的一个世纪是由"10 年竞争和 90 年寡头垄断"组成的。在此之前，美国也不是一个自由贸易国家。早期的美国大体上分为"杰斐逊派"和"汉密尔顿派"，分别代表农业利益和原始的工业利益。来自南方农业奴隶州的托马斯·杰斐逊的追随者为他们的棉花寻求自由市场，而来自北方制造业州的亚历山大·汉密尔顿的追随者则希望对竞争性进口商品征收关税。汉密尔顿是当时的美国财政部长，他在 1791 年的《关于制造业问题的报告》中提出，在美国制造业强大到足以抵御外国竞争的全面冲击之前，有必要征收关税以支持美国制造业。[28] 这一内容在 1812 年战争后被主要的辉格派政治家亨利·克莱采纳，后来在共和党建立时被他的崇拜者、伟大的亚伯拉罕·林肯采纳。关税游说团一直占据优势，直到大萧条时期臭名昭著的《斯穆特·霍利关税法》通过后才变得声名狼藉。

在第二次世界大战后，当美国成为全球商业领袖和商业规则的制定者，此后才真正开始了降低贸易壁垒的努力，尽管这在很大程度上受到冷战和美国外交利益的制约。即使在今天，认为美国是自由市场堡垒的想法都是很奇怪的，但凡曾了解过美国的劳动法、移民规则、农业、目前尚存的许多制造业关税，以及美国关于外国投资和所有权的法律的人都会这么认为。2016 年 ，在美国传统基金会的经济自由度指数中，美国在 177 个国家中仅排名第 36 位，在世界经济论坛的贸易促进指数中，美国在 136 个国家中排名第 22 位。

英国走的是一条相当不同的道路，但其背后的原理却很相似。直到 19 世纪 40 年代，英国才真正开始推动自由贸易，并在维多利亚时代达到顶峰。在英国国内，1846 年罗伯特·皮尔政府在激进的自由党人理查德·科布登和约翰·布赖特的推动下废除了《谷物法》，随后威廉·格莱斯顿在 1853 年制定了开创性的预算，废除了 123 项关税，减少了 133 项关税。英国朝着自由贸易的方向发展，使亚当·斯密获得了一种神圣的官方地位，但这并非与生俱来的。事实上，自由贸易刊物《经济学人》的传奇编辑沃尔特·贝格霍特在 1876 年的《国富论》出版百年纪念会上曾评论道："对一个现代英国人来说，'自由贸易'是一个公认的乏味的正统格言，所以他很难记得在 100 年前它曾是一个异端和悖论。"[29]

在海外，英国的政策远比自由贸易更具有帝国主义色彩。1860年英法之间的《科布登-谢瓦利埃条约》继承了小威廉·皮特在 18 世纪 80 年代的开创性努力，降低了英国制造品和法国葡萄酒、烈酒的关税，这可以说是第一个真正的自由贸易协定。但是，随着大英帝国的扩张，军事力量越来越胜过外交和谈判的作用。臭名远扬的是，英国迫使中国开放了 5 个主要港口进行贸易（这对英国很有利），并在 1842 年的《南京条约》中夺取了对香港的控制权，从而结束了第一次鸦片战争。东印度公司的发展，得到了几十名前公司人员和议会股东的支持，随后中亚和南亚地区发生了大国军事冲突，在 1857 年印度民族大起义后，公司倒闭，英国直接控制了印度，并在非洲内陆地区进行了一系列的扩张行动，以寻求贸易机会和发掘矿产财富。1882年，埃及被占领，英国完全控制了苏伊士运河，从而也控制了与印度洋和远东地区的直接贸易联系。贸易是重要的，并且是至关重要的，它也是帝国结构和需求的一个组成部分。人们可能会对大英帝国的不同方面表示赞同或不满，这个话题至今仍存在激烈的争议。更难否认的是，和美国一样，只有通过工业化、技术发展或帝国扩张，在其选定的市场上取得霸权时，英国才会真正鼓励自由贸易，而即使是支持自由贸易也是为了服务于政治和经济目的。

正如我们所看到的，亚当·斯密痛斥了垄断和殖民剥削的倾向，痛斥了贸易限制、特权和关税的反竞争效应，痛斥了大商人游说集团（它们是今天裙带资本主义在国内和国际上的先驱）对国内政治的扭曲。毫无疑问，他也会谴责这些问题后来的发展。他是一个坚定的信徒，相信在自愿的伙伴之间开放贸易是明智的，但他也敏锐地意识到殖民剥削的恶果，并对使用胁迫手段开放贸易持有敌意。

那么如何评论汉密尔顿对幼稚产业的临时保护措施呢？ 19 世纪 40 年代，弗里德里希·李斯特和约翰·穆勒提出并发展了这一论点，这在近年来成为非常活跃的论点，因为一些经济学家支持"汉密尔顿式"的政策措施，作为对自由主义贸易观的普遍批判的一部分。也就是说英国 18 世纪的经济成功实际上建立在选择性关税和其他贸易限制制度的基础上，特别是由罗伯特·沃波尔爵士在 18 世纪 20 年代推动发展起来的制度，还得到了《航海法案》的助力。对韩国、印度尼西亚、中国和其他非常成功的发展中国家来说，幼稚产业保护政策一直是一个关键的政策杠杆。

正如我们看到的，斯密关于贸易的观点很难说是许多现代自由主义者的观点。他在《国富论》第四卷中对进口限制的讨论表明，他认为报复性关税可能有暂时的必要性，但前提是其目标是诱使另一个国家降低自己的关税。然而，幼稚产业保护则是另一回事。在第二卷中，斯密考虑了资本有限的国家应该如何最好地利用他们拥有的资本。他的回答是，与其把资本投放到过于分散的投资中，不如聚焦在某种产业上，农业优于制造业，制造业又优于贸易，这样做的理由是促进"它所能调动的国内生产性劳动力的数量"，以及"其就业能为社会带来的土地和劳动力年产出价值的增长"。

斯密明确指出，农业优惠，说白了就是保护主义的一种形式，它是迄今为止美国经济成功的源泉，他接着用一段清晰有力的文字总结了殖民地的一般教训：

> 如果美国人通过联盟或任何其他形式的暴力来阻止欧洲制造品的进口，并且通过创造垄断让他们的同胞去生产类似的产品，将他们相当大的一部分资本用于这种就业，他们将降低而非提高他们产出价值的年增长速度，并且将阻碍而非促进他们国家迈向真正的富有和伟大。

这是否意味着斯密在任何情况下都反对对幼稚产业的保护？其实，这一点还远远没有说清楚。从长期来看，斯密认为农业可以在价值上超越制造业的观点显然是错误的。但他的论点的逻辑是，对发展中的经济体来说，偏重其中一个部门是可以的，资本资源有限的国家应该利用它们所拥有的资源来发展附加值最大的领域。对当时的美洲殖民地来说，这个优势领域就是农业。对斯密来说，更广泛的概念指的是"生产性劳动"，他承认制造业和贸易产业具备生产性劳动，所以大概也包括今天所谓的智力资本以及其他生产要素。

因此，斯密并不像汉密尔顿那样完全了解工业化在美国或其他地区非凡的生产潜力。[30] 但是如果他有所了解，不难想象尽管他显然不喜欢干预既有市场，他可能也会支持发展中国家把稀缺的资本投入新兴市场上去发展新的制造业，而不是农业，因为工业的附加值更大。

裙带资本主义：下一个前沿阵地

因此，从斯密的观点来看，自由贸易市场的优势是压倒性的，但如果认为现代世界在过去两个世纪中，无论是英国、欧洲大陆还是美国，都曾有自由贸易的辉煌历史，这在很大程度上只是一个神话传说。西方国家享受了商业社会的好处，但也不断运用重商主义或裙带资本主义作为武器从其他国家榨取价值。吊诡的是，斯密对此提出了激进的批判，而他却被视为全球资本主义弊病的始作俑者。

斯密的观点使我们能够向前看：看到裙带资本主义的新形式，以及如何解决这些问题。因为我们完全有理由担心裙带资本主义会继续发展。首先，游说的经济效益在继续大幅增加，特别是对主导游说的全球公司而言。其次，近几十年来，许多行业通过收购和兼并进行整合，从半导体到制药、酿酒等产业都形成了一系列的国际垄断寡头。这反过来又减少了大公司之间的竞争压力，同时进一步加强了它们在国内的游说力量，给供应链下游的公司带来了额外的压力。《经济学人》2016 年 9 月的报道称，《财富》杂志榜单中 100 家最大的美国公司创造的利润在美国 GDP 中的占比在短短 20 年内从 33% 上升到 46%，增加了超过 1/3。[31] 在此期间，上市公司收入的中位数增长了 3 倍，利润率也与之相当。

同时，美国经济顾问委员会最近的一份报告和部分专家的研究发现，市场力量显著上升，而且不限于金融机构。[32]2014 年，美国公司平均的定价比边际成本高出 67%，而 1980 年这一数字为 18%；行业中前 50 名的公司权力越来越集中，利润率大幅提高，并且有证据表明每年新成立的公司数量在下降。这些因素可能有助于解释最近一系列其他令人不安的现象：尽管利率低，但工业投资率也很低；生产力增长缓慢；收入不平等加剧。因此，我们完全有理由担心，许多发达经济体正在失去有效的市场竞争，从而损失了属于消费者和公众利益的经济价值，这种价值的损失却并没有反映在股价上，股价与经济业绩表现越来越脱节。正如经济学家罗伯特·索洛所言，在企业内部，在历史上主导劳动和资本之间的价值分配的默契可能正在受到威胁，尤其是被企业管理层绑架了。如果这是真的，那么从根本上说，资本主义本身似乎也在挣扎。

但迄今为止，最重要的发展是技术带来的影响越来越大。随着技术的发展，市场的复杂性迅速增加，消费者的选择也越来越多。在这种技术的背后，蕴藏着大数据的巨大潜力，不管是好是坏，这种潜力往往会转化为那些掌握着大数据的人对技术产品使用者们的更大的权力。当然，所谓的免费服务其实并不免费：用户的时间和注意力被用来交换了广告和销售。提供这些服务的企业，如谷歌、苹果、脸书等，都是现代的巨头，它们就像古老的石油公司和铁路公司一样，这些托拉斯企业完全控制着自己的市场。谷歌在搜索服务领域占据了70%的市场份额；谷歌和苹果共同为90%的智能手机提供操作系统；脸书每月有20亿活跃用户。这些公司管理的技术平台是私有的、专有的，其内部运作对公众不透明。它们具有高度的可扩展性，并受益于所谓的"网络效应"，网络中的每一个新成员都增加了所有人的连接价值，数据的增长相当于经济价值的超额增长。[33] 近年来引入的反馈方法，让买卖双方可以互相评价，缩小信息差距，提高双方表现的积极性，这又会增加平台非凡的市场力量。事实证明，它们在识别、摧毁或购买潜在竞争对手方面效率也非常高。用互联网投资者和企业家彼得·蒂尔的话说："竞争是留给失败者的。"[34]

这些公司通过在技术和业务流程上的卓越创新而成长，它们利用这些创新为个人和企业消费者提供了具有巨大价值的新服务。从人工智能到智能制造，再到机器与人体生物学的深度融合，未来获得社会效益的可能性是深远的。然而，其被滥用的可能性也同样巨大。

到目前为止，公众的注意力都集中在公司利用内部调拨定价和其他手段将纳税额降到最低的恶劣行为上，这是正确的。但是，还有一个问题可能最终会留下更长远的阴影。这些公司与个人消费者在权力和信息方面存在巨大的、日益加剧的不对称性。这种不对称往往使公司有机会以违反公平交易和既定的公正准则的方式，剥削特定部门、群体和个人消费者。由于它们是封闭的系统，政府或监管机构很难对其进行审查。但与此同时，它们作为公共网络的地位意味着针对市场垄断或寡头垄断的正常监管工具的有效性会大大降低。比较一下，标准石油公司在1911年后根据《谢尔曼法》被拆分为一系列规模较小（但绝对量级仍然巨大）的石油和天然气公司，后来成了埃克森、阿莫科、雪佛龙、康菲、美孚和索亥俄（后来被英国石油公司收购）等公司。但很少有人真的相信，比如谷歌可以被有效地拆分成不同的区域单位或业务单位，或者说这种拆分能产生经济价值。

与这些科技巨头并驾齐驱的是宽带通信、能源和保险等领域的传统公司，在这些公司中，技术变革越来越多地使权力向内部人（公司及其雇员和股东）倾斜，而不利于客户。它们的产品并非免费，但其数量之多、复杂程度之高，使普通客户几乎不可能做出有效选择。通常，这些"扭曲的市场"有4个特点：产品涉及顾客的大笔支出；公司能够区分精明的和不精明的顾客；有很多不精明的顾客；不良行为对公司品牌或声誉的负面影响不足以阻止他们这样做。信息过载是一种公认的、广泛存在的现象，人们，尤其是经济条件较差的人，在面对多个选项时，很难做出选择。[35] 在极限的情况下，对容易犯错、时间紧迫的、较穷的顾客来说，寻找最佳产品的难度和成本变得过高，以至于他们只能保持惰性。因此，获利的基本方式可以简单到这样：企业会创造很多不同的产品，这些产品之间很难进行比较；把那些能找到最优惠的交易的顾客和找不到的顾客区分开，并针对后者提高价格；同时，这些企业忽略任何相关的传统或公共服务伦理，清除不可避免的反对声和消费者投诉，并鼓励监管者和媒体去责怪消费者自己不够积极。然后就可以坐享高额利润。英国的电力零售市场就是一个典型的例子。[36]

此外还有更多的传统产品和服务，数字技术让这些产品和服务变得不那么容易理解，因此可能对消费者来说是有害的。以大众汽车公司为例，这家公司正如其名字所暗示的那样，是一家为大众制造汽车的公司。2015 年，人们发现该公司创建了一个"作弊装置"，即一个专门用于在测试期间抑制排放但在道路上行驶时却不起作用的软件，用于规避柴油汽车的排放法规。换句话说，大众明知这样做的后果是污染空气，损害公众健康，却在明明知情的情况下，以一种不诚实的方式使用技术来违法。2016 年 6 月，大众汽车公司同意以 153 亿美元的价格和解这起美国有史以来最大的消费者集体诉讼案。[37] 国际上对其行为一片哗然，难道这就是德国卓越的工程技术带来的影响吗？但鲜为人知的是，美国汽车业使用类似的"失败装置"至少有 40 年的历史。随着技术的发展，作弊的规模和复杂程度以及消费者发现它的难度都在增加。

在例如食品市场等运作良好的正常市场中，竞争一般会促使价格下降，质量上升，消费者有非常多的选择，可以立即买到产品，而且在选择时几乎没有计算的负担。上述的"黑箱"案例与正常市场之间的对比是显而易见的。然而，随着技术的普及，以技术为支撑的新裙带资本主义扩散的危险性越来越大：这是一个自我强化的循环，在这个循环中，更大的内部权力鼓励了"扭曲的市场"的发展；这反过来又创造了民众对政府监管的要求，并为游说增加了更多的复杂性和机会，进一步增强了内部人士的权力，如此循环。其结果几乎可以肯定，就是加剧了信息和市场权力的不平等，并进一步损害公众对自由和开放市场的信任。这确实是一个暗淡的前景。

所以我们可以做些什么呢？传统上改善竞争环境和减少垄断的法律和监管措施在现在遇到了严重的困难。[38] 部分原因如上所述，其他的原因则是由于现代系统性的趋势，即完全从消费者经济损害的角度来解释竞争政策。不仅如此，正如英国监管机构发现的那样，价格比较网站往往被誉为是消费者得以降低成本并转换供应商的有效手段，但它也有一种令人失望的倾向，它变相增加了消费者的费用并限制了商家的竞争。[39] 这些公司的董事会还有巨大的空间来增加透明度，巩固公共问责制和提高有效性。还有另一种方法可能有更好的前景，它来自亚当·斯密的思想。正如我们看到的，斯密发现了雇主和工人之间的权力和信息的不对称，并支持采取措施提高工人的议价能力。同样，让大数据变得便携，通过为消费者提供更多的计算服务，提升消费者抵抗当今科技巨头的相对权力，还存在巨大的优化空间。人类消费者可以得到算法消费者[40]的支持，也就是说，通过一些软件去比较数字市场中的不同报价，并让它们代表人类消费者做出选择。想象一下，在这样的世界里，你可以让你的个人在线助手花时间利用网络计算能力，为你选择最好的家庭保险，而不是在几十个网站的几百种产品上浪费几个小时做选择，或者付出更高昂的费用使用价格比较网站。

有人说得很对，企业家精神主要是发现隐性成本，而这些成本很多都很难隐藏起来。随着时间的推移，这样的在线助手很可能会变得很普遍；如果数据被看作一种公共产品，一种由个人创造的东西，而不是简单地由公司积累起来的东西，就更会如此。原则上，这些数字代理人可以根据个人的准则自动进行购买和协商交易，甚至自动与其他数字消费者建立联盟，以获得更优惠的价格或新产品。事实上，我们有充分的理由去建立一系列新企业，以实现这种公平的竞争环境。这将需要谨慎的监管干预，禁用阻碍消费者货比三家的在线合同条款，要求卖方提供中立的价格和产品信息，以便数字代理人使用，并使消费者能够对向他们展示的广告进行更多的控制。而且这些措施必须做出进一步调整，以便让数字代理人能够在脸书这样的平台和环境中运行。我们没有理由认为这都是不可能的。这都有可能成为未来数字时代新的交易和反垄断的标准。

在这里，我们可以再次看到亚当·斯密思想持久的重要性。它提醒我们：没有两个市场是相同的；市场的存在并非是一种神圣的权利，而是具有公共和私人的功能；可能需要监管来确保其有效的和有竞争性的运作，但监管本身也有潜在的成本；基于企业利益的游说力量对有效市场和合法政府来说都是一个严重的风险；裙带资本主义在市场没有竞争性的地方盛行；裙带资本主义可以通过经济寻租、权力和信息不对称以及代理成本这三个关键概念来理解；除非采取积极措施，否则裙带资本主义很有可能会升级。

斯密的观点对理解我们的现代世界至少还有三个更广泛的意义。首先，斯密的经济平等主义预见到了最近的学术研究成果，这些成果表明，巨大的不平等不仅不会激励经济增长，反而会对经济增长造成破坏。其次，斯密强调了不同形式的现代重商主义，比如对贸易顺差以及关税和非关税壁垒的策略性利用；发展中国家劳动力市场的空洞化，因为流动能力最强的人才都被吸引到了发达经济体；各国在竞争中回避了共同的环境成本，这不仅可以理解为逃避全球化世界的责任，也可以理解为一种经济民族主义对政治权力的朴素追求，用休谟的名言来说，这是一种现代的"贸易的猜忌"。

最后，斯密强调了全球化辩论中缺失的维度，那就是道德。越来越清楚的是，全球化的赢家仅仅补偿输家是不够的。这里涉及的不仅仅是金钱，而是意义：受影响的人本应有能力过上有价值和有意义的生活，有充实的工作，有尊严，得到他人的尊重，并尽可能地发挥自己的能力。此外，随着权力、地位和信息的不平等的激增，市场力量的行使越来越被隐藏在技术的面纱之后，因此，不仅是有效的公共机构和规范很重要，公司和国家需要具有公共精神的领导人，这一点也变得比以往任何时候都重要。纯粹的经济分析，对失灵的市场、全球化、资本主义本身的分析，既误导了诊断，也耽误了可能的治疗。正如下一章所显示的那样，最终的关键所在是文化、身份和意义；这是任何旨在为那些被抛在后面的人提供补救和新的政策措施的根本。

第十章

商业社会的道德基础

1761 年，让·卡拉斯 '63 岁，他是一位胡格诺派 ① 商人，生意红火，同时也是一个丈夫和 6 个孩子的父亲，他在图卢兹开了一家商店专门经营织花布和印花布。当年 10 月 13 日晚，他的长子马克·安托万被发现死在家中。卡拉斯宣称，他儿子是被入侵者谋杀的，但医学调查确定，他是"被自己或他人活活吊死的"。城里突然传出一个谣言，说卡拉斯的儿子是被家人杀死的，是为了阻止他皈依天主教，于是卡拉斯被逮捕了。但是在监狱里，卡拉斯改变了自己的说法：马克·安托万是吊死的，他们在一开始出于害怕撒了谎，因为根据当时的法律，如果死者是自杀，他的尸体可能会被剥光衣服拉去游街示众。

接下来在当地举行的审判如同儿戏，100 多个证人提供了相互矛盾的证词，讲述了道听途说的故事，却没有一个目击者，也没有什么确凿的证据。法庭没有找到所谓的死者皈依天主教的证据，但死者却得到了一个完整的天主教葬礼，还有成千上万的人参加。在教会的公开支持下，卡拉斯很快就被认定为谋杀罪，判决被提交给图卢兹议会。该议会是当地的立法机构，同时也是一个审判法庭，在 1762 年 3 月 9 日，议会的复审再次维持原判。

随后，卡拉斯受到了公开的审讯和酷刑。在所谓的"普通拷问"

---

① 胡格诺派，16—17 世纪法国基督教新教加尔文教派。——译者注

下，他被放在一个架子上，四肢被慢慢拉开。由于他拒不招供，地方法官就升级到了"特殊拷问"。卡拉斯的嘴被强行撬开，用布盖住，在嘴里放上一个漏斗，行刑者捏住他的鼻子，用水壶把水灌进他的喉咙。但这仍然无济于事。然后，他被带到了大广场，固定在一个十字架上。他的腿和胳膊被打断，腹部被铁棍反复击打碾压。做完这些后，他被绑在一个轮子上，脸朝上放在太阳下，被处以轮行，但他仍在抗议，坚称自己是清白的。最后，他们勒死了卡拉斯又焚烧了他的尸体。

一个脆弱的世界

当时亚当·斯密到达图卢兹不到两年，伏尔泰的介入已经使卡拉斯案成为全国性的丑闻，成了行政和司法不公的代名词。斯密和伏尔泰有一个共同的好朋友泰奥多尔·特龙金，据约翰·雷的说法，他们次年在费尼的伏尔泰静修所里见了五六次面，不可能没有讨论过这个案子。斯密是伏尔泰这位伟大哲学家的热情崇拜者，据说他曾说过："他（伏尔泰）为人类福利做的事比那些所谓严肃学者，却没什么人读过他们著作的哲学家要多得多。伏尔泰的著作是为所有人写的，也应当被所有人阅读。"[2] 对斯密来说，他和伏尔泰一样，对这个案件产生了相当大的共鸣，显然他很钦佩卡拉斯的道德品质，因为他在《道德情操论》中加入了卡拉斯对一个被派来听他忏悔的教士说的令人难忘的最后一句遗言："我的神父……你能使自己相信我是有罪的吗？"

卡拉斯案喻示了社会的本质。虽然卡拉斯受到的惩罚很残酷，但在英吉利海峡两岸，这几乎算不上什么稀奇事。1746 年詹姆斯党人叛乱后，英国发生了 50 多起以王室的名义发起的，以叛国罪判处绞刑、拔刑 ① 和监禁的案件。此外，该案揭示了法国法律制度与英格兰、苏格兰的司法体系之间的生动对比：英格兰与苏格兰的司法是讲究法律独立和正当程序的。法律上的酷刑在英国至少有一个多世纪没出现过了，1600 年后，英国的酷刑在法律上已经被废弃，并最终在1640 年废除。事实上，伏尔泰曾在他的《英国书信集》一书中相当勇敢地颂扬了英国特有的宽容、自由以及法律和贸易的融合。这本书1733 年首次在英国出版，次年又在法国出版，在法国，它很快就受到了可预见的压制。

但对卡拉斯的判决提醒着人们，即使是一个在表面上很精致的城市，也可能有隐藏其中的暴力。1745 年詹姆斯党人叛乱后，暴力以类似的速度向爱丁堡的上流职业阶层袭来：正如斯密所说，"四五千名赤身裸体、手无寸铁的高地人占有了这个国家的发达地区，没有遭到不好战的居民的任何反抗"。³ 但那是来自外部的暴力。图卢兹显示了被重税和宗教恐慌激起的民愤是如何迅速沸腾，并导致内部流血事件的。

最后，很明显，当时卡拉斯被指控、处以酷刑和判处死亡的一个关键原因是，天主教教徒对其作为胡格诺派教徒的身份的恐惧造成的道德恐慌。图卢兹的法律机构不仅没有基于法治遏制这种恐慌，反而积极地怂恿这种恐慌。斯密曾在 1789 年对《道德情操论》的最后修订中写道："因此，在所有道德情操的败坏者中，派系和狂热是迄今为止最大的败坏者。"⁴ 卡拉斯一案就是体现这种派系和狂热行为的完美案例。这个案例进一步强化了斯密在《法理学讲义》中已经强调过的，公共机构、惯例和规范作为人类行为塑造者的重要性。

---

① 拔刑是把人的肢体向不同方向拉开的刑罚。——译者注

从这个角度看，商业社会是一个需要研究和解释的惊人现象。但卡拉斯案表明，商业社会也是一个具体的、复杂的、具有潜在脆弱性的人类成就，而且它在英国和法国呈现的力量是不同的。两国在政治、金融和经济上的对比是《国富论》中的一个重要主题。斯密显然相当熟悉法国地方议会对中央权威的抵制，以及来自凡尔赛的专制干预，这些都阻碍了法国的商业发展，并为1789年的暴力事件埋下伏笔。这与英国君主制自1688年以来的宪政管理制度形成了强烈的对比，英国的君主立宪制极大地促进了王室的信誉和独立商业阶层的发展。

今天，在一个渴望真正的知识权威源头的世界里，亚当·斯密被各种不同的经济、政治或社会观点所吸纳或贬低，但人们对他的解读仍然很少，并且这种有限的解读还往往集中在《国富论》上。正如我们看到的，这导致的结果是一系列的刻板印象。斯密被视为经济自由主义者，理性经济人的辩护者，资本主义的大祭司。在这些粗暴的形象背后，往往隐含着从自由主义到马克思主义的政治谱系中许多人都认同的一个观点，即"真正"重要的是经济，而文化是无关紧要的，生产和消费的物质经济力量将永远在社会中占主导地位，而经济成功就是需要把这些力量解放出来。与此相伴的还有这样一种观点，即政治学、社会学、心理学、人类学等很多东西最终都是经济学的衍生品，甚至都可以被还原为经济学。

然而事实上，即使在经济学内部，过去30多年来的许多优秀的分析也对这些假设提出了质疑，并开始主张和探讨文化在其模型中的核心地位。道德和社会规范，特别是那些构建我们生活的社会隐性规则，正越来越成为人们关注的焦点。具有讽刺意味的是，这总是使研究回到它的起点。因为在亚当·斯密的作品中，从他最早的文章到《道德情操论》《法理学讲义》和《国富论》，我们所说的文化在几个不同的方面都是绝对的核心问题。是的，斯密的很多思想都涉及自由如何使商业得以实现，以及从他的"自由自然体系"中可获得的经济利益。但是，他也关注着相反的现象：商业如何有助于维持自由与自由的价值？商业社会的本质是什么？它是如何塑造人的规范和人格的？

文明化的进程

孟德斯鸠著名的"温和商业"和贸易缓和效应思想，在 18 世纪的作家和知识分子中引发了一场关于商业社会性质的激烈辩论。孟德斯鸠[5] 在《论法的精神》中指出，"商业精神自然与节俭、经济、节制、劳动、谨慎、安宁、秩序和规则的精神联系在一起"。这个观点不仅肯定了商业和市场的好处，还超越了严格的经济范畴，特别是对孟德斯鸠来说，它能限制君主权力。商业和市场是社会文明的推动者，对个人来说，它也能打磨旧时代的野蛮行为。有人担心商业会破坏贵族的美德、公民秩序或对宗教救赎的追求。但对孟德斯鸠来说，商业是推动社会进步的直接力量。正如他所说："商业是治疗最具破坏性偏见的良药，因为这是一个普遍的规律，凡是有良好礼俗的地方，都有商业的繁荣，而凡是有商业的地方，都能见到良好的礼俗。"

大卫·休谟也曾在一篇精彩的文章《奢华》(后来更名为《论技艺的日新月异》)中，描绘了商业社会带来的勤劳、知识和其他人性优点的形成，商业如何把人们聚集在一起，以及这些优势在改善社会其他人的福利方面的溢出效应。与许多共和派的理论相反，奢侈经济并没有自动导致道德上的堕落或政治上的衰弱。但斯密的讨论更进一步，他提出发展一般会经过四个阶段，从狩猎到畜牧业到农业，最后到商业，斯密的分析把礼仪、财产、法律、政治和政府捆绑在一个单一的概括的动态理论中。正如我们在第三章中看到的，根据斯密的观点，在原始的狩猎社会中，人们只能拥有他们猎杀的东西，几乎没有私有财产，因此除了力量和技能的个人属性之外，人没有特殊的权威来源。私有财产出现在第二个阶段即畜牧业阶段，建立在拥有超出自己需要的畜群的可能性上。在农业阶段，产权扩展到对剩余农产品和土地的所有权上。在第四阶段即商业阶段，随着市场和贸易的扩散，产权不断扩大。每一个阶段实际上都标志着互通有无、以物易物、互相交易的进一步发展，也标志着社会向日益复杂化和分歧化过渡。同时，个人的野心和责任范围也从单纯占有少数生活必需品，逐步扩大到拥有牲畜、粮库、土地，并最终拥有只有通过共同的公共信任才能产生的货币和信用等抽象物。这一理论不仅是唯物主义的或经济的，更是社会的和文化的。

随着财产权的发展，财产拥有者和他们周围的人的财富也不断累积。不平等，用斯密的话说，就是"富人的贪婪和野心，穷人对劳动的憎恨，以及对现世安逸和享受的热爱"。[6] 同时维持社会秩序所需的权威的形式也在不断发展。在农业社会，这导致了财富和高贵的出身成为政治权威的基础；在英国，这导致了封建主义，因为一个大亨的剩余收入的主要用途是支付他的侍从和民兵的薪水并安置他们的住所。但随着商业社会的到来，这些个人从属的形式让位于相互依赖的经济关系。正如斯密所说："每个人因此都靠交换生活，或者在某种程度上成为商人。"因为人们自主地创造了彼此之间的相互义务。城市、贸易、制造业、商业合同，以及为它们提供资金的银行和贷款网络，都逐渐涌现。法律机构的出现是为了裁决和保护财产权，然后又延伸到了更广泛的权利上。刑事司法的性质从直接的个人或家庭的救助和赔偿转变为关注犯罪对社会的影响，国家日益垄断了判决权和执行权。集体对社会秩序的需求变得十分重要。随着社会的需求越来越强烈，社会对政府的要求也越来越高。

但人的礼仪、道德和性格也会发生变化，变得更加复杂。商业创造了财富和经济自由，也使人们在自愿和互利的各种交流中聚集在一起。商业社会是一个讲究辞令、谈判、交易和讨价还价的社会，也是一个追求物质利益的社会，它的盈余通过税收体系来支付法院和法官的费用。斯密说，在欠发达的社会里，缺乏任何司法体系的"野蛮人"社会要求自己的成员拥有"英勇和不可征服的坚定性"，不能屈服于柔软的情感，否则就会被认为是软弱的。但是，"一个有人情味、有教养的人，对别人的情绪更有感触，更容易做出一种有生气的、有激情的行为，也更容易原谅一些小小的过激行为"[7]。更柔和、更光鲜的商业社会可能既缺乏维持民兵的武德，也缺乏维持民兵的经济动机，但他们有财力负担一支常备军，在英国，也有阻止这支常备军成为压迫性军队所需的政治和法律机构。而商业社会的缓和效应也不仅限于国内，随着时间的推移，受其影响的欧洲国家越来越有兴趣在市场上竞争，而不是在战场上竞争。

正如我们在上一章中所看到的那样，斯密对商业社会并非不加批判。他承认，历史的实际进程在这种简化的描述中会有所变化。他的一般理论是，贸易的扩张增加了经济自由，鼓励创新和专业化。但是，这些发展本身要求并依赖一种不断发展的法律和宪法秩序，这种秩序保护财产权，抑制暴力，抑制国家进行掠夺性的干预。如果说人在改变，并被商业社会改变，那么机构也是如此。政府内部的三权分立本身就起到了一种分工的作用，使得公共机构内部的专业化程度提高，同时限制了抽租。这又维持了进一步的商业扩张，形成良性的、不断扩大的增长循环。政府的合法性建立在效用和进化的权威之上的，而不是建立在自然法、启示或社会契约之上。

因此，斯密描绘的图景是，社会、经济和政治秩序是随着时间的推移而自发地逐步形成的，它们不是任何个人思想、集体思想或初始的基础法案的产物，而是作为无休止重复的社会互动的意外结果演变而来的。其结果是形成了一种动态的政治和经济发展理论，它预见到了，甚至是决定了后来许多现代研究者的工作，从诺伯特·埃利亚斯和史蒂芬·平克关于暴力减少的讨论，到戴尔德丽·麦克洛斯基关于布尔乔亚美德的讨论，以及达龙·阿斯莫格鲁和詹姆斯·罗宾逊探讨了"榨取性制度"和"包容性制度"作为国家经济失败和成功的主要原因。

关于规范的理论

但是，如果商业社会是作为一个制度、法律、礼仪协同演化的系统出现的，这又会使人们对其背后的道德价值和行为来源提出疑问。是什么最终将这样的社会联系在一起？更深层次的问题是：不同的人为什么能够居住在一个广泛共享的道德世界里？他们为什么会有共同的假设和道德价值呢？

对托马斯·霍布斯来说，答案是将个人道德置于主权权威之下。根据他在名著《利维坦》中提出的理论，公民社会，以及超越个人利益的道德行为的可能性，以及人们对安全感的基本需求，都来自一种社会契约，个人放弃了一部分主权自由，选择了政府。事实证明，这一思想具有巨大的影响力。但是，在反对意见中，它很容易受到休谟的一个精彩论点的攻击：如果人们不认可必须遵守承诺，人类社会怎么可能源自包含承诺的社会契约呢？而如果他们已经接受了承诺的有效性，那么社会契约又怎么可能像霍布斯所说的那样成为社会的基础呢？也就是说，为什么有必要提出社会契约的概念呢？这是一种毁灭性的攻击。

这一攻击也指出了一种完全不同的研究路径：不是从顶层的主权权威开始，而是从底层的规范本身开始。这就是斯密在《道德情操论》中通过"公正的旁观者"的概念所要阐述的内容。正如我们所看到的，这不是为了形塑一种实质性的道德价值理论，如"善"或"正确"，尽管道德判断和美德观念可能会从中表露出来。这是自然主义的、描述性的，而不是规定性的，几乎是一种自我论证的道德和社会的因果理论。它并没有提供一个像功利主义那样具体的道德行动标准或规则，比如一个人的行为应该是为了使最多的人获得最大的利益。它也不打算形成一个超然的、绝对命令式的普遍道德原则的论述，像康德那样认为任何理性的人都应该认同这些原则。[8] 事实上，对于那些抱有这种期望的学者来说，斯密坚持道德共同体带来的相对性是一个严重的弱点。但这也是本书的优点，它提供了也许是最早的关于道德规范形成过程的详细理论。

在斯密看来，道德的自我意识是自下而上的、由外而内的：我们评估一个行为的道德价值，不是通过查阅宗教文本，听从"道德感"或我们自己的理性能力，而是通过想象把自己放在别人的位置上，扪心自问"如果知道我们行为的全部情况"，他们会如何看待这个行为。但这样做就是把自己定位在一个互惠的世界里，一个相互承认和相互负有义务的世界里，一个潜存相互的赞许或责备的世界里：承认自己是一个被审视的对象，也是一个潜在的旁观者。鉴于人类易变的本质，以及每个案例所涉及的具体情况，在这里没有客观的标准或绝对独立的观点可言，我们甚至可能无法成功地让他人很好地理解我们的行为和动机。即便如此，我们也可以问他们什么是"可爱的"，值得他们赞许的，既然"人自然希望，不仅被爱，而且是可爱的；或成为自然而恰当的爱的对象"，这就产生了可以作为行为规范的一般规则。在任何时候都可能有多种一般规则在起作用：例如，说谎总是错误的；而与牙仙①相关的谎言，对敌人或为了保护朋友而说谎是可以接受的，以及其他一系列事情。于是，就出现了我们现在所说的选择压力，使人们倾向于选择在特定环境中被认为是最能被广泛接受的规范，即使这些规范在特定情况下也有可能被违背。道德规范以暗示或明示的方式出现，它们是人类行为的结果，而不是人类设计的结果。

大卫·休谟在其《人性论》中指出，达成社会共识并不需要社会契约。⁹它可以自然而然地产生，无论是小规模还是大规模的合作，都不需要任何具体的决定或设计："两个人拉船桨，是通过协议或约定来实现的，但他们从未向对方做出承诺。关于财产的稳定性的规则也并非来自人类的约定，它是逐渐产生的，并通过缓慢的发展获得力量……同样，语言也是在没有任何承诺的情况下，基于人类的约定逐渐建立起来的，金银也是以同样的方式成为共同交换的尺度。"这种说法对约定俗成的事情很有效，比如在道路的哪一侧行驶，每个人都能通过一项规则而立即受益。在社会和道德规范方面，事情就不那么清楚了，比如是否允许乱扔垃圾或是否应当报答恩情，在这方面，不遵守规则往往可能更符合个人利益。斯密理论的高明之处在于，它解释

① 西方民间传说中收集儿童掉落的乳牙的仙女，她们在人们睡着时取走放在枕下的乳牙，并回赠钱币。——编者注

了这种规范如何能够自然产生，而且一旦建立起来就具有道德力量。实际上，斯密概括了休谟的提示，以及他自己关于语言交流的研究，从语言语法中提炼出了"社会的语法"[10]。

这种总体方法具有潜在的政治含义，但斯密并没有对此进行探讨。首先，政治家与其他人一样，也会追求选民眼中的"可爱"，可能会争相直接影响公众舆论，或者是影响与自己和对手相关的规范。其次，从更深层次来说，规范形成的过程本身可能对起始条件，特别是对相关人员的权力分配，是高度敏感的。斯密在建立具体规范的过程中，给因果关系因素留下了发挥作用的空间，例如我们今天见到的总统法令、议会法案、地方法规、群众运动、宗教运动、个人讨伐等等。但他的理论原则上适用于任何层面，从社会内部关于平等待遇和非歧视的宏观规范，到具体环境中期望实现的微小变化。它还适用于那些本身不一定是道德范畴，但在更宽泛的意义上是道德的或社会的，且对人们的价值和行为方式有影响的规范，例如关于善与恶、正义等。而且，由于规范是不断进化的相互认同的产物，其理论强调了在经济学中把社会规范认定为静态的和个性化偏好的困难。

我们将看到，斯密关于规范的理论具有普遍的适用性，可以涵盖广泛的人类行为。不可避免的是，在这个庞大的、丰富的、还远未定型的研究领域中，除了勾勒出一条总体思路外，我们很难再做更多的工作。然而，令人震惊的是，近年来，关于这些主题的许多科学和社会科学研究开始趋向一致的路线。这些研究包括弗朗茨·德·瓦尔等人关于灵长类动物的互惠规范的研究；乔·亨利希等人关于在不同种群中社会规范的进化选择研究；贾科莫·里佐拉蒂等人关于"镜像神经元"的研究工作——当一只猴子或一个人执行一个动作时，以及当他们看到另一只猴子或另一个人做一个类似的动作时，这些神经元都会有反应。有些人已经看到了斯密的"同情心"理论可以被神经科学验证的可能性。[11]

也许最引人注目的是博弈论，它更大程度地发展和阐明了休谟和斯密的思想。从这个角度来看，规范是人们协调解决社会问题的核心机制。这一解决方案通常可以被正式建模为"纳什均衡"，即在一种稳定的事态中，每个参与者都知道其他参与者的策略，并且自己的策略没有更多的提升空间。此外，规范还可以被视为进化过程的产物，或者是无数次重复交互作用的产物，这两种方法都能很好地解释斯密的观点。但对斯密来说，重复并不是必要的。规范提供了一个心理学上可信的说明，解释了公平的核心准则，即"设身处地"地从他人的角度看问题，这一准则也是哲学家约翰·罗尔斯著名的正义论的基础。[12] 总的来说，博弈论使得关于规范的思想能够融入经济学家所推崇的均衡模型中。但这也是它的弱点，因为作为一种纯粹的形式化处理方式，它是在单一时刻或反复连续的多个时刻上运作的。因此，它也未能符合斯密阐释的那种连续的、有活力的、不断变化的人类互动。

博弈论提醒我们，规范并非与经济和商业活动无关，也不是从属于经济和商业活动，而是直接对它们产生影响。以如何提高经济生产力为例，近几十年来，尤其是自 2008 年股灾以来，这个问题一直困扰着西方经济体。一个显著的特点是，在大部分行业中，生产力最高的 10% 的企业和生产力最低的 10% 的企业之间的差异是巨大的。在美国，在同样的投入量级下，头部企业的生产力平均是底部企业的两倍；在印度和中国，这一数字为 5 倍。[13] 这表明，在每个国家，社会和文化因素与纯粹的经济因素一并发挥着重要作用。

其他许多研究也支持这一建议。例如，对美国一家商业食品公司的 41 个经营单位进行的一项研究发现，"即使在控制了当地劳动力市场因素、当地市场规模、工会、资产年份、产品质量和当地垄断力量等因素后，排名第一的单位的生产率仍然是排名第二的单位的两倍。"这怎么可能呢？答案似乎是，最好的公司是按照管理层和员工之间的一套既定的默契来运作的，这种默契远远超出了具体的合同要求。这些默契被一种规范强化，这种规范强调公平对待、尊重他人观点并奖励创新，其结果是增强了信任，提高了生产力。任何一个工会的成员都早已知道这一点：简单地"照章办事"，按照合同的书面文字办事，可能会导致商业灾难。真正重要的是与正式协议并存的不成文的共识和立场、规范和信任。因此，更好地理解公司内部的文化和规范，并非无关紧要，而是经济的核心，事实上，这也是提高经济生产力的一个深刻的先决条件。

身份、财产和语言

　　斯密道德理论的核心思想还可以更进一步。当一个人明白什么是正确的事情时，他们通常也会获得一种关于他们应该做什么的信念。而且，他们还可以获得更多的信念：关于他们的身份，关于他们是什么样的人，以及他们如何成为那样的人。[14] 事实上，身份的概念从根本上说是一个共同的或群体的概念，它将一个人与其他人或与他们过去或未来的自我联系在一起。而且它隐含在斯密的公正旁观者的概念中，因为其关键是一个人自己的行为与旁观者认可的行为之间如何比较。一般来说，按照斯密的说法，人们所希望的身份是一个"可爱的人……或者说是自然的和适当的爱的对象"，而公正的旁观者对什么是可爱的判断总是会以他人眼光为依据。但是，当这样的人做了一些与自己身份不符的事情，或者说明知在别人眼里不可爱的事情，会怎么样呢？美国伟大的社会心理学家利昂·费斯廷格 [15] 认为，其结果就是认知失调：这是一种不舒服的感觉，这种感觉导致个人将自己的行为合理化，认为自己的行为在某种程度上一直是正确的。对斯密来说，这可以从古希腊为杀婴提供的借口中看出，"杀婴是常有的事，他们似乎认为这就是对这一行为的充分道歉，虽然这件事本身就是最不公正、最不合理的行为"。费斯廷格认为，这种认知不和谐的程度越大，自我辩护的需求就越极端，他的发现也得到了广泛的验证。在私人行为和公共政策中，这样的例子比比皆是。以最近的一个事件为例，2003 年，伊拉克不存在大规模杀伤性武器，因此美国入侵伊拉克的理由是毫无根据的，但入侵行动的支持者一般都不接受这一点，相反，他们坚持认为这场战争无论如何都是成功的，他们有其他理由，比如带来了和平、增加了国际安全等等。

费斯廷格关于认知失调的研究，以及他早期关于社会比较的研究，是现代社会心理学的核心，他们重新审视了亚当·斯密的思想。斯密的著述也包括对这些现象更深层次的解释。让我们回顾一下，对斯密来说，某人的名誉或公共品格是其个人财产的一部分，即保持良好名誉的权利。的确，对斯密来说，最大的幸福在于良好的声誉，这可能是长期大量投资的结果，作为个人满足和后世名声的来源，就像古人一样。当然也可能发生相反的情况：一个人的名声可能会在后世被他人摧毁。休谟死后，威廉·斯特拉汉曾希望出版他的书信，但斯密劝他不要这样做，他说不择手段的人"会立即翻箱倒柜搜寻那些曾经从休谟那里收到过任何一张废纸的人。许多事情会被公布出来，使所有那些希望纪念他的人感到非常尴尬"。斯密也销毁了自己未完成的作品，并拒绝帮助休谟出版《自然宗教对话录》，如果我们要为他的谨慎寻求一个解释，除了他个人的谦虚之外，答案肯定也与前述的观点相关。

同样，一个人对自己身份的认同感也可能是一种需要付出相当大的牺牲才能获得的资产。对斯密来说，人的自我观念是一种社会性的观念，是通过人与人之间的互动形成的，既是在理性之前，也是通过理性过程形成的。[16] 正如他所说："纯就天赋来说，哲学家与挑夫在才能和性情上的差异，恐怕还不及獒犬与灰狗的差异的一半。"[17] 从道德角度看，自我可能反映了个体判断的累积，个体在与公正的旁观者的观点进行比较时不断产生新的判断，这可能会付出高昂的心理代价，因为它常与个体最深层的需求和欲望相背。当然，这也可能反映出一个人对自己想成为什么人的内心选择。可以说，在每一种情况下，人们除了考虑外部声誉之外，同时也在保护和捍卫内部声誉。个体的内部声誉是一种非常有用的资产，支撑着一个人的信念、价值、意志、行动的意愿，以及他面对逆境时的韧性。但这也直接导致了费斯廷格描述的防御性的自我辩解模式。

将人们的核心信念和道德认同视为一种资产，[18] 是一个不容易论证的观点，但斯密处理这个论点的方式使得我们更容易理解为何人们在面对认知失调行为时强烈抗拒放弃这种资产。这种方法也有助于解释许多其他类型的行为。那些认为自己拥有丰富道德认同资产的人，往往会做出更多他们认为自己"有权利"而为的行为。他们更容易"浪荡"，即对自己的行为不端更理直气壮。而认为自己已经耗尽"资产"的人就可能会投入更多"有价值"的事业，例如私下努力更新自己的身份资本，或者公开重塑自己在他人眼中的声誉。"跑步机效应"可以被用来形容那些对某种身份进行了大量投资的人（通常是通过工作），为了维持住这种身份资本，他们会以极高的甚至病态的强度持续投入，这对他们的家庭、同事和他们自己都是有害的。人们有一种公认的倾向，对与重要利益相关的身份，会非常重视可能威胁到这种身份的信息。例如新移民会认为自己缺乏原籍国的身份资产，因为他们没有足够的关于原籍国的知识和文化，但他们在入籍国的身份资产也不稳固，因为他们也没有在入籍国积累足够的知识与文化，所以他们特别容易被新身份或者破坏性身份所吸引，尤其是极端主义的身份。还有一种公认的倾向，当人们觉得他人的善行贬低了自己的身份时，人们会想要以某种方式惩罚这些做了好事的人，就像经常发生在吹哨人身上的那样。我们也会注意到一种普遍现象，一些年轻人会在不同的身份中穿梭摇摆，他们就像为自己的储蓄寻找合适标的投资者一样。

　　语言可以成为分析的线索："投资""有权利""贬值""估值"等词汇表明，这里的财产观念可能不仅仅是隐喻。上文勾画的思路显示了如何以斯密的理论风格去解释现实现象，以及如何将这一领域的许多现代观点置于更广泛的规范理论之中。这种情境式的方法也有其局限性：例如，它难以解释禁忌的功能。禁忌唤起了一种神圣感，它是无条件的、无论如何都不能做的事情，较少受到人们评价和理性计算的影响。但引人关注的是，它促使我们更加动态地看待人们日常的身份认同。在这种思路中，信念作为一种核心资产，是更容易变动和交换的，并且在面对他人的行为时，可以不断被检验、采纳，或者被抛弃。在现实中，即使是那些年长的、表面上已经确立了信念的人们，他们的身份在现实中也是不断涌现的、不确定的、向前看的，他们仍然常常在询问着"我是谁"的问题。

关注的经济

因此，斯密对我们非常熟悉但又非常不寻常的商业社会进行了丰富的分析。他并非只专注于经济学角度，还从法学、社会学乃至道德哲学的角度进行了分析。市场不仅是靠收益或损失的激励来维持的，还需要靠法律、制度、规范和身份来维持。离开了这些非经济因素，就无法充分理解市场。需要注意的是，斯密的学术研究中蕴含着惊人的雄心。我们现在所认为的不同学科可能都对斯密的研究有所贡献，并提供了深刻的见解，但每一个学科所能提供的视角都不可避免具有片面性。必须将它们整合在一起，才能给出一个统一的图景。毕竟，归根结底，世界只有一个，那就是人类世界。

那么，跳出严格的经济学视角，现代市场经济对广泛的人类活动有何影响呢？我们可以从三方面来看这个问题。第一，私营部门和公共部门之间，市场的行为和现代国家的活动之间，有时被过度对比了。在经济上，这些活动大概包括：购买商品和服务；委托运行、建设和管理基础设施；经营公共服务和分配福利。国家受到市场的压力，狭义来说，是在采购和委托活动方面（虽然在国防等活动中政府有垄断权），广义来说，也包括债券和货币市场的全球活动。国家对其余领域有巨大的经济影响，从这个意义上说，它也是一个经济行为体。但是，国家也通过许多其他的方式影响着人的行为和人类社会，如法律制度及其执行，行政优先权、立法，以及更广泛的政治进程，"舆论高地"（bully pulpit）①，还有政府明里暗里的优先关系（虽然经常是相互冲突的）。

---

① 这个词汇来源于罗斯福总统，原指白宫，意思是身居白宫天然占据了显眼的位置，在这样的位置进行发言天然获得了引起关注的优势地位。——译者注

第二，将当前的经济活动与难以定价的"更远的未来"（即未来50 年或更久的时间）进行对比。例如，气候变化、人口增长和减少等一些超长期问题，远超出了大多数公共和私人投资者行为的正常时间范围。这一事实造成了一个难题，正常情况下，未来的收入和支出是相对于现在进行贴现的，反映了人类对近期而非长期的偏好。这就是所谓的货币的时间价值，也是经济分析的基本基础之一。但在任何正常的贴现率下，这种长期贴现的效果是，使这种超远期支出的现值接近于零。然而，像水坝等基础设施这样的长期项目显然具有持续的价值，它们的运行寿命可能会达到一个世纪或更长时间。今天，伦敦的排污系统的基础结构还是维多利亚时代建造的管道、水井和排水沟。不仅如此，人类面临的一些最重要的问题，例如人口增长和气候变化，也具有这种长期性。将这些问题排除在经济分析之外，会导致一种具有潜在灾难性的短视主义。然而，要使公共政策对这些因素提起重视，仍然是政治经济学面临的一项重要挑战。

第三个方面同样有趣，它与目前的讨论直接相关，就是阿夫纳·奥弗尔所说的"关注的经济"①。[19] 正如我们看到的那样，商品和服务市场的许多行为，特别是非耐用消费品，如"理发和汉堡包"市场的行为，都可以用自我关注的假设来解释。这些市场的奇迹不仅在于它们是自主的、无计划的和自我修正的，也在于它们产生了源源不断的创新，而且不论参与者的道德品质如何，它们都产生了有社会价值的结果。

但是，与之共存的，还有个体之间的、面对面的或小团体的互动经济，以及馈赠、互惠和志愿服务的经济活动，即"关注的经济"。

---

① 关注的经济（The Economy of Regard）由牛津大学经济史教授阿夫纳·奥弗尔首先提出。——编者注

正如奥弗尔所言，"关注有很多种形式：注意、接受、尊重、名誉、地位、权力、亲密、爱情、友谊、亲情、交际"。但一般来说，不关注某人就是与他保持距离，而收回奖励就代表着惩罚或拒绝。乍一看，关注的经济集中在家庭、亲情、友情的群体中，仅这一部分就规模巨大：家庭经济没有被纳入标准的国民经济核算中，但在美国、英国和澳大利亚等国家，家庭经济创造了估计 25%～35% 的 GDP。除此之外，老年人对年轻人的遗赠和年轻人无偿照顾老人的代际价值交换也很难衡量，却无疑是规模巨大的。例如，在英国，仅有不到一半的成年人每月做了一次以上的正式或非正式的志愿服务。这种重要的活动正如我们在第七章中指出的那样，常常被视为在某种程度上更具有女性特征。奥弗尔的理论将这些重要的活动包括在内，这意味着在政治经济学的框架中对经济学进行更广泛的重新定位。

把"关注"货币化就是在破坏它。但是，市场经济和关注的经济并不是两座完整又独立的孤岛。恰恰相反，市场经济也充斥了"关注"。正常的商业交易离不开劝说和礼尚往来。提供服务往往会得到小费，而小费的价值不仅仅是经济上的，更是一种尊重的象征。公司团队建设、个人交往、商务午餐、关系销售等都涉及礼品或基于关注的礼尚往来。世界各地都是如此，从美国的企业招待到英国的"面包和黄油"感谢信，再到中国的送礼和"关系"。

关注的经济受到了各种不同力量的影响。一方面，来自政府的压力越来越大，政府要求将礼品和其他非正式交易纳入税收的范畴，使其成为正式经济的一部分被记录下来。另一方面，来自私人和公共利益集团的压力也在增加，他们希望利用这种交易来达到自己的目的："用花传递心声"①就是一个例子，对吸烟的污名化是另一个。总的来说，无论是在发达国家还是在发展中国家，服务的快速扩张，日益个性化的趋势，以及最重要的，互联网商业和通过社交媒体建立的友谊或联系网络的爆炸性增长，都表明"关注的经济"越来越重要。我们生活在一个即时反馈和即时表达的时代，一个"喜欢"和"关注"的时代，一个猫途鹰对一家新餐馆的评论比报纸评论更重要的时代，一个超市的采购团队可以将一小袋蓝莓追溯回智利的种植地，并向农民发出感谢和认可的个性化信息时代。

　　关注的经济是现代人经济活动的核心部分，但作为一种思想，它可以说直接来源于《道德情操论》。我们又一次回到了政治经济学的黎明，重新发现了亚当·斯密250多年前提出的见解。"关注"（regard）这个词选得很好：首先，它抓住了斯密"公正的旁观者"概念的两个方面，即看到某人的行为和评价某人的行为；其次，它很好地反衬了斯密两部伟大的作品所依据的自我关注的核心思想。正如斯密认识到的那样，私人化的市场交易是与我们信任的人进行的交易，同时也有完全非个人的市场交易，是在彼此陌生的交易对手之间进行的（但通常他们是可以认识的）。陌生人之间的市场交易由我们对市场规范的普遍信任和人类自爱的可靠性来维持。但也存在非市场化的基于关注的交易，是由人类对爱和被爱的渴望来维持的。而结合了这两种特征的交易更是数不胜数。

①　"用花传递心声"（say it with flowers）是一句谚语，指用悦耳的语言表达观点。——译者注

反社会的道德

但即便如此，故事也只讲了一半。在有关注的地方，也可能有无视；在有尊重的地方，也可能有不尊重；在有声誉的地方，也可能有恶名和臭名。虽然关注的作用是巩固了道德共同体，但前述这些因素也可以起到相反的作用，损害和破坏道德共同体。

我们在此之前都主要是依照斯密的理论框架来讨论问题：用现代术语来说，它解释了积极的道德规范和价值，而这些规范和价值将社会编织在了一起，同时它也解释了个人由外而内发展出道德的过程。但是，不难看出，同样的机制也可以在反方向上运作，从而形成反社会的规范。以乱扔垃圾为例，从纯成本的角度来看，在乱扔垃圾的问题上，个人和群体的利益并不一致：一个人把饮料罐丢在大街上，可以省去妥善处理的成本，而且被抓到并受到惩罚的可能性相对较小。然而，乱扔垃圾却使环境维护和公共财政增加了巨大的集体成本。同样的道理，一个有效的反对乱扔垃圾的道德规范的价值也是巨大的：制约人们不要乱扔垃圾的，不仅仅是人们意识到乱扔垃圾会产生的社会成本，还包括人们意识到如果自己乱扔垃圾就会受到他人的观察和评判，因此也会不被他人认同，这妨碍了人们希望在别人眼中显得可爱的想法。随着时间的推移，这规范被内化为每个人的价值观，它独立于任何外部监督而运作。它的成本很小，而且不需要法律，甚至不需要太多的强制执行。总的来说，这可以是一个稳定的、经济上有效的、对社会也有利的状态。

到目前为止，这都很符合斯密的理论。但相反的情况也有可能发生：人们可能会继续乱扔垃圾，出于很多不同的原因。第一，与乱扔垃圾的动机相比，道德规范可能不够强大；用博弈论的术语来说，个人可能会"叛变"（defect）。第二，规范的形成机制可能无法运作，因为这个人可能根本不想做个可爱的人，也不想寻求别人的认可；他可能在某种程度上就是不合群的。第三，这个机制可能会朝反方向运作：个人可能会积极地希望寻求社会的不认可，比如作为一个帮派的成员，帮派会认可他们不被社会所认可。第四，一种规范可能被另一种更主要的规范取代。当然，可能有多个因素同时发挥作用。例如，涂鸦可以是一种艺术性的表达，也可以是一种冒犯他人信仰或利益的行为，也可以是蓄意的干扰和挑衅，或是一种原则性的信念，他们相信某些公共空间就应该受到挑战。多种因素共同作用的结果可能达成一种稳定的但低效的反社会的平衡。众所周知的"破窗"理论也反映了同样的境况，即如果不加以干涉，轻微的混乱往往会升级，而尽早干预可以预防更严重的犯罪（但是这种说法也很有争议性）。

不同的亚文化在规范上会有很大差异。2002 年 10 月，《克林顿-舒默修正案》规定，在纽约非法停放的外交车辆可以被拖走，并吊销外交官的联合国停车证，并从美国给予其原籍国的援助中扣除应缴罚款总额的 110%。从 1997 年 11 月到 2002 年底，来自世界 146 个国家的外交官在纽约市的停车罚单累计超过 15 万张，未付的罚款超过 1 800 万美元，然而，由于受援国的外交豁免权，没有一张罚单被支付。[20]正如雷蒙德·菲斯曼和爱德华·米格尔在 2006 年发表的一篇著名论文指出的那样，这实际上是一个独特的自然试验，测试了不同规范对腐败的影响。在 18 世纪，腐败被定义为"滥用委托的权力谋取私利"。这些人都是"来自不同国家的政府雇员，都在同一个城市生活和工作，他们都可以不受惩罚地（非法）停车"。

菲斯曼和米格尔发现了什么？首先，至少在这个案例中，标准的犯罪经济理论并不适用。理论上说，由于没有执法，各地的无偿停车行为应该都很猖獗。然而，他们发现外交官之间的行为差异很大。即使每个人都能逃脱对未缴停车费的处罚，一些国家的外交官在三年内累计未支付的停车费用为零，而一些国家的外交官平均每人有100多次未支付停车费的违规行为。此外，即使考虑离群值和一些意外情况，违章最多的国家与那些在国际腐败评价指标中得分较高的国家之间也有很强的相关性。用菲斯曼和米格尔的话来说，"在违章停车者中，其原籍国排名前10的是科威特、埃及、乍得、苏丹、保加利亚、莫桑比克、阿尔巴尼亚、安哥拉、塞内加尔和巴基斯坦，它们在国际腐败排行榜中的排名也很差"。

相比之下，日本、英国、加拿大等国家在欠缴违章停车费和腐败这两方面的名声都很好。菲斯曼和米格尔总结说，与腐败有关的一些文化或社会规范是持久的，很难转变："即使驻扎在千里之外，外交官的行为方式也会让人联想到其本国的官员。与腐败有关的规范显然是根深蒂固的。除了法律的执行外，还有一些其他的重要因素决定了腐败行为的发生。"另一种说法是，遵纪守法、交停车罚单、不将损失强加于人等有益于社会的地方规范受到一些人的尊重，但对另一些人来说，他们已经内化了反社会的政府规范和文化，而这些反社会的规范和文化又形成了稳定的长期平衡。

我们可以清楚地看到，这与斯密对规范形成机制的描述是多么吻合。还有另一个现象也可作为佐证：腐败的规范一旦根深蒂固，就会有一种自我复制的倾向，滋生出其他的腐败规范。在荷兰的一组研究中，[21] 仅将涂鸦引入特定的场景，相对于对照组来说，实验组乱扔垃圾和偷窃少量物品的人数就增加了一倍以上。涂鸦似乎给了他们做坏事的许可，或者说掩护。另一项研究收集了全世界23个国家的数据，西蒙·盖奇特和乔纳森·舒尔茨发现，受试者在一个简单的掷骰子实验中作弊的意愿，与他们的原籍国在政治欺诈、逃税和腐败等更广泛的统计数据（都来自独立研究）所体现的情况之间也存在着系统性相关。[22] 如同费斯廷格的研究一样，这些研究发现人们有一种强烈的潜在欲望，希望保持积极的自我形象，这限制了作弊行为。但当他们看到别人有腐败行为时，特别是当那些人身居要职时，他们就更有可能也那样做。然而，人们并不想明确地打破一个规范或既定标准，而是倾向于在身份允许的范围内扭曲规则与真相。正如斯密所认为的那样，他们以他人为基准，因为他们渴望爱，希望自己在他人眼中是可爱的。同样，腐败的规范也可能存在平衡点，[23] 也许在每种情况下都存在多个平衡点，这些平衡点可能强大到足以抵御更积极的替代方案带来的选择压力。在这些情况下，唯一的出路可能只有政治干预或社会行动。

这就把我们推到了最困难的问题面前。那商业社会本身呢？如果商业价值本身产生了败坏社会的影响，又怎么办呢？

商业化的社会

2009 年，新西兰航空公司雇用了 30 人充当"人头广告牌"。他们的头被剃光，在头上贴了临时文身，上面写着"需要改变吗？去新西兰吧"。做两周人头广告的价格是一张价值 1 200 美元的前往新西兰的往返机票，或者 777 美元现金。

我们应该如何看待这个问题？ 这是完全公平、直接的市场交易吗？ 还是出了什么问题？ 如果人头广告牌可行，那么付费升级监狱牢房呢？据报道，在加州圣安娜市，从 2012 年开始，非暴力犯罪者可以花钱买一个干净安静的牢房，远离那些不交钱的犯人。价格是多

少？每晚只需 82 美元。或者是，付钱请人排队参加国会听证会（约
60 美元），或者付钱请人排队买一张在中央公园免费看莎士比亚戏
剧的票（最高可能需要 125 美元）呢？或者花钱请学生替考，花钱
让携带艾滋病毒的母亲长期避孕呢？或者聘用代理军队去打外国战
争？在入侵伊拉克和阿富汗后，当地的私营安保承包商的人数甚至超
过了美军。

这些例子都来自美国哲学家迈克尔·桑德尔[24]，他严谨地强调了
在美国，生命的不同方面，乃至死亡，都受到企业和市场价值的影
响，特别是受到定价、买卖的影响。正如他指出的，公共空间和公共
机构，例如学校、图书馆和大学，以及公共权力的工具，例如警察和
消防系统，充斥着越来越多的企业广告、产品植入和商业赞助。

这些企业入侵的间接影响可能是良性的，也可能不是。例如，
有很多证据表明，企业赞助的教育材料往往严重倾向于认同赞助商的
利益或观点。但正如桑德尔强调的那样，这并不重要，重要的是，完
整意义上的教育并不是要教人成为一个更好的消费者，而是要使人成
为一个有自我意识和能够进行批判性反思的人。公共空间或人类身份
是否应该以这种方式被殖民，这些交易对个人和集体来说有什么好处
或损失，以及谁应该进行这些行动——这正是一个好的教育应该使受
教育者有能力提出和思考的问题。

桑德尔认为，这种商业化带来的更广泛的结果是，不仅颠覆了
现有的文化规范和期望，还助长了一种公共风气，人们越来越难就
严肃的问题进行明智的公共对话，而这种风气反过来又助长了商业
化。用他的话说："当政治争论主要以有线电视上的大喊大叫，脱口

秀上党派的恶语相向，和国会会场上的意识形态食物战①的形式呈现时，很难想象能有一场理性的公开辩论，来讨论诸如鼓励生育的正确方式，儿童、教育、健康、环境、公民身份等道德问题。我们的政治问题不是道德争论太多，而是太少。我们的政治之所以过热，是因为它大多是空洞的，没有道德和精神内容。它未能反映人们关心的大问题。"在桑德尔看来，企业和市场价值有压倒其他价值，尤其是道德价值的倾向，这使公众对人们可以且应该关心的问题进行辩论的热情减退，并鼓励人们对他人和自然界持有纯工具性的看法。人们提出的问题不是，"这样做对吗？"而是，"这样做的代价有多大？"不是，"这些人是谁，他们关心什么，我们如何尊重他们？"而是，"他们能为我做什么？"不是，"这里有什么值得欣喜的，有什么景观、什么自然资源、什么社区，可以供养、吸引和维系我们所有人，以及我们的子孙后代？"而是，"有什么获得商业利益的空间？"这样的问题还有很多。

现在流行一个直截了当的回答：嗯，那又怎样？这是一个自由的国家，这是现代世界。人们可以自由行动，只要遵守法律，如果他们选择文广告在头上或者花钱请人代为排队，那是他们的事。同样，如果一所学校的董事会选择由企业赞助教科书，那也是他们合法地而且往往是民主地行使自己职责。在这两种情况下，获得的钱可以用于其他用途，所以这些活动也可能在经济上是有效的。何乐而不为呢？

这里存在着不同价值世界之间的冲突，即对重要事物的不同认识之间的冲突，以及文化心理学家理查德·施韦德 25 所称的关于自主

①　食物战（foodfight），指举行政治集会、会议时，反对者扔鸡蛋、番茄等，使用食物进行攻击的行为。——译者注

性、共同体、神性的伦理与神圣感之间的冲突。无论双方是否在某种程度上可以调和，这种冲突都在微妙地提醒人们，所有的人类互动都经过了某种规范的调和，无论它们看起来多么乏味、专业化和价值中立。　问题是这些商业活动和价值观是否是一种腐败？从反动派到马克思主义者和无政府主义者，各个年龄段、各个阶层和持有各种政治观点的人都有这样的想法，但批判不能仅仅通过区分企业行为和市场行为来缓解，因为两者往往是同步运作的。事实是不可否认的，也很少有争议：在全世界的发达国家和发展中国家，虽然有许多不久之前还远离公司和市场的人类生活领域，但现在也已经充满了公司和市场的价值观、假设、概念和语言，甚至可以说这些领域原有的规范已经被取代了。此外，有大量证据表明，在一些特定的国家，尤其是英国和美国，现代社会的商业化和物质主义可能也是导致"富贵病"[①]、社会焦虑、不安全感和疾病的原因。关键的问题不是这种情况是否正在发生，而是它意味着什么，以及我们可以做或者说应该做点什么。

　　市场和企业规范在社会中的迅速增长是一种相对现代的现象。但是，对商业社会腐败的担忧与商业社会本身一样古老。卢梭、弗格森和杰斐逊等人都以不同的方式对制造业和商业可能造成的恶劣影响，以及私人利益颠覆公共利益的可能性提出了尖锐批评，他们常常回溯到古典时代去寻找共和美德的典范或恶行被消解的案例。在 18 世纪，人们担心不平等，担心"奢侈"可能会助长贪婪和嫉妒，担心在一个财产不再是固有的而是可以通过交易获得的世界里，

[①]　富贵病（affluenza）不是一个医学上的疾病概念，而是一个经常被用于批评消费主义的概念，指沉迷于消费主义的人总是在买东西、扔东西，并对自己的物质水平感到焦虑不安。有时也被用于形容有钱人与现实世界脱节的状态。——译者注

有可能出现渎职和专制。孟德斯鸠也指出了商业价值和交易对传统价值地位的篡夺，他说："我们看到，在那些人们只依凭商业精神行动的国家里，他们把所有的人道、美德都变成了陷阱：即便是对普通人来说的举手之劳，也都变成了为钱而做的，或者是为了钱而提供的行为"。

在这些分歧的背后，隐藏着一个更深层次的问题，那就是自由的本质。它是一种特权还是一种权利？它是作为公民共和主义传统那样已经实现了吗？[26] 它是赋予人们作为一个道德和政治共同体的公民地位和责任，并需要通过持续关注制度和公共美德来维持的东西吗？或者说，它是一个空间吗？在这个空间里，人们可以随心所欲地行事，纯粹作为个人，只受法律和他们自己创造的道德原则的约束——这个空间给人的个性和情感提供了广阔的范畴，人们只需要践行审慎和自爱，就可以在商业性和社会性上维持这个空间吗？

正如我们所看到的，亚当·斯密是他那个时代新兴的商业社会的伟大捍卫者之一。对他来说，当时的社会与他推崇的"自然自由体系"有一定的差距，但他仍然赞美这样的社会：因为它是封建主义的奴性和个体依赖性的解毒剂，往往能改善道德和礼仪，最重要的是它能创造"普遍的富裕"，即普遍的财富和繁荣。就公民共和主义而言，斯密对商业社会的颂扬，恰恰是对奴隶制的否定，也是对那种认为可以在奴隶制基础上建立良性公民体制的传统思想的否定。相对来说，市场并未滋生腐败，而是常常减少腐败；并未增加权力，反而常常分散或遏制了权力。"每个商人或工匠的生计的维持都得益于100个或1 000个不同的顾客，而不是一个主人。因此，虽然在某种程度上他们对每个顾客都负有义务，但他并不绝对依赖其中的任何一个人。"这种修辞策略是明确的，也是非常有效的：以共和主义对腐败问题的关注为例，进行反驳且不与反对观点直接交锋，而是去论证被视为不好的东西实际上是有益的。上述对"那又怎样？"问题的反驳方式，就是这种共和主义的论证方式的现代变体。

然而，斯密很清楚商业社会可能会在哪些方面产生腐败，在古典共和主义的意义上，将私人利益与公共美德对立起来。当然，首先，他抨击了商人的"卑鄙无耻"和"垄断精神"。但他在未出版的《法理学讲义》中用了一节的篇幅，对腐败做了更广泛的解释。他认为腐败是对人的思想或精神的腐化或破坏。他最后说道："这就是商业精神的弊端，人的思想被收敛起来，使人无法提升，教育被轻视或至少被忽视了，英雄主义精神几乎彻底泯灭。"而且他特别强调了商业对教育的腐蚀作用：在伯明翰这样的商业中心，一个六七岁的男孩每天能挣 6 便士，这就意味着他的父母想要让他去工作，"这样一来，（他的）教育就被忽视了。低阶层的孩子所受的教育确实无论如何都不会太好，但至少教育对他们有很大的帮助，缺乏这种教育无疑是他们最大的不幸之一"。

在《国富论》中，斯密的讨论再次回到他看到的商业社会对人们思想的威胁。首先，他担心那些由于劳动分工而从事无休止的重复性生产任务的人会出现精神损伤，因为这些任务不允许劳动者"发挥他的理解力，或发挥他的创造力为新的困难找到新的解决方案"。其次，他担心武德的丧失。最后，他谴责"对富人和权贵的仰慕到了几乎是崇拜的地步"，以及与之相对应的"对穷困潦倒之人的鄙视或忽视"的本能。这一点我们在前面几章已经看到了。值得注意的是，斯密虽然不喜欢宗教狂热主义，但他偶尔也赞扬适度的宗教信仰，因为它能刺激人的心灵。他说，来自贫困家庭的儿童应该得到"宗教的好处，这种好处很大，这不仅是从使人虔诚的意义上考虑，也是因为宗教为他们提供了思考和怀疑的对象"。

所以，斯密认为，商业社会倾向于压制一般人的教育、精神力量和理解力，使一些人陷入对富人、权贵的生活方式和财产的妄想和追求中。为什么这对他很重要？不仅仅是因为商业主义直接导致的恶果，更因为它一方面摧毁了道德想象力，另一方面扭曲了道德想象力。没有道德想象力，就不可能真正站在别人的立场上，说服或同情他人。在这样的世界里，不可能有交流，不可能有尊重，不可能有公开的辩论或审议，不可能有共同的身份认知，没有共识，也就没有政府的真正基础。那里不存在能够唤起人类能量和情感的故事或话语栖息的空间，也不存在寻求集体社会变革的能力。最重要的是，那里没有公正的旁观者发挥作用的空间，而如果没有公正的旁观者，作为人类自身基础的道德共同体就会受到威胁。

因此，我们完全有理由认为，亚当·斯密很可能是自古至今商业社会最有力、最有效的捍卫者，但他还是会同情现代人，表露出对商业社会可能导致的腐败的担忧。尽管斯密的思想是复杂而不完整的，但我们仍有可能了解斯密大概的理论框架。归根结底，规范理论恰恰是一个关于人们如何无意识地、集体地创造了一个共同价值空间的理论，这个空间处于个人自由与国家法律和强制力之间，在这个空间里有一些事情即便不违法也不应该做，那是一个文明和信任的空间。

正如我们看到的，斯密的思想体系的基础，是认识到社会"和谐"或人与人相互依存的绝对根本的重要性。正是基于这种认识，他在早期的《修辞学讲义》中强调语言应清晰易懂，他在《法理学讲义》中讲述怨恨的作用，在他的道德理论中强调"同情"和公正的旁观者的作用，并在《国富论》中强调互通有无、以物易物、互相交易的本能。正是这一点支撑着他的平等主义和政治领导理念：一个聪明而有德行的人是一个"谦虚、谦逊、公平正义"的人，他"在任何时候都愿意为了他相信的社会秩序和公共利益而牺牲自己的私人利益"。政治权力是必要的，但必须是自我限制的。

在个人道德方面，斯密的观点是，人们认同他人的实际能力受到时间、地点和环境的限制。人们认识到个人伤害的能力以及对受伤的反应几乎是普适性的，但斯密在他的著作中并不是一个世界主义的信徒，[27] 他并不相信普遍的道德共同体是好的，或者必然存在。他认为，共同体是通过人与人之间的互动和交换自下而上地建立起来的，正是这种自由交换赋予了共同体商业、社会和道德价值。然而归根结底，斯密始终没有将他的道德世界观与天意的作用完全割裂开来。他努力为他的规范或正义的理论提供一个完全自然主义的基础，人们在他身上感觉不到休谟那种冷眼看世界的冷静。

但是，如果说斯密这种进化理论最终仍然无法摆脱广义的基督教道德伦理，至少他还提供了其他潜在的道德灵感来源。在这一背景下，他的平等主义观要求所有的声音都能够被听到，而随着交流的扩大，斯密式的同情能力也在扩大。规范在有限的社会环境中可能也会蓬勃发展并具有价值，但在更广泛、更平等、更自由的环境中，它们总是有可能通过公正的旁观者接受审查。人类社会和构成人类社会的机构应该得到尊重，但如果某种社会出现了在更广的范围内值得被谴责的做法，那么它们不能免于批评。一定程度内的相互认可不等于完全的道德免责。

对斯密来说，自发的、不断发展的秩序，无论是语言的、法律的、道德的、经济的，它们是否有益取决于社会内部赋予个人多少自由。所以他支持那些有助于促进人与人之间的交往、沟通和相互承认的措施。今天我们对此也毫无疑问。这些措施包括：更好的教育、自由独立的机构、法治，以及斯密做出了很好榜样的个人的礼貌、宽容和相互尊重的中庸美德。简而言之，理想世界不仅有私人的自由，也是一个可以享受自由和教育的公共领域，那里充满了文明、诚实、独立思想之间的对话。让·卡拉斯理应生活在这样的世界中，但他却没有。

结语

亚当·斯密的重要意义

后来死神和赫尔墨斯在极乐世界互相吹牛，

要把地球上最宝贵的东西带到这里比一比，

赫尔墨斯从斯密书架上偷了《国富论》，

而死神赢了这场比试——他带来了斯密本人。

——阿格里科拉①，

《亚当·斯密死后》[1]，1790 年。

卡尔·波兰尼[2]在其不朽的著作《大转型》（1944 年）中研究了 19 世纪以市场为基础的理念和实践的传播。他认为，传统的互惠和地方再分配模式已经被非人化的市场交换取代，这导致市场经济和民族国家融合成了"市场社会"。自由放任的制度已经控制了市场，并且"一个自我调节的市场要求在制度上将社会划分为经济和政治领域"。其结果是削弱了政治的重要性，释放出无法控制的经济力量，导致 1914—1939 年接连发生了战争、大萧条和新的战争。

波兰尼强烈的论点使他过分夸大了反对 19 世纪资本主义的理由，低估了其他因素，包括帝国主义的过度扩张、民族主义、软弱的政治领导、腐朽的政策和纯粹的坏运气等因素的重要性。但他提出的基本

---

① 现在也有人认为这首诗是罗伯特·彭斯所作。

问题是正确的。资本主义正在失去其作为财富创造和个人自由的引擎的合法性。增长乏力，生产力停滞不前，未来不明确也不安全。我们生活在一个新的"镀金时代"，在这个时代，出现了极端的财富，大众对财富和名人十分推崇，同时公众对政治和经济制度的稳定性和公平性的担忧却在不断升级。

我们有充分的理由对长远的前景感到乐观，全世界也有更多人比以往任何时候都更长寿、更富有、更健康。[3]公众对资本主义的祛魅从未达到今天的程度。现代企业越来越被证明是一台"外部化的机器"[4]，它善于将成本转嫁给他人，同时提高价格、限制竞争、压低工资，并设置障碍阻止他人进入市场。同时，开放和自由交易的市场看起来既是不可避免的，又是不可能达成的——不可避免是因为没有任何其他可行的选择，能成为一种大规模的有效分配商品和创造财富的手段；不可能达成是因为这样的市场往往会导致不平等的升级，以及粗暴的道德规范和价值观。再考虑到由技术带来的长期经济利益和社会收益的比率在下降，[5]创造安全的、高质量的工作岗位的可能性也在降低，我们面临的困境会更加严重。同时，全球化的好处是分散的、渐进的，它的代价却往往是集中的、尖锐的和意想不到的。于是，社会对市场经济的结果深感愤怒和沮丧，以至于对市场经济的地位和合法性提出了质疑。而且这种愤怒和挫折感是在经济增长和市场繁荣的时期出现的。想想看，在严重的经济衰退中，它们会是什么样子。

更糟糕的是，在1989年柏林墙倒塌后，整个政治领域都对资本主义的地位感到非常自满，尤其是英国和美国。他们认为历史已经终结。从那时起，主流右派就不再觉得有必要以任何严肃的方式为市场经济辩护，更不要说对市场经济的优缺点进行系统的说明，以打击裙带资本主义的蔓延。直到最近，主流左派也没有提出任何严肃的批判，[6] 更不用说准备应对或者解决全球化的负面影响了。因此，公众会接纳更激进的观点和运动也就不足为奇，难怪国有化、国家征用和国家控制的计划越来越受到公众的欢迎。但是所有政治理念都是一样，开放市场的理念也必须受到挑战、修正和更新，才能保持其合法性。如果它不被那些相信它的人挑战，就会被那些希望摧毁它的人挑战。

2007—2008 年的金融危机[7]不仅消耗了巨大的经济价值，也消耗了经济学的公信力，并将公众对经济学的理解推向了"新自由主义"或"市场原教旨主义"之下的一般性批判。这种混为一谈的做法很方便。这对政策制定者来说很容易理解，它从一个相当复杂的基本现实中创造了一个简单的公共叙事，并且提供了直接的空间以便对银行、金融市场、监管者乃至政治家和资本主义本身提出批评，这些批评往往是合理的。

有这样一个逻辑链条，因为银行业存在有效竞争，所以使放松管制成为可能，并且放松管制可能具有经济和社会价值，这构成了2008 年金融危机的关键知识背景。回想起来，那场危机的惊人之处，甚至不在于那之前的 10 年的银行系统令人发指的贪婪自利，也不在于相关政策、法律和执法方面的具体失误，而是自由市场的语言已经对几乎所有方面达成了思想控制，哪怕现实往往非常不同。我们很难不将这种控制与以下重要事实联系起来：至少在英国，迄今都没有对2008 年的危机进行过适当的、全面的、独立的调查，[8]几乎没有人对已发生的事情负责。

这里隐藏着一个严重的知识性错误，它破坏了决策，损害了公共讨论。正如我们看到的那样，不同市场之间往往在关键方面存在差异，其中最明显的是土地、劳动力和资本市场。此外，经济不仅仅是市场的问题，自由放任也不等同于市场经济。世界上许多优秀的经济学家在过去的几十年里，一直在试图思考市场的局限性，例如不完善的信息和理性、交易成本、偏好、联系等等，并试图理解从住房到医疗的不同市场是如何实际运作的。作为一种意识形态，新自由主义已经死了。但我们真正需要进行辩论的是市场是什么和应该是什么，关于"市场失灵"概念的局限性和确保有效竞争的必要性，以及关于规范、文化、国家角色，这些都已经被遗忘了。[9]

经济学需要承认自己的局限性。我们很难不得出这样的结论，如果能少一些学者牵涉其中，多一点责任心和竞争，这个行业会大大受益。经济学对科学地位的要求是混乱的，主要的经济学家甚至无法就经济学是否可以或应该被用来进行预测达成一致，更不用说依靠它来进行正确的预测了。按照弗里德曼的风格，经济学长期以来过分专注于自己的模型，而不是它们应该代表的现实世界的现象。经济学甚至还在努力解决诸如人类的偏好应该如何建模或统计这样的基本理论问题。它鼓励政治家坚持所谓不僭越的技术官僚责任，幻想经济本身就能解决正义、公平和社会福利的问题，所以经济应凌驾于政治之上。朝鲜在经济原则上可以处于帕累托最优状态，在那里，一个人无法在不恶化他人处境的情况下改善自己的处境了，但很少有人会认为这是值得效仿的。

我们应该怎么做呢？如何才能保障和扩大市场利益，并控制其不良影响？如何重拾公众对市场和市场体系的信任？如何保护这个有限制的但仍然无价的遗产？

我们需要为我们的时代制定一个新的总体叙事。我们需要更好的公众理解框架、更好的解释、更好的共同身份，通过这些框架，我们可以对这些问题达成和解。为了创建这一框架，我们必须回到经济现代性的黎明，回到亚当·斯密本人。这不是一个被党派人士歌颂、被诋毁者谴责的漫画式的、单调的、自由主义者的斯密形象，而是斯密在他所有著作中的详细论证，从伦理学到法理学再到政治经济学的实际思想。即使是经济学家，即使他们读的书足够多，也很少有人读过《国富论》第一卷和第二卷以外的内容。然而，在许多方面，斯密提出的问题正是我们面临的问题，他的著作是一个被忽视的充满洞察力和智慧的宝库。

真实的斯密不是一个从《道德情操论》中的利他主义转向《国富论》中的利己主义的知识分子的叛徒。他不是一个市场原教旨主义者，不是一个经济自由主义者，也不是那种强烈意义上的认可自由放任的经济学家。他不是自私自利的鼓吹者，不是亲富者，也不是厌恶女性的人，他不是"经济人"的创造者，也不是掠夺性资本主义的创始人。他当然也没有宽恕奴隶贸易。但他曾经是，现在是，将来也永远是，一位具有非凡深度和力量的思想家。他被正确地称为经济学之父，从概念上讲，这是因为他是把市场完全置于经济学思想中心的第一人，从实践上讲，在斯密之后的经济学家很少有人不欠他的知识债，包括马克思和凯恩斯。而且，他的政治经济学的范围远比单纯的经济学广泛，他同样可以公正地被认为是社会学的奠基人之一。他的牛顿式的科学哲学，虽然在后来美国哲学家查尔斯·桑德斯·皮尔斯[10]的著作中得到了伟大的现代化探索，但是其意义仍未得到充分理解。

对许多人来说，斯密的政治经济学将永远占据重要地位：它既可作为经济分析的模型，又对人类行为、市场、贸易、专业化、分工、税收以及补贴、赏金和保护的负面影响等提供了具体见解。也有人会钦佩他的道德平等主义，钦佩他对弱者的感情，钦佩他对尊严和可敬对人的地位和自我意识的重要性的信念，钦佩他在"自然自由体系"中把不平等降到最低的方式，钦佩他对裙带资本主义的毁灭性抨击，钦佩他的人类发展阶段论，钦佩他对商业社会取代封建主义的历史分析，以及他对商业社会极其精妙的探索和捍卫（这种探索比后来波兰尼对"市场社会"的分析要细致得多）。还有一些人会认识到斯密的理论的基础性和重要性，包括关于道德和社会规范的理论以及法理学。

如果只看到斯密思想的一部分，就会忽略其整体的力量和一致性。对斯密来说，"财产的状态必须随着政府的形式而变化"，[11] 因为财产和政府都依赖基于社会共识的规范和模式，它们的发展都以人类的道德情感为基础。因此，政治和经济最终不可能相互分离，或者说任何一方都不可能与道德评价分离。不可能有无关价值的经济学，虽然我们可以分离出经济的、政治的、道德的不同角度来讨论人类行为，但这样做只是反映了我们对知识便利性的需要，而不是说他们在本质上是深度割裂的。

因此，新的叙事必须从新的政治经济学开始。这项事业将是许多人的工作，超出了本书的范围。但是我们可以从斯密的思想中总结出 6 条经验，或许可以预见其中的一些主旨。

第一，我们必须把资本主义和商业社会区分开来。对斯密来说，正如我们看到的，商业社会的出现是"每个人……在某种程度上都成为商人"的时刻。它标志着封建主义向我们所知的经济现代化的历史转变：出现了一个社会，而不是一个氏族或部落；人们在法律的约束下自由交易；这个社会至少在原则上包容所有人，并将财富和机会传播给所有人；社会产生的盈余可以用来保护弱势群体；按照人的本能和人性工作；人们不是通过武力、阶级或等级，而是通过相互的道德和社会义务团结在一起。

从这个角度看，商业社会是一种具有非凡价值的成就，我们有责任保护和提升这一成就。它具有巨大的弹性，至少在其民主形式下，它具有独特的能力，能够获得公民的忠诚，并通过促进公民的繁荣和自由来维持其合法性。在斯密令人惊叹的全面而富有启发性的论述中，这种忠诚体现在不同的方面：历史、共同的身份和叙事以及作为其基础的规范、公共机构、竞争和经济利益，所有这些都从根本上源于人类对爱和变得可爱的渴望，以及互通有无、以物易物和互相交易的本能。正如最近发生的事件所显示的那样，商业社会也是脆弱的，在一个相互依存的世界里，它特别容易受到包括金融危机、恐怖主义和自然灾害在内的威胁。但是如果说要用战争、宗教独裁、民族主义来替代贸易和民主，或者说用榨取性经济唯物主义来替代适度商业化的益处，那这些选项都是不可接受的。如果缺乏有效的、运作良好的市场和国际贸易秩序，人类就不可能有体面的未来。如果维护商业社会需要改革资本主义，那么我们就必须改革它。

第二，商业社会需要有韧性、有节制、有战略、有实力的政府。市场依赖于明智的法律和良好的执法，而道德社会需要人们不仅仅有法律上的自由，还能在充分发挥其能力时也享有自由。斯密曾提出要把贸易从过分细致的管制和补贴的有害影响中解放出来，但是人们很容易忘记政府在他的思想中处于核心地位，政府是国家的保护者、司法的裁决者和执行者、条约的签署者、贸易的保证者（虽然英国政府曾支持《航海法案》），政府是公共工程、基础设施和地方学校的建造者，也是市场的监管者。除此以外，我们还可以加上现代政府被授予的职能，如提供风险保险，在不同代际人口之间重新分配收入，稳定宏观经济，还可以在物理空间和网络空间等领域建立新的市场。在这些领域，只有政府监管才能明确界定产权，有效分配商业风险和回报。随着市场、商业、社会需求和国际关系的复杂性的增加，对政府的要求也变得更加复杂，这就带来了严重的政治挑战。但是，"私营部门挣钱，公共部门花钱"的想法忽略了一点：两者都需要彼此才能实现有效运作。

第三，成功的商业社会之所以拥有强大的国家，不仅仅是因为它们需要这样的国家，更因为它们有能力支撑强大的国家：它们拥有独立的机构和多元主义，能够抵御国家统治的可能性。最重要的是，它们拥有合法性、认同、文化和信任，因为整个系统，无论市场还是政府，都依赖于信任。合法性之所以重要，首先是因为它反映并促成了社会信任，以及相互义务的模式和对等性，没有这种信任，一个社会就无法团结起来。在实践层面，社会信任使税收成为可能。英国在整个18世纪都有比较高的税收水平，部分原因是尽管政府有很多不完善的地方，但有足够的社会信任和合法性来征税。当2007—2008年的金融危机爆发时，直接的解决方案并不在于国际机构或多边组织，而是在于一个国家征税和支出的权力，这让英国、美国和其他国家迅速地支持和救助了它们破产的银行。这场危机本身是毁灭性的，不仅因为它的经济后果，还因为它对社会资本，即信任的破坏。全球金融业具有破坏信任的独特能力，因为它的规模，货币和信贷的普遍重要性，还因为它也许比任何其他行业更根植于信任，即信托关系。正如斯密所言，金融业需要"防火墙"，以防止其周期性的危机扩大成普遍的灾难性事件，就像2007—2008年那样。

第四，除了具体的缺陷之外，商业社会还有内在的弱点。因为市场互不相同，它们都带有自己的弊病。市场的目的是促进贸易，有效地配置商品、服务和资本，刺激创新，从而为公众的最大利益服务。正如斯密所展示的，在运作良好的市场中，这些不同的利益通常是一致的。但是，他证明了，当市场运作不良时，不同方面的利益可能会出现分化，市场运作不良有多种形式：出现垄断的倾向，监管不力，动物精神的丧失，以及更广泛的，由于寻租、信息和权力的不对称以及所有者和代理管理者之间的利益冲突促成的裙带资本主义。裙带资本主义是一种普遍意义上的弊端，它损害了经济，腐蚀了政治，扩大了不平等，并使市场和商业社会本身变得无效并失去合法性。当公司和市场与公共利益失去联系，当商业回报不受商业价值影响，裙带资本主义就会蓬勃发展。这些事情削弱了市场交换的核心原理：市场交换应该如斯密在他的自然自由体系中所描述的，是"普遍富裕"的源泉，即普遍繁荣，而不是少数人的富裕。

然而，第五个教训是，裙带资本主义远不是现代商业社会面临的唯一挑战。最深层次的威胁是人们价值理念的变化。一方面是公共领域的不断商业化，另一方面是新技术的影响。这些新技术有能力使竞争环境进一步向圈内人倾斜，远离公民和消费者，从而使裙带资本主义更加恶化。社交媒体的传播还引出了公共问责和合法性的深刻问题。这些问题涉及社交媒体对弱势群体及青少年的影响，[12] 以及通过社交媒体的传播能力操纵舆论对民主的影响。这就是脸书在 2010 年美国国会选举期间进行"6 100 万人的社会影响力和政治动员实验"[13] 的教训，更不用说最近披露的社交媒体的政治力量，这超过了它们榨取租金和排斥竞争对手的能力。

亚当·斯密有力地解释了我们是如何生活在一个通过人与人之间的互动产生价值观的世界里：纵向上，是对富人和权贵的崇拜，以及商业社会对同情，特别是对穷人的同情的潜在抑制；横向上，是与他人做比较的倾向，以及我们"不仅要被爱，而且要显得可爱"的愿望。斯密很好地诊断了今天人们对社会比较的贪婪欲望，以及这种贪婪造成的地位焦虑。[14]这是社交媒体的核心内容，它让年轻人产生越来越多的精神病态，[15]而对这种贪婪的利用又是其产品逻辑和商业模式的核心法则。从斯密的角度来看，关键问题不仅在于公共责任与行使权力的合法性，更重要的是我们对自我的想象。这些问题涉及我们价值观的形成过程，到底是通过分散的社会互动或通过民主制度（选举领导人）形成的，还是被极少数人在暗中操控的，而这些人没有受到真正的问责——到底是否还有人真正在监督他们呢？

最后一个教训是，随着商业社会的不断发展，也不断出现了新的挑战。今天，商业社会的本质可以说比以往任何时候都变得更快。人工智能、机器人和自动化正在改变世界上的工作。全球化正在将世界各地最有生产力的工人吸引到已经在享受商业社会福利的国家，[16]而剩下的那批人则在遭受贫困的威胁。即使在工业化国家内部，不同地区和社会之间，不同群体之间，在死亡率和健康方面的差距也在急剧扩大。[17]收入的两极分化让非常富有的人从精神上、身体上和财务上自我隔离，转移到（实际的或虚拟的）私人的封闭社区之中，[18]这将明显削弱人们纳税并分担风险的动机，而这种动机是现代福利国家理论的核心。每天都有大量的流动性和风险通过影子银行网络在监管不足的地方进行交易。二战后建立的以规则为基础的贸易体系，随着贸易集团的发展，已经变得越来越无效。亚洲经济经历了相对疲软的200年，这一反常现象已经结束。越来越多的大规模、技术先进的公司显然有能力为了自己的利益去欺压城市、国家甚至是所有人（只需假以时日）。[19]就商业社会本身来说，典型的西方资本主义与民主相结合的形式，正受到国家资本主义模式的威胁。

因此，一种新的斯密式的叙事必须在变革的冲击下和分裂的力量中形成。这些惊人的事态发展要求我们在思想和实践上进行有力的革新。政治、政治审议和政治理解都需要被重新挖掘和激发。现代商业社会所依赖的"同意"正在崩溃，而原本人们是自由地选择了同意，相信它将使自己繁荣。所谓的发达国家对全球化没有答案，因为他们没有超越意识形态和自身利益的界限。我们没有见到历史的终结，思想却反而走向了终结。我们必须更深入、更具体地去反思社会、文化和经济，问问自己我们是什么，我们能成为什么？

革新必须从知识和思想开始。对经济学家来说，这意味着要提高对经济学本质和局限性的认识，[20] 经济学从业者要更加谦逊，并停止夸大科学客观性的主张。特别是理性主义者想把经济学变成一门无关价值的学科的想法是徒劳的，[21] 把经济学从政治学、社会学和伦理学中分离出来的工程即使在理论上也不可能成功。[22] 经济学的理论化是非常重要的，但有效的应用经济学也是非常重要的，经济学应当利用模型进行洞察、教育和交流，而不是为了显摆。在斯密的时代，规章制度主要是为了保护内部人的利益而存在的，因此自由化往往有利于更广大的人民群众。今天，事情变得更加微妙。无论如何，一旦承认信息不完善、人的理性有限、偏好形成和交易成本等现实，我们自认为的自由市场的大部分好处就失去了核心的经济理论依据。这种承认必须置于一个更广泛的政治经济学概念之中，这个概念能够更好地把握裙带资本主义的现实，弥补单纯"市场失灵"的解释性的不足，并把握住人类生活中的不确定性和动态互动的核心事实，把握其他学科的相关性以及规范、价值观、认同和信任在经济解释之内及其之外的重要性。关于市场的讨论必须被不断强调，但必须根据具体情况和市场自身的条件去做具体考虑。

此外，还必须秉持真正的斯密精神进行社会革新。这意味着那些行使权力的人要有一定程度的谦逊，更广泛地接受成功往往取决于你的起点——你的家庭、文化和能力，以及你的运气。这意味着有权力的人要认识到，几乎所有类型的成就都离不开他人的努力和社会的力量，成就不仅仅是在一个适者生存的狗咬狗的斗争中获得的。这意味着需要斯密式的对人的尊严和能力的关注，[23] 关注一个运作良好的社会如何帮助其成员在生活中蓬勃发展。这也涉及一个共同的认知，即每个社会都有一个空间，它在可衡量的或主要由法律管辖的范围之外，那就是由文化价值、当前的实践和习惯、合理的社会期望以及行为规范构成的空间，也就是关于什么"可做"和 什么"不可做"的空间。它并不总是良性的，因为在一个社会中，关于什么"可做"和什么"不可做"的认知也可以为压制和歧视提供空间。这种空间在今天受到了威胁，主要是来自商业价值的威胁：花钱升级你的牢房，或者让人替你排队参加公共活动，为什么不呢？但一个好的社会会想方设法捍卫这个规范的空间。没有它，一切就只有基于法律和市场，而这两者远远不够。有了这一规范空间，可以带来更大的社会信任，也有可能巩固制约裙带资本主义的制度和公共标准。

最后，必须进行政治革新。实际上，斯密的思想对左派和右派的极端分子都提出了挑战：放弃极端的愿望，重新建立政治的中间地带，再次参与到改革资本主义，维护和发展商业社会利益的现实的、复杂的、混乱的问题中去。

亚当·斯密本人不属于任何政党，他也不是任何一种意识形态或政治运动的私产。他的许多政治观点仍然晦涩难懂。在 18 世纪，他将苏格兰启蒙运动对个人进步的信念与辉格党对社会进步的普遍赞同结合起来。但斯密并不是激进派：他没有采纳当时重要的激进政策，如普遍的男性选举权或年度议会，他在民兵、美国殖民地和公共债务等问题上也避免采取激进立场。他拒绝乌托邦思想和来自任何所谓自然状态的解释；他更喜欢本土化而非全球化；他鄙视政治和宗教中的"派系和狂热"，并痛斥那些试图控制他人、压制个性和自由的"体制人"。斯密一再强调"缓慢而渐进"的变革的重要性，以及改革而非革命的重要性；他更多地从实际案例而非基本原则出发进行推理。他对国家的重要性和弱点实事求是。正如他所写的那样，"没有一个政府是十全十美的，但忍受它带来的一些不便，总比反对它要好"。[24]用现代术语来说，他既不是自由主义者，也不是社会主义者，也不是社会民主党人，他很可能是一个温和的保守党同情者①。[25]事实上，可以理解为，斯密和伯克，既有不同之处又有相同之处，他们一起勾勒出了一种人道的、温和的保守主义。[26]

　　重新强调政治和政治经济的重要性，并不是要把我们的事务交给一群苏维埃式的委员。组织经济有许多种有效方法，关键问题是你重视什么，你希望如何达到目的，谁来领导，这些都是政治问题。旧有的确定性已经结束，各派政治家的任务是，承认这些问题的复杂性，并在公开场合尽可能清晰简单地处理、解释和引导这些问题。现代国家不仅有能力破坏市场，在某些情况下也有能力通过谨慎的干预来改善市场的运作。市场本身的作用和影响几乎总是超出严格的经济范围，因此，市场永远不可能成为一种纯粹的商品和服务分配手段，完全在政治上和道德上中立。同时，市场的日益复杂化往往给内部人士提供了更多机会来欺骗外部人士，并且在实践中和原则上对那些试图指导或限制它们的人也提出了艰巨的要求。我们所处的商业社会，

---

① 温和的保守党同情者（small-c conservative）这个专有的词汇指在政治上倾向于保守党的人，但他们又不属于保守党。——译者注

不仅要应对下个世纪的惊人挑战，还要应对它目前所依赖的自由主义和个人主义，同时还要保留足够的公共领域，容许体面的相互尊重的辩论，保证人类的互相交易能够蓬勃发展。我们必须迎接这些挑战，否则我们的开放社会将会落入自我消耗中。

斯密有时对政客提出了严厉的批评，他把贸易报复和其他短期的权宜之计归咎于"那种阴险狡猾的动物，俗称政治家或政客，他们的议会总是被一时的事务波动所左右"。[27] 但他的"人的科学"也是关于政治家或立法者的科学，"他们的讨论应该受一般原则的支配，而这些原则总是相同的"。这样的立法者将具备公民意识，对公共服务而非私人利益负责，这使他们能够为失败负责，并付出个人代价。他们将重视法律、制度和政策，尊重个人自由，最重要的是执行正义，因为能被恰当定义、管理和执行的正义是商业社会的合法性基石。最后，最重要的不是获得回报或地位，而是那些正义、诚信、互惠、公平的规范本身，是规范内化后形成的道德品格和美德，[28] 以及由它们支持的公共机构和公共服务的惯例。对斯密和伯克来说，政治家应该是一个"实践中的哲学家"。

像伯克一样，亚当·斯密本质上是一个哲学家，但他相比伯克更偏重理论。他相信天意的运作，相信和谐，相信秩序。但对他来说，人类社会才是我们道德生活的根本源泉，而不是神的启示、理性的直觉或个人意志。他整体强调的是沟通和共同体，强调自由人之间的共同点。在他的伟大研究事业中，即休谟主义的"人的科学"以及相互认可，是通过同情心起作用，并由公正的旁观者进行调和，而后产生了大大小小的社会和道德规范，这些规范不断地发展和增殖，兴起和衰落，相互取代或存续。通过这种方式，斯密打开了一扇大门，使人们能够对广泛的、辉煌而多样化的人类活动形成一种可能的统一理解。这些规范以自由交换为前提，在商业社会中，这些规范对我们所有人的基本要求是相同的，无论我们身在何处，无论我们是谁，都应当理解他人、有礼、心态开放、体谅、容忍和尊重。在斯密的一生中，他一次又一次地运用这套核心思想，并逐渐将其完善：从早期的论文和修辞学著作，到《道德情操论》和从未发表的、鲜为人知但至关重要的《法理学讲义》，再到《国富论》。也就是说，斯密探索了沟通本身的基础，道德心理学的基础，对科学探究的追求，再到司法行政、市场交换；如果给他更多的时间，他可能还会继续研究艺术创作和政治活动。这一切都蕴含着一种动态的、面向未来的、不断展现的人类的可能性。

这是一项巨大的成就，但他提出的很多恰当的措施至今仍未被采纳。今天，在一个充满不确定性、极端主义和误解的世界里，我们比以往任何时候都更需要亚当·斯密，以及将他的思想贯彻到底的智慧。

致谢

牛津大学历史学家罗恩·巴特勒在他所著的《舒瓦瑟尔公爵传》第一卷的第 1078 页上,以一句令人难忘的话作为结尾:"舒瓦瑟尔公爵的外交和政治生涯开始了。"

可惜,我们永远也不会知道巴特勒对这段职业生涯的看法,或者说关于 1764 年舒瓦瑟尔公爵未对亚当·斯密和巴克卢公爵提供任何帮助的奇怪行为的看法。因为巴特勒没能活到完成第二卷,更不用说计划中的第三卷了。但即使本书在篇幅上短了很多,历史研究也有它的风险。学术智慧告诉我们,要避开时代错位(将一个时代的心态投射到另一个时代)、倒推因果(假设后来的事件已经有了前兆)、目的论(故意使历史朝着一个目标发展)这三个严重的错误。但是,任何一个简短的传记都会有陷入前述窠臼的风险。因为我们没有空间去探讨事件纯粹的不确定性和偶然性,也没有空间去探讨赋予那种偶然性的当代的背景和语言。我们主题的选择总是带有预设,假定主题与读者和当前公众关心的问题有关。讲述一个人的一生,尤其以小说的形式展开的话,就意味着存在一个叙事。也就是说我们知道,或者自以为知道,它将如何发展又如何结束。

这本传记似乎也很难避免这种弊病,但它的结构有助于规避这些问题。本书沿用了《埃德蒙·伯克：现代保守政治教父》（2013 年）一书的结构，先从斯密的生平说起，继而考察他的思想及其影响。这种方法需要细致的处理，因为它涉及一系列模式的转变，从斯密在其关于修辞学和纯文学的讲座中所说的叙述式到说教式，再到说服式，本书横跨了历史学、经济学和哲学等领域。其好处在于让本书能够面向更广泛的读者——寻找关于斯密的短篇幅而生动的传记的普通读者；寻求引人入胜的（我希望是广泛而权威的）斯密思想总述的学生；希望掌握斯密对当今经济和政治的影响的商界人士；对现代资本主义和社会提出疑问，质问"我们是如何走到这一步的？"和"我们能做些什么？"的公民。对如此广泛的读者来说，在历史上的思想家之中，斯密是少有的对所有人仍具有重大意义和作用的一个。

标准的传记通常都随着主题事件的结束而自然地结束。但在本书中，斯密的自然死亡引出了进一步的分析。在本书中，至少在某种程度上，历史学分析常见的问题得到了解决。我们不能将事实和价值完全区分开。但把一个人的生平和对其的评价分开，可以让作者更自觉地去认识到两者之间的区别；可以更多地用自己的方式去讲述历史；可以承认现在反映了过去的遗留和延续，而不是以现在作为过去的标准。

就其传记作者的质量和学术文献的数量来说，亚当·斯密是非常幸运的。我显然在这两方面都深深收益。鉴于斯密思想的广博性、深刻性、生命力，如果没有许多前人的慷慨奉献，我是无法写就书本的。首先，我要感谢在不同阶段阅读并评论了本书或其他部分章节的大英雄。他们是 Angus Armstrong, Lee Auspitz, Tim Besley, Kate Bingham, Richard Bourke, Paul Collier, Tony Curzon-Price, Armand d'Angour, Claudia Daventry, Knud Haakonssen, Bob Klitgaard, John

Lucas, Bob Monks, Leonidas Montes, Julie Nelson, Casey Norman, Craig Smith, Romesh Vaitilingam and Amy Woolfson。

多年来，许多人都友好地通过对话或者电子邮件分享了他们的想法和见解，他们是 Daron Acemoglu, Kate Auspitz, John Cairns, Vince Crawford, Simon Green, Andy Haldane, Ran Halévi, Ian Harris, James Harris, Oliver Marc Hartwich, Joe Henrich, Anya Hurlbert, John Kay, Colin Kidd, Deirdre McCloskey, Neil MacGregor, Nell Minow, Bobby Monks, Mary Morgan, Avner Offer, 已故的 Nick Phillipson, David Rand, Matt Ridley, Dani Rodrik, Ignacio Briones Rojas, Martin Sandbu, Michael Sandel, Lucia Santa Cruz, Paul Seaward, Adam Tomkins, John Vickers, Richard Whatmore, Jo Wolff, David Womersley, Adrian Wooldridge and David Wootton。Chris Watkins 非常友好地带我参观了正值修复期的斯密的故居班缪尔楼，让我身临其境地感受到了斯密时代的生活。在政界和政治经济学界，还有很多人给我提供帮助。

还有很多友好的机构。我非常幸运地在 2016—2017 年在牛津大学万灵学院作为客座研究员期间写作本书，为此我要衷心感谢学监和那里的同事们；我和 Tim Besley 在学院举办了两场关于政治经济学的系列研讨会并从中获益匪浅。我还有幸参加了自由基金主办的几次极富启发性的研讨会，讨论 17—19 世纪思想的不同方面。最后，关于本书的内容，我在英国国家经济与社会研究所、英国科学院，以及智利圣地亚哥的阿道夫·伊巴涅斯大学，还有悉尼的澳大利亚天主教大学发表了演讲。再次感谢他们！

在本书的创作过程中，有三个人起到了关键性的作用。美国 Basic Books 图书公司的 Lara Heimert，她是最初建议我写亚当·斯密传记的人；Stuart Profitt，我在艾伦·莱恩（企鹅出版集团图书品牌）的出色出版商，他的蓝笔创造了奇迹；还有我的经纪人 Caroline Michel，他的灵感和支持一直不遗余力。我很感谢企鹅出版集团的优秀团队，感谢我无与伦比的文字编辑 Peter James 和索引员 Christopher Phipps。

最后，我非常感谢在赫里福德和伦敦的同事，他们是Tom Hirons，Tom Kennedy，Pindie Kuzvinzwa，Susie Macleod，Georgina Miller，Freddie Mitchell，Gill Rivers，Wendy Robertson，James Sibley，Rosie Turner，Amy Woolfson。他们的专业精神使我能够兼顾议会和选区的工作，以及写作和研究。

感谢我的妻子 Kate Bingham，我的孩子 Sam，Nell，Noah，感谢他们的善良和宽容，在我写作期间仍然与我生活在一起。我从小就与我的父亲 Torquil Norman 和我的母亲 Anne Norman 一起讨论经济、法律、政治、历史、艺术、文学和心理学等斯密式的主题。本书献给他们。

2018 年 3 月于赫里福德

注释

以下为常用资料简称表，在每章注释中，以下资料将用简称指代。

CAS: Correspondence of Adam Smith, ed. Ernest Campbell Mossner and Ian Simpson
Ross, Liberty Fund 1987。

ED: Early Draft of Part of The Wealth of Nations, in *L J*

EPS: Essays on Philosophical Subjects, ed. W. P. D. Wightman and J. C. Bryce, Liberty
Fund [1795] 1980。

LAS: Life of Adam Smith [by various authors]

LJ: Lectures on Jurisprudence, ed. R. L. Meek, D. D. Raphael and P. G. Stein, Liberty
Fund [1762–4] 1982; includes both lecture series *LJ(A)* and *LJ(B)*

LRBL: Lectures on Rhetoric and Belles Lettres, ed. J. C. Bryce, Liberty Fund
[1762–3] 1985。

Strahan: Letter from Adam Smith, L L.D. to William Strahan, Esq., in David Hume, *Essays,
Moral, Political, and Literary,* ed. Eugene F. Miller, Liberty Fund [1777] 1987

TMS: The Theory of Moral Sentiments, ed. D. D. Raphael and A. L. Macfie, Liberty Fund
[1759–90] 1982。

WN: An Inquiry into the Nature and Causes of the Wealth of Nations, ed. R. H. Campbell, A.
S. Skinner, and W. B. Todd, 2 vols., Liberty Fund [1776] 1981。

引言

1 当代资本主义教科书：from Naomi Klein, Sydney Peace Prize Lecture 2016, excerpted in *The Nation*, 14 November 2016. Smith is also deemed to be the origin of 'Selfish Capitalism' by the psychologist and writer Oliver James in his *Selfish Capitalism*, Random House 2008。

2 经济学家的随机调查：William L. Davis, Bob Figgins, David Hedengren and Daniel B. Klein, 'Economics Professors' Favorite Economic Thinkers, Journals, and Blogs (along with Party and Policy Views)', *Economic Journal Watch*, 8.2, May 2011; JStor survey, see Avner Offer and Gabriel Söderberg, *The Nobel Factor*, Princeton University Press 2016, Ch. 5。

3 普希金：*Eugene Onegin*, I.7。

4 纸币：in 2016 it was announced that Smith's image would be succeeded on the £20 note by that of J. M. W. Turner。

5 撒切尔夫人谈论斯密的影响：Speech to Scottish Conservative Conference, City Hall, Perth, 13 May 1988. See also Charles Moore, 'Margaret Thatcher and Capitalism', 2012 Adam Smith Lecture, Pembroke College, Cambridge, 6 February 2012, on www.margaretthatcher.org。

6 格林斯潘的讲话：Adam Smith Memorial Lecture, St Bryce Kirk, Kirkcaldy, 6 February 2005。

7 戈登·布朗谈论斯密：Hugo Young Memorial Lecture, Chatham House, 13 December 2005. To support the idea of a helping hand, Brown also invoked a supposedly Smithian spirit of neighbourliness. 'Intellect enriching emanations, or no, however, both suggestions 'bear no relation to the writings of the eighteenth-century political economist', according to Richard Bourke, 'Visible Hands', *Times Literary Supplement*, 18 January 2008. One of Smith's most subtle and sophisticated modern interpreters, the economist and historian Donald Winch, also rejects readings of *T M S* in terms of charity or benevolence in 'Science and the Legislator: Adam Smith and After', *Economic Journal*, 93.371, 1983。

8 维纳谈论斯密的广泛性：Jacob Viner, 'Adam Smith and Laissez Faire', *Journal of Political Economy*, 35.2, April 1927。

9 维纳最著名的学生：Viner's later students also notably included Donald Winch。

10 弗里德曼的文章：Milton Friedman, 'Adam Smith's Relevance for Today', *Challenge*, March–April 1977; the article was based on a paper delivered to the Mont Pelerin Society in August 1976。

11 弗里德曼与斯密观点的不一致：not a radical, see D. D. Raphael, *The Impartial Spectator: Adam Smith's Moral Philosophy*, Oxford University Press 2007, Ch. 13 pp. 124ff.; did not believe sympathy required economizing, see Avner Offer, 'Self-Interest, Sympathy and the Invisible Hand: From Adam Smith to Market Liberalism', *Economic Thought*, 1.2, 2012。

12 辉格派：with the specifically Scottish twist that turned Whigs north of the border away from sixteenth- and seventeenth century resistance to overbearing monarchy and more towards a wider critique of feudal and aristocratic society。

13 斯密非常注重隐私：Dugald Stewart, *L A S*。

14 近期的传记作者：see the Bibliography。

15 斯密谈论伯克：see Robert Bisset, *Life of Edmund Burke*, 2nd end,2vols George Cawthorn 1800, ii p. 429. A further apocryphal story in *The Bee, or Literary Weekly Intelligencer* for 11 May 1791 hints at Smith's view of Burke: 'I mentioned a story I had read of Mr Burke having seduced and dishonoured a young lady, under promise of marriage. "I imagine", said [Smith], "that you have got that fine story out of some of the magazines. If anything can be lower than the Reviews, they are so . . . As to Mr. Burke, he is a worthy honest man. He married an accomplished girl, without a shilling of fortune."'。

16 斯密是经济现代性的枢纽：compare Ronald Coase in his bicentennial lecture: 'What Adam Smith did was to give economics its shape . . . From one point of view the last two hundred years of economics have been little more than a vast "mopping-up operation" in which economists have filled in the gaps, corrected the errors and refined the analysis of *the Wealth of Nations*'. *Essays on Economics and Economists*, University of Chicago Press 1994, p. 78。

第一章
柯科迪男孩，
1723—1746 年

有关亚当·斯密生平的详细引用，请参见 Ian Simpson Ross, *L A S*

1　吉卜赛事件：John Rae, *L A S* Ch. 1。

2　"为世界保住了一个天才"：Stewart, *LAS* Section 1。

3　博斯维尔讲述斯密的军事野心：James Boswell, *London Journal 1762–3*, William Heinemann 1950, entry for 25 April 1763。

4　婴儿死亡率：Ian D. Whyte, *Scotland before the Industrial Revolution：An Economic and Social History c. 1050–c. 1750*, Routledge 2014, p. 117。

5　非常贫困：Simpson Ross, *L A S* Ch. 2 。

6　米勒和斯多葛主义：Nicholas Phillipson, *David Hume: The Philosopher as Historian*, rev. edn, Penguin Books 2011 offers a Stoical reading of Smith's schooldays. This is interesting, and plausible given Smith's later expressed views, but there is almost no direct evidence for it.

7　圆的小学生笔迹：Rae, *L A S* Ch. 3 。

8　联盟前后的苏格兰：see e.g. T. M. Devine, *The Scottish Nation 1700–2000*, Allen Lane 1999; Christopher Whatley, *The Scots and the Union: Then and Now*, rev. edn, Edinburgh University Press 2014. Scottish unionism: Colin Kidd, *Union and Unionisms*, Cambridge University Press 2008. Recent political arguments have often ignored or underplayed the balance of historical analysis on the process of union itself: in Whatley's words (p. xiii), 'The long-held and popular notion that the Scots were bought and sold for English gold seems not to stand up to close scrutiny.' As Colin Kidd has emphasized, adopting a very long historical perspective, 'Unionism was very much a Scottish coinage,' not an import from England (p. 8). Far from unionism and nationalism being polar opposites, as modern political mythology would have it, Scottish unionism was often seen as enabling the expression of a distinctively cultural– and especially religious – sense of Scottish nationhood.

9　走私的程度：Devine, *The Scottish Nation*, p. 57. Devine insists that the Union was not a cause of, but merely gave an economic context to, Scottish growth in the eighteenth century. But it is surely more likely that the Union was both cause and context。

10 笛福对格拉斯哥的评价：Daniel Defoe, *A Tour Thro' the Whole Island of Great Britain*, G. Strahan 1724–6 。

11 功利主义：Francis Hutcheson, *An Inquiry into the Original of our Ideas of Beauty and Virtue*, J. Darby, London 1725, III.8 。

12 吉本对马格达伦学院的评价：Edward Gibbon, *Memoirs of my Life*, A. Strahan, T. Cadell Jun. and W. Davies 1795–1815 。

13 学费和津贴的对比：as noted, it was at Balliol that Smith first saw the difference that economic incentives could apparently make to academic outcomes, an argument he made vigorously in the *Wealth of Nations,* and for the rest of his life. Arguably, then, Balliol should be considered the true intellectual home of today's tuition fees.

14 非常夸张的昂贵费用：letter to William Smith, 24 August 1740. Unless otherwise indicated, all letters to and from Smith cited in these Notes can be found in *C A S.*

15 严重的懒惰：letter to Margaret Smith, 29 November 1743。

16 无法下笔：letter to Margaret Smith, 2 July 1744。

17 焦油水：George Berkeley, *Siris: A Chain of Philosophical Reflexions and Inquiries Concerning the Virtues of Tar Water*, W. Innys, C. Hitch and C. Davis 1744 。

18 牛津的熟人：letter from Alexander Wedderburn, 20 March 1754。

19 间隔期的礼物：Michael Oakeshott, 'The Idea of a University', in his *Rationalism in Politics*, Methuen 1962 。

20 斯密阅读休谟的论文：review of *EPS, Monthly Review*, 22, 1795; see Simpson Ross, *L A S* p. 71 。

第二章
"我生命中最有用、最快乐、最光荣的时期"，1746—1759年

1 詹姆斯党人和叛乱：in addition to the general histories of the period, see e.g. Daniel Szechi, *The Jacobites: Britain and Europe 1688–1788*, Manchester University Press 1994. It is notable that the British government was recruiting loyal and highly effective regiments of highlanders to fight for the Crown within a few years of the '45 rebellion.

2　休谟对凯姆斯的评价：James Boswell, *Boswell's Edinburgh Journals 1767–1786*, ed. Hugh Milne, Mercat Press 2001, rev. edn 2013。

3　麦克劳林对虚伪矫饰的反感：Alexander Fraser Tytler, Lord Woodhouselee, *Memoirs of the Life and Writings of the Honourable Henry Home of Kames*, T. Cadell & W. Davies 1814。

4　因为我是苏格兰人：letter from Hume to Gilbert Elliot of Minto, September 1764, in Hume, *Letters of David Hume*, ed. J. Y. T. Greig, Oxford University Press 1932。

5　斯密的口音：obituary notice from *The Times*, 24 July 1790, quoted in C. R. Fay, *Adam Smith and the Scotland of his Day*, Cambridge University Press 1956, p. 33. See also Rae, *LAS* Ch. 3. A letter of 1757 from Hume to Gilbert Elliot says we 'are unhappy, in our accent and pronunciation, [and] speak a very corrupt dialect of the tongue which we make use of', quoted *LRBL* p. 7. As Rae noted, 'We know the pains taken by great writers like Hume and Robertson to clear their English composition of Scotch idioms, and the greater but less successful pains taken by Wedderburn to cure himself of his Scotch pronunciation, to which he reverted after all in his old age.'

6　休谟的《论口才》：in his *Essays Moral, Political and Literary,* ed. Eugene F. Miller, Liberty Fund [1752] 1985。

7　米勒谈论文学的重要性：quoted in Stewart, *L A S* Section I。

8　斯密与牛顿：my argument here is much indebted to Leonidas Montes, 'Newtonianism and Adam Smith', in Christopher J. Berry, Maria Pia Paganelli and Craig Smith (eds.), *The Handbook of Adam Smith,* Oxford University Press 2013, Ch. 2；see also his 'On Adam Smith's Newtonianism and General Economic Equilibrium Theory', in Leonidas Montes and Eric Schliesser (eds.), *New Voices on Adam Smith,* Routledge 2006。

9　纯文学的发展：cf. Marcelo Dascal, 'Adam Smith's Theory of Language', in Knud Haakonssen (ed.), *The Cambridge Companion to Adam Smith,* Cambridge University Press 2006。

10　苏格兰人和英国文学研究：Robert Crawford (ed.), *The Scottish Invention of English Literature*, Cambridge University Press 1998。

11　斯密主要思想的先驱：see Donald Winch's entry on Adam Smith in the *Dictionary of National Biography*, Oxford University Press 2004。

12　规则四：Isaac Newton, *Principia Mathematica Philosophiae Naturalis*, Jussu Societatis Regiae 1687。

13　我太老了、太胖了、太懒了，而且太有钱了：quoted in the *New Evening Post*, 6

December 1776 。

14 我非常愿意和休谟共事：letter to William Cullen, November 1751。

15 休谟谈论图书馆的生活：Hume, *The Life of David Hume, Esq. Written by Himself*, W. Strahan and T. Cadell 1777。

16 第一封信：David Hume to Adam Smith, 24 September 1752。

17 斯密作为老师，博斯韦尔作为学生：Stewart, *L A S*；Boswell, *Correspondence of James Boswell and John Johnston of Grange*, ed. R. S. Walker, William Heinemann 1966。

18 评论约翰逊的大词典：*Edinburgh Review*, 1, 1755。

19 约翰逊谈论斯密：from James Boswell, *Dr Johnson's Table Talk*, J. Mawman 1807。

20 斯密在格拉斯哥的快乐日子：letter to Archibald Davidson, 16 November 1787。

21 坎贝尔小姐：Harold Thompson, *A Scottish Man of Feeling：Some Account of Henry Mackenzie... and of the Golden Age of Burns and Scott*, Oxford University Press 1931。

22 斯密的私人生活作为一段辉煌历史的注脚：Simpson Ross, *L A S* p. 228。

23《道德情操论》作为一个有缺陷的产物：J. K. Galbraith described it as 'a work now largely forgotten and largely antecedent to [Smith's] interest in Political Economy', in *A History of Economics:The Past as the Present*, Penguin 1989. This dismissal contrasts vividly with the enthusiasm of Gilbert Harman, who calls it 'one of the great works of moral philosophy' in his 'Moral Agent and Impartial Spectator', The Lindley Lecture, University of Kansas 1986. D. D. Raphael soberly reviews some of the contrasting views in *The Impartial Spectator: Adam Smith's Moral Philosophy*, Oxford University Press 2007, Ch. 6, and argues for the philosophical superiority of Smith's ethics to Hume's, and its psychological superiority to Freud's. For a charming and insightful reading of Smith as contemporary moralist, see Russ Roberts, *How Adam Smith Can Change Your Life*, Penguin 2014.

24 斯密与康德：it is worth noting that Smith's focus on what he takes to be actual processes of moral reasoning reflects his wider critique of previous moral systems: that they are constructed in overly narrow terms and so fail to account for how people in fact reach moral judgements. See Craig Smith, 'Adam Smith, the Scottish Enlightenment, and "Realistic" Philosophy', INET Edinburgh Conference, October 2017, available through www. ineteconomics.org. Edmund Burke seems to have felt the same way: in a letter to Smith of 10 September 1759 he commented that

'I have ever thought that the old systems of morality were too contracted and that this science could never stand well upon any narrower basis than the whole of human nature. All the writers who have treated this subject before you were like those Gothic architects who were fond of turning great vaults upon a single slender pillar. There is art in this, and there is a degree of ingenuity without doubt; but it is not sensible, and it cannot long be pleasing.'

25 对卢梭的评论：'A Letter to the Authors of the *Edinburgh Review*', *Edinburgh Review*, 2, 1756. For an approach emphasizing points of commonality between Smith and Rousseau, see Istvan Hont, *Politics in Commercial Society*, Harvard University Press 2015。

26 我们判断他人……：*T M S* III.i.2, from the first edition。

27 互相观察：I owe this important point to Knud Haakonssen。

28 因为人类更愿意同情……：*T M S* I.iii.2。

29 人类社会的所有成员都需要彼此的帮助：*T M S* II.ii.3。

30 每个原始人都处于持续的危险中：*T M S* V.ii.9。

31 持续交换：Knud Haakonssen, *The Science of a Legislator: The Natural Jurisprudence of David Hume and Adam Smith,* Cambridge University Press 1981. James Otteson has importantlyelaborated this line of thought into a fully fledged theory of a 'marketplace of morals' in *Adam Smith's Marketplace of Life,* Cambridge University Press 2002. But the idea of exchange itself is surely more fundamental, and it lacks the connotations of buying and selling normally associated with markets; Smith's theory of *market* exchange is then a natural offshoot of the wider theory.

32 休谟谈论伯克的精彩论文：letter from David Hume to Adam Smith, 12 April 1759。

33 伯克的感谢信：letter from Edmund Burke to Adam Smith, 10 September 1759。

第三章
启蒙时代的插曲，
1760—1773 年

1 你要不认识你的国家了：letter from Horace Walpole to Sir Horace Mann, 23 July 1761。

2 国债和 GDP：John Brewer, *The Sinews of Power: War, Money and the English State 1688–1783*, Harvard University Press 1988; and B. R. Mitchell, *British Historical*

Statistics, rev. edn, Cambridge University Press 2011。

3 以我目前的年纪：advertisement to *TMS*, 6th edn。

4 苏格兰的自然主义法理学：on the wider cultural significance and long-lasting effects of the Scottish natural jurisprudence tradition, see Knud Haakonssen, 'Natural Jurisprudence and the Identity of the Scottish Enlightenment', in Ruth Savage (ed.), *Philosophy and Religion in Enlightenment Britain,* Oxford University Press 2012。

5 谨慎、慈善、慷慨这类美德……：*T M S* III.vi.9。

6 正义就被侵犯了：*LJ(A)*, 24 December 1763。

7 实际上毫无意义：*LJ(B)*, Introduction。

8 人类经历的四种不同阶段：*LJ(A)*, 24 December 1763; on Smith's stadial theory generally, see Ronald L. Meek, *Social Science and the Ignoble Savage*, Cambridge University Press 1976, and Donald Winch, 'Adam Smith's "Enduring Particular Result"：A Political and Cosmopolitan Perspective', in Istvan Hont and Michael Ignatieff (eds.), *Wealth and Virtue：The Shaping of Political Economy in the Scottish Enlightenment*, Cambridge University Press 1986。

9 他是这个时代最伟大的人，假如他能够拥有普通的真理、普通的诚恳、普通的诚实、普通的谦逊、普通的沉稳、普通的勇气和常识的话：Horace Walpole, Earl of Orford, *Memoirs of the Age of King George III*, Richard Bentley 1845, Vol. III, p. 100。

10 最自负的人所能期望的最高荣誉：letter from David Hume to Adam Smith, 28 October 1763。

11 斯密先生不愿妥协：Tytler, *Memoirs,* quoted by Rae, *L A S* Ch. 11。

12 让·卡拉斯：see e.g. Edna Nixon, *Voltaire and the Calas Case*, Victor Gollancz 1961；Frederic Maugham, *The Case of Jean Calas*, William Heinemann 1928. Voltaire's celebrated response came in his *A Treatise on Religious Toleration*, T. Becket and P. A. de Hondt 1764。

13 我们的进展：letter to David Hume, 5 July 1764。

14 斯密对重农主义的评价：see *W N* I V.ix generally. The 'nearest approximation to the truth' is at IV.ix.38。

15 精确的制度：*WN* IV.ix.28。

16 三茶杯热血：letter to Charles Townshend, 6 p.m., 27 August 1766。

17 最可怕的灾难：letter to Lady Frances Scott, 19 October 1766 'I long passionately to rejoin my old friends'：letter to Andrew Millar, undated, October 1766。

18 我渴望重新见到老朋友们：letter to Andrew Millar, undated, October 1766。

19 叫我亚当·斯密不要加任何称谓：letter to William Strahan, undated, winter 1766–7。

20 我在这里的事业：letter to David Hume, 7 June 1767。

21 艾尔银行的倒闭：Henry Hamilton, 'The Failure of the Ayr Bank 1772', *Economic History Review*, 8.3, 1956。

22 苏格兰在1750年之后的商业发展：see e.g. T. M. Devine, *The Scottish Nation 1700–2000*, Allen Lane 1999. There is a substantial literature on the wider causes – material, technological, cultural – of British economic growth during the industrial revolution. See e.g. Robert Allen, *The British Industrial Revolution in Global Perspective*, Cambridge University Press 2009, Joel Mokyr, *The Enlightened Economy: Britain and the Industrial Revolution 1700 – 1850*, Yale University Press 2009, and the works of McCloskey and Hoppit listed in the Bibliography.

23 他们自己的困难：*WN* II.ii.72 and ff。

24 渴望出版：letter from Kames to Daniel Fellenberg, 20 April 1773, quoted in Simpson Ross, *L A S* p. 262。

25 发油：Simpson Ross, *L A S* p. 251, quoting Robert Chambers's *Picture of Scotland*, 1827。

26 18本薄册子：letter to David Hume, 16 April 1773。

第四章
"你将在这个领域独领风骚"，
1773—1776 年

1 我见过的最沉闷的蠢狗：from James Boswell, *Boswell: The Ominous Years, 1774–1776*, ed. Charles Ryskamp and Frederick A. Pottle, McGraw-Hill 1963. The antipathy between the two men may have spilled out into outright insult. Many years afterwards Sir Walter Scott recounted a story of John Millar's in a letter to the Irish writer and politician John Wilson Croker: 'Upon closer examination, it appeared that Dr. Johnson no sooner saw Smith than he brought forward a charge against him for something in his famous letter on the death of Hume. Smith said he had vindicated the truth of the statement. "And what did the Doctor say?" was the universal query: "Why, he said – he said" said Smith, with the deepest impression of resentment, "he said – 'You lie!' " "And what did you reply?" "I said, 'You are a son of a b — h!' " On such terms

did these two great moralists meet and part, and such was the classic dialogue betwixt them.' Croker, *The Croker Papers,* ed. Louis J. Jennings, John Murray 1884, 1:430, 10 January 1829。

2   你见过布伦特福德的建筑吗：James Boswell, *The Life of Samuel Johnson,* Henry Baldwin, for Charles Dilly, London 1791 and 1793, 30 March 1783 。

3   这不是虚伪，这简直是疯了：cited in Amicus, 'Anecdotes Tending to Throw Light on the Character and Opinions of the Late Adam Smith, LLD', *The Bee, or Literary Weekly Intelligencer,* 11 May 1791, included in *L R B L* Appendix I 。

4   一个人必须有广泛的观点：Boswell, *Life of Johnson*, 15 March 1776. The range of sources behind those views is sometimes forgotten: Smith lived in six important cities– Glasgow, Oxford, Edinburgh, London, Paris and Toulouse, as well as staying in Geneva, Bordeaux and Montpelier; he was a member of a wide range of clubs and societies, including the Royal Society and the Edinburgh Royal Society, and was a regular guest at the great salons while in Paris; he had a very broad professional, business, scholarly and political acquaintance; and, at over 3,000 volumes, a large library; see R. H. Hartwell's 'Comment' in Thomas Wilson and Andrew S. Skinner (eds.), *The Market and the State: Essays in Honour of Adam Smith,* Oxford University Press 1976。

5   最好的学习课堂：letter to William Cullen, 20 September 1774。

6   这些事件是否会影响你的理论：letter from David Hume, 27 June 1772。

7   1767年的汤曾德预算在议会获得好评：report of James West to the Duke of Newcastle, quoted in *C A S,* note 21 to the letter from Charles Townshend to Smith below。

8   我将增加一些真正的来自美洲的收入：letter from Charles Townshend, undated, probably in October–December 1766。

9   斯密作为税务顾问：blaming Smith, C. R. Fay claimed that 'It was professorial advice which lost us the first empire' in *Adam Smith and the Scotland of his Day,* Cambridge University Press 1956, p. 116. For a detailed rebuttal, see Iain McLean, *Adam Smith, Radical and Egalitarian,* Edinburgh University Press 2006, pp. 16–17。

10 一个国家的财富是一个"国家的所有土地和劳动力的年产量"：*W N,* 'Introduction and Plan of the Work'。

11 立法者的科学：*W N* I V.ii.39. On this important idea, see Knud Haakonssen, *The Science of a Legislator: The Natural Jurisprudence of David Hume and Adam Smith,*

Cambridge University Press 1981；Donald Winch, 'Science and the Legislator：Adam Smith and After', *Economic Journal*, 93.371, 1983；Edward S. Cohen, 'Justice and Political Economy in Commercial Society：Adam Smith's "Science of a Legislator"', *Journal of Politics,* 51.1, 1989。

12 制钉厂：*W N* I.i.3。

13 有一种倾向：*W N* I.ii.1。

14 没有人见过一只狗与另一只狗有意进行公平的交换：*W N* I.ii.2. Compare this passage, a few lines further on: 'Whoever offers to another a bargain of any kind, proposes to do this. Give me that which I want, and you shall have this which you want, is the meaning of every such offer; and it is in this manner that we obtain from one another the far greater part of those good offices which we stand in need of.'

15 改善我们自身状况的渴望：*W N* II.iii.28–36。

16 生产羊毛大衣需要的劳动合作：*W N* 1.i.4, also discussed in *E D*。

17 人们"在某种程度上成为商人"：*W N* I.iv.1。

18 并不是靠屠夫、酿酒人、面包师的好心施舍：*W N* I.ii.2。

19 劳动分工受到市场范围的限制：see *W N* I.iii。

20 劳动是衡量价值的真正标准：*W N* I.v.1。

21 普遍的商业工具：*W N* I.iv.11。

22 不是通过增加国家的资本：*W N* II.ii.86。

23 自然价格就是中心价格：*W N* I.vii.15。

24 利润率并不随着社会的衰落而下跌：*W N* I.xi, 'Conclusion of the Chapter', para 10。

25 同行很少聚在一起：*W N* I.x, Part 2, para 27。

26 我们很少听到……雇主们的联合：*W N* I.viii.13。

27 消费是所有生产的唯一结果和目的：*W N* IV.viii.49。

28 为闲散付出的代价：*W N* II.iii.20。

29 服务通常在完成的一瞬间就消失了：*W N* II.iii.1。

30 非生产性劳动者：*W N* II.iii.2。

31 资本增加的直接原因是节俭：*W N* II.iii.16。

32 每个乱花钱的人似乎都是公敌：*W N* II.iii.25。

33 大国从来不会因为个人原因变穷：*W N* II.iii.30。

34 最严重的无礼和揣测：*W N* II.iii.36。

35 我对整个英国商业体系的猛烈攻击：letter to Andreas Holt, 26 October 1780。

36 每个国家政治经济的最大目标：*W N* II.v.31。

37 没有对土地的直接产出：*W N* IV.ix.10。

38 国家的财富在于社会劳动每年创造的可供消费的产出：*W N* IV.ix.38。

39 关于商业法律或法规的建议：*W N* I.xi, 'Conclusion of the Chapter', para 10。

40 每当立法会试图调节矛盾时：*W N* I.x, Part 2, para 61。

41 已经建立起了一个大帝国：*W N* IV.viii.53。

42 找出……并不难：*W N* IV.viii.54。

43 没什么（理论）……比贸易平衡理论更荒谬了：*W N* IV.iii, Part 2, para 2。

44 显而易见，简单的自然自由体系确立了自己的理论地位：*W N* IV.ix.51。

45 政府的责任：*ibid*。

46 战争成本消耗在那些距离遥远的国家：*W N* IV.i.26。

47 公民政府实际上是在保护富人免受穷人的侵害：*W N* V.i, Part 2, para 12。

48 这个社会不太可能幸福繁荣：*W N* I.viii.36。

49 斯密讨论民兵：*W N* V.i, 'Of the Expense of Defence'. There is an acute analysis of the main issues in Leonidas Montes, 'Adam Smith on the Standing Army vs. Militia Issue: Wealth over Virtue', in Jeffrey T. Young (ed.), *The Elgar Companion to Adam Smith,* Edward Elgar 2009。

50 斯密讨论教会和宗教竞争：*W N* V.i, 'Of the Expense of the Institutions for the Instruction of People of All Ages'。

第五章
工作到最后，
1776—1790 年

1 就健康和精神状态而言，他的状况很不错：letter from Adam Ferguson, 2 September 1773。

2 休谟谈论做菜：letter to Sir Gilbert Elliot, 16 October 1769。

3 如果你再拖久一点，我可能就完全消失了：letter from David Hume, 8 February 1776。

4 他的身体在持续地衰弱：letter from Joseph Black, undated, April 1776。

5 但是我没有敌人，除了……：Henry, Lord Brougham, *Lives of Men of Letters and Science, Who Flourished in the Time of George III*, Vol. II, Richard Griffin, London and Glasgow 1855, p. 200。

6 可怜的休谟死得很快：letter to Alexander Wedderburn, 14 August 1776。

7 没有什么能让他的病情好转了：letter from Joseph Black, 26 August 1776。

8 我现在估计很快会解脱：Hume, *The Life of David Hume, Esq. Written by Himself*, W. Strahan and T. Cadell 1777, p. 30。

9 他带着极度开朗的心态：in *Strahan*。

10 有点耐心吧，好卡戎：*ibid*。

11 霍恩谴责休谟：George Horne, *A Letter to Adam Smith L L.D. on the Life, Death, and Philosophy of His Friend David Hume Esq. by One of the People Called Christians*, Clarendon Press 1777。

12 这难道不是一个胆大妄为的时代吗：Boswell, *Life of Johnson*, 9 July 1777。

13 我写的关于我已故的朋友……是简单的、无害的：letter to Andreas Holt, 26 October 1780。

14 办公室里的各种职责：letter to Andreas Holt, 26 October 1780。

15 出纳传话：*ibid*。

16 班缪尔楼：for the history and restoration of Panmure House, see http：//www. panmurehouse.org。

17 查尔斯·詹姆斯·福克斯评论《国富论》：Rae, *L A S* Ch. 18。

18 《对与美国的竞争状态的思考》：reprinted in *C A S*。

19 世界上有足够的贸易：letter from Henry Dundas, 30 October 1779。

20 打压这样一个……地区的工业：letter to Henry Dundas, 1 November 1779。

21 我们的制造商的利润非常微薄：letter to Lord Carlisle, 8 November 1779。

22 我真想以身作则，把它们全部烧掉：letter to William Eden, 3 January 1780 。

23 与这些杰出人物保持交往：from John Playfair's 'Life of Dr James Hutton', in *Transactions of the Royal Society of Edinburgh*, 10 January 1803。

24 大胆而巧妙地勾勒自己的研究主题：Stewart, *L A S* Section V。

25 政治运作的知识基础：*A Letter from Governor Pownall to Adam Smith*, 25 September 1776, in *C A S*. In fact Smith appears to have made few changes in response to Pownall。

26 在创作这个版本的过程中，我很可能会离世：letter to William Strahan, 22 May 1783。

27 在我生命中最美好的一段时光里区分了光明与黑暗：letter of 1795 from Lord Shelburne to Dugald Stewart, quoted in Note I to Stewart's *LAS*。

28 斯密与伯克：for a fuller though still only partial exploration of the relationship between Smith and Burke, their key differences of view and the rather tortured resulting

historiography, see Donald Winch, 'The Burke–Smith Problem and Late Eighteenth-Century Political and Economic Thought', *Historical Journal*, 28.1, 1985.There has been a recurrent tendency to try to put intellectual and political distance between Smith and Burke, with mixed success; cf. Emma Rothschild, 'Adam Smith and Conservative Economics', *Economic History Review*, 45.1, 1992, recapitulated in her *Economic Sentiments: Adam Smith, Condorcet, and the Enlightenment*, Harvard University Press 2001. As their correspondence attests, in the 1780s at least there can be little doubt of the two men's very warm personal feelings for each other。

29 所有特许贸易公司共有的荒谬性和有害性：letter to William Strahan, 22 May 1783。

30 使我不务正业：letter to Thomas Cadell, 7 December 1782。

31 永久的垄断：*W N* V.i.119。

32 这里天气很好：letter from Henry Dundas, 21 March 1787。

33 另外两部伟大的作品在筹备中：letter to the Duc de la Rochefoucauld, 1 November 1785。

34 慢性肠梗阻：Stewart, *LAS* Section V。

35 今年我正处于我的转折点：letter to Bishop John Douglas, 6 March 1787。

36 我担心他的身体已经快不行了：letter from Peter Elmslie to Edward Gibbon, 10 June 1787, quoted in C. R. Fay, *Adam Smith and the Scotland of his Day*, Cambridge University Press 1956, p. 141。

37 没有其他更能让我满意的职位了：letter to Dr Archibald Davidson, 16 November 1787。

38 我的健康状况极不稳定：letter to Thomas Cadell, 15 March 1788。

39 我是个慢工出细活的人：*ibid*。

40 造成道德情感败坏的最重要的和最普遍的原因：*T M S* I.iii.3。

41 人自然而然地渴望，不仅被爱，而且是可爱的：*T M S* III.ii.1。

42 我们不仅仅是作为这个伟大人类社会的一部分来爱我们的国家：*T M S* VI.ii.2。

43 一个由理智人和智慧人组成的伟大社会：*T M S* VI.ii.3。

44 某种体制精神很容易与关乎全人类之爱的公共精神混为一谈：*T M S* VI.ii.2。

45 这本书终于完美地画上了句号：letter to Thomas Cadell, in Heiner Klemme, 'Adam Smith an Thomas Cadell: Zwei neue Briefe', *Archiv für Geschichte der Philosophie*, 73.3, 1991。

46 在所有的道德情感的败坏者中：TMS III.iii.3。

47 她似乎是心满意足地死去的：letter to Dr James Menteath, 16 September 1788。

48 她的离去会让我成为苏格兰最潦倒、最无助的人之一：letter to Lord Porchester, 23 September 1788。

49 我不能经受任何劳顿：letter to Robert Cullen, 9 February 1790。

50 但我康复得非常缓慢：letter to Thomas Cadell, 25 May 1790。

51 非常有耐心和毅力：quoted in Robert Kerr, *Memoirs of the Life, Writing and Correspondence of William Smellie*, John Anderson 1811, p. 295。

52 布莱克博士最讨厌的就是错误，而哈顿博士最讨厌的就是无知：John Playfair, quoted in Rae, *L A S* Ch. 21。

53 我是个除了书本之外一无所有的人：William Smellie, *Literary and Characteristical Lives of J. Gregory, M.D., Henry Home, Lord Kames, David Hume, Esq., and Adam Smith, L L.D.*, n.p. 1800, p. 297。

54 如果上帝肯赐予我一件东西，就给我的家人和后人留下一份道德遗产：letter to Lord Stanhope, 8 May 1777。

55 我没有丝毫不满意，也没有丝毫的冷淡：Buccleuch, quoted in Stewart, *L A S*。

第六章
荣誉、事实和迷思

1 两座伟大的雕像：休谟像在 1996年竖立，斯密像在 2008年竖立，均是亚历山大·斯托达特的作品。

2 苏格兰大人物的肖像：see especially Mungo Campbell, *Allan Ramsay: Portraits of the Enlightenment*, Prestel 2013。

3 "主流经济学"从肯尼思·博尔丁之后分离出一条不同线路，但是两者都起源于斯密：see Peter J. Boettke, Stefanie Haeffele Balch and Virgil Henry Storr, *Mainline Economics: Six Nobel Lectures in the Tradition of Adam Smith,* Mercatus Center, George Mason University 2016。

4 《国富论》在美洲殖民地的早期反响：see Samuel Fleischaker, 'Adam Smith's Reception among the American Founders, 1776–1790', *William and Mary Quarterly,* 59.4, 2002.As Fleischaker notes, 'Smith wrote extensively, after all, on some of the central issues debated in America during the 1780s – the role of banking, the relative merits of militias vis-à-vis standing armies, the adverse effects of slavery and primogeniture, the proper relationship between church and state, as well as tax policy

and the regulation of commerce'。

5 斯密之死、斯图尔特以及区分政治和经济: cf. Emma Rothschild, 'Adam Smith and Conservative Economics', *Economic History Review*, 45.1, 1992。

6 斯密与苏格兰普通法的发展: see John W. Cairns, 'Legal Theory', in Alexander Broadie (ed.), *The Cambridge Companion to the Scottish Enlightenment*, Cambridge University Press 2003 and 'The Influence of Smith's Jurisprudence on Legal Education in Scotland', in John W. Cairns, *Enlightenment, Legal Education, and Critique*, Edinburgh University Press 2015。

7 斯密可能影响了达尔文: see Matt Ridley, 'The Natural Order of Things', *Spectator*, 11 January 2009。

8 虽然是人类行为的结果,却不是人类设计好的结果: Adam Ferguson, *An Essay on the History of Civil Society*, n.p. 1767, III.ii。

9 对"看不见的手"的不同解读: see William D. Grampp, 'What Did Smith Mean by the Invisible Hand?', *Journal of Political Economy*, 108.3, June 2000; for its history and uses prior to Smith, especially in Calvinist and generally providential theology and in natural science, see Peter Harrison, 'Adam Smith and the History of the Invisible Hand', *Journal of the History of Ideas*, 72.1, January 2011. As Mark Blaug points out, Smith's idea of competition is 'a process conception, not an end - state conception'. Blaug, *Economic Theory in Retrospect*, 5th edn, Cambridge University Press 1997, p. 593。

10 第一次提到"看不见的手":in his History of Astronomy essay, Smith says, 'Fire burns, and water refreshes; heavy bodies descend, and lighter substances fly upwards, by the necessity of their own nature; nor was the invisible hand of Jupiter ever apprehended to be employed in those matters. But thunder and lightning, storms and sunshine, those more irregular events, were ascribed to his favour, or his anger . . . And thus, in the first ages of the world, the lowest and most pusillanimous superstition supplied the place of philosophy' *(EPS III.2)*. In this case, the invisible hand is being invoked as an external force within a putatively pre-scientific and personalized explanation for individual, often adverse, events. The contrast with modern views of the invisible hand as a scientific, law-like, iterated and collective explanation for benign market phenomena is evident, and reinforces the suggestion that Smith has no overall theory of the invisible hand. See Eugene Heath, 'Metaphor Made Manifest: Taking Seriously Smith's "Invisible Hand"', in David F. Hardwick

and Leslie Marsh (eds.), *Propriety and Prosperity: New Studies on the Philosophy of Adam Smith,* Palgrave Macmillan 2014, pp. 169 ff。

11 谷物法：Avner Offer, 'Self-Interest, Sympathy and the Invisible Hand: From Adam Smith to Market Liberalism', *Economic Thought,* 1.2, 2012. There is a very thoughtful analysis of Smith's views in relation to the corn supply given the prevailing political and economic context in Donald Winch, 'Science and the Legislator: Adam Smith and After', *Economic Journal,* 93.371, 1983。

12 斯密之前的政治经济学：see William Letwin, *The Origins of Scientific Economics,* Methuen 1963, and Terence W. Hutchison, *Before Adam Smith: The Emergence of Political Economy 1662–1776,* Basil Blackwell 1988. Angus Maddison, *Contours of the World Economy 1– 2030 A D,* Oxford University Press 2007 contains a fascinating personal survey of econometricians before and after Smith's time。

13 18世纪末的经济生活：see e.g. Ha-Joon Chang, *Economics: The User's Guide,* Pelican Books 2014。

14 斯密弄错和忽略的事情：failure to foresee industrialization:Charles Kindleberger, 'The Historical Background: Adam Smith and the Industrial Revolution', in Thomas Wilson and Andrew S. Skinner (eds.), *The Market and the State: Essays in Honour of Adam Smith,* Oxford University Press 1976; the same collection of essays contains a vigorous defence of Smith by R. M. Hartwell; see also Hiram Caton, 'The Preindustrial Economics of Adam Smith', *Journal of Economic History,* 45.4, 1985. For a defence of Smith on monetary economics, see David Laidler, 'Adam Smith as a Monetary Economist', *Canadian Journal of Economics,* 14.2, 1981。Smith considers inflation, the contrast between money and real prices and what would later become known as purchasing power parity at some length at the end of Book II of *W N* in his 'Digression Concerning the Variations in the Value of Silver During the Course of the Four Last Centuries'。

15 斯密貌似缺乏独创性：Joseph Schumpeter, *History of Economic Analysis,* Routledge [1954] 1987. A far more dismissive, and indeed manifestly unfair and inaccurate, critique is offered by Murray Rothbard, for whom 'The mystery is the enormous and unprecedented gap between Smith's exalted reputation and the reality of his dubious contribution to economic thought . . . The problem is that he originated nothing that was true, and that whatever he originated was wrong.' Rothbard, *Economic Thought before Adam Smith: An Austrian Perspective,* Edward Elgar 1995. An interesting

specific counterclaim is that Smith was the first economist to argue that a normal rate of profit on 'stock' was a necessary constituent of price; cf. Ronald L. Meek, Studies *in the Labour Theory of Value,* Lawrence & Wishart 1956. For a much more detailed and balanced overall assessment, see Hutchison, Before Adam Smith. Jacob Viner's verdict still stands: 'Smith's major claim to originality . . . was his detailed and elaborate application to the wildernessof economic phenomena of the unifying concept of a co-ordinated and mutually interdependent system of cause and effect relationships.' Viner, 'Adam Smith and Laissez Faire', *Journal of Political Economy,* 35.2, April 1927。

16 斯密对前辈思想家的态度: one notes Karl Marx's acid comment,'The Scottish proverb that if one has gained a little it is often easy to gain much, but the difficulty is to gain a little, has been applied by Adam Smith to intellectual wealth as well, and with meticulous care he accordingly keeps the sources secret to which he is indebted for the little, which he turns indeed into much', in *A Contribution to the Critique of Political Economy,* ed. Maurice Dobb, Lawrence & Wishart [1859] 1971。

17 亚当·斯密难题: there is a useful overview of the often rather labyrinthine debate on this issue, and its historical background, in Leonidas Montes, *'Das Adam Smith Problem:* Its Origins, the Stages of the Current Debate, and One Implication for our Understanding of Sympathy', *Journal of the History of Economic Thought,* 25.1, February 2003. For an important restatement of the problem following the 1976 Smith bicentennial, see Richard Teichgraeber III, 'Rethinking *Das Adam Smith Problem',* *Journal of British Studies,* 20.2, Spring 1981. For a new Adam Smith problem, see James R. Otteson, *Adam Smith,* Bloomsbury 2011. For the modern ideological and policy implications of a 'two Smiths' view, see Matthew Watson, 'Gordon Brown's "Adam Smith Problem" ', *Renewal,* 16. 3–4, 2008。

18 两个领域: Friedrich Hayek, *The Fatal Conceit,* University of Chicago Press 1988. It is far from clear that Hayek in fact ever read *The Theory of Moral Sentiments*。

19 个人利益的基石: George Stigler, 'Smith's Travels on the Ship of the State', *History of Political Economy,* 3.2, Fall 1971.Stigler does not mention *The Theory of Moral Sentiments,* or indeed any of Smith's writings apart from *The Wealth of Nations,* in this article。

20 斯密反对乌托邦主义: Smith's thoroughgoing resistance to views he considered overly generalized or utopian is borne out by recently discovered letters between

him and the Count of Windischgräte in 1785–8. The Count had written to solicit Smith's support for a prize he was proposing to provide a unified–and as it appears mathematically tractable–account of property transfers. Smith replied courteously but firmly that in his view the range of property forms and types of transfer was far too wide to be captured in a formal theory; that there was no one qualified to undertake the work; and that a prize would merely encourage charlatans, so that the Count would do better to save his money. He also added, tellingly, 'I never suffer my name to appear in a newspaper when I can hinder it, which, to my sorrow, I cannot always do.' See José M. Menudo and Nicolas Rieucau, 'A Previously Unpublished Correspondence between Adam Smith and Joseph Nicolas de Windischgrätz', *History of Political Economy,* 49.1, 2017。

21 个人利益、自私、自爱：see Pierre Force, *Self-Interest before Adam Smith: A Genealogy of Economic Science,* Cambridge University Press 2003. Note that David Hume made a similar point about attributed motivation in relation to politics in his essay 'Of the Independency of Parliament': 'It is, therefore, a just political maxim, that every man must be supposed a knave'。

22 自爱的自然表现可以通过公正的旁观者来纠正：TMS III.iii.4. This occurs alongside a wellknown passage in which Smith compares the natural concern someone might have for the loss of a little finger with their reaction to a disastrous earthquake in China: 'The most frivolous disaster which could befall himself would occasion a more real disturbance. If he was to lose his little finger to-morrow, he would not sleep tonight; but, provided he never saw them, he will snore with the most profound security over the ruin of a hundred millions of his brethren, and the destruction of that immense multitude seems plainly an object less interesting to him, than this paltry misfortune of his own.' This has sometimes been read as underlining the centrality of self - interest to Smith's worldview. In fact it is part of an argument to precisely the opposite conclusion: Smith's point is that a sense of moral obligation is compelling enough to overcome the dictates of self-love: 'It is not the soft power of humanity, it is not that feeble spark of benevolence which Nature has lighted up in the human heart, that is thus capable of counteracting the strongest impulses of self-love. It is a stronger power, a more forcible motive, which exerts itself upon such occasions. It is reason, principle, conscience, the inhabitant of the breast, the man within, the great judge and arbiter of our conduct.'

23 富人和穷人：see Deborah Boucoyannis, 'The Equalizing Hand: Why Adam Smith Thought the Market Should Produce Wealth without Steep Inequality', *Perspectives on Politics*, 11.4, December 2013. As Boucoyannis herself points out, there is an interesting parallel here with modern ideas of 'predistribution', in which policy changes are designed to inhibit certain inequalities from emerging in the first place, as opposed to seeking to rectify them once they have occurred; see Jacob S. Hacker, 'The Institutional Foundations of Middle-Class Democracy', Policy Network, May 2011。

24 晒太阳的乞丐：Thomas Martin has suggested that this is a concealed reference to a famous fictional encounter from Dio Cassius, in which Diogenes the Cynic dismisses Alexander the Great for blocking the sunlight. See 'The Sunbathing Beggar and Fighting Kings: Diogenes the Cynic and Alexander the Great in Adam Smith's "Theory of Moral Sentiments" ', *Adam Smith Review*, 8, 2015。

25 左派对斯密的批评：see e.g. Joseph Stiglitz, 'Monopoly's New Era', *Project Syndicate*, 13 May 2016, where Stiglitz tries to distinguish between 'two schools of thought . . . about how the economy functions' : one emphasizing competitive markets, which he associates with Adam Smith and nineteenth - century liberal political economists, and one which, 'cognizant of how Smith's brand of liberalism leads to rapid concentration of wealth and income, takes as its starting point unfettered markets' tendency toward monopoly' . But this argument misreads Smith as a *laissez-faire* economist, ignores the important differences between Smith and his nineteenth- century liberal successors and mistakes the thrust of Smith's attack on monopolies and crony capitalism; for which see Chapter 9 below。

26 每一个人……就可以完全自由：*W N* IV.ix.51。

27 自由放任：see e.g. Viner, 'Adam Smith and Laissez Faire'。

28 那些对小农有利的法律和风俗习惯：*W N* III.ii.14。

29 一定会发生什么让他的推理变得混乱：David Hume, 'Of Commerce', in his *Essays Moral, Political and Literary*, ed. Eugene F. Miller, Liberty Fund [1752] 1985。

30 引入数学以前的经济模型：David Hume gives a clear early example of informal economic modelling in his essay 'Of the Balance of Trade' , in his *Essays Moral, Political and Literary*。

31 国家与市场的划分：I am indebted for these points to Emma Rothschild, *Economic Sentiments: Adam Smith, Condorcet, and the Enlightenment*, Harvard University

Press 2001。

32 数学模型的应用：for a sophisticated and pluralistic modern treatment of the function, use and abuse of economic models, see Dani Rodrik, *Economics Rules,* Oxford University Press 2015；and the very stimulating but more technical 'On the Future of Macroeconomic Models' by Olivier Blanchard, in *Oxford Review of Economic Policy,* 34.1–2, 2018。

第七章
亚当·斯密的经济学

1 肯尼斯·阿罗与弗兰克·哈恩：*General Competitive Analysis,* Holden-Day 1971. I owe this example to Mark Blaug, 'No History of Ideas, Please, We're Economists', *Journal of Economic Perspectives,* 15.1, Winter 2001。

2 弗农·史密斯的好消息和坏消息：overall, see his 'Constructivist and Ecological Rationality in Economics', Nobel Prize lecture, 8 December 2002, extended in *Rationality in Economics:* Constructivist and Ecological Forms, Cambridge University Press 2008. Vernon Smith has himself been an extremely illuminating interpreter of Adam Smith; cf. e.g. 'The Two Faces of Adam Smith' , Distinguished Guest Lecture, Southern Economic Association, 21 November 1997, and 'What Would Adam Smith Think?' , *Journal of Economic Behavior and Organization,* 73, 2010. For the spillover effects of prosocial environments, and the importance of institutions in shaping persisting habits, see Alexander Peysakhovich and David G. Rand, 'Habits of Virtue: Creating Norms of Cooperation and Defection in the Laboratory' , *Management Science,* Articles in Advance, 2015。

3 实验经济学：Robert Sugden has suggested that David Hume should be considered one of the originators of experimental economics. In the *Treatise* Hume argues that the workings of the human mind should be investigated by 'careful and exact experiments, and the observation of those particular effects, which result from its different circumstances and situations' *(A Treatise of Human Nature,* ed. L. A. Selby - Bigge, rev. edn, P. H. Nidditch, Oxford University Press 1978, pp. xv – xvii). See Robert Sugden, 'Hume's Non- Instrumental and Non - Propositional Decision Theory' , *Economics and Philosophy,* 22.3, 2006。

4　形式主义的危险性：参见 Amartya Sen, 'Rational Fools', *Philosophy & Public Affairs,* 6.4, Summer 1977。

5　19世纪的经济学：there is a large literature on this topic; a fascinating but idiosyncratic overview is Mark Blaug, *Economic Theory in Retrospect,* 5th edn, Cambridge University Press 1997. See also his 'No History of Ideas, Please, We're Economists'. As Blaug notes, 'Actually, history of economic thought is in many ways more difficult, more subtle, less capable of being cloned on a master mold than standard mainstream economics.'。

6　"经济人"概念的发展：see e.g. Mary Morgan, 'Economic Man as Model Man: Ideal Types, Idealization and Caricatures', *Journal of the History of Economic Thought,* 28.1, March 2006. It is interesting to note that Michel Foucault associates *'homo oeconomicus'* as a cultural phenomenon with Ricardo and not Smith, and with a post-Kantian awareness of human limitations and the fact of scarcity: *'Homo oeconomicus* is not the human being who represents his own needs to himself, and the objects capable of satisfying them; he is the human being who spends, wears out, and wastes his life in evading the imminence of death.' Foucault, *The Order of Things: An Archaeology of the Human Sciences,* repr. Routledge 2002。

7　比较优势原则：David Ricardo, *On the Principles of Political Economy, and Taxation,* John Murray 1817, Ch. 7, 'On Foreign Trade'。

8　杰文斯关于市场交换和均衡点的讨论：W. S. Jevons, *The Theory of Political Economy,* Macmillan 1888, Ch. 4。

9　政治经济学转向经济学：although Alfred Marshall is often credited with the shift in name, it is worth noting that he and Mary Paley Marshall had already scouted the change eleven years earlier, in their book *The Economics of Industry* of 1879。

10　数学模型和物理模型对经济学的影响：see Philip Mirowski, *More Heat than Light,* Cambridge University Press 1989。

11　政治成为附庸：the exact relations between politics and economics in Marx's thought remain a matter of scholarly debate. In the words of Ralph Miliband, 'Marx and Engels explicitly rejected any rigid and mechanistic notion of "determination" . . . But one must not protest too much. There remains in Marxism an insistence on the "primacy" of the "economic base" which must not be understated.' See his *Marxism and Politics,* Oxford University Press 1977, p. 8. G. A. Cohen, *Karl Marx's Theory of History,* Princeton University Press 1978 explores these issues in detail and with great clarity and sophistication。

12 制度和组织消失在经济学发展的过程中：see e.g. Peter Boettke, 'Hayek's Epistemic Liberalism', *Liberty Fund Review*, September 2017. See also Murray Milgate and Shannon C. Stimson, *After Adam Smith：A Century of Transformation in Politics and Political Economy*, Princeton University Press 2009, Ch. 13 。

13 对新自由主义的批评：see e.g. Naomi Klein, *The Shock Doctrine*, Penguin 2008, and Paul Mason, *Postcapitalism：A Guide to our Future,* Penguin 2015. For a vigorous defence and reclamation of the word 'neoliberal', see Madsen Pirie, *The Neoliberal Mind：The Ideology of the Future,* Adam Smith Institute 2017. For initiatives to create a more inclusive public understanding of capitalism, see the work of the Coalition for Inclusive Capitalism, www.inc-cap.com。

14 凯恩斯与不确定性：the fundamental impact of distinguishing uncertainty from risk and treating uncertainty as a radical part of nature is explored within Keynes's work by Hyman P. Minsky in *John Maynard Keynes,* McGraw-Hill [1975] 2008。

15 经济学的不同定义：as 'the science which studies human behaviour as a relationship between given ends and scarce means', see Lionel Robbins, *An Essay on the Nature and Significance of Economic Science,* Macmillan 1932; as the study of incentives, see Steve Levitt and Stephen Dubner, *Freakonomics: A Rogue Economist Explores the Hidden Side of Everything,* HarperCollins 2005。

16 制度在经济生活中的中心地位：公司作为一个经济机构，参见 Ronald Coase, 'The Nature of the Firm', *Economica,* 4.16, 1937. More widely, see e.g. Douglass North, 'Institutions', *Journal of Economic Perspectives,* 5.1, Winter 1991, which includes North's own sketch of a stadial history of market evolution, and analysis of non-evolution. For an argument that economic ideology has corrosive effects on institutions, see Stephen Marglin, *The Dismal Science：How Thinking Like an Economist Undermines Community,* Harvard University Press 2008。

17 斯密与马克思：see e.g. Spencer Pack, 'Adam Smith and Marx', in Christopher J. Berry, Maria Pia Paganelli and Craig Smith (eds.), *The Oxford Handbook of Adam Smith,* Oxford University Press 2013, Ch. 25

18 女性主义经济学：see e.g. Nancy Folbre, *Greed, Lust and Gender：A History of Economic Ideas,* Oxford University Press 2009。

19 人类生活与繁衍：Julie A. Nelson, 'Poisoning the Well, or How Economic Theory Damages Moral Imagination', in George DeMartino and Deirdre McCloskey (eds.),

The Oxford Handbook on Professional Economic Ethics, Oxford University Press 2016. It is notable how far mainstream economists have started to draw on this wider cluster of ideas, as e.g. in two recent books by Nobel laureates: Edmund Phelps, *Mass Flourishing: How Grassroots Innovation Created Jobs, Challenge, and Change,* Princeton University Press 2013; and Jean Tirole, *Economics for the Common Good,* Princeton University Press 2017。

20 马歇尔的定义: see Michèle A. Pujol, *Feminism and Anti-Feminism in Early Economic Thought,* Edward Elgar 1992, Ch. 8。

21 无种族和无性别的经济观点的缺陷: Margherita Borella, Mariacristina De Nardi and Fang Yang, 'The Aggregate Implications of Gender and Marriage', *Journal of the Economics of Ageing,* 2017; Tomaz Cajner, Tyler Radler, David Ratner and Ivan Vidangos, 'Racial Gaps in Labor Market Outcomes in the Last Four Decades and over the Business Cycle', Washington DC, Federal Reserve System 2017。

22 当家: Julie A. Nelson, 'Husbandry: A (Feminist) Reclamation of Masculine Responsibility for Care', *Cambridge Journal of Economics,* 40, 2016. The inversion of values since Smith's time is striking; in the second half of the eighteenth century it was often commerce, with its connotations of luxury and consumption, that was contrasted with war and pejoratively seen as unmanly and effeminate. To base an account of commercial society on the social glue of human sentiment, as Smith did, might be thought to reinforce this view; cf. e.g. Karen O'Brien, *Women and Enlightenment in Eighteenth-Century Britain,* Oxford University Press 2009, esp. Chs. 1–2。

23 沃斯通克拉夫特与斯密: interestingly, Wollstonecraft refers to Smith as a 'respectable authority' (Ch. 8), engages with and sometimes echoes the arguments of *T M S* and also takes aim at Rousseau (and arguably Mandeville)。

24 行为经济学: see Nava Ashraf, Colin F. Camerer and George Loewenstein, 'Adam Smith, Behavioral Economist', *Journal of Economic Perspectives,* 19.3, Summer 2005。

第八章
亚当·斯密与市场

1　他有点像一个醉酒的神经病：Warren Buffett,quoted on Benzinga.com,6 January 2015。

2　本杰明·格雷厄姆：*The Intelligent Investor,* Harper & Bros. 1949。

3　有效市场假说：Richard Thaler, 'Markets can be wrong and the price is not always right', *Financial Times,* 4 August 2009. On the theory, see e.g. Andrei Shleifer, *Inefficient Markets,* Oxford University Press 2000. A highly readable overview of the history is Justin Fox, *The Myth of the Rational Market,* Harriman House 2009。

4　信息的激励与效率市场：see Sanford J. Grossman and Joseph E. Stiglitz, 'On the Impossibility of Informationally Efficient Markets', *American Economic Review,* 70.3, 1980。

5　没有任何其他命题比有效市场假说有更坚实的经验证据：Michael Jensen, 'Some Anomalous Evidence Regarding Market Efficiency', *Journal of Financial Economics,* 6.2–3, 1978. Jensen's views have since undergone considerable modification; see Fox, *The Myth of the Rational Market,* Ch. 15 ff。

6　奴隶贸易与苏格兰：the old view that Scotland had little to do with the slave trade has now been exploded. Glasgow was not a centre for the triangle trade, but some slaves were imported into Glasgow, including by John Watt, the father of James; early Scottish industrialization was supported by revenues from slave economies; and the Scots were a significant force in the management and financing of the trade. Scotland also had a notably higher proportion of absentee slave- owners than England, and received a disproportionately high level of compensation when slavery was finally abolished. In the words of Tom Devine, 'There was full and enthusiastic Scottish engagement at every level of the trade, even if direct trading from Scottish ports was minuscule'; see his *To the Ends of the Earth:Scotland's Global Diaspora 1750–2010,* Allen Lane 2011; the essays in Devine (ed.), *Recovering Scotland's Slavery Past:The Caribbean Connection,* Edinburgh University Press 2015; and the work of the Scottish Centre for Diaspora Studies at the University of Edinburgh。

7　斯密对奴隶制的批判态度：see e.g. Johann Hari, 'What if the anti-slavery campaigners had listened to the carping cynics?', *Independent,* 6 July 2005 and Blake Smith, 'Slavery as Free Trade', Aeon Essays, 29 June 2016 https：//aeon.co/essays/whythe-original-laissez-faire-econo mists-loved-slavery。

8　启蒙时代思想家对奴隶制的态度：see, generally, Domenico Losurdo, *Liberalism: A Counter-History,* Verso 2011；John Locke, *Two Treatises of Government,* ed. Peter Laslett, Cambridge University Press [1689] 1967, II.7.85–6；Fletcher of Saltoun, see his speech of 1698 to the Scottish Parliament, quoted in Karl Marx, *Capital:Critique of Political Economy,* Penguin [1867–83] 2004, I.8.27；Francis Hutcheson, *A System of Moral Philosophy,* 2 vols., A. Millar and T. Longman 1755, Vol. II, p. 202. John Cairns has described the opposition of Smith and John Millar in the 1760s as 'essentially lone voices crying in the wilderness'. 'Slavery in Scotland' podcast, *How Glasgow Flourished* exhibition 2014. There was a significant reaction by pro-slavery advocates to adverse legal judgments in the 1770s, especially following the publication of Edward Long's *History of Jamaica* in 1774, which argued for the fundamental inferiority of black Africans; while Scottish anti- slavery petitions only really got going in the late 1780s。

9　我们很容易假想：*L J(A),* 15 February 1763。

10　非洲海岸的黑人中：*T M S* V.ii.9。

11　全面的暴动也会随之而来：*L J(A),* 16 February 1763。

12　斯密对奴隶制的经济分析：there is also a pithy summary of Smith's views in *ED,* which is dated to before April 1763.See also e.g. John Salter, 'Adam Smith on Slavery', *History of Economic Ideas,* 4.1–2, 1996, pp. 225–51, and Barry Weingast, 'Adam Smith's Theory of the Persistence of Slavery and its Abolition in Western Europe', Stanford University 2015. The wider economics of slavery, especially in the American South, remains much debated。

13　一般理论与具体案例：托马斯·谢林说：'In my own thinking, they have never been separate. Motivation for the purer theory came almost exclusively from preoccupation with (and fascination with) "applied" problems; and the clarification of theoretical ideas was absolutely dependent on an identification of live examples.' Schelling, *The Strategy of Conflict,* Harvard University Press 1980, vi。

14　欧洲王子的生活消费：*W N* I.i.11。

15　商业和制造业促进了社会秩序和良好政府的建立：*W N* II.iv.4。

16　道德与市场：Maria Pia Paganelli, 'Commercial Relations：From Adam Smith to Field Experiments', in Christopher J. Berry, Maria Pia Paganelli and Craig Smith (eds.), *The Oxford Handbook of Adam Smith,* Oxford University Press 2013, Ch. 16. Paganelli looked at some of the recent literature testing whether market dealings increase or decrease the human willingness to trust others, exploring ways in which trust fosters economic growth and vice versa, and finding support for Smith's views in both respects。

17 全球外汇市场的规模：*Triennial Central Bank Survey: Foreign Exchange Turnover in April 2016,* Bank for International Settlements。

18 斯密讨论劳动力市场：*W N* I.viii.51。

19 市场的结构和历史：see e.g. Alex Marshall, *The Surprising Design of Market Economies,* University of Texas Press 2012。

20 阿罗证券：see K. J. Arrow, 'The Role of Securities in the Optimal Allocation of Risk-Bearing', *Review of Economic Studies,* 31.2, 1964 (original in French, 1953). Bruce Greenwald and Joseph Stiglitz importantly extended the same overall line of argument in their paper 'Externalities in Economies with Imperfect Information and Incomplete Markets', *Quarterly Journal of Economics,* 101.2, 1986. This showed that the effect of imperfect information was to break the link between equilibrium models and any presumption of efficiency. The formal conditions of market failure were thus all but inevitable in any real - world situation, with imperfect information, incomplete markets and a host of other frictional factors at work. In such cases – that is, in virtually every case – policy interventions could in principle be made that generated improvements in welfare. In other words, market failure is endemic, and can never be the sole justification for policy interventions; and there can be no escape through economic theory from the need for political economy. I am very grateful to Tim Besley for this point; see especially his 'The New Political Economy', *Economic Journal,* 117.524, 2007. See also Roman Frydman and Michael D. Goldberg, *Imperfect Knowledge Economics,* Princeton University Press 2007。

21 群体智慧：cf. James Surowiecki, *The Wisdom of Crowds,* Doubleday Books 2004。

22 凡勃伦商品：see Thorstein Veblen, *The Theory of the Leisure Class: An Economic Study in the Evolution of Institutions,* Macmillan 1899. In his essay on the imitative arts (in *EPS*) Smith memorably analyses the phenomenon of topiary in Veblenian terms: 'It was some years ago the fashion to ornament a garden with yew and holly trees, clipped into the artificial shapes of pyramids, and columns, and vases, and obelisks. It is now the fashion to ridicule this taste as unnatural . . . In the cabbage-garden of a tallow-chandler we may sometimes perhaps have seen as many columns and vases, and other ornaments in yew,

as there are in marble and porphyry at Versailles: it is this vulgarity which has disgraced them. The rich and the great, the proud and the vain, will not admit into their gardens an ornament which the meanest of the people can have as well as they'。

23 泡沫、狂热和崩溃的历史: there is considerable controversy as to the correct explanation for different bubbles or manias. See e.g. Charles P. Kindleberger, *Manias, Panics, and Crashes,* 4th edn, John Wiley 2000; Robert Shiller, *Irrational Exuberance,* Princeton University Press 2000; Peter Garber, *Famous First Bubbles: The Fundamentals of Early Manias,* MIT Press 2000; and for finance, Carmen Reinhart and Kenneth Rogoff, *This Time is Different,* Princeton University Press 2011。

24 凯恩斯的选美比赛比喻: J. M. Keynes, *The General Theory of Employment, Interest and Money,* Macmillan 1936。

25 海曼·明斯基: see his *Stabilizing an Unstable Economy,* Yale University Press 1986. Minsky's insistence on radical uncertainty, on the centrality of the financial sector to the modern economy and on the pro - cyclical nature of market dynamics is especially noteworthy。

26 资产市场和信贷: see George Cooper, *The Origin of Financial Crises,* 2nd edn, Harriman House 2010。

27 美国房产市场与 2008年金融危机: Steven D. Gjerstad and Vernon Smith, *Rethinking Housing Bubbles: The Role of Household and Bank Balance Sheets in Modeling Economic Crises,* Cambridge University Press 2014。

28 纳斯达克综合指数: Cooper, *The Origin of Financial Crises*。

29 弗里德曼的书: 'The Methodology of Positive Economics', in his *Essays in Positive Economics,* University of Chicago Press 1953。

第九章
资本主义的不足

1 美国国家经济研究局关于 2004年税收回流的研究: Dhammika Dharmapala, C. Fritz Foley and Kristin J. Forbes, 'Watch What I Do, Not What I Say: The Unintended Consequences of the Homeland Investment Act', MIT Sloan Research Paper No. 4741-09, available at SSRN: https: //ssrn.com/ abstract=1337206。

2 收入最高的 1%的人: see the widely respected World Wealth and Income Database

www.wid.world。

3 全国民意调查：see Robert P. Jones, Daniel Cox, Betsy Cooper and Rachel Liene-sch, 'Anxiety, Nostalgia and Mistrust: Findings from the 2015 American Values Survey', Public Religion Research Institute 2015, http: //www.prri.org/wp-content/uploads/2015/11/PRRI- AVS-2015-1.pdf。

4 麦卡琴诉联邦选举委员会案：US Supreme Court (12-536), 2 April 2014。

5 公民联合会诉联邦选举委员会案：US Supreme Court (08-205), 24 March 2009。

6 英国银行业的低效与矛盾：Martin Wolf, 'Good news – fintech could disrupt finance', *Financial Times*, 8 March 2016. Also see Andy Haldane, 'Finance Version 2.0?', Bank of England/London Business School 2016。

7 银行监管政策与监管人员的增加：Andy Haldane, 'The Dog and the Frisbee', Federal Reserve Bank of Kansas City 366th economic policy symposium, Jackson Hole, Wyoming, 31 August 2012。

8 过于庞大的金融部门：Jean-Louis Arcand,Enrico Berkes and Ugo Panizza, 'Too Much Finance?', IMF Working Paper 2012。

9 银行享受的隐形补贴：IMF *Global Financial Stability Report*, April 2014；Andy Haldane, 'Who Owns a Company?', Speech, Bank of England 2015。

10 游说和道德风险：Deniz Igan, Prachi Mishra and Thierry Tressel, 'A Fistful of Dollars: Lobbying and the Financial Crisis', IMF Working Paper 2009。

11 银行雇员的租金及其对不平等的影响：Thomas Philippon and Ariell Reshef, 'Wages and Human Capital in the U.S. Financial Industry: 1909–2006', NBER Working Paper 14644, 2009；Brian Bell and John Van Reenen, 'Bankers' Pay and Extreme Wage Inequality in the UK', CEPR 2010。

12 不平等的负面社会影响与经济影响：see e.g. Era DablaNorris, Kalpana Kochhar, Nujin Suphaphiphat, Frantisek Ricka and Evridiki Tsounta, 'Causes and Consequences of Income Inequality: A Global Perspective', IMF Staff Discussion Note, June 2015。

13 银行文化与诚实：in one study, bank employees were not on average shown to be less honest than other employees. When reminded of their occupational role, however, they were significantly less honest on average than their colleagues in a control group; and this finding was not replicated in other industries. See Alain Cohn, Ernst Fehr and Michel André Maréchal, 'Business Culture and Dishonesty in the Banking Industry', *Nature*, 19 November 2014。

14 裙带资本主义的变种：cf. Jesse Norman, 'The Case for Real Capitalism', Working

Paper, www.jessenorman.com 2011. A tour de force on crony capitalism is Luigi Zingales, *A Capitalism for the People: Recapturing the Lost Genius of American Prosperity*, Basic Books 2012。

15 游说的回报:'Lobbyists, Government and Public Trust: Promoting Integrity by Self-Regulation', OECD 2009; 'Money and Politics', *The Economist*, 1 October 2011。

16 现代资本主义之前的贸易和商业:see Fernand Braudel, *Capitalism and Material Life 1400–1800*, Weidenfeld & Nicolson 1973, and more recently Martha C. Howell, *Commerce before Capitalism in Europe 1300–1600*, Cambridge University Press 2009; it is notable that Angus Maddison dates the 'capitalist epoch' after 1820。

17 腐败的商业与政府的关系:see former FEC Chairman Trevor Potter's speech to the Chautauqua Institution at http: //www.campaignle galcenter.org/sites/default/ les/ Chautauqua% 202016%20Final.pdf。

18 败家子和投机者:'Prodigals and projectors': in a long letter, written as part of his *Defe-nce of Usury* and sent from his travels in Russia in March 1787, Jeremy Bentham took Smith to task for his dismissive remarks about 'prodigals and projectors', arguing that Smith's 'projectors' were in fact 'adventurous spirits' given to innovation and improvement. Smith was said to have admired Bentham's letter, but he would have been highly aware from the Ayr Bank disaster that many 'projectors' were no such thing, and there is no direct evidence that he changed his mind. See *CAS*, Appendix C. On Smith's contrast between prodigality and prudence, see Craig Smith, 'Adam Smith, the Scottish Enlightenment, and "Realistic" Philosophy', INET Edinburgh Conference, October 2017, available through www.ineteconomics.org。

19 东印度公司:on the Company, and Smith's wider ambivalence about globalization, see e.g. Sankar Muthu, 'Adam Smith's Critique of International Trading Companies: Theorizing "Globalization" in the Age of Enlightenment', *Political Theory*, 36.2, 2008。

20 孟加拉地区的旱灾:*WN* IV.5 'Digression Concerning the Corn Trade and Corn Laws', para 6. On the relation between famines and democracy, see Amartya Sen, *Poverty and Famines*, Oxford University Press 1981; and more recently, Cormac Ó Gráda, *Famine: A Short History*, Princeton University Press 2009。

21 寻租:this idea was first specifically developed by Gordon Tullock in 'The Welfare Costs of Tariffs, Monopolies and Theft', *Western Economic Journal*, 5.3, 1967. It was further developed, and the term 'rent-seeking' coined, by Anne Krueger

in 'The Political Economy of the Rent-Seeking Society', *American Economic Review*, 64.3, 1974. See also Roger D. Congleton and Arye L. Hillman (eds.), *Companion to the Political Economy of Rent-Seeking*, Edward Elgar 2015。

22 詹姆斯·安德森对租金的讨论：see *An Enquiry into the Nature of the Corn Laws*, 1777. I am very grateful to John Kay for this reference. J. H. Hollander, 'Adam Smith and James Anderson', *Annals of the American Academy of Political and Social Science*, 7.3, May 1896, summarizes what is known of the relationship between the two men. Smith was evidently aware of Anderson's criticism, but never addressed it in later editions of *The Wealth of Nations*。

23 信息和权力的不对称：Deborah Boucoyannis, 'The Equalizing Hand: Why Adam Smith Thought the Market Should Produce Wealth without Steep Inequality', *Perspectives on Politics*, 11.4, December 2013。

24 政府作为利益集团：see James Buchanan and Gordon Tullock, *The Calculus of Consent*, University of Michigan Press 1962。

25 大丰盛：see Deirdre N. McCloskey, *Bourgeois Equality: How Ideas, Not Capital or Institutions, Enriched the World*, University of Chicago Press 2016; and more broadly the work of Angus Maddison, e.g. *Contours of the World Economy 1–2030 AD*, Oxford University Press 2007; there is a very vigorous debate on all sides of this issue. On progress and inequality – and the dynamic ebb and flow between them see Angus Deaton, *The Great Escape: Health, Wealth, and the Origins of Inequality*, Princeton University Press 2013。

26 民主德国和联邦德国的 GDP差距：*CIA World Factbook*, 1990。

27 资本主义激励剥削：see George A. Akerlof and Robert J. Shiller, *Phishing for Phools: The Economics of Manipulation and Deception*, Princeton University Press 2015。

28 汉密尔顿为贸易限制辩护：cf.John Stuart Mill, *Principles of Political Economy*, John W. Parker 1848; Friedrich List, *The National System of Political Economy*, J. B. Lippincott 1856. More recently, see Ha-Joon Chang, *Kicking Away the Ladder: Development Strategy in Historical Perspective*, Anthem Press 2002. There has been a substantial modern academic literature on this issue; see e.g. the somewhat question-beggingly entitled 'When and How Should Infant Industries be Protected?' by Marc J. Melitz, *Journal of International Economics*, 66.1, 2005。

29 "自由贸易"是一个公认的、乏味的正统格言：Walter Bagehot, 'Adam Smith and our Modern Economy', reprinted in *Economic Studies*, ed. R. H. Hutton, Longman,

Green 1895。

30 斯密没有意识到工业化的影响：cf. Hiram Caton, 'The Preindustrial Economics of Adam Smith', *Journal of Economic History*, 45.4, 1985。

31 最大的公司所创造的名义 GDP份额的上升：Adrian Wooldridge, 'The Rise of the Superstars', *The Economist*, 17 September 2016。

32 市场力量显著上升：overall, see Martin Sandbu, 'America's Threadbare Capitalism', *Financial Times*, 21 April 2016. For the Obama White House's critique of market power, see 'Benefits of Competition and Indicators of Market Power', US Council of Economic Advisers Issue Brief, May 2016; Jan de Loecker and Jan Eeckhout, 'The Rise of Market Power and the Macroeconomic Implications', NBER Working Paper 23687, August 2017. On the erosion of real wages and the loss of trust within firms, see Robert Solow, 'The Future of Work: Why Wages Aren't Keeping Up', *Pacific Standard*, 11 August 2015。

33 科技平台公司的可规模化：this is just one aspect of the economic effects of investment in intangible assets, which now outstrips investment in tangible assets in the US and UK. For a pioneering analysis see Jonathan Haskel and Stian Westlake, *Capitalism without Capital: The Rise of the Intangible Economy*, Princeton University Press 2017。

34 竞争是留给失败者的：Peter Thiel, *Wall Street Journal*, 12 September 2014。

35 信息与选择过载的影响，尤其是对穷人：see Sendhil Mullainathan and Eldar Shafir, *Scarcity: The True Cost of Not Having Enough*, Allen Lane 2013。

36 英国的电力零售市场对消费者的损害：UK Competition and Markets Authority, *Energy Market Investigation: Final Report*, 24 June 2016。

37 大众汽车公司的丑闻：see Frank Dohmen and Dieter Hawranek, 'Collusion between Germany's Biggest Carmakers', *Der Spiegel*, 27 July 2017, and Jack Ewing, *Faster, Higher, Farther: The Inside Story of the Volkswagen Scandal*, Bantam Press 2017。

38 竞争政策的局限性：recent arguments, and disparate US and EU views, are explored by John Vickers in 'Competition Policy and Property Rights', *Economic Journal*, 120.544, 2010。

39 比价网站的隐形成本：see e.g. 'Costly Comparison', *The Economist*, 9 July 2015。

40 算法消费者：I owe this idea to Tony Curzon-Price. There is a rapidly increasing literature on this topic; see e.g. Michal Gal and Niva Elkin-Koren, 'Algorithmic Consumers', *Harvard Journal of Law and Technology* (forthcoming). A good

overview, including a discussion of the potential for collusion and the difficulty of creating transparency, is 'When Algorithms Set Prices: Winners and Losers', OXERA Discussion Paper, June 2017, www.oxera.com。

第十章
商业社会的道德基础

1　卡拉斯案：see Nixon, *Voltaire and the Calas Case* and Maugham, *The Case of Jean Calas*; final words, *TMS* III.ii.11. For the wider social and religious context, see David D. Bien, 'The Background of the Calas Affair', *History*, 43.149, 1958。

2　伏尔泰的著作是为所有人写的，也应当被所有人阅读：Barthélemy Faujas Saint-Fond, *Travels in England, Scotland and the Hebrides*, 2 vols, J. Ridgway, London 1799, Vol. II。

3　斯密对1745年暴力事件的评论：L J(B) pp. 331–2。

4　派系和狂热始终是迄今为止最大的败坏者：T M S III.iii.43。

5　孟德斯鸠：*The Spirit of Laws*, 2 vols., J. Nourse & P. Vaillant 1750, Bk V.vi。

6　富人的贪婪和野心：W N V.ii.2。

7　有人情味、有教养的人：T M S V.ii.10。

8　斯密与康德：the relationship between the thought of Smith and Kant is unclear and of great interest. Although their philosophical projects are different, it is now fairly clear that Kant was aware of *TMS*, as well as *WN*, and drew on some of its ideas, notably that of the impartial spectator, rendered in German as *unparteiische Zuschauer*. See e.g. Samuel Fleischaker, 'Philosophy in Moral Practice: Kant and Adam Smith', *Kant-Studien*, 82.3, 1991, which usefully summarizes the scattered evidence across the corpus of Kant's writings. Smith's sympathy-based psychology appears rather closer to Kant's notion of the 'forms of intuition' than is Hume's more passive theory of 'impressions' and 'ideas'。

9　休谟讨论社会惯例：*A Treatise of Human Nature*, ed. L. A. SelbyBigge, rev. edn, P. H. Nidditch, Oxford University Press 1978, Bk III.2 'Of Justice and Injustice'; as Peyton Young has pointed out, this section brilliantly captures three core ideas about norms: that they can be equilibria in repeated games; that they can evolve through a dynamic learning process; and that they underpin many wider forms of social and economic order. Cf. also H. Peyton Young, 'The Evolution of Social Norms', Oxford Department of Economics Discussion Paper 726, October 2014. Modern debate on the exact nature and proper philosophical characterization of convention largely derives from David Lewis's work in *Convention*, Harvard University Press 1969。

10 规范作为社会的语法：see Cristina Bicchieri, *The Grammar of Society: The Nature and Dynamics of Social Norms*, Cambridge University Press 2006. For a wide-ragging and provocative essay on norms in relation to self-interest, see Jon Elster, 'Social Norms and Economic Theory', *Journal of Economic Perspectives*, 3.4, 1989。

11 关于互惠性、社会规范、镜像神经元的科学讨论：see e.g. Frans de Waal, *Our Inner Ape: The Best and Worst of Human Nature*, Granta Books 2006; Jean Ensminger and Joseph Henrich (eds.), *Experimenting with Social Norms: Fairness and Punishment in Cross-Cultural Perspective*, New York, Russell Sage Press 2014; Giacomo Rizzolatti and Laila Craighero, 'The Mirror-Neuron System', *Annual Review of Neuroscience*, 27, 2004. For a contrary view (less contrary than the title implies), see Gregory Hickok, *The Myth of Mirror Neurons*, W. W. Norton 2014. On the supercharging effect of culture within evolution, see Joseph Henrich, *The Secret of our Success*, Princeton University Press 2016。

12 斯密与罗尔斯：see Jhon Rawls,*A Theory of Justice*, Harvard University Press 1974. The game theorist and economist Ken Binmore has very fruitfully explored the relationship between Humean social conventions and Rawls's 'Original Position', and much else, in his book *Natural Justice*, Oxford University Press 2005. Amartya Sen has argued that 'Smith's analysis of "the impartial spectator has some claim to being the pioneering idea in the enterprise of interpreting impartiality and formulating the demands of fairness which so engaged the world of the European Enlightenment'. Sen, 'Adam Smith and the Contemporary World', *Erasmus Journal for Philosophy and Economics*, 3.1, Spring 2010。

13 生产力效率差距：Robert Gibbons and Rebecca Henderson, 'What Do Managers Do? Exploring Persistent Performance Differences among Seemingly Similar Enterprises', Working Paper, Harvard Business School, August 2012。

14 身份与经济：overall, on identity as non-pecuniary source of motivation, see George A. Akerlof and Rachel E. Kranton, 'Identity and the Economics of Organizations', *Journal of Economic Perspectives*, 19.1, 2005, and their *Identity Economics*, Princeton University Press 2010. For the importance of 'mission' (and its implications for

theories of agency), especially in non-profits, educational organizations and public-sector bureaucracies, see Timothy Besley and Maitreesh Ghatak, 'Competition and Incentives with Motivated Agents', *American Economic Review*, 95.3, 2005. For a general framework integrating identities, narratives and norms into economic analysis, see Paul Collier, 'The Cultural Foundations of Economic Failure: A Conceptual Toolkit', *Journal of Economic Behavior & Organization*, 126, November 2015。

15 利昂·费斯廷格：see Leon Festinger, Henry W. Riecken and Stanley Schachter, *When Prophecy Fails*, University of Minnesota Press 1956, and Festinger, *A Theory of Cognitive Dissonance*, Stanford University Press 1957; and more generally, Carol Tavris and Elliot Aronson, *Mistakes Were Made (But Not by Me)*, Mariner Books 2015, and Dan Ariely, *The (Honest) Truth about Dishonesty: How We Lie to Everyone – Especially Ourselves*, HarperCollins 2012。

16 自我是通过人际互动形成的：cf. Kenneth Boulding, 'Economics as a Moral Science', *American Economic Review*, 59.1, 1969: 'It was . . . Veblen's principal, and still largely unrecognized, contribution to formal economic theory, to point out that we cannot assume that tastes are "given in any dynamic theory' (my added inverted commas). As Boulding notes, when he was a student at Cambridge University this understanding of economics was still reflected in its status as part of the (now defunct) Moral Sciences Tripos。

17 哲学家与挑夫的差别：*WN* I.ii.5。

18 把信念视为财产：Roland Bénabou and Jean Tirole, 'Identity, Morals, and Taboos: Beliefs as Assets', *Quarterly Journal of Economics*, 126.2, 2011。

19 关注的经济：see Avner Offer, *The Challenge of Affluence Self-Control and Well-Being in the United States and Britain since 1950*, Oxford University Press 2006, Ch. 6; and 'Self-Interest, Sympathy and the Invisible Hand: From Adam Smith to Market Liberalism', *Economic Thought*, 1.2, 2012。

20 纽约的停车罚单案例：Raymond Fisman and Edward Miguel, 'Cultures of Corruption: Evidence from Diplomatic Parking Tickets', NBER Working Paper 12312, 2006. On wider relationships between intrinsic honesty, rule violations and institutional strength across twenty-three countries, see Simon Gächter and Jonathan F. Schulz, 'Intrinsic Honesty and the Prevalence of Rule Violations across Societies', *Nature*, 531, 2016。

21 荷兰的扔垃圾规范研究案例：Kees Keizer, Siegwart Lindenberg and Linda Steg, 'The Spreading of Disorder', *Science*, 322, 2008。

22 欺骗和腐败的公共环境对个人的影响：Gächter and Schulz, 'Intrinsic Honesty and the Prevalence of Rule Violations across Societies'。

23 腐败的平衡点：Robert Klitgaard, 'On Culture and Corruption', unpublished paper, June 2017。

24 市场和公司规范的增长：Michael Sandel, *What Money Can't Buy: The Moral Limits of Markets*, Penguin 2012; on the crowding out of non-market norms, see his 'Market Reasoning as Moral Reasoning: Why Economists Should Re-Engage with Political Philosophy', *Journal of Economic Perspectives*, 27.4, 2013。

25 道德社区的类型：Richard Shweder, Nancy Much, Manmohan Mahapatra and Lawrence Park, 'The "Big Three" of Morality (Autonomy, Community, Divinity) and the "Big Three" Explanations of Suffering', 1997, reprinted in Richard Shweder, *Why Do Men Barbecue? Recipes for Cultural Psychology*, Harvard University Press 2003。

26 斯密与公民共和主义：recent debates among historians on civic republicanism, its classical antecedents and specifically humanist strand have been complex and highly nuanced. In relation to Smith, see Istvan Hont and Michael Ignatieff (eds.), *Wealth and Virtue: The Shaping of Political Economy in the Scottish Enlightenment*, Cambridge University Press 1986。

27 斯密与世界主义：see Fonna Forman-Barzilai, *Adam Smith and the Circles of Sympathy*, Cambridge University Press 2010。

结语
亚当·斯密的重要意义

1 《亚当·斯密死后》：*Gentleman's Magazine*, 60, September 1790. The attribution to Burns is made by Andrew Noble and Patrick Scott Hogg (eds.) in *The Canongate Burns*, Canongate Books 2001。

2 卡尔·波兰尼：*The Great Transformation*, Farrar & Rinehart 1944。

3 更长寿、更富有、更健康：for a vigorous exposition and analysis of these trends, see Stephen Pinker, *Enlightenment Now*, Allen Lane 2018。

4 现代企业作为"外部化的机器"：for this brilliant phrase, and a deep critique, see Robert A. G. Monks and Nell Minow, *Power and Accountability*, HarperCollins 1991, and

Robert A. G. Monks, *Corpocracy: How CEOs and the Business Roundtable Hijacked the World's Greatest Wealth Machine – and How to Get It Back,* John Wiley 2007。

5 从技术中获得的收益在下降：see Robert J. Gordon, *The Rise and Fall of American Growth*, Princeton University Press 2016。

6 批判的缺席：debate on the nature of capitalism has been hugely reinvigorated by Thomas Piketty's book *Capitalism in the Twenty-First Century*, Allen Lane 2014. In many ways rightly so, for it offers a very important analytical window into data on wealth and incomes, a simple but comprehensive theory of their long-term evolution and an overdue focus on the distributional consequences of the key trends involved. It is, moreover, framed as a work of political economy, conscious of the limitations of economics as such and infused by an awareness of the importance of norms and institutions. There are many points of potential critique; see e.g. Heather Boushey, J. Bradford DeLong and Marshall Steinbaum (eds.), *After Piketty: The Agenda for Economics and Inequality*, Harvard University Press 2017; and, emphasizing the importance of supply-side responses and human capital formation, Deirdre McCloskey's review essay in the *Erasmus Journal for Philosophy and Economics*, 7.2, Autumn 2014. What is striking from the present perspective is that *Capitalism in the Twenty-First Century* is far more successful as an aggregate historical analysis than in its claim to diagnose in Marxist fashion the 'central contradictions' of capitalism。

7 2007—2008年经济危机：It has sometimes been suggested that Alan Greenspan set Federal Reserve policy as though a full set of Arrow Securities in fact existed。

8 英国缺乏对2008年的独立调查：by contrast, the US Congress established the Financial Crisis Inquiry Commission, which reviewed millions of pages of documents, interviewed more than 700 witnesses and held nineteen hearings across the country before publishing its report in January 2011. In addition, the US Senate Permanent Subcommittee on Investigations conducted an entirely separate but similarly painstaking investigation, reporting in April 2011。

9 "市场失灵"作为解释的局限性：see in particular John Kay's magisterial essay, 'The Failure of Market Failure', *Prospect*, 1 August 2007; and the note on Arrow Securities above。

10 查尔斯·桑德斯·皮尔斯：see in particular the lectures by Peirce published as *Reasoning and the Logic of Things*, ed. Kenneth Laine Ketner, Harvard University Press 1992. By far the best short introduction to Peirce's philosophy remains

Josiah Lee Auspitz, 'The Greatest Living American Philosopher', *Commentary*, December 1983; see also Auspitz's 'The Wasp Leaves the Bottle', *American Scholar*, 63.4, 1994. The overlaps in thought between Smith and Peirce are of great interest and importance. Smith's subtle Newtonianism and open-ended view of scientific advance anticipate Peirce's emphasis on the fixation of belief, on abductive theorizing and on truth as the limit of inquiry. Smith's emphasis on sympathy, communicative exchange and the impartial spectator finds an echo in Peirce's radical anti-Cartesianism, public theory of mind and triadic semiotic theory. For a broadly if unconsciously congruent psychology of human reason, see Hugo Mercier and Dan Sperber, *The Enigma of Reason: A New Theory of Human Understanding*, Harvard University Press 2017。

11 财产的状态必须总是随着政府的形式而变化：Part 1, 'Of Justice', *LJ(B)*; this is one of the key lessons of the stadial theory。

12 脸书和脆弱的青少年：'Leaked document reveals Facebook conducted research to target emotionally vulnerable and insecure youth', *The Australian*, 1 May 2017; response by Facebook on https：//newsroom.fb.com/news/h/comments-on-research-and-ad-targeting/. A further 700, 000-person study showed how the Facebook newsfeed can be manipulated to influence users' moods via 'emotional contagion'; see Adam D. I. Kramer, Jamie E. Guillory and Jeffrey T. Hancock, 'Experimental Evidence of Massive-Scale Emotional Contagion through Social Networks', *Proceedings of the National Academy of Sciences USA*, 24, June 2014. Interestingly, the journal included an Expression of Concern that, as the study was conducted internally by Facebook, it was not fully compliant with accepted consent and privacy rules for research of this kind 。

13 6 100万人的社会影响力和政治动员实验：Robert M. Bond, Christopher J. Fariss, Jason J. Jones, Adam D. I. Kramer, Cameron Marlow, Jaime E. Settle and James H. Fowler, *Nature*, September 2012。

14 斯密讨论地位焦虑：see Ryan Patrick Hanley, *Adam Smith and the Character of Virtue*, Cambridge University Press 2009, esp. Ch. 1. On modern status anxiety and its causes, see e.g. Alain de Botton, *Status Anxiety*, Hamish Hamilton 2004。

15 社交媒体对儿童健康的影响：see e.g. Emily McDool, Philip Powell, Jennifer Roberts and Karl Taylor, 'Social Media Use and Children's Wellbeing', IZA Institute for Labor Economics Discussion Paper 10412, December 2016. As Nobel laureate

Herbert Simon presciently remarked, 'What information consumes . . . is the attention of its recipients. Hence a wealth of information creates a poverty of attention', in 'Designing Organizations for an Information-Rich World', in Martin Greenberger (ed.), *Computers, Communication, and the Public Interest*, Johns Hopkins Press 1971。

16 高级工人的迁移：see Dani Rodrik, 'Premature Deindustrialization', NBER Working Paper 20935, 2015。

17 死亡率与健康在现代世界的分化：cf. Anne Case and Angus Deaton, 'Mortality and Morbidity in the 21st Century', *Brookings Papers on Economic Activity*, Spring 2017。

18 封闭社区：see Branko Milanovic, 'The Welfare State in the Age of Globalization', http：//glineq.blogspot.co.uk/2017/03/the-welfare- state-in-age-of.html。

19 公司欺压城市或国家：Cf. e.g. Olivia Solon, 'How Uber conquers a city in seven steps', *Guardian*, 12 April 2017；Deborah Haynes and Marcus Leroux, 'Boeing has power to turn off planes say British military chiefs', *The Times*, 28 September 2017。

20 经济学的局限性：two projects aiming to address different limitations are the Re-building Macroeconomics Network at the UK's National Institute of Economic and Social Research, and the CORE Economics Education programme directed by Wendy Carlin (http：// www.core-econ.org). For a very rich analysis from a range of perspectives, including a critique of the dominant DSGE macro models, see the Rebuilding Macroeconomic Theory Project essays in the *Oxford Review of Economic Policy*, 34.1–2, 2018。

21 经济学不可能价值中立：see e.g. Kenneth Boulding, 'Economics as a Moral Scie-nce', *American Economic Review*, 59.1, 1969；and more recently the papers in Hilary Putnam and Vivian Walsh (eds.), *The End of Value-Free Economics*, Routledge 2011。

22 理性主义在经济学上的失败：Mark Blaug goes still further：'No idea or theory in economics, physics, chemistry, biology, philosophy and even mathematics is ever thoroughly understood except as the end-product of some slice of history, the result of some previous intellectual development.' Blaug, 'No History of Ideas, Please, We're Economists', *Journal of Economic Perspectives*, 15.1, Winter 2001。

23 人的尊严和能力：inspired by Amartya Sen and Martha Nussbaum, there is now a large literature exploring how a focus on human capabilities can be the centre of a non-utilitarian approach to welfare economics, and the policy implications of such a view：cf. Amartya Sen, *Development as Freedom*, Oxford University Press 2001, and Martha Nussbaum, *Creating Capabilities: The Human Development Approach*,

Harvard University Press 2011. For a more radical philosophical critique of conventional approaches to equality, see Elizabeth Anderson, 'What's the Point of Equality?', *Ethics*, 109.2, 1999；and, in relation to Adam Smith, her 'Adam Smith on Equality', in Ryan Patrick Hanley (ed.), *Adam Smith: His Life, Thought, and Legacy*, Princeton University Press 2016。

24 没有一个政府是十全十美的：*L J(B)* p. 435。

25 斯密作为保守党同情者：in addition, Smith's emphasis on such things as the role of sentiment and the unbidden benefits of markets betokens a deep awareness of the limits of human reason, and of the need for reason to scrutinize and prune back its own claims – an awareness that is Humean, realistic and rather small-c conservative. See Sheldon S. Wolin, 'Hume and Conservatism', *American Political Science Review*, 48.4, 1954, who describes Hume's as 'a conservatism without benefit of mystery', arising from a desire to dissolve the claims of natural law and natural science independent of human nature, by means of reason itself。

26 人道的温和的保守主义：this is at least the ambition of my book *The Big Society*, University of Buckingham Press 2010；and, in Smithian style, *Compassionate Economics*, Policy Exchange 2008, online at www.jessenorman.com。

27 那种阴险狡猾的动物,俗称政治家或政客：*WN* IV.ii.39。

28 回报和地位、规范和品格：for a rather Smithian exploration of public and private virtue, and the beautifully named 'résumé' and 'eulogy' virtues, see David Brooks, *The Road to Character*, Allen Lane 2015。